HI20
bility
manities
rconnect

KB179207

Mobilities Literature Culture

모빌리티 문학 문화

마리안 아귀아르 · 샬럿 매티슨 · 린 피어스 편저

조윤주 옮김 | 최영석 감수

앨리피

모빌리티인문학은 기차, 자동차, 비행기, 인터넷, 모바일 기기 등 모빌리티 테크놀로지의 발전에 따른 인간, 사물, 관계의 실재적 · 가상적 이동을 인간과 테크놀로지의 공-진화co-evolution라는 관점에서 사유하고, 모빌리티가 고도화됨에 따라 발생하는 현재와 미래의 문제들에 대한 해법을 인문학적 관점에서 제안함으로써 생명, 사유, 문화가 생동하는 인문-모빌리티 사회 형성에 기여하는 학문이다.

모빌리티는 기차, 자동차, 비행기, 인터넷, 모바일 기기 같은 모빌리티 테크놀로지에 기초한 사람, 사물, 정보의 이동과 이를 가능하게 하는 테크놀로지를 의미한다. 그리고 이에 수반하는 것으로서 공간(도시) 구성과 인구 배치의 변화, 노동과 자본의 변형, 권력 또는 통치성의 변용 등을 통칭하는 사회적 관계의 이동까지도 포함한다.

오늘날 모빌리티 테크놀로지는 인간, 사물, 관계의 이동에 시간적 · 공간적 제약을 거의 남겨 두지 않을 정도로 발전해 왔다. 개별 국가와 지역을 연결하는 항공로와 무선통신망의 구축은 사람, 물류, 데이터의 무제약적 이동 가능성을 증명하는 물질적 지표들이다. 특히 전 세계에 무료 인터넷을 보급하겠다는 구글Google의 프로젝트 룬Project Loon이 현실화되고 우주 유영과 화성 식민지 건설이 본격화될 경우 모빌리티는 지구라는 행성의 경계까지도 초월하게 될 것이다. 이 점에서 오늘날은 모빌리티 테크놀로지가 인간의 삶을 위한 단순한 조건이나 수단이 아닌 인간의 또 다른 본성이 된 시대, 즉 고-모빌리티high-mobilities 시대라고 말할 수 있다. 말하자면, 인간과 테크놀로지의 상호보완적 · 상호구성적 공-진화가 고도화된 시대인 것이다.

고-모빌리티 시대를 사유하기 위해서는 우선 과거 '영토'와 '정주' 중심 사유의 극복이 필요하다. 지난 시기 글로컬화, 탈중심화, 혼종화, 탈영토화, 액체화에 대한 주장은 글로벌과 로컬, 중심과 주변, 동질성과 이질성, 질서와 혼돈 같은 이분법에 기초한 영토주의 또는 정주주의 패러다임을 극복하려는 중요한 시도였다. 하지만 그 역시 모빌리티 테크놀로지의 의의를 적극적으로 사유하지 못했다는 점에서, 그와 동시에 모빌리티 테크놀로지를 단순한 수단으로 간주했다는 점에서 고-모빌리티 시대를 사유하는 데 한계를 지니고 있었다. 말하자면, 글로컬화, 탈중심화, 혼종화, 탈영토화, 액체화를 추동하는 실재적 · 물질적 행위자agency로서의 모빌리티 테크놀로지를 인문학적 사유의 대상으로서 충분히 고려하지 못했던 것이다. 게다가 첨단 웨어러블 기기에 의한 인간의 능력 향상과 인간과 기계의 경계 소멸을 추구하는 포스트-휴먼 프로젝트, 또한 사물인터넷과 사이버 물리시스템 같은 첨단 모빌리티 테크놀로지에 기초한 스마트 시티 건설은 오늘날 모빌리티 테크놀로지를 인간과 사회, 심지어는 자연의 본질적 요소로 만들고 있다. 이를 사유하기 위해서는 인문학 패러다임의 근본적 전환이 필요하다.

이에 건국대학교 모빌리티인문학 연구원은 '모빌리티' 개념으로 '영토'와 '정주'를 대체하는 동시에, 인간과 모빌리티 테크놀로지의 공-진화라는 관점에서 미래 세계를 설계할 사유 패러다임을 정립하려고 한다.

모빌리티
문학
문화

이 저서는 2018년 대한민국 교육부와 한국연구재단의 지원을 받아 수행된 연구임 (NRF-2018S1A6A3A03043497)

이 책은 2017년 4월 영국 랭커스터대학교에서 열린 학술회의의 결과
물이다. 랭커스터대학교 모빌리티연구소Centre for Mobilities Research:
CeMoRe, 영문-문예창작학과, 랭커스터대학교 창의예술연구소Lancaster's
Institute for the Creative Arts: LICA가 공동 주최한 이번 행사는 팰그레이브
맥밀런 출판사의 새 총서인 'Palgrave Studies in Mobilities, Literature, and
Culture'의 출간을 축하하는 자리이기도 했다. 이 책의 제목은 이 시리즈
의 이름에서 어느 정도 영향을 받았다. 우선 뉴욕의 팰그레이브 맥밀런
팀에게 감사 인사를 드리고 싶다. 이 팀을 이끌었던 라이언 잰킨스는 샬
럿 매티슨와 대화하면서 이 총서의 아이디어를 처음으로 떠올렸다. 이번
학술회의를 행정적·재정적으로 지원해 준 주최 측에도 감사를 표한다.
이틀간의 학술회의에 참석한 30개국 80여 분들은 인문학에서 사회과학
에 이르는 폭넓은 분야를 다루었다. 이번 국제회의 조직위원이자 이 책
의 편집자로서 우리는 '모빌리티, 문학, 문화'라는 주제가 낳은 여러 글들
의 풍부함과 다양함에 놀라는 동시에 이 총서의 밝은 미래를 내다볼 수
있었다. 일일이 언급하지는 못해도 이번 회의를 빛내 준 모든 분들에게
감사 인사를 전하고 싶다. 이틀간의 국제회의는 모빌리티 연구의 '인문

학적 전환'에서 획기적인 순간이었다. 이후 1년 6개월이 지난 현재, 이 새로운 분야에 폭발적인 관심이 쏠리고 있다. 실제로 한국의 건국대학교와 이탈리아의 파도바대학교에 모빌리티와 인문학을 연구하는 국제센터가 새로 문을 열었고, 문학적 모빌리티에 초점을 맞춘 행사들에 많은 이들이 참여하고 있다.

라이언 잰킨스의 뒤를 이어 열의를 다한 앨리 트로이야노스에게도 감사 드린다. 트로이야노스는 우리가 받은 제안서들의 리뷰 과정을 신속하게 진행시키고, 훌륭한 책들의 기획을 관리했다. 보조 편집자인 레이첼 제코비 역시 훌륭하게 작업을 진행하며 이 책과 이 시리즈 다른 책들의 출판을 도왔다. 우리가 마감일을 맞추느라 허덕일 때 교열을 맡아 큰 도움을 준 폴 포플라우스키에게도 특별한 감사를 전한다.

랭커스터대 모빌리티연구소에서 함께 일한 여러분, 특히 이 센터의 설립자이자 위원장이었던 고故 존 어리에게, 그리고 전직 이사이자 현재 《모빌리티Mobilities》 저널 책임자인 페니 드린콜, 모니카 뷰서 위원장, 랭커스터 국제회의의 브루스 베넷 공동 조직위원장에게 감사 드린다. 그리고 학술회의가 열리기 전부터 국제회의 팀을 이끌고 수많은 시간과 노고를 아끼지 않은 박사과정의 누르 다카크와 뮤렌 장, 기조연설과 발표에 나서 준 캣 주니켈, 루스 리브시, 피터 메리만, 앤드류 코팅에게도 감사를 표한다. 우리의 여러 학술적 활동을 계속 지지해 준 가족과 친구 모두에게도 감사하는 마음이다. 마리안 아귀아르는 남편과 아이들, 그리고 무한한 동료애를 보여 준 카네기 멜런 대학교에 고마움을 전한다. 샬럿 매티슨 또한 친구와 가족, 서리대학교 영어영문학과 동료들과 모빌리티 연구원들에게 감사한다. 린 피어스는 비브 태브너와 힐러리 힌즈 및 스코틀랜드에 있는 모든 친구들에게 감사를 표한다.

차례

2부
체화된 주체성

일러두기

원어 표기 본문에서 주요 인물(생몰연대)이나 도서, 영화 등의 원어명은 맨 처음, 주요하게 언급될 때 병기했다. 인명이나 지명은 외래어 표기용례를 따랐다. 단, 널리 알려진 이름이나 표기가 굳어진 명칭은 그대로 사용했다.

각주와 부가 설명 하단 각주는 원저자와 옮긴이 주이다. 옮긴이 주는 (옮긴이)로 표시했다. 본문의 ( )는 옮긴이, [ ]는 원저자의 설명이다.

도서 제목 본문에 나오는 도서 제목은 원저자가 사용한 언어의 원어를 번역 표기하는 것을 원칙으로 하되, 국내에 번역 출간된 도서는 가능한 한 그 제목을 따랐다.

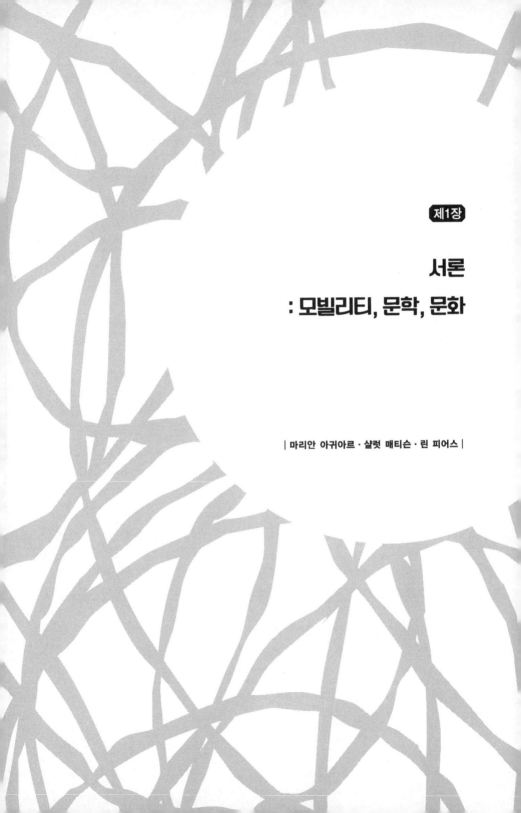

제1장

서론
: 모빌리티, 문학, 문화

| 마리안 아귀아르 · 샬럿 매티슨 · 린 피어스 |

이 책은 2017년 4월 영국 랭커스터대학에서 열린 국제학술회의의 결과물이다. 영문학, 미국문학, 세계문학, 문예창작, 역사학, 지리학, 영화학, 비주얼 아트, 수행 연구, 사회과학 등 광범위한 분야의 인문학자들이 이 회의에 참여했다. 훌륭한 학문적 성취를 이룬 미국과 뉴질랜드, 남아프리카, 유럽, 중동 등 전 세계 연구자들이 랭커스터대학에 모여 발표한 내용이 이 책《모빌리티, 문학, 문화》에 담겼다.

우리가 이 책을 펴낸 가장 큰 목적은, 문학·문화 연구로 모빌리티에 접근하는 연구자들을 주목하면서 최근에 나타난 모빌리티 연구의 '인문학적 전환humanities turn'을 더 발전시키기 위해서다. 모빌리티 연구는 문화적 환경 속에 놓인 이동적 실천의 사회적·공간적 측면을 주목한다. 전 지구를 가로지르게 하는 대규모 테크놀로지부터 국가를 넘나드는 연결까지, 그리고 일상의 지역적 이동에 이르는 광범위한 이동들을 아우른다. 지역, 지방, 국가, 국가 간 층위에서 도보, 차량, 철도, 항공기, 선박을 이용한 이동들이 여기에 포함된다. 모빌리티 연구에서는 모빌리티가 한 사회의 모바일 문화를 구성하는 다양한 스케일의 모든 의미에 영향을 끼친다고 본다. 이 책은 문학·문화 연구가 사회과학 분야의 발전에 중요한 역할을 해 왔음을 보여 준다. 공간과 장소를 모빌티리의 견지에서 재개념화한 문화지리학의 통찰과, 텍스트 자료들을 꼼꼼하게 살피면서 여행, 이동 기술, 이주, (포스트)식민주의 등의 문제를 명확하게 제시한 문헌 연구자들의 노력이 없었으면 이 책의 논의는 불가능했을 일이다. 모쪼록 인문학과 사회과학 연구자, 그리고 그 경계를 넘나드는 이들에게 이 책이 좋은 자극이 되기를 바란다.

모빌리티 연구 분야의 특이점은, 21세기 이후 그 수가 기하급수적으로 증가했다는 사실이다. 2003년 존 어리John Urry와 미미 셸러Mimi Sheller가 세운 랭커스터대학교 모빌리티 연구센터는 다양한 전공의 연구자 1천여 명의 메일링 리스트를 확보하고 있으며(https://www.lancs.ac.uk/cemore/), 최근 만들어진 글로벌 모빌리티 네트워크에 따르면 전 세계 40곳 이상의 연구소가 모빌리티 연구에 참여하고 있다. 더 최근에는 모빌리티와 인문학 연구를 중심으로 하는 연구센터가 이탈리아 파도바대학교(https://www.dissgea.unipd.it/en/research/mobility-and-humanities)와 한국의 건국대학교(모빌리티인문학 연구원mobilityhumanities.org과 아시아 모빌리티인문학 네트워크Asia Mobility Humanities Network: AMHN)에 설립되었다. 우리는 이 책과 이후에 나올 관련 연구서들이 학제간 논의에 시의적절하게 개입하기를 희망한다. 그래서 새로운 세대의 텍스트 연구자들이 모빌리티 이론을 연구에 활용하고, 사회과학자들도 텍스트 기반 연구 자료를 그들의 연구방법론에 적용하게 되기를 바란다.

우리가 지난 10년간 이 분야의 발전을 이끈 획기적인 성과들에 기댄 바가 크다는 사실도 강조하고 싶다. 앞서 언급한 국제적인 연구센터들은 설립된 지가 오래되지 않았지만, 문헌·문화 자료와 텍스트적 접근에 기반한 모빌리티 연구는 이미 제 궤도에 올라 있다. 역사지리학이나 문화지리학 등의 인접 주제들을 검토해 보면 온갖 종류의 문화적 모빌리티를 다룬 결과물들을 확인할 수 있다(뒤에서 이를 더 자세히 다룰 것이다). 2017년 팰그레이브 총서가 시작된 이후에 편집자들의 책상을 거쳐 출판을 기다리는 관련 연구들도 많다. 편집자 세 사람은 이미 상당 기간에 걸쳐 이 유망한 분야를 연구해 왔다. 린 피어스Lynne Pearce는 자동차모빌리티의 문학적 재현과 친밀한 개인적 관계에서의 모빌리티를 연구하였으며, 피터 메리만Peter Merriman과 함께 모빌리티와 인문학의 관계 설정 문제를 앞장서서 탐구하였다. 샬럿 매티슨Charlotte Mathieson은 19세기 영국의 해양물sea narratives, 기행문, 19세기 소설의 모빌리티 연구에 매진하고 있다. 미국의 마리안 아귀아르Marian Aguiar는 식민 시기 및 그 이후 아프리카와 남아시아 지역 철도의 재현을 연구하였고, 현재는 난민 이주 문제에 집중하고 있다. 모빌리티 연구를 이끌어 온 다른 학자들도 이 책에 참여하였다.

이 책은 모빌리티 연구의 한 분야를 개척하려는 시도라기보다는 다른 사유들의 융합을 확인하고, 인문학(특히 문학)의 관점에서 모빌리티에 대한 비판적 계보학을 이론화하여 학제간 연구의 풍성한 가능성을 제시하고자 기획되었다. 인문학적 관점에서 모빌리티에 접근한 중요한 성과들이 존재하지만 아직은 영국과 유럽만큼의 연구 네트워크를 형성하지 못한 북미 지역에서 이 작업은 특히 중요한 역할을 할 것이다. 비서구 지역의 이동 테크놀로지와 이동의 사회적 구조를 다루는 모빌리티 연구도 아직 걸음마 단계이다. 이 책에는 남아프리카공화국의 통근열차, 싱가포르 도심 달리기, 지중해의 난민, 걸프 지역 이주노동자 등 전 세계를 아우르는 논문들이 실려 있다. 이 글들은 주제적으로 서로 연결되면서 이동이 어떤 방식으로 수많은 사회적 · 역사적 · 지리적 실천과 상황 및 사건들의 구성 요소가 되는지를 드러낸다. 이제 다양한 종류의 텍스트 비평이 모빌리티 연구에서의 인문학적 전환에 어떻게 기여하는지를 개관한 뒤, 모빌리티와 국가, 체화된 주체성, 이주의 지정학, 모빌리티의 미래 등의 4부로 구성된 책의 내용을 요약하면서 각각의 글들을 고찰하고 해당 주제를 맥락화해 볼 것이다.

문학비평과 '모빌리티 전환'의 만남

1990년대부터 2000년대 초반에 걸쳐 지리학자와 사회학자들이 고안하고 발전시킨 모빌리티 이론이 가장 최근에 영향을 미친 분야가 바로 문학비평이다. 지난 10년 동안 우리 시리즈의 편집자들이 개별적으로 진행한 연구들이나 아동문학 연구(예를 들어 Murray and Overall 2017)에서 모빌리티와 문학을 결합하려는 시도가 있었지만, 우리의 책은 모빌리티 연구와 문학 연구의 결합을 전면에 내세운 첫 번째 책이라고 할 수 있다. 문학 연구자들이 공간이론보다 뒤늦게 모빌리티 이론을 수용했다는 사실도 흥미롭다.

2017년에 시작된 '모빌리티, 문학, 문화 연구Studies in Mobilities, Liteature, and Culture' 총서에 앞서 미국에서는 《지리인문학GeoHumanities》, 영국에서는 《문학지리학Literary Geogrphies》 저널이 나왔고, 우리 총서를 펴내는 팰그레이브 맥밀런 출판사에서도 '지리비평과 공간 문학 연구Geocriticism and Spatial Literary Studies' 총서가 출판되었다. 그러나 1980년대 탈구조주의 문학 혁명과 그 이후 폭발적으로 일어난 탈식민 연구에 대한 관심이 '모빌리티 전환'(Sheller and Urry 2005, Hannam et al. 2006)의 지적 기반을 마련했다는 새로운 계보 서술도 가능하다.

이제부터는 모빌리티 연구의 대안적 역사를 요약해 볼 것이다. 팀 크레스웰Tim Cresswell(2014)과 피터 메리만(2014, 2016, 2017)이 《인문지리학의 발전Progress in Human Geography》에 기고한 글들에서 처음 언급하고, 메리만과 피어스가 《모빌리티와 인문학Mobility and the Humanities》(Merriman and Pearce 2017) 서론에서 논의했던 내용이다. 다음으로는 문학 및 사회과학 연구자들이 텍스트 자료에 근거해 모빌리티를 탐구할 때 얻는 이점을 고찰해 보려 한다. '이동하는 삶mobile lives'(Elliott and Urry 2009)의 물질성을 중시하는 연구들과 텍스트 재현에 중점을 둔 연구들 사이에서 생기는 방법론적 문제들, 그리고 현재 영국과 유럽의 사회학 연구와 문화 연구에서 대세를 이루고 있는 포스트휴머니즘적 접근과, 탈구조주의 이후에도 여전히 문학 연구에서 상당 부분을 차지하고 있는 주체 중심 전통 사이에서 발생하는 방법론적 갈등도 다룬다. 앞에서 언급한 바와 같이 우리는 '모빌리티, 문학, 문화 연구' 총서를 발간하여 새로운 세대의 문학 연구자들이 자신들의 연구에 모빌리티 이론이 유용하다는 사실을 발견하도록 돕고, 텍스트 기반 자료가 사회과학 연구에 기여할 수 있음을 알리려고 한다.

'모빌리티 전환' 이전에 문학 연구가 어떤 역할을 했는지를 논하기에 앞서, 모빌리티 전환의 기원을 두고 인문지리학자와 사회학자들이 서로 다른 주장을 한다는 점부터 짚고 넘어가야 하겠다. 미미 셸러와 존 어리가 2003년에 영국 랭커스터대학교 모빌리티 연구센터CeMoRe를 설립하고 2006년에 논문을 발표하면서 이 용어를 먼저 사용하였지만, 영국 지리학자 나이젤 스리프트Nigel Thrift가 1990년대에 내놓은 비재현적 공간 non-representational space 연구가 그 밑바탕이었다는 점은 분명한 사실이다(Thrift 1994, 1995, 1996). 스리프트는《비재현적 이론Non-Representational Theory》 (2008)에서 인문지리학이 공간 영역의 장소적 한계와 '정주주의적' 특성에 묶이지 않고 인간 지리학을 모빌리티, 운동성, 일시성 쪽으로 이끌었다.

상당 부분 문학 텍스트에 기반한 문화지리학자 팀 크레스웰의 초기 저작들(Cresswell 1993, 1997, 1999)에서는 유목민이나 방랑자와 같은 특정 집단의 삶을 특징짓는 모빌리티가 사회 영역과 세계 질서의 변화를 연구하는 중요한 수단이었다. 그러나 크레스웰의《온 더 무브On the Move》가 2006년에 출간될 무렵, 랭커스터대학의 사회학자들은 이미 이 '전환'이 자신들의 것이라고 보았고 그 '기원'을 인문학 기반 학문(지리학)이 아닌 사회과학 기반 학문(사회학)에서 찾았다(Cresswell 2014). 존 어리는 모빌리티 전환을 언급하기 몇 년 전부터 이미 전통적인 사회질서 개념을 뛰어넘어야 한다고 말해 왔다(Urry 1999). 지금은 모빌리티 연구의 '기원' 논란은 접어 두고, 돌이켜 보면 다양한 학문에 걸쳐 공유되면서 시너지효과를 낳은 독특한 깨달음의 시기였다는 사실에 기뻐할 때라는 주장이다. 실제로, 고故 존 어리의 삶과 업적을 기리는《모빌리티와 복잡성Mobilites and Complexities》(2019)은 모빌리티 패러다임의 간학문적 기원뿐만 아니라 그 다학제적 응용을 놀랍도록 잘 포착하고 있다.

유목민과 방랑자를 다룬 크레스웰의 초기 저작들이 발표되기 시작했을 때(1993, 1997)로 돌아가 보면, 모빌리티와 전치displacement을 다룬 이 시기의 획기적인 문헌 비평들이 끼친 영향을 언급하지 않을 수 없다. 1980년대와 1990년대 초반, 탈식민주의 이론과 '세계문학world literature'에 폭발적인 관심이 쏠렸고, 그 이후에는(Said 1978, Canclini 2005,[1989], Spivak 1987, Bhabha 1994), 메리 루이스 프랫Mary Louise Pratt의《제국주의의 시선: 여행기와 문화횡단Imperial Eyes: Travel Writing and Transculturalism》(1992), 캐런 캐플란Caren Kaplan의《여행에 대한 질문들: 포스트모던 이주 담론Questions of Travel: Postmodern Discourses of Displacement》(1996)처럼 현대 세계의 여행과 이주, 모빌리티에 주목하는 텍스트 기반 연구가 등장했다. 이 같은 저작들에서 발전한 모빌리티라는 '주제'는, 저자들이 모빌리티를 모빌리티 패러다임 자체와 관련되는 이론적 관점에서 이해하지는 않았더라도 탈식민주의와 이주에 주목하는 문헌 연구에 계속해서 영향을 미쳤다.

　미국과 영국의 차이도 분명히 존재한다. 양자 모두 유럽의 포스트구조주의(소쉬르Saussure와 라캉Lacan, 푸코Foucault, 크리스테바Kristeva 등의 논의와 베르그송Bergson, 들뢰즈Deleuze, 가타리Guattari의 과정processual 철학)라는 철학적 뿌리를 공유하고 있지만, 영국/유럽의 모빌리티 연구를 따르는 미국 연구자는 많지 않다. 따라서 탈구식민의, 문화횡단, 이주 연구 분야의 문헌 연구자들 상당수는 '모빌리티 전환' 그 자체를 인식하지 못하더라도 주제와 논쟁 측면에서 눈에 띌 정도로 모빌리티 연구와 겹치는 결과물을 내놓고 있다. 우리는 '모빌리티, 문학, 문화 연구' 총서를 구상하면서, 이 서로 다른 계보로 인해 저자들이 모빌리티 개념을 다르게 이해할 것임을 알았지만, 반대로 향후의 대화를 촉진하리라는 전망에도 동의했다. 조지네 클라센Georgine Clarsen(2009), 캐서린 콜본Catharine Coleborne(2015), 그리고 이 책의 편집자인 마리안 아귀아르(2011, 2018), 문헌 연구로 출발하여 '모빌리티 전환'(Sheller, Urry 2006)의 주창자 중 하나가 된 미미 셸러(Sheller 2003 참조) 등은 포스트식민주의와 문화횡단 연구에 모빌리티 이론을 적용한 문헌/역사 연구자들이다. 결론적으로 여기에서 제시한 대안적인 계보를 따를 때 문헌 연구 대부분은 모빌리티 연구의 역사 안에 고스란히 들어갈 것이다. 하지만 앙리 르페브르Henri Lefebvre(1991)와 미셸 드 세르토Michel de Certeau(1984)의 작업이 현재의 문헌 연구에 확고하게 자리잡은 '공간적 전환spatial turn'에 기여했던 것처럼, 텍스트 기반 연구는 앞에서 언급한 지리학자와 사회학자의 연구들과 잘 결합될 때 더 나은 결과를 얻을 것이다(Adey 2010 참조).

　특히 앙리 르페브르의 《공간의 생산The Production of Space》(1991)과 '재

현적 공간representational space'(Lefebvre 1991) 개념은 매우 유용하다. 모빌리티 연구 속에서 문화기술지와 텍스트 기반 연구를 연결해 주는 방법론적 함의가 있기 때문이다. 르페브르는 담론과 그에 관련된 재현이 물질세계에서 우리의 '생생한' 공간 경험에 어느 정도 영향을 미치는지(예를 들어, 소설이나 영화 속 묘사로 생겨난 특정 장소에 대한 친숙함이 이후 구체화된 만남에서 그 장소에 대한 우리의 인식/수용에 어떤 영향을 미치는지)를 보여줌으로써, 상상력이 사회적 공간의 생산에 핵심적인 역할을 한다고 강조했다. 물론 같은 논리가 모빌리티에도 적용이 된다. 이 논리는 자동차모빌리티automobility의 생산과 소비에서 가장 분명하게 나타난다. 자동차 운전이 처음 시작된 이래로, 제조사들은 자신들이 판매하는 것이 문화적으로 매개된 경험(운전 혹은 '승차')(Laurier 외 2008)임을 정확하게 깨닫고 있었다. 이미 1910년대부터 자동차 제조사들은 잠재적 구매자들이 잡지와 소설에서 접하는 감각과 이데올로기를 팔았다(예를 들면 '질주'의 감각과 여기에 함축된 '자유' 같은 것들).

물론 이는 운전의 기능적 측면과는 거리가 멀다. 이런 이유로 자동차모빌리티를 연구하는 사회과학자들은 사람들의 끊임없는 자동차 사랑을 분석하기 위해서 자동차의 흔적이 깊숙하게 남은 다양하고 역사적인 문화 담론을 파고들어야 했다(Wollen and Kerr 2002; Dennis and Urry 2009; Mom 2015; Pearce 2016). 더 나아가, 같은 맥락에서 르페브르가 재현 공간을 의미생산의 순환circuit으로, 재현이 경험을 낳고 경험이 재현을 낳는 순환으로 규정한 것은 문헌/문화 연구자의 작업이 일반적인 인식보다 물질세계에 더 많이 기대고 있음을 의미한다. 연구자들 대부분은 물질세계와 (흔히 상징적이거나 내러티브적 의미로 중첩되는) 텍스트적 경험 재현을 순진하게 혼동한다는 인상을 주지 않으려고 애를 쓴다. 하지만 어떤 문화현상을 상징적으로 활용하는 텍스트라고 해도 그것을 적절한 역사적·문화적 맥락에 배치하면 그 주제 때문에 비유로 선택되었음이 명백해진다. 이런 재현의 순환은 20세기 초반의 자동차모빌리티를 다루는 피어스(2014)의 글에서 잘 드러난다. 엘리자베스 보웬Elizabeth Bowen의 소설 《북쪽으로To the North》(1932)에는 주인공의 (비극적) 사랑 이야기가 과속으로 질주하는 자동차 장면들로 표현된다. 해당 사건들은 분명히 이 소설에서 큰 상징적 의미가 있으며 플롯에서도 필수적이지만, 보웬이 이 비유를 사용한 이유는 특정한 문화적 시기와 공명하기 때문일 것이다. 1920년대 후반은 많은 이들이 '도로로 나서는' (혹은 그렇게 하기를 원하는) 시기였으므로, 매우 구체적인 방식으로 역사적 현재의 재현에 기반했던 것이다. 따라서 텍스트 비평가들은 르페브르의 모델을 염두에 두고, 더 넓은 사회적 논의들에 자신 있게 뛰어들어야 한다.

텍스트 재현에서 나타나는 방법론적 문제(Murray and Upstone 2014 참고)에서처럼, 현재 사회학과 지리학에 기반한 모빌리티 연구에서 유행하고 있는 포스트휴머니즘 이론은 (심지어 비본질주의적인non-essentialist 포스트구조주의의 입장에서 개념화될 때조차) (인간) 주체의 경험에 계속 집중하는 많은 문헌 연구와는 대립하는 모습을 보인다. 이와 달리 셸러와 어리가 2006년에 제시한 '모빌리티 패러다임'은 '행위자네트워크이론actor-network theory: ANT'(Latour 2007 참고)에서 상당한 영향을 받았고, 이들의 발자취를 잇는 모빌리티 연구자들은 우리가 현재 살아가는 세계 속에서 주체성의 복잡한 생산을 좀 더 잘 이해하려면 상품뿐만 아니라 인간의 이동과 함께 움직이는 자본과 상품, 데이터의 순환에 주목해야 한다고 주장한다.

이 시기에 랭커스터에서 활동하면서 과학기술사회학Science, Technology and Society: STS 연구로 행위자네트워크이론의 대중화에 앞장 선 존 로 John Law는 이렇게 말했다. "우리가 말하는 '사회적인 것'은 물질적으로 이질적이다. 대화, 신체, 텍스트, 기계, 건축 등 이 모든 것이 사회적인 것과 관련을 맺으며 수행된다"(Law and Hansard 1999). 인간과 사물의 상호의존성에 대한 ANT의 강조는 인간 주체를 '탈중심화de-centring'할 뿐만 아니라, 팀 단트Tim Dant가 말한 "운전하는 자동차driver-car"(2004)에서처럼, 인간과 비인간의 혼종이라는 개념을 낳았다. 단트는 현대 첨단기술을 장착한 차량이 운전하는 인간과 점점 더 많은 상호작용을 하게 되는 방식을 탐구했다. 여기에서 행위자 개념은 더 복잡해지고, 완전한 자율주행 차량AVs을 기대하게 된다. 더 나아가, 단트는 인간이 어쩔 수 없이 정유업계, 자동차 제조업체, 자동차모빌리티 문화를 연결하는 복잡한 글로벌 '자동차 시스템'(Elliott, Urry 2009) 속으로 통합되어 가는 방식을 보여 준다(Pearce 2016, 36-37).

라투르가 주도한 ANT는 들뢰즈와 가타리가 우발적이고 가변적인 (물리적 · 사회적 · 심리적 · 이데올로기적) 행위자들의 '아상블라주assemblage'로 재구성한 존재론에서 발전해 나왔다. 많은 모빌리티 연구자들, 특히 문화지리학 분야 연구자들은 여러 흥미로운 방식으로 공간과 장소를 개념화했다. 팀 에덴서Tim Edensor가 제시한 "확장된 이동 공간extended mobile space"(예를 들어, 도로의 시공간적 이동 경로)도 그중 하나다(Edensor 2014). 에덴서의 연구는 일상생활의 '리듬'을 포착하려고 할 때 사람과 사물의 복잡한 매트릭스를 매우 자세하게 관찰하고 설명하는 현상학적 방법의 좋은 예다(Edensor 2003, 2010, 2011 참조).

텍스트 상의 인물을 연구하면서 인간 주체에 집중해 온 문학 연구자들에게는 이 대안적인 포스트휴머니즘 접근 방식이 매우 낯설고 직관적으로 이해하기 힘들 것이다. 그러나 SF 연구에서 STS와 포스트휴머니즘은 잘 자리를 잡았고(Hayles 1999 참조), 빅토리아 시대 연구는 최근 빌 브라운 Bill Brown의 "사물 이론thing theory"(Brown 2001)이 떠오르면서 '신유물론'으로의 전환을 겪었다. '분산 의식distributed consciousness'이라는 관점으로 텍스트에 접근하면 '시스템 기반'의 사회질서 안에서 인간 주체의 불확실성을 분명하게 포착할 수 있다는 장점을 가지며, 모빌리티 연구의 관점에서 볼 때에도 "이동하는〔인간의〕삶"(Elliott and Urry 2009)이 일상을 구성하는 다른 동물의 삶이나 기계, 상품, 서비스와 분리될 수 없다는 사실을 깨닫게 한다. 그렇지만 기억의 작용과 같은 인간 심리에 관심이 큰 우리에게, 어떤 사람이 처한 직접적인 사회역사적 맥락에서 주체의 '생산production'에 초점을 맞추는 접근 방식과, 평생에 걸친 주체의 통시적 변화를 조화시키는 것은 어려운 문제다.

린 피어스의 최근 연구(Pearce 2019)에서 보듯이, 주체 발전의 장기적인 모델에, 그리고 다양한 경험을 엮어 내는 '자아중심적' 이야기의 역할에 의존하지 않고 개인의 기억을 탐사하기는 힘들다. 의미심장하게도, 이 책에는 전적으로 포스트휴머니즘적인 관점에서 작성된 글은 없다. 여전히 개별 주체의 이동 경험이 분석의 중심 대상이기 때문이다. 하지만 SF와 자율주행차에 대한 로버트 브라운Robert Braun의 글에서처럼, 몇몇 글들은 최근의 STS 연구와 관련이 있으며 복잡한 사회경제학적 시스템과 '인간 이상의more-than-human' 행위자에 의해 이동 주체가 생성된다고 본다. 유사한 방식으로, 마이크 리먼Mike Lehman은 (장기 매매처럼) 신체 부위를 매개로 인간 주체가 세계로 유통되는 문제적 순환을 보여 주면서 사람과 상품의 흐름이 구분되지 않는 현대의 상황을 생생하게 드러낸다.

모빌리티와 국가

국가들 사이를 연결하거나 단절시키는 모빌리티의 역할은 모빌리티 연구 전반에서 두드러진 주제이다. 새로운 모빌리티 패러다임은 처음부터 "모빌리티를 통한 국가의 변화"(Hannam 외 2006)와 모빌리티가 "국가 이미지와 근대성에 대한 열망"에 영향을 미치는 방식을 고려하면서 출발했다. 교통 인프라가 국민국가의 사회적·정치적·경제적 구조 발전에서 수행하는 역할, 향상된 네트워크 역량이 국가 의식의 등장과 발전에 미치는 영향, 모빌리티가 국가의 상상과 국가의 문화적 이미지 구축에서 맡은 역할, 그리고 국민국가와 국제적 맥락 사이의 상호작용 및 교차, 초국가적인 사람·자본·문화의 흐름이 국가 건설과 인식에 미치는 영향 등이 논의되었다.

많은 국가에서 모더니티의 시작과 새로운 이동 기술의 등장은 국민국가의 발전과 동시에 발생했으며, 따라서 국가 개념은 국가가 연결되고 경험되고 횡단하는 모빌리티와 확고하게 결합된 것으로 나타났다(Urry 2007, Cresswell 2006). 19세기 유럽에서 철도와 같은 새로운 기술의 부상과 이를 통해 가능해진 국가 간 연결 가능성은 서로 인접한 국민국가의 현실과 상상 속의 의식 모두를 발전시키는 데에 결정적이었다(Urry 2007). 특히 빅토리아 시대의 영국에서 철도는 국가적 상상을 상징적으로 증폭시켰다(Mathieson 2015). 다른 지역에서는 그 연관성이 좀 더 복잡하고 역사적으로 다

양했다. 마리안 아귀아르가 논의한 바와 같이, 인도에서 "철도는 처음에
는 식민지, 이후에는 국가, 마지막으로는 글로벌 정체성을 보여 주는 일
종의 움직이는 극장이 되었다"(Aguiar 2011, xii). 이 책에서 사라 깁슨Sara Gibson
은 인종차별이 드러나는 공간인 남아프리카공화국 타운십 열차에서 나
타나는 국가 내부 정치를 검토한다.

다른 역사적 배경을 지닌 국가들에서는 다른 모빌리티들이 더 큰 상징
적 힘을 발휘했다. 미국에서는 아메리칸 드림의 자유와 해방이라는 이상
을 상징하는 국가적 상상력을 사로잡은 것이 바로 도로였다(Urry 2007; Edensor
2004). 크레스웰이 지적하는 바와 같이, 미국에서는 모빌리티와 자유가 결
합하면서 '시민권'이 신성한 것으로 받아들여지기 시작했으며, 이 책에
서 엘사 코트Elsa Court가 검토하듯이 "현대 세계 이데올로기의 기본이자
중심인 자유와 해방으로서의 모빌리티"(Cresswell 2006, 151) 개념이 이상화되어
나타났다. 철학자 폴 비릴리오Paul Virilio가 주장하듯이(2006, 61), '바다에 대
한 권리'나 '하늘에 대한 권리'처럼 모빌리티를 '권리'로 믿는 시각은 모빌
리티의 규제 · 금지 · 강요를 국민국가의 필연적인 귀결로 보는 정치적
범주에 각인되었다(Cresswell 2006, 27). 20세기를 거쳐 21세기에 이르기까지 모
빌리티의 국제주의는 국가지향적인 맥락과 교차하는 여러 서사들을 만
들어 냈다. 이 내러티브들은 때로는 문화횡단적인 교류 가능성을 수용하
고 때로는 모빌리티를 국가에 대한 위협으로 간주하기도 한다. 이 주제
는 파블리나 라디아Pavlina Radia의 논문이 다룬다.

문화적 실천이 논쟁하고 대립하는 것만이 아니라 구성하고 확인하는
내러티브를 제공하면서 국가 형성에 내재한다면, 문학 · 영화 · 예술 ·
문화에서 발견되는 모빌리티 탐색과 검토는 단순한 재현에 그치지 않

고 그 인식과 해석을 통해 국가의 생산에 기여하는 중요한 역할을 한다 (Merriman, Pearce 2017). 앞에서 자세히 설명한 이론적이고 비판적인 다양한 맥락을 포함하는 문화적 모빌리티는 국가를 구상하고, 소설과 영화 속 등장인물이 이동하는 국가 공간을 창조한다. 문화적 모빌리티는 누가 그 나라에 소속되며, 누가 그 나라를 여행할 권리가 있고, 어떻게 여행할 수 있는지를 묻는다. 그리고 인종·젠더·계급 측면에서 모빌리티의 사회적·정치적 범주를 검토할 공간을 제공하며, 국가가 만들어지는 국제적 맥락을 들여다보게 한다. 문학적 재현은 사회적 공간을 구성하는 "재현적 공간"의 일부를 형성하므로(Lefebvre 1991, 33-46) 국가 모빌리티의 상상 부분을 차지하며, 국가적 모빌리티들의 구성·상상·경합이 이루어지는 핵심 장소이기도 하다.

'모빌리티와 국가'에 포함된 논문들은, 빈틈없이 민주적으로 연결된 공간이라고 국가를 이상화하는 방식에 이의를 제기하는 문학의 역할에 특히 주목한다. 모빌리티가 연결되는 만큼 단절되는 방식은 사라 깁슨의 〈아파르트헤이트에 저항하는 철도:《스타프라이더》, 타운십 열차, 인종차별 모빌리티〉에서 두드러지는 주제이다. 철도는 남아프리카공화국의 국민국가 형성에서 연결고리 역할을 했지만, 그 안에 내재된 인종차별과 독특하고 복잡하게 얽히면서 아파르트헤이트 구조에 기여하고 나아가 그 구조를 강화했다. 깁슨이 주장하는 것처럼, 철도는 아파르트헤이트 남아프리카공화국의 인종차별 공간 역학의 일부로서 노동자들을 타운십에서 도시로 실어 나르는 통근 교통수단 역할을 했으며, 흑인 이주 노동자는 별도의 차량을 이용하게 하여 열차 그 자체에서도 인종분리를 구현했다. 깁슨이 말하는 인종화된 모빌리티 정치는 당시의 문학작품에서 복잡하게 드러난다. 《스타프라이더Staffrider》에 발표된 망고 샤방구Mango Tshabangu, 미리엄 틀랄리MiriamTlali, 마이클 사일루마Michael Siluma, 베렝 세투크Bereng Setuke의 단편소설들은 철도가 "아파르트헤이트에 대한 저항과 소외의 핵심 메타포로 기능"하는 방식을 보여 준다. 문학 텍스트는 아파르트헤이트의 부당함에 저항하는 강력한 장소였다.

모빌리티에 내재된 움직임이 기본적인 검토 대상이라 하더라도, 길 중간에 끼어 있는 멈춤의 장소가 갖는 중요성을 언급하는 이들도 많다. 존 어리가 모빌리티/계류장의 변증법mobility/moorings dialectic을 파악한 이래로(Urry 2003), 모빌리티를 확보하고 가능하게 하는 "이동하지 않는 특별한 장소인 플랫폼"(Hannam 외 2006, 3, Adey 2006)은 상당히 의미 있는 장소가 되었다. 미국의 도로변을 분석한 엘사 코트의 〈고정되어 있는 저속한 것들: 블라디미르 나보코프와 잭 케루악의 미국 모텔 재현 비교〉는 미국의 도로를 자유와 상상력의 상징으로 삼는 이데올로기가 드러나는 모텔의 역할에 주목한다. 코트는 20세기 미국의 위대한 로드 픽션인 잭 케루악Jack Kerouac의 《길 위에서On the Road》(1957)와 블라디미르 나보코프Vladimir Nabokov의 《롤리타Lolita》(1955)를 통해 정지해 있는 모텔이 "여행의 실패를 상징"하는 장소이지만, "내러티브의 중단과 실존에 대한 의심"이 전개될 수 있는 장소로서 강력한 가능성을 가지게 된다고 분석한다. 코트는 작가 나보코프의 트랜스내셔널한 모빌리티 덕에 《롤리타》에 이중으로 내재되어 있는 중단이 미국의 국가 신화를 새롭게 검토할 수 있는 독특한 위치를 제공한다고 본다.

나보코프의 트랜스내셔널한 이주는 국제 관광산업의 부상을 예고한다. 다른 모빌리티 양식과 마찬가지로, 관광은 해당 문화의 국가정치 구조에서 벗어나기 어렵다. 그중 가장 복잡한 교차점은, 충격적인 사건을 기념하는 동시에 '비탄이 스펙터클로 바뀐' 장소에서 행해지는 '죽음 관광death tourism'일 것이다. 파블리나 라디아의 〈정동적 잔인성의 동원: 현대 미국문화에서의 죽음 관광과 포스트메모리에의 도취〉는 추모의 장소에서 국가적 상상력과 정체성이 교차하는 방식을 예리하게 검토한다. 샬롬 오슬랜더Shalom Auslander의 《희망, 어느 비극적인 이야기Hope: A Tragedy》와 알리사 토레스Alissa torres의 《미국의 미망인American Widow》, 에이미 왈드먼Amy Waldman의 《굴복The Submission》 등의 문학 텍스트에 등장하는 미국 전쟁기념관이 그 대상이다. "여행과 의사소통은 '기억'의 적극적인 개발과 수행을 수반한다"(2006, 218)는 셸러와 어리의 인식을 기반으로, 라디아는 모빌리티와 정동의 교차점을 더 자세히 발전시킴으로써 모빌리티 연구에 새로운 관점을 제시한다. "기억은 모빌리티의 한 형태일 뿐만 아니라, 계속해서 동원되고 움직이는 과거의 물리적이고 조형적인 기념물로서, 기념관과 텍스트를 통해 지속되는 구체적 수행이다." 라디아의 논문은 생생한 경험과 문학적 재현 사이에 나타날 수 있는 대화를 잘 보여 주며, 이를 동일한 문화적 모빌리티 구조의 일부로 읽는다.

라디아의 논문은 과거 현재 미래의 모빌리티를 연결하는 지속적인 물리적 인프라, 국가를 구성하는 이동이라는 "적극적인 물리적 행위active material practices"(Massey 2005, 118), 하나의 문화적 순간에서 다음의 문화적 순간으로 형성되고 재구성되는 모빌리티의 상상적 개념화 등, 국가 형성에 영향을 미치는 교통과 모빌리티의 시간성에 주목하게 만든다. 이동적인 실천과 재현을 거치면서 국가가 지속적으로 재구성되고 재생되는 방식을 생각하게 하는 것이다. 이 실천과 재현은 국민국가와 그 국제적 맥락에 대한 지속적이고 이동적인 대화의 일환이다. 따라서 이러한 시각은 과거든 현재든, 국가적 상상의 구성과 발전에 참여하는 문학 텍스트의 적극적인 역할을 드러내며, 모빌리티 연구자들이 국가 모빌리티를 이해하고 개념화하게 돕는 풍부한 자료를 제공한다.

체화된 주체성

주관적이고 경험적인 실천인 모빌리티의 체화embodiment는 이 분야 연구의 핵심 주제이다. 실제로 체화는 움직임에서 중심적이고 피할 수 없는 요소이다. 어리는 다음과 같이 썼다.

> 이동은 항상 육체적인 움직임을 수반한다. … 신체는 몸으로 직접 느끼는 외부 세계와, 사회적 취향과 구별, 이데올로기와 의미를 나타내는, 담론적으로 매개되는 감각 풍경 사이에서 움직인다. 신체는 특히 움직일 때 감각한다. 신체는 관절과 근육, 힘줄 등에 등록된 움직임의 감각sensations of movement을 통해 신체가 공간에서 무엇을 하고 있는지 알려 주는 여섯 번째 감각인 운동미학kinaesthetics을 지니고 있다.[2007, 48]

모빌리티의 신체성에 주목한 이 시도는 페미니즘 지리학의 영향을 받았다. 페미니즘 지리학은 물리적·사회적·문화적 맥락의 상호작용에 따라 신체가 공간을 다르게 경험하는 여러 방식을 파악하려고 하면서, 신체가 사회적으로 생산된 공간 내의 한 장소라고 주장했다[Rose 1993,

Longhurst 1995, McDowell 1999). 이런 이론들과 새로운 모빌리티 패러다임이 낳은 이론들의 통합은 모빌리티가 '신체를 통해' 경험, 실행, 해석, 재현되는 방식이 모빌리티 학문의 최전선에 위치한다는 사실을 확인해 준다. 여기에는 모빌리티의 물리적 성질(신체가 어떻게 움직임과 변화를 생산하고, 공간 속을 움직이며 변화하는지)에 대한 이해와 움직임이 수행 · 경험 · 해석되는 방식에 영향을 미치는 사회문화적 맥락에 대한 관심이 포함된다 (Cresswell 1999, 2006, 2010).

이렇게 신체를 다시 중심에 놓는 방식은 많은 이론적 논쟁과 탐구를 촉발한다. 우선 신체는 이동의 물질적 경관 안에 속한다. 모빌리티를 통한 공간 생산에 참여하는 것이다. 이동이 "단지 공간을 가로질러 가는 것이 아니라 … 공간을 변화시키고, 공간이 계속해서 생산에 참여하도록 돕는"(Massey 2005, 118) "적극적인 물질적 실천"이라면, 신체는 공간에서 움직이면서 변화를 만들고 변화하면서 이 과정에 적극적으로 가담한다. 이렇게 보면 신체는 셸러와 어리의 말처럼 "장소와 움직임을 감지하고 정서 지리를 구성하는 효과적인 수단"이다(2006, 216).

모빌리티의 "정서지리학emotional geographies"(Davidson 외 2005 참조)은 주체성과 체화의 상호 관계, 예를 들어, 이동과 행위능력 간의 연결, 감정 · 지각 · 신체적 경험 간의 복잡한 중첩 등을 풍부하게 탐색하는 길을 열어 놓았다(Merriman 2012, Pearce 2014 참조). 신체 연구자들은 계급, 젠더, 인종, 섹슈얼리티 같은 요소가 이동에 미치는 미묘한 영향에 관심을 가지면서, 다양한 신체가 보편성에서 벗어나 다르게 움직이며 공간과 협상하는 방식을 더 잘 이해하게 되었다(Cresswell 1999, Uteng, Cresswell 2008). 이 책에서는 카이 싱 탄Kai Sing Tan의 논문이 이 주제를 다룬다.

인문학은 이 주제의 발전에 큰 도움을 주었다. 피터 메리만과 린 피어스가 최근에 말했듯이 "모빌리티를 다루는 인문학 연구와 예술을 관통하는 공통 주제가 있다면, '운동감각kinaesthesis'과 '운동미학kinaesthetics', 즉 움직임의 느낌과 미학이라고 할 수 있다"(2017, 6). 모빌리티가 감각적·미적 경험으로 어떻게 체화되는지, 그리고 다양한 문화적 텍스트와 실천에서 어떻게 재현되는지를 인문학자들이 탐구한다면 체화된 모빌리티 이론의 활용에 그치지 않고 그 발전에 기여할 수 있을 것이다. 문화적 분석과 창의적 실천은 움직임의 감각, 신체와 공간의 관계 같은 문제들의 개념적 이해를 풍부하게 하며, 모빌리티의 신체 현상학이 지니는 역사적·지리적 다양성을 설명해 준다(Bond 2018, Mathieson 2015). 체화된 모빌리티에 창의적으로 개입하려는 시도들은 형식적·미학적 층위에서 체화된 주체성을 수용하면서 모빌리티 연구의 실천과 글쓰기를 변화시키고 있다(Merriman 2017 참조).

누르 다카크Nour Dakkak의 〈E. M. 포스터의《하워즈 엔드》에 나타난 모빌리티, 주의력, 공감〉에서, 체화된 움직임의 경험은 역사적 변화의 순간에 날카롭게 부각된다. 다카크는 20세기 초, 다시 말해 자동차가 시공간을 새롭게 체화한 경험을 만들어 낸 시기에, 체화된 움직임의 묘사가 어떤 식으로 현대 모빌리티의 충격을 완화하는 수단을 제공하는지를 탐구한다. 다카크는 이러한 변화들이 자동차의 재현에서만 드러나는 것이 아니라 다른 교통수단의 묘사에서도 나타난다는 것을 보여 주면서,《하워즈 엔드》를 "근대적 모빌리티의 묘사를 통해서뿐만 아니라 새로운 테크놀로지가 가시화시켜 준 다른 유형의 움직임들을 찬미함으로써 모더니티를 드러내는" 텍스트로 평가한다. 따라서 체화된 모빌리티는 텍스트에서 지속되며, 등장인물의 공간적 움직임만이 아니라 "정체성, 개인적 관계, 소속감"과도 통합적으로 연결된다.

로만 카벨리크Roman Kabelik의 〈시점과 리듬의 서사적 감각:《젊은 베르테르의 슬픔》과《에피 브리스트》의 주체성 형성〉에서는 문학 텍스트의 미적 특성이 독자에게 "다양한 형태와 차원에서 모빌리티 감각과 느낌을 능동적으로 제공"하는 방식에 주목한다. 카벨리크는 두 편의 독일 소설《젊은 베르테르의 슬픔》(1774)과《에피 브리스트》(1895)를 독해하면서, 내러티브가 시점과 리듬을 활용하여 독자에게 모빌리티 경험을 전달하는 방법을 살펴봄으로써 "주체성을 동원하는 경험적 차원은 문학 텍스트에 숨겨진 코드가 아니라 텍스트와의 상호작용에서 생성된다"고 제안한다. 카벨리크는 주체성의 동원과 미적 형식의 복잡한 관계를, 동원되고 동원하는 경험인 문학 형식의 능력과 행동유도성affordances 개념에 대한 이해를 발전시키는 방식으로 설득력 있고 예리하게 설명한다.

2부의 마지막 장인 카이 싱 탄의 〈도시에서 달리기〉는 모빌리티, 체화, 형식 간의 관계를 창의적으로 검토하고 이를 연구 실천과 텍스트에 포함시킨다. 탄은 모빌리티 연구에서 걷기에 비해 상대적으로 주목받지 못했던 달리기의 중요성을 주장한다. 예술가이자 달리는 사람인 그는 자신의 실천과 비판적이고 이론적인 참여를 결합함으로써 도시를 체화하고 조사하는 이동 방식인 '예술적으로 달리기'를 탐구한다. 더 넓게 보면 그는 "다양한 신체가 있음을 인정하고, 달리기로 그들의 신체가 처한 위태롭고 취약한 상황을 드러내며, 글로벌 모빌리티가 어떻게 자리잡는지를 보여 주고, 새로운 방식을 모색"한다. 탄의 작업은 사람들이 자신들만의 고유한 전술과 "대응 능력"을 갖추게 하는 시험대이자 촉매제이며, '변화를 이끄는' 다양한 이동적 접근을 요청한다.

모빌리티의 체화된 주체성을 파고들기 위해서는 문학 문화 모빌리티를 이용해야 한다. 카벨리크가 독서의 동원된 경험을 연구하고, 다카크가 포스터 소설의 역사적 반응성을 조사한 사례에서 보듯이, 문학 문화 텍스트는 모빌리티의 재현에 그치는 것이 아니라 모빌리티 그 자체가 그 문화적 맥락에 따라 체화되고 주체적인 행위로 경험되는 방식의 필수적인 구성 요소이다.

이주의 지정학

3부의 핵심 주제는 이주의 지정학이다. 여기에서는 트랜스내셔널한 맥락에서 이동이 특정한 형태를 지니게 되는 방식에 주의를 기울인다. 여기에 실린 두 편의 글은 특히 트랜스내셔널한 노동, 상품의 이동, 난민 이주를 포함하는 현대의 글로벌 이동이 이동을 활성화하거나 저지하여 불균등한 글로벌경제에 미치는 영향에 주목한다. 이 글들은 주로 남반구와 북반구 간의 관계에 초점을 맞추고, 이 관계를 정교하게 파악하기 위해 문헌 자료를 참고한다. 이 작업들은 탈식민주의나 디아스포라 연구와 맞물리는 동시에, 존 어리, 미미 셸러, 피터 애디, 팀 크레스웰, 린 피어스, 피터 메리만 등의 모빌리티 연구를 활용한다(Urry 2007, Adey 2014, Adey 2010, Cresswell 2006, Merriman, Pearce 2017). 이제 이렇게 넓은 분야에 걸쳐 있는 내용의 맥락을 밝히고 서로 연결할 차례다.

"지배나 점유의 양식이 현재의 글로벌 세계의 토대를 놓았기" 때문에,

탈식민주의와 디아스포라 연구는 제국의 한 요소인 이동에 주목해 왔다 (Said 1993, 6). 에드워드 사이드Edward Said 같은 이들은 지배의 전 지구적 성격을 강조하고 통제의 벡터들을 정리했으나, 이동 자체가 식민주의의 권력구조를 강화하는 방식도 검토하였다. 제임스 클리포드James Clifford는 "이동 중 거주dwelling-in-travel"(Clifford 1997, 26) 개념을 정교화하고, 경제적 · 정치적 · 문화적 상호작용의 역사에 내재된 이동과 이식의 문화인 "불일치하는 코스모폴리타니즘 discrepant cosmopolitanisms"에 주목했다(36). 제국은 어떤 이들에게는 이전relocation을, 또 다른 이들에게는 추방dislocation을 제시한다. 세계 탐험과 식민지화는 무역로를 개척하고, 영토를 점령하고, 사람들을 그 공간 안팎으로 이동시키는 방식으로 제국주의가 가능하도록 만들었다. 아프리카 노예무역은 가장 큰 규모의 강제이주였다. 1,200만 명이 넘는 아프리카인이 아메리카로 끌려갔다.

폴 길로이Paul Gilroy는 아프리카 디아스포라 사람들이 겪은 추방과 근대성 자체의 근본적인 측면, 즉 유로아메리카 경제의 구성 요소인 '경로routes'와 '뿌리roots'에 주목했다(1995, 19). 선원과 군인, 식민지 관료들도 식민 확장의 일환으로 함께 이동하였고, 상인, 성직자, 아내, 유모, 매춘부, 학자, 여행객들도 마찬가지였다. 동시에 식민지인들은 연기 계약노동에서처럼 식민지 공간을 가로질러 유럽의 대도시 중심지로 모여들었다. 포스트식민주의 연구는 한때 제국의 역할에 대한 객관적인 관찰자로 여겨졌던 여행객들을 제국의 작동 내부에 배치했다. 에드워드 사이드는 오리엔탈리즘을 형성하는 "작품, 독자, 그리고 동양의 특정 측면 간 관계의 총체"의 일부인 기행문을 다루기도 했다(Said 1978, 28). "글쓰기와 여행은 항상 밀접하게 연결되어 있다"는 점에 주목한 피터 흄과 팀 영스는 일상생활을 담은 일상적인 기록에서 제국의 토대와 장소 간의 관계가 발견되는 양식이 기행문이라고 보았다(Hulme and Youngs 2002, 2).

제국의 모빌리티에는 사람뿐만 아니라 사물과 사상도 포함된다. 무역망은 전 세계로 뻗어 있었다. 향신료는 고대와 중세에 지중해와 아시아, 유럽 무역을 주도했다. 아편은 인도, 중국, 영국의 삼각무역으로 유통됐다. 식물, 광물, 동물, 심지어 사람까지 포함된 자연 표본이 아프리카, 아시아, 라틴아메리카에서 수집되어 유럽으로 옮겨졌다(Pratt 1992). 기술도 여행했다. 인도에 철도를 들여온 영국인들은 빅토리아 시대 영국에서 형성된 식민지 근대성도 가지고 왔다. 여기에 절대적인 형식은 없었다. "여행하는 근대성traveling modernity"(Aguiar 2011, 3)은 전 지구적 이동을 거치면서 새로운 형태를 취했다. 제국은 상품과 지식이 지구 곳곳으로 이동하게 했고, 이 과정에서 관련 모빌리티들은 식민주의 권력 역학 속에 자리잡게 되었다.

탈식민주의와 디아스포라 연구는 언제나 확장, 여행, 재배치, 추방 같은 구성적 경험을 중요시했지만, 주로 (발터 벤야민Walter Benjamin, 앙리 르페브르, 미셸 드 세르토의 철학에 기반한) 사회과학 분야에서 등장한 '모빌리티 전환'은 이동의 결과보다 이동 그 자체에 주의를 기울였다. 리사 말키Lisa H. Malkki는 난민 이주에서 '뿌리내림rootedness'이라는 개념에 도전했다(Malkki 1992). 캐런 캐플란Caren Kaplan은 인더팔 그레왈 Inderpal Grewal과 함께 여행 개념에 존재하는 권력 불평등을 밝히면서, 디아스포라를 트랜스내셔널리즘과의 역동적인 쌍방 관계로 정교화했다(Kaplan 1996, Grewal, Kaplan 1994 참조). 모빌리티 연구는 남반구의 관점에서 여행의 테크놀로지를 재고하는 기초를 마련했다. 아귀아르의 저서 《근대성의 궤도: 인도의 철도와 모빌리티 문화Tracking Modernity: India's Railway and the Culture of Mobility》
는 철도를 개념이자 재현 대상으로 해석하여 이동에서 나타나는 모더
니티의 변증법을 탐구했다. 로버트 아귀레Robert D. Aguirre는《모빌리티
와 모더니티: 19세기 앵글로아메리칸의 상상력에 나타난 파나마Mobility
and Modernity: Panama in the Nineteenth Century Anglo-American Imagination》에
서 파나마운하로 가능해진 모빌리티가 역설적으로 새로운 임모빌리티
immobilities를 만들어 냈다고 주장한다(2017). 반면 린지 그린 심스Lindsey B.
Green-Simms는 주로 유럽계 미국인의 맥락에서 자동차와 자동차 이동 문
화를 이해할 중요한 도구로서 개발된 용어인 자동차모빌리티automobility
개념을 아프리카 맥락에 적용하여 새로운 의미를 부여했다(2017). 마찬가
지로 스테파니 포사바디Stéphanie Ponsavady는 '모빌리티, 문학, 문화 연구'
총서 중 하나에서, 프랑스 식민지 인도차이나에서는 "자동차모빌리티의
체제, 경험, 재현이 정치적 · 사회적 · 심리학적 측면"을 가지고 있었고
"프랑스인들이 식민제국과 프랑스공화국에 대한 신념을 유지하는 데에
기여했다"고 주장한 바 있다(2018, 2).

　우리의 책에서, 사라 깁슨은 남아프리카공화국의 타운십 통근열차가
아파르트헤이트 정책 하에서 저항의 장소이자 통제의 장소였음을 보여
준다. 제국의 역사를 구성하는 다양한 전 지구적 이동을 파악하는 것은
유용하지만, 모든 종류의 이동을 동등하게 보는 것은 문제다. 특히 사람
들의 이동을 생각해 보면 그러하다. 노예 이주의 역사가 말해 주듯이, 모
든 종류의 전 지구적 이동이 자발적으로 이루어진 것은 아니다. 모든 사
람이 똑같이 자유롭게 이동할 수 있는 것도, 모든 사람이 이동을 원하는
것도 아니고, 새로 자리잡은 모든 사람이 새로운 공간과 동일한 관계를

맺는 것도 아니다.

전 지구적 이주 현상은 이동과 정지를 포함하며, 이 둘의 관계는 직접적으로 사회생활과 공간을 생산한다(Adey 2010). 자마이카 킨케이드Jamaica Kincaid의《작은 장소Small Place》〔한국어판 제목은 '카리브해의 어느 작은 섬'〕에 등장하는 사람들처럼 어떤 이들은 정체의 공간인 집에 머무르지만, 다른 사람들에게는 전 세계적 모빌리티가 새로운 경제적·사회적 기회를 창출한다(Kincaid 1988). 3부에 실린 두 글 모두 문학적 재현이 특징이다. 나딘 다카크에게 문학은 다른 이주노동 재현에서 보이지 않는 모빌리티와 임모빌리티 유형을 드러내는 토론의 공간을 제공한다. 반면 마이크 리먼Mike Lehman은 캐롤라인 버그발Caroline Bergvall의 시에 표현된 움직임의 미학을 통해 존재론을 재고하기 위해 메리만과 피어스(Merriman, Pearce 2017)가 발전시킨 운동미학kinaesthetics 개념을 사용한다.

나딘 다카크의 〈아랍 걸프 국가 문학에 나타난 이주노동, 임모빌리티, 불가시성〉은 글로벌 육체노동자의 이주가 모빌리티와 임모빌리티 형태의 공존이라는 특징을 지닌다고 주장한다. 다카크는 이 글에서 남아시아 지역에서 걸프 지역으로 이주한 노동자에 주목한다. 노동자가 국민국가의 혜택을 벗어나 체화된 노동 상품이 되면서, 흔히 주체적인 것으로 간주되는 이동 능력은 착취의 가능성으로 변모한다. 다카크에 따르면 "이주노동자의 신체가 이동적이면서 행위능력이 없다는 인식은 인력 수입과 수출 양쪽 기관 모두에게 매력적인 지점이다"(Nadeen Dakkak). 이 노동자들을 연구할 때 되풀이되기 쉬운 인식이다. 그러나 다카크는 글로벌한 노동 이동이라는 한 가지 관점에서만 모빌리티를 인식해서는 안 된다고 경고한다. 다른 관점에서 보면 노동자들은 정적인 존재다. 모빌리티로 인해 노동자들이 착취당할 수도 있지만, 트랜스내셔널한 모빌리티 능력은 노동력 수입국의 신체적·사회적 임모빌리티와 결합되어 있다는 지적이다. 후원자 계약이나 (전 고용주의 승인을 받아야 이직이 가능한) 카팔라 kafāla 제도 같은 제약으로 인해 걸프 지역의 이주노동자들은 이주국 내에서도 이동하지 못한다. 이 이동 능력의 결핍은 아이러니하게도 그들이 그 나라에 기초적인 생활 외의 다른 기반을 가질 수 없게 하여 뿌리내리지 못하게 만든다. 여기서 다카크는 각 사회마다 다르고, "모빌리티 체제에 대한 위치와 접근성 측면에서 장소 사이에, 사람들 사이에 상당한 불평등을 일으키는 효과가 있는"(Urry 2007, 51) 존 어리John Urry의 "모빌리티 체제Mobility system" 개념을 사용한다. 이 체제는 카팔라 같은 인프라일 수도 있고, 국가의 지시에 따라 국경 내에서 움직이거나 국경을 횡단하는 순환 체제일 수도 있다.

국경의 내부, 외부, 국경 사이의 이 흐름은 마이크 리먼의 글 〈인류애의 표류물: 육체, 국경, 연기된 미래〉의 주요 초점이다. 리먼은 어떤 국가에 속한다는 의식에서 모빌리티를 발견한다. 그는 시민권이 국경 내부에서, 또 안팎으로 이동할 권리로 나타나는 국가적 상상을 탐구한다. 이러한 상상은 국가 외부에 있는 사람들 중 일부를, 국가에 속할 완전한 자격을 갖출 수 없는 정체 상태에 갇히게 한다. 지리적으로는 국경을 넘어 망명을 신청할 수 있는 난민이, 그리고 상징적으로는 불법이민자라는 이유로 출국 및 입국이 거부된 여권을 가진 시민이 이 자격을 요구한다. 리먼은 트랜스내셔널리즘과 국경 연구(통행을 차단하는 국경이 그 자체로 연구할 가치가 있는 공간임을 인식하는 접근 방식)를 넘나들며 작업한다. 여기서 리먼은 토머스 네일Thomas Nail의 이주 이론에 근거하여 국경의 구조를 단순히 국가를 그려 내는 연속적인 선이 아니라, 구성 요소와 논리를 가진 실체라고 본다(Nail 2015). 리먼은 "이주자들이 항상 국가 안팎으로 이동하면서 영구적이고 정적인 구조를 유지하고, 지금의 국가 형태가 항상 전 세계적인 미래로 간주되는" 국가 자체를 재정의하는 것이 국경 공간에서 일어나는 이동, 이동의 결여, 선택적 이동이라고 주장한다. 이동의 종류를 더 주의 깊게 살펴보면, 이주자들이 정체 상태에 있더라도 모빌리티의 모든 측면이 정지되는 것은 아니다. 그는 국제적인 장기organ 거래에서 나타나는 신체 부위의 유통이나, 살아 있는 사람에게는 금지된 국경을 '폐기물'이 건너가는 방식 등에 주목한다. 지중해의 배에서 떨어져 '표류물'이 된 시체라는 신체 형태도 여기에 속한다. 이주의 지정학을 탐구한 나딘 다카크와 마이클 리먼의 작업은 첫째, 이동의 자유는 권력의 격차가 특징인 모빌리티 체제 속에서 정지된다는 것, 둘째, 이런 맥락에서 볼 때 이동 자체가 항상 자유를 가능하게 하는 것은 아니라는 점을 알게 해 준다.

모빌리티의 미래

2000년대 초반 모빌리티 패러다임이 도입된 이래(Sheller, Urry 2006), 모빌리티와 미래는 서로 떼어 놓을 수 없는 단어였다. 어느 정도는 연구비 지원을 결정하는 영국의 연구위원회research council가 시급한 사회 환경문제 연구를 선호하기 때문이기도 했겠지만, 모빌리티 연구는 지속가능한 교통, 도시 디자인, 기후변화의 영향, 그리고 이런 문제들의 해결책을 제공하는 신기술의 잠재력에 초점을 맞추면서 이미 많은 기여를 해 왔다.[1] 이 분야의 많은 사회학자와 지리학자들은 과거에 사회가 미래와의 관계를 어떻게 '관리'하려 했는지를 파악하고 그 당시에 전망했던 미래와 오늘날의 상황을 비교하려면 예전의 문학 텍스트가 유용하다는 사실을 잘 알고 있다. 실제로 고故 존 어리의 저서 《미래란 무엇인가?What Is the Future?》(2016)의 서론은 토머스 모어의 작품에서부터 20세기 SF 작품들에 이르는 문학과 영화의 유토피아와 디스토피아를 검토하는 방식으로 "과거의 미래"에 초점을 맞춘다. 어리는 다음과 같이 마무리한다.

미래가 우리를 위해 무엇을 준비하고 있는지 '아는 것'은 불가능하지만, 대부분의 사회는 그 인식된 미래가 신의 손에 달려 있든 인간의 손에 달려 있든 관계없이 미래를 예측하고, 이야기하고, 어떤 의미에서 알 수 있는 절차와 담론을 개발했다. 사람들은 미래를 상상하고, 예측하고, 점치고, 예언하고, 이야기해 왔다. '과거의 미래'라 할 수 있는, 과거에 행해진 미래 예측은 이후의 미래 예측에 몇 가지 용어와 쟁점을 제공한다.(Urry 2016, 32)

이 책에서 '모빌리티의 미래'를 다루는 글들 역시 같은 목적으로 문학과 영화를 활용한다.

SF 장르건 그렇지 않건 간에, 미래를 상상하는 텍스트들은 일상을 낯설게 만들고 형식적 실험을 시도하며 때로는 급진적인 정치적 비전을 제

---

[1] 랭커스터대학의 영국 연구위원회의 지원을 받은 최근의 모빌리티 관련 연구들은 해당 웹사이트에서 확인할 수 있다. CeMoRe [Centre for Mobilities Research] (https://www.lancaster.ac.uk/cemore/), DEMAND [Dynamics of Energy, Mobility and Demand](https://demand.ac.uk/)

시해 문학·문화 연구자들을 오랫동안 매료시켜 왔다. 미래의 교통이라는 주제에도 여러 가지 복잡한 사회적 관심사가 관련되어 있다. 닐 아처 Neil Archer와 로버트 브라운Robert Braun, 우나 브로건Una Brogan은 존 어리의 기획을 따라서, (산업혁명기부터 최근의 수십 년간에 이르는) 과거에 생산된 텍스트의 미래 상상에 초점을 맞춘다. 이 상상들은 유토피아적인 신기술(특히 자전거와 자동차)을 제시하거나, 이 혁신이 우리를 어디로 이끌 것인지를 염려하는 디스토피아적 '조기경보시스템'을 내세워 교통의 미래를 예측하고 구체화하려고 했다.

우나 브로건의 〈자전거 타기와 서사 구조〉는 19세기 말 발표된 유쾌한 두 텍스트, H. G. 웰스의 《우연의 바퀴들The Wheels of Chance》(1896)과 모리스 르블랑Maurice Leblanc의 《이것은 날개다Voici des Ailes》(1898)를 다룬다. 브로건은 자전거 타기가 낳은 시간과 공간의 재구성(예를 들어 속도의 변화, 정지 능력, 급작스런 방향 전환 등)이 텍스트 자체의 서사적 실험과 연결될 수 있다고 주장한다. 브로건에 따르면 "웰스와 르블랑은 자전거 여행의 리듬과 중단에 따라 소설을 구조화하거나 멈추는 다양하고 새로운 방법들을 실험한다". 자전거 여행이라는 새로운 신체 경험을 포착하는 두 소설은 이후 20세기 초에 나타날 자동차 관련 소설들의 선례이기도 하다(Merriman 2012, Pearce 2016, Nour Dakkak in this volume 참조). 웰스와 르블랑은 이 흥미진진하고 새로운 시간성과 감각을 이야기의 중심에 있는 커플들의 "구애 보조물"로 활용한다. 다양한 교통수단이 친밀한 개인적 관계를 생성, 개발, 유지하는 데에 어떤 도움이 되는지를 두고 최근의 모빌리티 연구에서 벌어지는 논쟁을 내다본 셈이다(Bissell 2018, Pearce 2019 참조).

로버트 브라운의 〈자율주행차: SF에서 지속가능한 미래까지〉는 20세기 초의 문학 텍스트인 데이비드 H. 켈러David H. Keller의 〈살아 있는 기계The Living Machine〉와 아이작 아시모프Isasc Asimov의 〈샐리Sally〉를 분석하면서, '무인 자동차'가 실용적이고 미래에도 지속가능한 교통수단이 되려면 어떤 변화가 있어야 하는지를 다룬다. 브러건과 브라운의 두 글은 모두 흥미롭지만, 브로건과 달리 브라운은 텍스트 자체를 새롭게 읽는 방식을 제시하기보다는 모빌리티 논쟁에 문학을 활용한다. 브라운은 예전의 SF에서 자율주행 차량의 재현이 갖는 한계를 비판하면서, 루이 알튀세르Louis Althusser의 '이데올로기적 국가장치Ideological State Apparatus' 개념을 참고하여, 역사적으로 볼 때 완전히 작동하는 통합적인 교통 시스템에는 전혀 관심이 없는 다양한 자본주의적 기구들(정유업계나 자동차 제조사, 로봇 산업)에 자동차모빌리티의 '사회기술적 상상력'이 통합되어 왔다는 것을 예증한다. 그는 이렇게 결론 내린다. "자율주행 커넥티드 차량의 혁신적 특성은, 운전자가 없다는 점이 아니라 '자동차모빌리티 체제'에서 급진적으로 재개념화된 포스트모빌리티의 사회적·지리학적 영역으로 전환할 수 있는 잠재력이다". 방법론적인 면에서, 브라운의 글은 문학 텍스트가 사회과학 분야의 연구와 정책 결정에 어떤 도움이 되는지를 잘 보여 주는 예다.

닐 아처는 〈SF영화와 로드무비: 낯설게 만드는 이동적 시선〉에서, 텍스트 자료(여기에서는 최근의 SF로드무비)가 모빌리티 논의에 기여하게 만드는 것이 글의 목적이라고 밝히고 있다. 《모빌리티Mobilities》 특별호에 기고한 〈모빌리티와 인문학Mobility and the Humanities〉(2017)에서 논의한 내용을 기반으로, 아처는 매체로서의 영화에 대한 더 세련된 서사학적이고 포괄적인 지식이 사회적·정치적 사유에 이용될 때 새로운 층위의 복잠성과 깨달음이 영화 텍스트에 대한 참여에 더해진다고 본다. 아처에 따르면, 어리와 같은 모빌리티 연구자들이 20세기와 21세기 문화를 분석하면서 영화를 자주 언급하기는 하지만《미래란 무엇인가》(Urry 2016), 이는 주제에만 집중하는 초보적인 접근 방식이다. 아처는 〈칠드런 오브 맨 Children of Men〉(2006), 〈몬스터즈Monsters〉(2010), 〈28일 후Twenty Eight Days Later〉(2002)와 같은 디스토피아적 로드무비들의 복합적인 정치적 메시지는 "다른 방식으로 바라보는" 급진적인 실험에서 나타난다고 주장한다. 감독들이 곧 다가올 미래의 환경재앙을 배경으로 자동차모빌리티를 탐구하는 방법에 주목하면서, 아처는 인류가 자동차에 집착하는 모습을 포착하기 위해 사용되는 미묘하면서도 아이러니한 영화 기법을 찾아낸다. 〈칠드런 오브 맨〉에서 종말을 맞아 텅 비어 버린 황폐한 풍경은 주인공이 탄 탈출용 차량에 부착된 모바일 카메라에 담긴다(물론 이 탈출 차량이 내뿜는 매연도 그들이 떠도는 종말 이후의 풍경에 책임이 있다). 〈28일 후〉와 마찬가지로 여기에서 도로 여행이라는 탈출 판타지는 전복된다. 브로건, 브라운, 아처의 논의는 모두 예술, 특히 문학과 영화가 (인간, 사회, 기술에 관한) 사회적 모빌리티 연구에 기여할 뿐만 아니라 인문학 연구자들의 '자세히 읽기close reading'가 어떻게 그러한 텍스트 사용을 풍부하게 할 수 있는지를 보여 준다. 이러한 방법론적 차이, 즉 텍스트 자료가 '데이터' 측면에서 나타내는 것과 그 안에서 발견할 수 있는 비판적 접근 사이의 인식은 학제간 모빌리티 연구에 참여하는 모든 연구자들에게 매우 중요한 요소이다.

'미래'라는 주제로 다시 돌아가 보면, 여기에 실린 글들은 기술 발전이 가져온 자동차모빌리티에 주목하면서 20세기 교통혁명이 사회와 문화에 아주 오랫동안 영향을 미치고 있는 이유를 따진다(Mom 2015 참조). 브로건이 살핀 작가인 웰스와 르블랑은 자전거가 가능하게 한 자율성을 친밀한 관계의 영역으로까지 확대한다. 특히 르블랑의 텍스트는 구애와 결혼이 훨씬 자유로운 미래 사회까지 내다본다. 사실 세 글의 핵심은 모두 20세기 자동차모빌리티가 약속한 개인의 자유이다. 아처와 브라운의 글은 그 때문에 자동차의 혜택을 옹호하는 뿌리 깊게 자리잡은 문제적 이데올로기의 고착을 지적한다. 자동차는 오랫동안 '자유'와 '미래'의 강력한 상징으로 기능해 왔기 때문에, 자동차가 없는 미래도 자동차가 나타내는 가치가 존재하지 않는 미래의 대안도 상상하기 어렵다. 브라운의 글이 주장하는 바와 같이 "자동차 너머로" 옮겨 가려면 상상력의 비약이 필요하며, (걷기와 자전거 타기도 마찬가지이지만) 자동차모빌리티가 'a'에서 'b'로 이동하는 단순한 문제가 아니라는 사실을 깨달아야 한다. 피어스가 이전에 주장했던 것처럼(Pearce 2016, 2017), 21세기의 주체들은 어쩔 수 없이 어떤 교통수단을 선택하는 것이 아니라 독립적인 의사결정을 포기하는 것이다. 우리가 개인 모빌리티를 비롯한 일상에서 자동화를 얼마나 더 받아들일 준비가 되어있는지는 아직 더 지켜보아야 할 문제다.

결론

이 책은 모든 종류의 모빌리티에 대한 문학, 영화, 문화적 재현과 체화를 담은 흥미진진한 아카이브이다. 앞에서 언급했듯이 이 책에 실린 논문들은 텍스트 비평가의 자세한 읽기 기술이 여러 학문 영역들을 넘어서는 모빌리티 연구 맥락 속에서 자료의 가치를 끌어올리는 방식을 보여 준다. 우리는 이 책이 이주, 추방, 여행, 지속가능한 교통, 문화유산과 환경보호 등의 시급한 현안들을 협의해야 하는 정치적 필요가 너무나 간절한 이 시기에 학제간 대화를 도울 수 있기를 바란다. '모빌리티'라는 용어를 지리학자나 사회과학자들과는 조금 다른 의미로 이해하는 경향이 있었던 문학 연구자들도 2006년에 셸러와 어리가 개념화한 모빌리티 패러다임(Sheller, Urry 2006)에 기대는 연구들과 적극적인 대화를 하게 될 것이다.

인간과 비인간을 포함한 일상의 모든 곳에 모빌리티가 얽혀 있다는 사실에 주목하고, 하나의 변화가 다른 변화로 이어진다는 사실을 깨닫는 일은 우리 모두에게 유익하다. 문학과 역사 텍스트는 수백 년 동안 이 복잡한 상호작용을 기록해 왔으며, 인간 주체가 과거의 모빌리티 변화를 어떻게 몸으로 경험했는지, 그리고 모빌리티가 우리의 의식과 무의식에, 기억과 미래를 향한 환상에 어떻게 영향을 미쳤는지를 알게 해 준다. 이 책에는 '모빌리티 전환'이라는 변곡점을 막 넘어온 뛰어난 연구 결과들이 담겨 있다.

[1부]

모빌리티와 국가

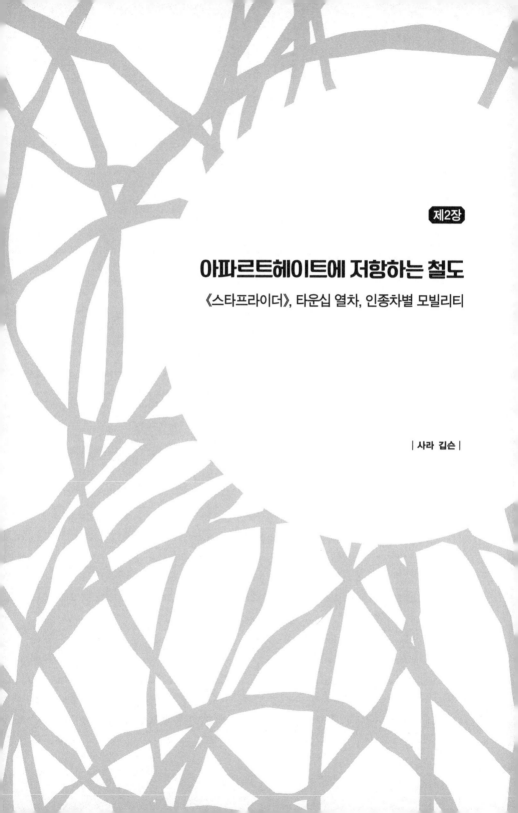

제2장

아파르트헤이트에 저항하는 철도

《스타프라이더》, 타운십 열차, 인종차별 모빌리티

| 사라 깁슨 |

국가로서의 남아프리카공화국은 엠페케인Mfecane,[1] 유럽 국가들의 식민지화, 그레이트 트렉The Great Trek,[2] 이주노동 등의 "모빌리티(이주) 과정"에서 생겨났다(Nuttall 2004, 735). 남아프리카공화국의 건립은 근본적으로 "보이는 그리고 보이지 않는 모빌리티의 역사"이다(Nyamnjoh 2013, 660). 이 글에서는 아파르트헤이트 시기에 흑인 이주노동자들이 타운십Township〔남아공 내 흑인 거주지역〕과 도시 사이를 매일같이 보이지 않게 이용했던 철도 모빌리티를 탐사해 볼 것이다. 철도를 이용한 이동은 남아공의 "인종차별 모빌리티"와 "남아공 일상에서 모빌리티가 갖는 중요성"을 잘 보여 준다(Pirie 2015, 40).

아파르트헤이트가 행해지던 1948년부터 1994년까지 남아공 타운십은 '백인'들이 거주하는 도시로부터 떨어져서 흑인들만 거주하도록 정해진 정체 지역, 즉 모빌리티가 없는 공간이었다. 반면 남아공의 경제는 도시의 '단기 체류자'인, 타운십에서 도시로 출근하는 흑인들의 모빌리티에 전적으로 의존했고, 흑인들의 출퇴근은 공공 교통 시스템과 통근용 철도를 통해 가능했다. 타운십 열차는 아파르트헤이트 남아공의 인종분리 도시를 실현하는 "결정적인 힘"이었다(Pirie 1987, 283). 약 150만 명의 흑인 이주노동자들이 타운십과 도시 중심지를 매일같이 오가게 해 준 이 일상의

---

1 (옮긴이) '디파퀘인Difaqane' 또는 '리파퀘인Lifaquane'으로 불리기도 하는 엠페케인은 "부서짐, 흩어짐 강제이주, 강제 분산"을 의미한다. 남아프리카에 있는 거대 화산의 폭발로 사회적 · 정치적 불안정성이 생겨나고, 19세기 초(1815~1840년) 아프리카 지역에서 일련의 전쟁이 발생하며 원주민들이 강제로 이주하면서 이 시기를 엠페케인이라고 부르게 되었다. 특히 이 기간에 여러 원주민 부족들 간의 분쟁으로 원주민들의 강제이주가 연쇄적으로 일어나며 거대한 줄루국이 탄생했다.

2 (옮긴이) 아프리카 대륙 남단에 거주하던 네덜란드어 사용자들이 영국의 식민통치에서 벗어나고자 서아프리카의 내륙 지역으로 마차를 타고 이주한 사건. 후에 이들이 거주하던 지역 일부가 현재의 남아프리카공화국에 속하게 된다.

통근 모빌리티는 아파르트헤이트 인종차별 모빌리티 정책의 규제와 이에 대한 저항의 핵심에 자리하게 되었다[Pirie 1992b, 175, McCaul 1991, Witulski 1986].[3]

이 장에서는 남아공의 잡지 《스타프라이더Staffrider》와 '스타프라이더 시리즈Staffrider Series'에 나타난 남아공 타운십 열차의 상징적인 의미를 살펴볼 예정이다. 이 책들은 모두 1972년에 문을 연 요하네스버그의 라반 출판사Ravan Press에서 출간된 것으로, 라반사는 "비판적, 창의적, 사회참여적" 입장을 지니고 있었다[Moss 1997, 18]. 라반사는 "새롭거나 사회적으로 소외된 목소리를 담아내고 남아공 문화를 위해 새로운 길을 모색하는 데에 앞장서는 진보적 출판사"라는 입장을 표명했다[Penfold 2017, 48]. 《스타프라이더》는 1978년부터 1993년까지 권당 4호씩 11권이 발간되었다. '스타프라이더 시리즈'는 1979년부터 1986년까지 장편소설, 단편소설, 문학선집, 시집 등 총 28권의 염가 문고본으로 출판되었다. 대중적 역사서, 사회문제를 다룬 에세이, 사진, 미술작품, 시, 소설, 희곡과 같은 전통적인 문학 장르 등이 담긴[Oliphant 1992, 99] 《스타프라이더》와 '스타프라이더 시리즈'는 공식적인 아파르트헤이트 미디어들이 내놓은 내러티브에 대한 "저항 담론"을 마련하는 데에 그치지 않고, "시스템에 의해 보이지 않는 존재가 되어 버린 자들이 미디어와 문화의 생산에 기여할 수 있는 공간"을 만들었다[Manase 2005, 56].

《스타프라이더》의 성격은 다음 진술에 잘 나타난다.

3　타운십 철도 공급은 1902년부터 1960년대까지 남아프리카에서 세 가지 개발 단계로 진행됐다. 타운십과 철도는 분명히 동시에 개발되었지만, "통합적이고 조화로운 국가적 계획"은 존재한 적이 없었다[Pirie 987, 293].

미도우랜즈Meadowlands와 모닝사이드Morningside에 대한 이야기가 같은 페이지에 나오며, 시인인 더글러스 리빙스턴Douglas Livingstone이 살던 더반 이야기에 이어 작가인 망고 샤방구Mango Tshabangu가 살던 자바부에 대한 이야기가 바로 옆 페이지에 나오는 남아프리카공화국. 이 단순한 생각이 주는 울림을 다시 느끼기는 불가능하지만, 공간이 나뉘어 있던 아파르트헤이트 하에서는 큰 힘이 되었다. 이 최초의 이상주의적 제스처에 힘입어, 이 잡지는 소설과 자서전, 글과 말, 서정적인 시와 사회적 다큐멘터리 등의 경계를 넘나들었다.(Vladislavic 2008)

그렇게 책들의 페이지 속에서, 그리고 남아공 국가 안에서 《스타프라이더》는 경계를 넘었다.

타운십이라는 공간은 "남아공의 사회적 상상력 안에 깊숙이 자리잡"[Mbembe 외 . 2008, 239]았고, 이 글에서 초점을 맞출 대상은 바로 타운십 열차이다. 타운십 열차는 "남아공 사회의 축소판으로 비유"[Wade 1994, 78]될 만큼 남아공에서 문화적으로 매우 중요했다[Barnard 2007, 7]. 특히 《스타프라이더》가 가장 중요하게 중점을 둔 부분은 "매일매일 타운십 열차를 타고 다니면서 마주치는 난관들"[Manase 2005, 56-57]이었다. 남아공 문학작품에 나타난 열차에 관한 분석은 주로 시 분야에서 이루어졌지만[McClintock 1987, Wright 2010, 2011, Jones 2016], 여기에서는 진실과 허구의 경계를 넘나드는 '팩션faction'과 단편소설을 주로 다루어 보고자 한다[Zander 1999].[4]

---

4 1970년대 남아공의 새로운 흑인문학 작가들은 검열을 우회하고자 주로 시를 썼다[Zander 1999, 15]. 단기간에 쓸 수 있다는 점 때문에 시와 단편소설은 인기 있는 장르였다[Mzamane 1977; Trump 1988].

남아공 혹인 작가들은 특히 열차나 철도역 같은 "공공장소"를 단편소설의 주요 배경으로 삼았다[Trump 1988, 44]. 이 논문은 특히 《스타프라이더》와 연관된 단편소설들인 망고 샤방구의 〈열차 안에서의 생각Thoughts in a Train〉, 마이클 실루마Michael Siluma 의 〈날레디 열차Naledi Train〉(1978), 베렝 세투케Bereng Setuke의 〈두마니Dumani〉(1980), 미리엄 틀랄리Miriam Tlali 의 〈푸드-우--우-아Fud-u-u-a〉(1989)를 분석할 예정이다. 《스타프라이더》는 "기록"과 "허구" 장르를 넘나드는 특징이 있었고[Vaughan 1984, 200], 이 단편소설들은 모두 저널리즘과 창의적 글쓰기의 중간에 위치했다[Seroke 1981, 42].

이 작품들은 모두 요하네스버그의 파크역과 소웨토Soweto 타운십 사이의 통근에 초점을 맞춰 남아공의 "철도 아파르트헤이트"라는 상징을 비판적이면서도 창의적으로 다룸으로써 아파르트헤이트의 탈선을 꾀한다[Pirie 1989]. 여기에 나타난 "철도 기반 모빌리티"[Urry 2007, 91]와 차별적인 타운십 열차[Mom et al. 2009, 30]는 남아공 아파르트헤이트 시기, '이동의 근대성 mobile modernity'을 상반되게 재현한다. 타운십 열차의 "무임승차"[Fraser and Spalding 2012]가 어떻게 아파르트헤이트에 대한 소외와 저항의 메타포로 작용하는지 탐구하고 그 "차별을 읽고 써 내려감으로써"[Fraser and Spalding 2012], 《스타프라이더》는 당시의 국가적 상상을 지배한 인종억압적인 아파르트헤이트 구조에 저항rail against한다.[5]

---

5 명사 rail은 "열차 바퀴의 방향을 잡고 주행의 표면 역할을 하는, 선로나 도로에 부설되는 한 쌍의 평행 막대 중 하나"라는 뜻이지만, 동사로는 "심하게 또는 격렬하게 항의하다"라는 의미다[Collins English Dictionary 1999].

남아프리카공화국의 철도

철도는 "산업자본주의 발전과 국가적 국제적 공간의 형성에서 근본적인 역할"을 수행했다(Lefebvre 2003, 212). 국가라는 상상의 공동체는 "미디어를 통한 의사소통뿐 아니라 철도와 같은 실질적인 연결과 이동"(Morley 2000, 34)을 통해 만들어질 수 있다. 19세기 영국에서 철도는 사람과 화물, 물자 등을 이동시키면서 전국이 연결되는 사회를 만들어 "국가적 공동체와 정체성의 새로운 시대"(Mathieson 2015, 6)의 시작을 알렸다. 이와 비슷하게, 남아공인들이 이동하며 서로 연결된 국민들의 일부라는 경험을 하게 한 철도는 국민의식을 발전시켰다.

철도는 "근대 세계를 정의하는 기술"(Revill 2011, 8)이 되었다. 19세기에 철도가 생겨나면서 말 그대로 "모빌리티 혁명revolution for mobility"(Thomas 2014, 215)이 일어나게 된 것이다. 철도라는 "기계들의 합주"(Schivelbusch 198)는 과거의 교통수단과는 달리 길과 교통수단을 합쳐서 분리할 수 없는 것으로 만들었다. 철도 시스템은 "시간, 공간, 일상의 주변"(Urry 2007, 92)에 혁신을 가져왔으며, 이로 인해 열차의 객실과 기차역이라는 새로운 공공장소, 사교의 장이 등장하게 되었다(Urry 2007, 104).

이 "철도 모빌리티 시스템"은 "대중들의 이동에 새로운 시간, 공간, 사회적 만남"이 생겨나게 했다(Urry 2007, 91). "철도railway"는 레일에 기반한 모빌리티를 뜻하며 승객, 열차, 경관을 포함한다(Mom et al. 2009, 30). 철도는 중요한 여러 변화를 가져왔다. 철도는 주변의 자연을 평면으로 만들었다. 승객은 그 공간을 가로질러 간다. 차창밖으로는 풍경이 스쳐 지나간다. 좁은 객실 공간에서 낯선 사람들과 가까이 앉아야 한다. 열차시간표는 시간을 표준화했다(Urry 1994, 119; Schivelbusch 1986). 철도 시스템은 철도 노선 상의 특정 장소만을 표시하는 철도 지도가 만들어 낸 '철도 공간'과, 철도 시간표가 규정하고 체계화한 '철도 시간'의 질서에 따르는 승객에게 통합된 국가를 제시해 주었다(Mathieson 2015, 8). 철도의 등장은 영국이나 유럽, 미국에서는 대부분 19세기에 일어났지만, 아프리카나 인도, 남미 지역에서는 20세기 초반에 일어난 현상이다(Urry 2007, 93; Wolmar 2009).

남아공 지역에서 1880~90년대 이후에야 본격적으로 부설되기 시작한 철도는 남아공 성립에 중요한 역할을 했다(McCracken, Teer-Tomaselli 2013, 427). 남아프리카 연방을 탄생시킨 1909년 남아프리카법South Africa Act에 따라 SARSouth African Railways, CGRCape South African Railway과 NGRNatal Government Railways가 합병되면서 만들어진 NSARCNetherlands South African Railway Company(Foster 2008, 202)은 1922년에 SAR&HSouth African Railways and Harbours이 되었다. 사실 철도는 "사회변화의 도구"(Foster 2008, 202)이기도 했다. 이전 세기에는 케이프 콜로니Cape of Good Hope, 나탈Natal, 오렌지리버 콜로니Orange River Colony, 트란스발주써로 각각 나뉘었던 식민지가 철도를 통해 경제적·사회적으로 통합되었다. 철도는 20세기 초, "발전하는 백인국가의 도상학적 상징"이 되었다(Forster 2008, 203).

1920년대 요하네스버그에 SAR&H의 본부가 세워지면서 케이프타운이나 더반 등의 식민지 항구도시가 아닌 비트바테르스란트⁶가 남아공 경제의 중심지가 되었다(Forster 2008, 204). 요하네스버그의 중심 기차역은 파크

---

6 (옮긴이) 남아프리카공화국 하우텡주에 속하는 비트바테르스란트Witwatersrand는 1860년대에 금광이 발견되면서 현재 남아공 최대 도시인 요하네스버그의 기초가 되었다.

역Park Station이다. 1890년 '파크 헬트Park Helt'역은 복스버그Boksburg-브람폰테인Braamfontein 노선에서 최초로 승강 시설을 갖춘 역이 되었고, 1894년에는 파크역으로 이름을 바꾸었다(Jackson 1952, 167). 1897년 파크역은 "암스테르담 국제박람회장에서 가져온 인상적인 강철과 유리 구조를 뽐내면서, 역무실과 승객 시설을 모두 수용할 만큼 넓은 공간을 자랑"(Klintworth 1975, 324)할 수 있게 되었다. 빅토리아풍 건물이었던 파크역은 1930년대의 건설 붐에 힘입어 제라드 모딕Gerard Moerdijk과 고든 리스 Gordon Leith가 디자인한 복합 역사驛舍로 변신했다(Kruger 2013, 12). 파크역의 현대식 역사 건설은 "국민국가 건설에서 SAR&H가 지닌 힘을 선언"(Foster 2008, 204)한 것이기도 했다.

남아공에 철도가 자리를 잡으면서 "문화적 근대성이 발현"(Wright 2010, 3)되기 시작했다. 철도는 산업화, 도시화, 식민지화의 "강력하면서도 다면적인 상징"(Wade 1994, 76)이 되었다. 철도와 같은 교통 시스템의 역사는 남아공에서처럼 "백인 이주민 국가의 인종과 모빌리티 관계를 생각해 보는 중요한 출발점"(Nicholson, Sheller 2016, 5)이다. 철도를 식민지 역사와 지형에서 떼어 놓고 보기란 불가능하다. 식민지 확장과 철도의 발전은 합리성, 기술의 진보, 특권적인 모빌리티 형식으로 간주되는 문화적 모더니티를 과시하는 일이었다(Aguiar 2011). 프란츠 파농Frantz Fanon은 "숲을 가로질러 철로를 내고 배수로를 만드는 것과 원주민 사회의 정치적·경제적 상황을 외면하는 것은 사실상 동일한 일"(Fanon 2001, 201)이라고 한 바 있다. 20세기 초 남아프리카에서 철도는 "철도 제국주의railway imperialism"(Davis 외. 1991)의 결과로 나타났다. 그러나 "철도 아파르트헤이트railway apartheid"(Pirie 1992a)로의 전환은 특정한 정치적 순간에 남아공의 국가적·문화적 정체성 상상에서 철도가 갖는 의미가 변화했음을 보여 준다. 철도는 남아공의 문화적 상상 속에서, 국가 정체성과 소속감의 신화를 만들어 내거나 이를 비판하는 방법으로 이용되었다.

남아공의 인종차별 모빌리티

남아공 아파르트헤이트의 사회적 · 문화적 맥락에서 철도 모빌리티는 "모빌리티 정치"(Cresswell 2006, 2010)를 잘 보여 준다. 모빌리티 정치는 "모빌리티가 사회적인 관계를 생산하기도 하고 그 관계들로 생산되기도 하는 방식"(Cresswell 2010, 21)을 말한다. 모빌리티의 "권력의 기하학power geometry"[7]은 "누가 움직이고 누가 움직이지 않는가의 문제뿐만 아니라 … 흐름과 이동의 권력 문제까지 모두 포함한다. … 모빌리티와 모빌리티에 대한 통제는 모두 권력을 반영할 뿐만 아니라 강화"(Massey 1994, 149-150)한다. 실제로 모빌리티의 "권력의 기하학"은 "인종차별적인 모빌리티 정치"(Nicholson, Sheller 2016, 4)가 등장한 남아공 아파르트헤이트 시기에 분명하게 나타났다. "모빌리티의 인종화racialization of mobility"는 철도와 같은 모빌리티 제도와 실천이 인종차별에 이용된 방식을 가리킨다(Seiler 2009, 232). 인종정치는 "모

7　(옮긴이) 도린 메시Doreen Massey는 1991년에 발표한 글 〈A Global Sense of Space〉에서 "권력의 기하학"을 논했다. 메시는 개인이나 집단이 이동할 권한이 있느냐 없느냐에 따라 여타 다른 권력에 대한 접근 가능성도 결정된다고 본다. 예컨대 브라질의 슬럼가인 파벨라는 세계적인 축구선수들을 배출하고 삼바음악으로 유명한 지역이지만, 세계적인 이동에서 제외되면서 그들만의 지역으로 갇혀 버렸다. 메시는 '권력의 기하학'이라는 용어로 시공간적 제약으로 인해 '세계화'가 어떤 방식으로 사람들에게 영향을 미치는지를 설명한다.

빌리티의 관리와 관련된" 인종 기획racial project[8]으로서, 아파르트헤이트의 모빌리티적 불평등과 부당함을 드러낸다(Sheller 2018, 57).

"새로운 모빌리티 패러다임"(Sheller, Urry 2006)은 "특정 지역에 불평등한 모빌리티가 집약적으로 위치하게 된 상이한 역사적 배경과 모빌리티가 어떻게 서로 연관되는지"(Sheller, Urry 2016, 12)를 이해하도록 도움을 주지만, "글로벌 노스Global North에 기반하는 이론"(Pirie 2009, 21)이라는 비판을 받아 왔다. 이 글에서는 요하네스버그와 소웨토(주로 흑인들이 거주하는 요하네스버그 타운십 지역) 지역을 왕복하는 타운십 열차의 인종 모빌리티 정치에 주목하여 "글로벌 사우스 도시의 맥락에서 모빌리티를 이해"(Priya Uteng, Lucas 2018, 2)해야 한다는 요청에 답하고자 한다.[9]

1948년 국민당National Party이 선거에서 승리하면서 등장한 아파르트헤이트 이데올로기의 레토릭은 아프리카너Afrikaner[10] 민족주의자들의 부상에 호소했다(Dubow 2014, 16). "아파르트헤이트"는 일종의 신조어로 "거리두기"나 "분리"라는 뜻으로 번역할 수 있다(Dubow 2014, 10). 하지만 남아공에서의 아파르트헤이트는 "제도화된 인종차별의 언어적 표현"으로 "남아공 국민을 각각의 인종으로 세분할 수 있게 체제 전반에 걸쳐 법적으로 규정한 구

---

8 (옮긴이) 인종 기획은 미국의 사회학자 마이클 오미Michael Omi와 하워드 위넌트Howard Winant가 인종 형성이론을 전개하면서 발전시킨 개념으로, 인종이란 민족이나 계급으로 대체될 수 없으며 특정 사회집단이 패권을 확보하려는 정치적 기획에 따라 형성된 것이라고 본다.

9 글로벌 사우스Global South는 고대 세계, 동양, 원시적 세계, 제3세계, 저개발 세계, 개발도상국 등으로 다양하게 불린, 역사적으로 비서구 지역으로 알려진 지역을 뜻한다(Comaroff and Comaroff 2012, 1). 인종적 모빌리티 연구들은 전차, 버스, 증기선, 철도에서 아프리카계 미국인의 인종분리를 강제한 미국의 짐 크로Jim Crow법에 주목해 왔다(Pirie 2015, 39; Richter 2005).

10 (옮긴이) 남아공 민족주의자 집단으로 17세기 네덜란드, 독일, 프랑스 정착자들의 후손이 주를 이룬다. 아프리카인 및 아시아인과 교류하면서 자신들만의 언어와 문화를 발전시켰다.

조"에 해당한다[Freuh 2003, 41]. 인구규제법Population Registration Act(1950)과 지역 격리법 Group Areas Act(1950), 원주민법Natives Act(1952),[11] 원주민 거주제한 수정법안Native Laws Amendment Act(1952)[지역격리법의 일부를 수정, 도심지역에 흑인이 영구 거주할 수 있는 권리를 제한], 반투 교육법Bantu Education Act(1953)[흑인 학생들의 교육 기회와 흑인 학교의 재정을 제한하는 법. Black Education Act], 편의시설이용 분리법안Reservation of Separate Amenities Act(1953)[공공건물 및 차량, 공공서비스에서 흑인을 차별하는 법안] 등은 모두 아파르트헤이트 이데올로기의 핵심을 이룬다[Guelke 2005, 84]. 즉, 아파르트헤이트는 "교육, 고용, 모빌리티 전반을 통제"하여 남아공에 인종차별을 성공적으로 제도화했다[Freuh 2003, 43]. "아프리카 원주민들의 모빌리티"를 지배하는 이 법들은 "유입통제influx control"[아파르트헤이트 시기, 도심지역에서 흑인들의 이동을 제한하려 부과된 강력한 제재를 통칭]라고 불렸다[Harber 2018, 160].

인구규제법(1950)은 백인들(유럽인)과 아프리카인(반투족 또는 흑인), 유색인종을 "인종분리가 되도록 강제로 구분한 법"[Christopher 1994, 101]이다. 지역격리법(1950)은 "전 도시에서 다양한 인종의 공간적 분리"[Christopher 1994, 102]를 가능하게 했다. 특히 지역격리법은 아프리카 흑인들의 거주지를 도시 외곽이나 도시에서 벗어난 변두리 거주지, 반투스탄Bantustan[12] 같은 농촌지역으로 제한했다. 지역 격리법 이후 흑인과 유색인종, 남아시

---

11 (옮긴이) 1910년대부터 남아공의 16세 이상 흑인과 이민자들은 특정 지역을 지나려면 통행증(신분증)을 소지해야 했으며, 거주지역이 제한되었다. 1952년에 폐지되었지만 1982년에 이르러서야 실질적으로 폐기되었다.
12 (옮긴이) 반투스탄 또는 흑인 홈랜드Black African homeland는 아파르트헤이트 정책의 하나로 남아프리카공화국과 그들의 통치 아래 있던 남서아프리카(현재의 나미비아)에 설치된 흑인 거주 구역이다. 남아프리카에 10곳, 남서아프리카에 10곳이 있었다.

아 출신의 남아공 주민들은 강제적으로 도심에서 쫓겨났다. 아파르트헤이트가 행해지는 도시는 백인 정착자와 흑인 원주민들이 거주하는 "각각의 구역으로 나뉘었다"(Fanon 2001, 29).

　타운십은 흑인 이주노동자들을 위해 조성된 도시 거주 지역으로, 보통은 도시 중심지를 벗어난 곳에 위치하며 도시에 필요한 값싼 노동력을 제공하는 수단으로 만들어졌다. "통제 목적으로 과학적으로 계획된 제도적 공간"(Mbembe 2003, 26)인 타운십은 아파르트헤이트 이데올로기의 구체적이면서 실질적인 모습이라 할 수 있다. 지역격리위원회Group Areas Board는 "각 인종들은 적절한 완충지역을 통해 서로 분리되어야 한다. 철도나 도로, 강, 시내, 산등성이와 같은 가능한 한 모든 형태의 분리수단을 통해 분리가 이루어져야 한다"(Floyd 1960, 205)고 강조했다. 이러한 완충지역은 "이동의 장벽으로 작용했으며 사회적으로도 상호 간의 접근을 차단"(Christopher 1994, 103)하는 역할을 했다. 그렇게 철도는 타운십과 도시 외곽의 흑인 거주자들을 제한하는 구체적 장벽 역할을 하면서, 동시에 타운십과 도시를 연결하는 일상의 이동 공간을 가능케 했다. 또한, 철도는 각기 분리된 승객들에게 이동 경로와 열차의 통로를 제공하여 사람들이 서로 다른 인종차별 공간을 통과할 수 있는 방법을 만들어 냈다(Pirie 2015, 44).

　공공장소에서의 분리는 인종 간의 사회적 교류를 엄격하게 제한했다. 남아공에서는 1948년부터 "오로지 백인들만 버스와 기차, 마차, 앰뷸런스, 공원의 벤치를 이용했고, 바닷가 해안과 풀장, 도서관, 공공건물 화장실과 엘리베이터를 탈 수 있"었다(Guelke 2005, 27). 1949년 철도 및 항구 이용 수정법안Railway and Harbours Amendment Act은 "열차 내에서의 인종분리를 시행"(Simons, Simons 1969, 604)했으며, 1953년에 제정된 편의시설이용 분리법안은 "백인과 다른 유색인종 간의 사회적 환경을 분리"(Christopher 1994, 142)했다. 1953년에 이 법안을 도입하면서 당시 법무부 장관이었던 찰스 로버츠 스와트C. R. Swart는 다음과 같이 철도 분리법안의 정당성을 강조했다.

유럽인이 학교에서 비유럽인 옆자리에 앉아야 할 경우, 기차역에서 유럽인이 비유럽인과 대기실을 같이 이용해야 할 경우, 유럽인이 비유럽인과 열차를 같이 이용해야 할 경우, 유럽인이 비유럽인과 같은 호텔에 숙박해야 할 경우, 결국에는 혼혈인이 생겨날 가능성이 아주 높다(Christopher 1994, 5).

서로 분리된 도시 공간은 1953년에 제정된 편의시설이용 분리법안으로 "철도 아파르트헤이트railway apartheid" 형태로 열차 안에서도 그대로 나타나게 되었다(Pirie 1989, 183). 이 법안이 통과되면서 열차와 기차역은 "각기 다른 배경을 가진 인종들이 조우하는 공공장소에서 제외"됐으며, "갈 길 바쁜 남아공 국민들은 이동하면서 다른 사람들과 인사를 나누고 어울릴 수 있는 기회를 완전히 잃게 되었다"(Pirie 2015, 42). 인종별로 다른 객차에 탑승해야 했고, 기차역 또한 요하네스버그 통근열차 시스템 전체에 걸쳐서 플랫폼부터 기차역 건물까지 백인과 유색인종이 나뉘어 인종분리가 강화하도록 설계되었다(Revill 2012, 143). 요하네스버그의 파크역은 "인종분리를 가장 대표적으로 보여 주는 기념비적 건물 중 하나"이다(Richards, MacKenzie 1986, 91). 1952년에 기차역을 새로 설계할 당시, "교외 지역 비유럽인용 교통편은 유럽인용과 비슷한 수로 배치되어야 함"(Jackson 1952, 174)이라고 명시되었다.

1952년 원주민법에 따르면 "도심 흑인 유입 통제가 가능"(Davenport, Saunders 2000, 390)하도록 모든 아프리카인은 통행증을 소지해야만 했다. 통행법Pass

Laws은 이동의 자유를 제한하고 통제하며, 흑인들을 "단기 체류자"[Guelke 2005, 28]로 간주하여 도심 공간에 머무는 시간을 제한한다는 점에서 흑인들의 "공간 모빌리티"[Dubow 2014, 12]를 통제하는 것이었다. 이러한 통행 시스템에는 두 가지 상반된 목적이 있었다. 아프리카 흑인들을 도심에서 제한하려는 "배제의 필요성exclusionary need"과, 동시에 도심 내에서 필요한 이주자들의 값싼 노동력을 확보해야 하는 "포용의 필요성inclusionary need"이다[Savage 1986, 181].

"교묘하게 뒤틀린 도시화의 한 형태"[Pirie 1992b, 173]를 보여 주는 공간공학 개념이 담긴 아파르트헤이트 관련 법들은 통근열차 건설과 통근열차 비용 보조금으로 실현될 대중교통 시스템을 필요로 했다.[13] 통근열차는 "인종분리 도시를 구체화"[Pirie 1987, 283]하는 중요한 힘으로 작용했다. 유입 통제 관련 법들이 아프리카 흑인들의 모빌리티를 통제하고 제한하려는 시도였다면, 인종적으로 분리된 객실과 복도에서 "사람들이 시키는 대로 움직이게 할"[Harber 2018, 160] 방법도 있어야 했다. 아파르트헤이트 시기의 "통근 문제the commuting conundrum"[McCaul 1991]였다.

유입 통제가 이동의 자유에 제한을 가하기는 했지만, 타운십 거주자에게 모빌리티는 매일매일 일어나는 일이었다. 철도가 기술이자 이동의 도구라면, 이동 자체는 이미 철도 선로로 정해져 있었다. 미셸 드 세르토

---

13 남아공 타운십 철도 개발은 교통부, 남아프리카교통국, 지자체에서 지원하는 통근비 보조금에 의존했다[McCaul 1991, 218]. 통근commute이라는 단어는 정기적으로 기차로 출근했던 19세기 미국인들의 요금 지불 형태에서 유래되었다[Aldred 2014, 450]. 남아공 철도는 일반적으로 흑인 이주노동력의 두 가지 통근 유형과 연관되어 있다. 하나는 비도시 거주지와 광산 사이의 장거리 통근이며, 또 하나는 타운십과 도심 간의 일일 단거리 통근이다[Pirie 1992b, 174].

Michel de Certeau가 철도는 "움직이는 감옥"이며 열차 객차는 "감옥의 부품"이라고 묘사한 대로, 타운십 열차는 철도 시스템 자체를 가장 잘 보여 준다(de Certeau 1984, 111). 집과 직장을 오가는 거리상의 문제, 다른 출퇴근용 교통수단이 없는 상태에서 낮은 임금을 받는 문제 등이 복합적으로 작용하면서 타운십 거주자들은 대중교통을 이용하는 "포로captive user"와 같은 존재가 되었다(Pirie 1986, 42). 구획된 아파르트헤이트 도시에서 원주민들은 "임모빌리티immobility"라는 형벌을 받아 "구금"되었다(Fanon 2001, 40). 남아공의 원주민들은 아파르트헤이트의 인종차별제도 속에 투옥되어 갇혔다.

도시와 타운십 사이의 통근에서 나타난 인종적 모빌리티 정치를 "모빌리티 특권privileged form of mobility"(Edensor 2011, 189, Aldred 2014) 개념과 비슷하다고 볼 수는 없다. 남아공의 흑인 이주노동자 대부분은 타운십 주변부 지역으로 강제로 옮겨 갈 수밖에 없었기 때문에 매일매일의 출퇴근은 "모빌리티 특권"이 아니라 강요된 유폐된 모빌리티였다. 타운십 거주자들이 일상에서 경험하는 열차 이용은 '여행travel' 인 동시에 '고행travail'이었다.[14] 직장을 출퇴근하는 행위는 확실한 근대적 루틴이다. 여기서 통근 시간은 "자유 시간을 줄이는 대신에 해야 하는 추가 노동"이며(Debord 2006, 59), 이는 "시간 강박compulsive time"(Lefebvre 1971, 53)의 등장과도 관련된다. 일상의 출퇴근은 열차 안의 승객을 객체화, 비인간화해서, 존 러스킨John Ruskin이 19세기에 말했듯이 "여행을 하는 인간을 살아 있는 짐 꾸러미"로 만든다(Schivelbusch

---

14 여행travel은 일반적으로 어떤 여정에 오른다는 의미지만, 그 어원이 "노동, 수고, 고통, 문제'를 뜻하는 travail이므로 고통이나 노동을 연상시키기도 한다(Kaplan 2003, 208).

1986, 121). 이 현상은 통근이 인종차별적 모빌리티의 실행이었던 20세기 남아공에서 더 확대되었다. 하지만 객차, 통로, 시간표의 제약을 받으며 열차에 의존하는 흑인 통근자들에게도 저항의 기회는 있었다. 흑인 통근자들은 "의식이 없는 단순한 화물"이 아니었으며, 그들의 대중교통 이용 경험은 "획일적이고 수동적인 모빌리티 그 이상"이었다(Pirie 1992b, 173).

열차는 매일 행해지는 출퇴근의 일부였고, 철로는 타운십과 도심을 연결하는 "탯줄과도 같"았다(Kiernan 1977, 215). 열차는 타운십 거주자들의 일상이었지만, 동시에 항상 아파르트헤이트의 인종차별을 상기시키는 대상이었다. 열차는 시간 및 속도와 관련된 산업기술의 상징이었지만, 또한 일과가 끝나면 도심에서 벗어난다는 점에서 백인 구역으로부터의 배제를 상징했다. 열차는 남아공 정부가 행하는 백인의 흑인 지배를 상징했고 출퇴근에서 경험하는 흑인들의 무기력과 의존을, 또 언제 일어날지 모르는 사고 및 범죄와 관련된 위험을 의미했다(Kiernan 1977, 215-216). 열차는 "한 곳에서 다른 한 곳으로 이동하는 수단만이 아닌, 남아공의 흑인 이주노동자, 즉 외국인이라는 흑인의 지위"를 제공했다(Vaughan 1984, 198-199). 따라서 대중교통수단인 철도는 남아공에 근대화가 도래했음을 나타냄과 동시에 차별과 종속을 뜻했다(Pirie 1992b, 177).

철도는 "타운십의 역사지리학에서 모호하고 다양한 역할"을 맡았다(Pirie 1987, 293). 열차는 "타운십과 도심 간의 이동에서 중요한 의미"(Mbembe 외 2008, 246)를 지니게 되었다. "아프리카 근대성의 문화적 역설을 보여 주는 주인공"은 '산책자flâneur'가 아니라 바로 "흑인 이주노동자"(Mbembe, Nuttall 2008, 23)였고, 열차를 타고 여행하는 경험은 "아프리카의 도시성을 나타내는 주요 이미지"(Kruger 2013, 74)였다. 철도는 남아공에서 근대화와 도시화가 인종차별을 만들어 낸 방식을 보여 주는 핵심적인 표상이 되었으며, 타운십 열차를 이용해서 출퇴근하는 이주노동자들의 이미지는 점차 남아공의 문화적 이미지에서 반反아파르트헤이트 운동을 이끄는 중심이 되었다.

《스타프라이더》, 아파르트헤이트에 저항하기

《스타프라이더》는 1976년 6월 소웨토 봉기 2년 후인 1978년에 출간됐다.[15] 지역사회를 기반으로 한 잡지의 필요성을 느끼던 마이크 커크우드 Mike Kirkwood와 무토비 무틀로트세Muthobi Mutloatse가 이 잡지를 창간했다. 이후 아파르트헤이트에 반대하는 정치조직이나 문화단체의 조직이 금지되면서(Oliphant 1990, 358), 《스타프라이더》는 남아공에서 "가장 성공한 문화잡지 중 하나"(Oliphant, Vladislavic 1988, viii)가 되었다. 이 잡지는 "소웨토 시대를 대표하는 최고의 문예지"로 "흑인의식운동Black Consciousness Movement[16] 이 절정에 달했던 시기를 상징"(Mzamane 1991, 182)한다.

흑인의식운동의 영향을 받은 《스타프라이더》와 '스타프라이더 시리즈'의 출판은 "흑인성Blackness의 긍정적 이미지"(Gqola 2001a, 132)를 강조하면서 "사회적 변혁을 낳는 역할"(Gqola 2001b, 32)을 맡게 되었다. 무틀로트세가

---

15 소웨토는 남아프리카에서 가장 큰 타운십이다. 요하네스버그 서부의 타운십들(남서부 타운십)이 1963년에 한데 묶여 '소웨토'로 불리게 되었다(Pirie 2016). 학교에서 아프리칸스어Afrikaans를 사용하게 하는 정책에 반대해 일어난 1976년의 소웨토 학생봉기는 아파르트헤이트에 대한 저항의 기념비적 순간으로 기억되고 있다(Kruger 2013, 96).

16 (옮긴이) 1970년대 남아공에서 전개된 운동. '흑인성'이라는 근원으로 되돌아가 흑인으로서의 긍지와 자각을 찾고, 정신적 자립·자조를 이룩해야 한다고 주장했다.

밝힌 바와 같이 "흑인 사회는 '흑인이 흑인에 대해 '의미 있는' 글을 쓰는 데에 … 굶주려 있으며, 글을 쓰도록 기꺼이 도울 준비가 되"(Mutloatse 1980, 1) 어 있었다.《스타프라이더》는 "창의적인 작가들에게 사람들이 자신들의 자산을 빌려 준 것이 흑인문학"이며 "스타프라이더[17]가 가장 바라는 바는 풍요로운 우리 흑인들의 유산을 다시 사람들에게 돌려주는 것"이라는 모토를 내걸었다(Mutloatse 1980, 6).

남아공에서 흑인의식운동 관련 글들은 대부분 "의식 개혁, 두려움의 극복, 흑인의 자부심을 세우는 것"(Mzamane, Howarth 2000, 176)에 중점을 두었으며,《스타프라이더》에서 주요 주제로 다루는 "흑인성, 억압에 대한 저항, 사랑"(Vaughan 1984, 197)은 바로 이 목표를 반영했다. 출판된 글들은 "사람들의 목소리"이며, 동시에 "그러한 목소리의 비판적인 활동"이다(Vaughan 1985, 196). "타운십의 흑인 독자들"(Vaughan 1985, 195)과 그들이 날마다 경험하는 일들이 《스타프라이더》와 '스타프라이더 시리즈'에 담겨 독자들에게 전해졌다. 《스타프라이더》의 선명성은 "지역사회에 기반한 새로운 문학이 힘을 내게 해 주었고, 작가와 지역사회, 일반 독자를 연결하는 중요한 방법"이 되었다(Editorial 1978, 1).《스타프라이더》의 글쓰기는 "'국가' 개념을 계속적으로 재규정하면서 결국에는 흑인들이 남아프리카공화국 문학을 새로 쓰는 방법을 제시"했다(Penfold 2017, 3).

《스타프라이더》는 처음부터 "치밀한 저항과 공동체의 미학"(McClintock 1987, 599)을 고양시키면서 기존의 문학 기준과 전통적인 출판 및 배급 방식

---

17 (옮긴이) 스타프라이더는 무임승차를 하는 가벼운 범법자를 이르는 말이지만,《스타프라이더》에서 언급하는 스타프라이더는 아파르트헤이트에 거스르는 인물이라는 함의가 있다.

에 맞섰다. 이러한 저항의 미학은 매거진과 책 시리즈의 제목에 반영됐다. 《스타프라이더》창간호는 이렇게 설명한다.

스타프라이더는 그저 가벼운 도둑놈이다. 그리스신화의 헤르메스나 로마신화의 머큐리 같은 신화 속 신들의 사자使者처럼 손버릇이 나쁘고 발은 빠른 그런 존재임이 분명하다. 꽤나 유능한 광대이자 소식을 전달해 주는 쓸모 있는 사람이지만 소문은 그다지 좋지 않은 그런 존재다. … 그를 좋아하든 싫어하든, 스타프라이더는 1970년대 후반의 빠르고 위험한 열차에 동승한 참여자이고 우리가 함께하는 역사의 한 국면이다.(Editorial 1978, 1)

마이크 커크우드가 설명하는 것처럼, 스타프라이더는 "빠르고 사람들이 꽉 들어찬 위험한 열차 안에 올라타서 타운십에서 도시 중심으로 오가는 열차 안에서 의자 양옆의 손잡이에 매달리거나 열차 지붕 위로 올라타거나 승객들에게 불편함을 주는 그런 사람이다. 즉, 움직이며 소식을 전달하는 사람이다"(Kirkwood 1980, 23). 스타프라이더는 "자유와 저항의 완벽한 본보기"를 보여 주는 "새로운 질서의 상징"이다(Pirie 1992b, 176). 이동하는 스타프라이더의 모습에 분명하게 구현된 자유와 저항은 잡지 이름 선정에도 영향을 주었다. "우리는 스타프라이더가 법으로 누렸던 자유와 검열 시스템으로 우리 잡지가 누렸으면 하는 자유를 비교하게 된다"(Kirkwood 1980, 23).

1979년 《스타프라이더》에 발표한 글에서 시인 마피카 그왈라Mafika Gwala는 흑인들의 글쓰기는 "빈민가의 삶이 지닌 복잡한 속성"에 중점을 두고 있으며 "그 지역 본연의 문화 속에서 긍정적인 가치를 깨달"을 수 있도록 자극한다고 서술했다[Gwala 1979, 55]. 그왈라의 논의에서 가장 눈에 띄는 표현은, 타운십과 도심을 오가는 "사람들로 미어터지는 빈민가 열차"[Gwala 1979, 55]다. 《스타프라이더》는 타운십 주민들이 일상에서 경험하는 일에 주목했고, 소설가 은자불로 엔데벨Njabulo Ndebel이 말한 "평범함의 재발견"[Ndebele 1986]과 남아공 문학에서의 "민중적 리얼리즘populist realism"[Vaughan 1982, 121]을 이끌었다. 단편소설은 끊임없이 이어지는 억압의 경험과 파열의 위협을 잘 전달해 주는 장르이다. "타운십의 일상에서 괴로운 이동은 일반적인 조건이다"[Vaughan 1982, 128]. "출퇴근travel"이 "흑인 사회에 만연한 경험"이며 특히 남아공 내에서 "억압과 착취라는 특정한 조건"과 밀접한 관계가 있다는 점에서, 《스타프라이더》에서 이를 핵심 주제로 삼았다는 사실은 상당한 의미가 있다[Vaughan 1984, 198-199].

스타프라이더라는 형상에는 많은 비평적 관심이 쏠렸지만[Vaughan 1984, 1985, Gqola 2001b], 아파르트헤이트 시기 "철도 모빌리티 체제"[Urry 2007, 91]과 "열차 이용"[Mom 등, 2009, 30] 경험이 《스타프라이더》와 '스타프라이더 시리즈'에서 어떤 식으로 상상·재현·협상되었는지는 많이 논의되지 않았다. 열차를 다룬 작품들은 아파르트헤이트 기간 동안 "철도가 날줄과 씨줄처럼 수백만 흑인의 일상이 되고 있는 것과 마찬가지로 남아공 문학산업 전반에 널리 퍼져 있었"[Alvarez 1996, 102-103]던 것과 달리, 이 타운십 열차를 이용해 출퇴근하는 사용자들의 모습을 재현하는 데에는 크게 관심을 보이지 않았다. "좌절하거나 주눅 들어 있거나 멍한 모습"[Edensor 2011, 189]을 보여 주는 열차 통근자들의 경험은 스타프라이더가 대변하는 적극적으로 저항하고 버텨 내는 인물들과 대비되면서 외면당했다. 단조롭고 지루한 일상의 출퇴근 모습은 "통근 자체가 이해하기 어려운 것이 되어 버린 것"[Pirie 1993,

713-14)처럼 그들의 경험을 아예 보이지 않게 만들어 버렸다. 이제부터 분석할 네 편의 소설은 모두 요하네스버그와 소웨토를 오가는 경험에 중점을 두고 있으며, 특히 타운십 열차를 이용해 통근하는 이들의 체화된 경험을 재현한다.

〈열차에서의 사색〉

망고 샤방구의 단편소설 〈열차에서의 사색Thoughts in a Train〉은 《스타프라이더》 1권 2호(1978)에 실린 작품이다. 요하네스버그와 소웨토를 오가는 통근자이자 화자인 인물의 1인칭 시점으로 진행된다. 이 행로는 아파르트헤이트의 인종화된 공간적 구조를 포괄적으로 반영한다. 샤방구는 자신의 열차 이동을 서술하면서 동시에 도심지역을 이동하는 친구 음송이Msongi와 게자니Gezani의 경험도 서술한다. 철도 모빌리티는 요하네스버그의 교외 지역을 걸어가는 보행자들의 모빌리티와 병치된다. 화자의 생각은 열차 객차에서 도심으로, 다시 또 철도에서 보행으로 이동한다. 이런 다양한 모빌리티들은 아파르트헤이트를 구축하고 공포와 관련된 정서지리학emotional geography[18]을 통해 아프리카인들의 종족민족주의의 발생과 관련된 백인 담론을 확보하고 정당화하는 인종 모빌리티 정치에 주목하게 한다. 공포의 문화정치cultural politics는 신체, 장소, 모빌리티 정

---

[18] (옮긴이) 정서지리학은 인간의 신체 및 정서와 지리적인 장소와의 관계 및 상황, 환경 등의 주제를 다루는 분야이다. 특히 인간의 정서가 주변 환경과 어떤 관계를 갖고 영향을 미치는지를 파악하는 일에 중점을 둔다.

치와 연관이 있다(Ahmed 2004, 70).[19]

샤방구는 열차가 산업화를 상징하는 기계라고 생각한다. 화자는 열차를 자연 속에 자리잡은 낯선 외래종으로 묘사하면서 "이것들"이라고 부른다(Tshabangu 1978, 27). 이 작품은 승객이 꽉 들어찬 열차를 배경으로 삼아 "도심을 오가는 흑인들의 일상 경험을 질병의 증상처럼 표현"(Vaughan 1982, 129)한다. 사람들이 숨 막히도록 빽빽하게 들어찬 열차를 타고 출퇴근하는 일상 경험은 타운십 열차의 통근자들이 억압받고 감금된 모습을 보여주면서, "자유롭지 못한 영혼을 육체가 버텨"(Tshabangu 1978) 내는 상황을 그린다. 열차의 객차를 묘사하면서 샤방구는 미어터지는 열차를 타고 가는 낯선 이들과의 밀착과 신체적 불편을 특히 강조한다. "우리는 아주 괴상한 자세로 차 안에 끼여 서 있어야 했다. 다리 하나는 바닥에 닿지도 못하고 팔은 어디 손잡이라도 있으면 잡으려고 몸을 비틀고 있는 다른 사람의 팔에 눌려 허공에 뜬 채였다. 나는 몸이 비틀린 채 그렇게 버티고 있었다"(Tshabangu 1978, 27). 열차 안은 사람들로 꽉 차서 마치 "정어리통조림 공장에서 보이지 않는 직원이 일을 하고 있는 것 같았다"(Tshabangu 1978, 27). 은유적으로 보자면, 열차를 타고 통근하는 사람들은 쉽게 움직이지 못할 정도로 통조림통 속에 꽉꽉 채워 넣어진 정어리였으며, 열차는 산업화된 깡통이었다. 승객들은 열차라는 강철 구조물에 실려 강제로 옮겨지는, 인간성이 배제된 사물일 뿐이다.

흑인들을 실어 나르는 타운십 열차는 백인 교외 거주자들이 이용하는

---

19 사라 아메드Sara Ahmed(2004)는 기차에서 "저기 봐, 깜둥이야Look, a Negro!"라는 외침을 들은 프란츠 파농의 서술을 자세히 분석한다(Fanon 2008, 84).

열차와 대조되었다. "우리는 그들이 탄 열차와 같은 방향으로 나란히 지나가거나 또는 반대 방향으로 빠르게 스쳐 지나갔다[Tshabangu 1978]." 같은 방향으로 나란히 움직이는 열차는 아파르트헤이트가 만들어 낸 두 개의 길을 반영한다. 혼잡한 타운십 열차가 사람들로 미어터지는 곳이라면, 백인들의 열차는 남아공의 권력을 쥔 자들이 언제나 선택할 수 있는 모빌리티를 반영하듯 "거의 항상 자리가 넉넉하게 남아 있"[Tshabangu 1978]었다. 흑인 승객들은 사람들로 꽉 찬 열차 안에서 괴상하고 우스꽝스러운 자세로 서 있어야 했고, 백인 승객들은 "좌석에 편안하게 자리를 잡고 앉아"[Tshabangu 1978] 있었다.

흑인 이주노동 체제가 강요하는 착취는 열차라는 공간적 제약으로도 현실화하지만 출퇴근 시간에도 나타난다. 타운십 사람들에게, 출퇴근 시간은 이 강요된 통근 때문에 그들의 시간이 얼마나 낭비되고 저평가되고 있는지를 생각하게 하는 수사적 질문의 주제다. "소웨토에서 요하네스버그가 얼마나 멀리 있는가? 40분인가, 40일인가. 사실 아무도 정확하게 알지 못한다"[Tshabangu 1978, 27]. 이는 모더니티 속에서 낭비된 무의미한 시간이다.

하지만 열차의 기계적이고 산업적인 힘에도 불구하고 철도와 아파르트헤이트가 흑인 이주노동자들을 완전히 억압하지는 못한다. 열차를 이용할 때 "의심할 여지 없이 우리들은 창의적"[Tshabangu 1978, 27]이었기 때문이다. 흑인들은 열차로 출퇴근하면서 능동적인 참여자가 되었으며 공동체의식과 문화를 깨달을 수 있었다. 흑인 승객들의 공동체는 "비상식적인 상황에 맞서기 위해 비정상적인 범죄행위에 기대 왔던 우리 형제들을 경계하는 데에 특히 주의를 기울였다"[Tshabangu 1978, 27]. 이 이야기에 등장하는 스타프라이더 형상은 범죄자가 아니라 (1976년 소웨토에서 발생한 학생 시위를 떠올리게 하는) 청년들, "열차 바깥 벽에 위험천만하게 매달려 있는 사람들"이다. 무임승차는 범죄라기보다는 용감한 저항이다. "우리는 고통으로 일그러진 삶을 사는 용기 없는 겁쟁이가 아니다. 우리들 중에서 더 큰 용기를 가진 자들은 열차 지붕에 올라가서 운명의 신들처럼 춤을 추고 있다"(Tshabangu 1978, 27).

열차를 타고 출퇴근하는 경험을 겪으면서 화자는 또한 도시에서 겪는 사소한 아파르트헤이트의 경험을 되새기는데, 이 과정에서 열차는 도시와 국가라는 공간의 은유로 작용한다. 음송이와 게자니는 "요하네스버그의 부유층이 거주하는 교외의 거리를 걸어가"(Tshabangu 1978, 27)면서 두려움을 느낀다. 타운십과 다르게 백인들이 거주하는 교외 거리에는 "이 흑인 청년들에게 으르렁대는 개들이 있었고, 수많은 경찰들도 순찰을 돌면서 거리를 보호하고 있었다"(Tshabngu 1978, 27). 요하네스버그 교외에서 느끼는 두려움은 창문이 닫힌 열차를 떠올리게 한다. "그는 저쪽 열차의 창문이 굳게 닫혀 있다는 것을 깨달았다"(Tshabangu 1978, 27). 승객 한 명이 열차 안에서 백인들이 탄 열차를 향해 맥주병을 던지자, 백인 승객들은 "펄쩍 뛰었"으며 "굳게 닫혔던 창문은 마치 그들을 향한 위험을 열차 안에 가두어 둘 수 없다는 듯이 거칠게 열"렸다(Tshabangu 1978, 27). 요하네스버그의 교외 지역과 백인들이 이용하는 교외 열차가 "두려움에 가득 차 있"고 "어쩌다가 지나가는 사람들마저도 억압"하는 반면, 타운십 그리고 타운십 열차의 공동체는 유쾌한 공동체의식을 보여 준다. "그들은 소웨토에 커다란 돌담을 쌓아 올리지도 않았고 전기철조망을 설치하지도 않았다"(Tshabangu 1978, 27).

〈날레디 열차〉

마이클 사일루마의 〈날레디 열차〉는 《스타프라이더》 1권 4호(1978)에 실린 작품이다. 이 작품을 소개하면서 편집자들은 "《스타프라이더》의 작가들이 얼마나 자주 이동이라는 주제로 다시 돌아가는지"[Siluma 1978, 2] 설명을 덧붙였다. "남아공의 흑인들이 '열차를 이용하면서' 상당한 시간을 보낸다는 사실을 생각해 볼 때 이는 그리 놀랄 만한 일은 아니다"[Siluma 1978, 2]. 《스타프라이더》의 편집자들은 "사일루마가 파크역에서 소웨토까지 열차를 타고 가는 과정을 정확하게 묘사했는지 판단"[Siluma 1978, 2]해 달라고 독자들에게 요청한다. 이 말은 작가와 독자 공동체 사이에 쌍방향 소통이 이루어져야 한다고 생각하는 자의식적 검토의 일환이다. 즉, "작가는 공동체의 경험을 이야기하려 하고('이렇게 된 겁니다'), 그의 직접적인 청중은 그 공동체이다('제 말이 맞나요, 여러분?')"[Editorial 1978, 1].

날레디역은 파크역에서 소웨토로 가는 노선의 종착역이다. 파크역에서 날레디역으로 가는 여정이 이 이야기를 구성하는 장치가 된다. 화자가 파크역에서 출발해서 최종 목적지인 날레디역에 도착해 열차에서 내리면서 이야기가 끝난다. 화자가 여러 정차 역들을 거치는 여행을 서술하는 동안, 열차에서 일어나는 사건과 성찰들이 중간중간 등장한다. 이 여정은 파크역을 출발해서 총 12개의 정차역을 지나 마지막으로 날레디역에 도착하며 끝이 난다.

"나는 역의 검표원에게 기차표를 보여 주고는 가까운 플랫폼으로 향하는 계단을 한 칸 두 칸 내려간다"는 문장으로 시작한 〈날레디 열차〉는 1인칭 화자의 성찰과 서술로 집으로 가는 여정을 그린다[Siluma 1978, 2]. 화자는 "플랫폼에 열차가 멈추자 흑인들이 가득 차 있다"는 사실을 깨닫는다 (Siluma 1978, 2). 이 흑인들은 모두 그의 "형제자매brothers and sisters"(Siluma 1978, 2)들이지만, "열차는 땀과 열기, 소음"으로 가득하고 "우리는 마치 깡통 속 정어리처럼 꽉 들어차 있다"(Siluma 1978, 3).

열차의 속도가 동그라미와 그사이 빈 공간으로 지도에 표현된 역과 역 사이의 거리를 지워 버린다. 메이페어역을 거쳐 … 그로스베너역을 지나고 … 랑글라트역을 스쳐 … 크로이서스역이 나타난다(Siluma 1978, 2). 사일루마는 "날레디를 향해 속도를 높이는 열차"(Siluma 1978, 4)가 계속 빠르게 달린다고 서술한다. 열차의 마찰 없는 모빌리티frictionless mobility는 산업화와 기계화의 산물인 열차의 속도를 부각시킨다. "무쇠로 된 바퀴가 달려간다. 철로는 어떤 저항도 받지 않는다"(Siluma 1978, 4). 그런데 그 속도에 비해, 열차를 타고 가는 여정 자체는 아주 지루하다고 묘사된다. 정차하는 역들이 많아서 "아주 길고 지치는 여정"(Siluma 1978)이 되기 때문이다.

파크역에서 날레디로 가는 열차 안에서 화자는 스타프라이더/범죄자의 효과를 목격하게 된다. "다른 객차에 타고 있던 승객들이 마치 사슴이 사자의 냄새를 맡기라도 한 것처럼 두려움에 눈이 커질 대로 커져서 갑자기 우리 객차 안으로 우르르 몰려들어 난장판이 되어 버린 순간, 우리는 포몰롱역에서 바로 출발했다"(Siluma 1978, 3).

누군가가 열차 밖으로 맥주 깡통을 던지고 플랫폼에 서 있는 한 남성이 이 깡통에 맞는다. 화자가 자신만이 이 모습을 목격했는지 궁금하게 여길 때 한 흑인 여성 승객이 갑자기 소리를 질렀다. "이보세요들! 당신들은 자유를 요구하고 있는데, 저런 모습 좀 보세요. 저런 행동을 하면서 백인들이 자유를 줄 거라고 기대하는 건가요?"(Siluma 1978, 3) 화자는 이 여성이 "백인이 우리 흑인에게 자유를 줄지 말지 그리고 언제 자유를 줄지를 결정한다는 잘못된 믿음"(Siluma 1978, 3)을 갖게 되었다는 사실에 안타까움을 표한다. 화자는 이 "잘못된 믿음을 가진 흑인 여성"을 바라보며 그녀의 외모가 그녀의 행동을 잘 설명해 준다고 생각한다. 그녀는 "흑인 여성들의 검은색 땋은 머리가 아니라 백인 여성의 머리처럼 보이는 갈색의 긴 가발을 쓰고 있었다"(Siluma 1978, 4).

〈두마니〉

베렝 세투크의 작품인 〈두마니〉는 라반출판사의 '스타프라이더 시리즈'에서 세 번째로 출판한 책으로, 무토비 무틀로트세가 편집한 《비상착륙 Forced Landing》(1980)에 실려 있다. 〈두마니〉는 주로 집으로 가는 일련의 경험에 중점을 두는데, 특히 출퇴근할 때의 경험을 이야기한다. 타운십 열차를 이용하는 이 단순하고 반복적인 모빌리티 경험은 "일주일 중 언제라도"(Setuke 1980) 일어날 수 있는 일이다. 이 이야기의 제목인 '두마니'는 열차의 3등석 칸 또는 '흑인'들을 위한 칸을 말하는 것으로, "열차의 첫 번째 객차가 이에 해당하며 반대쪽으로 운행할 때에는 마지막 객차가 이에 해당한다"(Setuke 1980, 60-61). "두마니라는 이 무서운 말은 줄루어의 '우쿠두마ukuduma에서 왔고, 열차가 움직일 때, 특히 속도가 아주 높아졌을 때 나는 소리를 뜻한다. '우쿠두마'는 윙윙거리는 소리를 뜻한다"(Setuke 1980, 61).

"부유한 중산층 승객이 탑승하고 검표원이 자리를 지키고 있는"(Setuke 1980, 61) 1등석 칸과는 다르게, "두마니" 칸은 위험이 내재하는 공간이다. 두마니 탑승객들은 "소돔과 고모라마저도 별것 아니라고 느낄 정도로 더럽고 타락한 모습"(Setuke 1980, 61)에 직면한다. 두마니 칸에서는 "열차 내의 철도 기관사나 직원이 전혀 관여하지 않"으며, 스타프라이더들이 "자유롭게 활개 치면서 언제 어디서든지 아무것도 모르는 순진한 승객들을 괴롭히고 있다"(Setuke 1980, 61).

아파르트헤이트 이데올로기를 반영하면서 '백인'과 '흑인'을 위한 플랫폼이 건물 설계에서부터 구분되어 있는 기차역은 전혀 다른 열차 이용 경험을 제공한다. "백인들만" 이용하는 역의 중앙 부분은 "지나치게 품위를 지키려고 하는" 백인 승객들만 지나갈 수 있으며, "흑인" 빈민가 승객들은 역의 중앙 부분에서 구석으로 밀려나서 북적거리며 지나갈 수밖에 없다"(Setuke 1980, 58). 〈두마니〉의 3인칭 화자는 "빈민가로 출발하는 열차가 들어올 '흑인만을' 위한 플랫폼을 향해 계단을 내려가면서 수많은 흑인들의 얼굴을 보게 된 상황"을 회상한다(Setuke 1980, 59).

나란히 진행하는 두 철로로 철저하게 구분된 분리의 경험은 열차시간표에도 나타난다. "흑인 승객들"은 "언제 도착할지 모르는 소웨토행 열차를 초조하게 기다리고 있"는 반면, "백인" 승객들이 이용하는 열차는 "열차시간표에 따라 정시에 출발하고 도착한다(Setuke 1980, 58). 기계화와 산업화의 산물인 열차시간표와 달리, 타운십 거주자들이 출퇴근하며 경험하는 것은 걱정과 불확실성이다. 그리고 이 통근자들은 출발하고 도착하는 열차를 마냥 기다리는 사람들로 묘사된다.

승객들은 기차역에서 소위 "공공장소에서 행해지는 아파르트헤이트 petty apartheid"의 규제에 따라 분리되어 대기한다. 열차에 오르는 흑인 탑승자 혹은 "소웨토 동포"(Setuke 1980, 63)들은 힘든 일과를 마치고 걱정과 초

조합에 젖어 집으로 향하는 퇴근자들 무리와, 그런 승객들을 대상으로 범죄를 저지르려 열차에 올라타는 스타프라이더로 나뉜다. 일반 탑승자들은 "순진한 승객"인 반면, 스타프라이더들은 "서툰 깡패"와 같은 범죄자로 "하루 종일 모든 열차들을 들락거리"(Setuke 1980, 58)면서 순진한 승객들의 지갑을 훔친다. 출퇴근하는 사람들은 "열차 통근자"(Setuke 1980, 64)이자 "강도를 당하는 불쌍한 승객poor hijacked passengers"(Setuke 1980, 65)으로 묘사된다.

"아무런 의심도 하지 못하는 순진한 승객들"인 통근자들과 달리, 스타프라이더들은 "역마다 타고 내리는 탑승객의 주머니"를 노리는 "불량배"들이다(Setuke 1980, 60). 열차 객차에서는 "흑인" 사회 내부의 대립이 펼쳐진다. "열차는 이제 자리에 앉은 사람들과 서 있는 사람들로 꽉 차 있다. 도둑놈과 도둑질을 당하는 사람, 폭행을 가하는 이와 폭행을 당하는 이, 의기양양하게 나대는 사람과 진저리를 치는 사람, 또 자신만만한 자와 혼란에 빠진 자, 저항하는 사람과 순응하는 사람으로 나뉜다"(Setuke 1980, 62). 스타프라이더가 마음대로 활개를 치고 술을 들이킬 공간을 마련해 주기라도 하는 것처럼, 소극적인 승객들은 "마치 한 무리의 양 떼처럼 빽빽하게 서 있다"(Setuke 1980, 63). 열차 내의 모빌리티도 통제된다. "객차 내에서 승객이 더 움직이면 움직일수록 소매치기에게 더 쉽게 노출된다"는 점에서 승객들의 이동이 제한되는 반면, "열차 내의 범죄자들"인 스타프라이더들은 "객차와 객차를 마음대로 오갈 수 있다"(Setuke 1980, 64).

승객들은 "나이 든 여성과 자신밖에 모르는 젊은 여성 몇 명"을 제외하고는 대부분 남성이다(Setuke 1980, 62). 열차 내 여성들은 "병들고 나이 든 과부"(Setuke 1980, 63)가 아니면, 스타프라이더들의 눈길을 끄는 "날신하고 건강한 아가씨"들이다(Setuke 1980, 62). 열차는 성범죄의 공간이기도 하다. 특히 여성들은 성폭행을 당할 위험 때문에 "감히 열차를 이용해서 출퇴근을 한다고는 생각조차 할 수 없을 정도"[Setuke 1980, 67]이다. "'기차끌기Pulling-the-train'라는 속어는 여성이 홀리건들에게 집단으로 성폭행을 당한다"[Setuke 1980, 66]는 뜻이다.

이 이야기는 독자들에게 "이런 상황에 대해 과연 누가 비난을 받아 마땅한가?"[Setuke 1980, 67]라는 수사학적 질문을 던지면서 끝을 맺는다. "범죄자도 어느 가정에서 자라난 누군가의 자식이다. 자비란 가정에서 생겨난다. 아이들이 사회에서 잘 적응할 수 있도록, 가정에서 기초부터 가르치는 게 당연하지 않은가? 아이들을 키우는 동안은 늘 그래야 하지 않겠는가?"[Setuke 1980, 67] 세투크는 독자들에게 이렇게 호소한다.

"두마니"는 이 모든 불평등이 일어나는 열차 내 객실만을 말하는 것이 아니다. 이 범죄행위는 자생력이 있어서 자라나서 곧 열차를 이용하게 될 어린이들에게도 쉽게 손을 뻗친다. 우리가 사랑해마지 않는 이 햇살 따사로운 남아공 곳곳으로 승객들을 실어 나르는 열차는 수없이 많다. 그런데 이 따뜻한 나라가 수백만의 힘없는 사람들을 괴롭히는 젊은 범죄자들로 들끓고 있다. 이를 제지하지 않는다면, 이 범죄를 끝내지 못한다면 결국 우리의 삶 속에는 우리가 "두마니"라고 부르는 일이 반복될 수밖에 없을 것이다[Setuke 1980, 68].

〈푸드-우-우-아〉

열차 이용에서 일어나는 젠더적 경험은 〈두마니〉에서 자세히 언급된다. 그러나 타운십 열차를 타고 가는 여성의 시각을 잘 보여 준 작가는 미리엄 틀랄리다. 이 작가의 시각은 단편소설 〈푸드-우-우-아!〉(1989)에서 잘 나타난다. '푸드-우-우-아!FUD-U-U-A!'는 "이미 사람들로 꽉 찬 열차에 올라타려고 기를 쓰는 절망한 통근자들의 외침"(Tlali 1989, 27)을 가리킨다. 틀랄리는 우선 "백인들이 사는 도시의 가장자리에서 살아가는 아프리카인들의 삶을 들여다보는 일"에 가장 관심을 보인다(Gunne 2014, 167). 이 소설에서 흑인 여성들이 겪는 일들은 주로 흑인 남성들의 경험에 중점을 두는 《스타프라이더》의 여타 글들과 대비되는 지점이 많다(Gqola 2001a, b).

〈빈민가의 목소리Voices from the Ghetto〉 연작에서 틀랄리는 요하네스버그에서 사무실을 청소하는 TH 부인과 인터뷰한 내용을 서술한다. "우리는 파크역에 갈 수가 없어요. 우리는 벤치에서 잠을 잘 수도 없을걸요. 우리는 대기실에 앉아 있을 수도 없을 거예요. 우리는 그저 바깥에 서 있어야만 해요. 플랫폼에 기차가 들어와도 우리는 기차에 탈 수 없답니다"(Tlali 1980, 3). 도시 한가운데의 공공장소에서 움직이며 일하는 여성 청소원들은 매춘부 취급을 받는다. "사람들은 우리를 매춘부라고 생각해요"(Tlali 1980, 4).

〈푸드-우-우-아!〉는 3인칭 화자가 등장하는 단편소설로, 요하네스버그와 소웨토 사이를 통근하는 여성 응켈레Nkele의 시선을 따라간다. 이 작품은 응켈레가 "전형적인 금요일 저녁"(Tlali 1989, 27) 5시 15분에 "첫 번째 날레디행 열차"(Tlali 1989, 27)를 타려고 "파크역으로 서둘러 뛰어가는 모습"(Tlali 1989, 27)으로 시작한다. 기차를 타러 뛰어가면서 응켈레는 "툭하면

삼사 분이나 휘슬을 불어 대는 멍청한 보어인 경찰"[Tlali 1989, 29] 때문에 제시간에 맞춰 도착할 수 있을지 걱정한다.

기차역에 도착한 "웅켈레는 급하게 몸을 움직이는 다른 사람들 틈에 섞여 들어간다"[Tlali 1989, 27]. 벌떼처럼 많은 사람들이 꽉 들어찬 도시 공간은 마치 "눈사태"[Tlali 1989, 27]라도 난 것처럼 보인다. "백인들 대부분은 요즘 들어 이 시간에 사람들이 넘쳐나는 파크역으로 향하는 큰 길들을 피해 가려고" 하기 때문에, 여기에 보이는 사람들은 "대부분이 흑인"이다[Tlali 1989, 28]. 한 흑인 남성이 도시 한가운데서 웅켈레가 차도로 뛰어들지 못하게 막았을 때처럼, 도시 공간에는 서로 공유하는 흑인 공동체가 존재한다. 웅켈레의 말처럼 "우리 흑인 동포들은 도시에서 여성들을 지나치게 보호하려고 든다"[Tlali 1989, 28]. 도시 공간과 기차역에는 "흑인들의 연대감"[Tlali 1989, 28]이 나타난다. 이는 열차 내에서 여성이 흑인 동포들에게서 경험하는 폭력이나 위협과는 극명하게 대조된다.

열차 또한 나란히 함께 움직이는 백인용 열차와 비교된다. 엔톰비 Ntombi는 "이렇게 사람들이 붐비는 상황이 백인용 열차에서는 전혀 일어나지 않는다는 사실에 짜증이 났다. 백인용 열차는 당연하게도 승객들이 편안하게 앉을 수 있는 공간을 제공한다"[Tlali 1989, 36]. 타운십 열차는 안락한 백인용 열차와는 전혀 다르게 묘사된다. "'우리는' 깡통 속 정어리처럼 꽉꽉 들어차 있다"[Tlali 1989, 36]. 웅켈레는 "우리는 벌떼와도 같다"[Tlali 1989, 27]고 불평하면서 통근 인파와 벌떼를 비교한다. 기차역은 "지나가는 사람들의 무리"로 꽉 차 있다[Tlali 1989, 30]. 승객들은 "강력한 밀물처럼 쏟아지고", "남성 승객들이 마구 밀어붙이"며[Tlali 1989, 31], "흔들리며 몰려가는 무리들"과 "드잡이질을 하는 몸들"[Tlali 1989, 33]이 가득하다.

샤디Shadi는 열차에서 경험한 폭력을 털어놓는다. "미어터지는 열차 속에서 사람들은 모두 늘 그렇듯이 샌드위치처럼 겹쳐서 끼여 탄다." 여성들은 "소웨토행 기차를 타고 가면서 겪는 위험에 맞설 수 있을 정도로 강해야만 한다"(Tlali 1989, 35). 기차를 타는 행위는 "북적거리는 황금의 도시에서 그저 살아남기 위해 전투에 나서야 하는 흑인 여성들의 최전방"(Tlali 1989, 37)에 서는 일이다. 철도가 생기면서 기차 객차는 여성이 특히 취약할 수밖에 없는 젠더화된 공간이 되었다. 빅토리아 시대에는 여성의 철도 이용이 갖는 위험성을 강조하는 서사가 널리 퍼져 있었다. 객차가 철도 시스템이라는 "공포의 지형도geography of fear"(Despotopoulou 2015)에서 핵심 공간으로 부각되었기 때문이다. 객차는 승객을 "감금과 함정에 빠뜨리는"(Beaumont 2007, 152) 잠재적으로 위험한 장소였다.

하지만 응켈레에게 출퇴근은 일상적으로 하는 일이고 "기차나 버스, 택시를 타려고 사람들이 우르르 몰려드는 익숙한 금요일 저녁은 다른 사람들과 마찬가지로 그녀에게도 그저 살아남기 위해 해야만 하는 일을 하고자 싸워야만 하는 하나의 현상"(Tlali 1989, 29)일 뿐이다. 응켈레에게 출퇴근은 일상이지만 다른 사람과 만나는 시간이기도 하다. 응켈레는 "취직하고 처음으로 소웨토에서 직장으로 향하는 열차"(Tlali 1989, 31)를 탔다가 친해진 엔토비와 매일 퇴근을 같이한다.

결론

출퇴근, 통근자 집단, 기차역, 객차 공간 등은 모두 아파르트헤이트의 인종적 모빌리티 정치에 주목하게 한다. 타운십 거주자들의 경험에 초점을 맞추면 공동체의식이 고양될 수 있다. 이 글에서 논한 단편소설들은 모두 실제로 타운십 열차를 이용하면서 겪은 내용들을 다루고 있지만, 이는 "자기주도적 정치교육political self-education"(Vaughan 1982, 129)으로 이어지는 은유적 의미에서의 여행도 될 수 있다. 그들이 지나다니는 타운십 열차의 객차와 통로는 모두 아파르트헤이트가 진행되는 국가의 공간 구조를 깨닫게 하는 역할을 하며, 이주노동자인 통근자들은 국가에서 배제된 주체들이다. 그러나 객차, 통로, 통근자는 모두 아파르트헤이트의 실패인 동시에 다가올 상상의 국가에 대한 약속이기도 했다. 열차는 단절, 배제, 분리의 장소이자 연결, 유쾌함, 공동체의 장소였다(Jones 2013, 41-42).

철도는 "철도가 위치한 곳의 사회 · 문화 · 경제 전반에 걸친 폭넓은 변화"를 주도하고 또 반영하는 중요한 인프라이다(Thomas 2014, 215). 타운십 열차와 통근열차의 문화적 중요성은 이 열차가 남아공 아파르트헤이트 안에서 "모빌리티의 인종화racialization of mobility"(Seiler 2009)를 드러낸다는 점에 있다. 특정한 문화적 맥락 안에서 인종정치와 모빌리티 정치의 교차를 탐구하면 국가 건설에서 철도가 중심에 놓인다는 사실을 알 수 있다. 철도는 일상에서 억압과 소외가 행해지고 있다는 사실을 깨닫게 하지만 창의성과 저항의 원천이기도 했다. 《스타프라이더》에 발표된 소설들은 인종을 동원한 일상적인 "모빌리티의 인종화"(Seiler 2009)를 흑인의식운동이 어떤 식으로 폭로했는지를 잘 드러낸다. 《스타프라이더》에 소설을 발표한 작가들은 타운십 열차 탑승 경험에 힘입어 열차를 이용하여 아파르트헤이트에 저항하였다.

이 글은 과거에 초점을 맞추었지만, 요하네스버그와 소웨토를 오가는 철도 노선은 지금도 운행 중이다. 아파르트헤이트 종식(1994년) 이후 모빌리티 통제가 폐지되고, 1996년 남아프리카공화국 헌법에서 "이동의 자유"를 명시하였지만, 타운십 열차는 여전히 "다수의 노동자 칸과 소수의 거대 자본가 칸 시스템"을 유지하고 있다(MADEYOULOOK, Mofokeng 2011, 65). 이가도igado 또는 아이시테멜라isithemela라 불리는 타운십 열차는 "사람들 간의 거리, 분리의 구축, 경제적 억압과 관련된 교통수단"이지만, "역과 선로, 출발지와 목적지 사이 어딘가에는 일상적인 삶의 기억과 미래가 있다"(MADEYOULOOK, Mofokeng 2011, 65). 이곳과 저곳, 현재와 과거 사이의 어딘가에 자리한 철도는 계속해서 국가의 좌절과 희망, 꿈을 동원하고 있다.

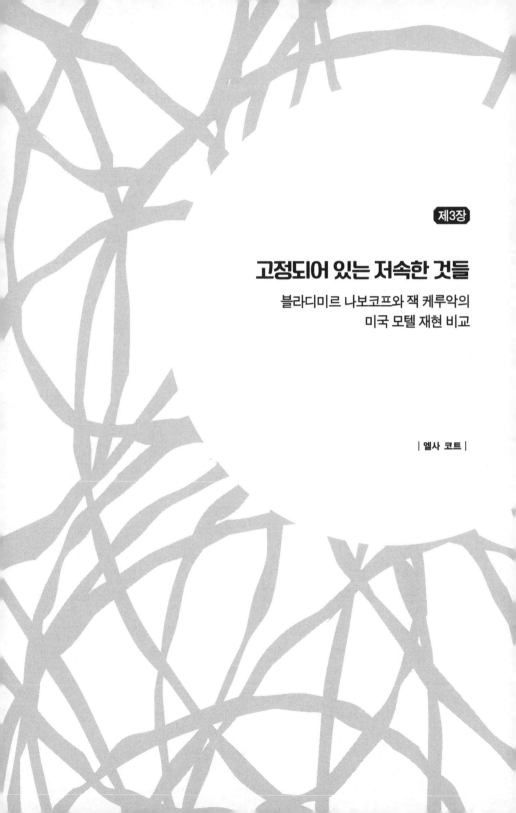

제3장

고정되어 있는 저속한 것들

블라디미르 나보코프와 잭 케루악의
미국 모텔 재현 비교

| 엘사 코트 |

미국의 문학과 영화에 나타나는 '여행 서사road narrative' 중 상당수는 상업적으로 발달해 온 모텔이라는 장소를 배경으로 삼는다. 20세기 중반 미국 사회라는 시기와 장소를 배경으로 삼는 모텔은 지리적으로 외진 곳에 자리하며 사회적인 모습과 반사회적인 모습 사이에서 타협하고 있음에도 현대 미국의 도로를 보여 주는 강력한 상징이 되었다. 모텔은 또한 지배적인 도로 모티프인 개인주의, 자기성찰, 육체와 깊이 연관되어 있을 때가 많다. 모텔은 20세기의 위대한 로맨스들에서 문화적이고 이데올로기적인 상징이다. 길 위의 로맨스에서는 주로 자아의 독립과 재발견이 나타난다. 물론 이 로맨스의 뿌리는 적어도 피카레스크 장르로까지 거슬러 올라가지만, 20세기 중반 미국에서 나타나는 '여행 서사'는 친숙한 영역에 재빠르게 들어온 특정한 상업적 풍경을 이용한다. 자동차를 모는 반항아 남성이 등장하고, 가정으로부터의 도피와 사회적 규범에서 탈출하고자 하는 욕망이 중심인 여행 이야기에서는 주로 주인공이 오래 정착하지 못하고 살아가는 장소로 모텔이 등장하고, 따라서 주인공의 실패를 상징한다.

도로 주변에서 여행자에게 제공되는 대부분의 서비스들과 마찬가지로, 모텔은 지리적이고 이데올로기적인 타협물이다. 카라 로드웨이Cara Rodway가 지적하듯, 모텔은 그 자체가 "변칙"이다. 이동과 정지, 자유로움과 안락함, 저항과 소비주의를 조화시키려는 장소인 것이다[Rodway 2010, 5]. 자기모순적인 모텔은 독특한 분위기를 갖게 되어 많은 소설과 영화들이 이 분위기를 표현하고자 애썼다. 사라 트레드웰Sara Treadwell은 이 역설을 강조한다. "모텔은 노골적인 평범함 속에 매우 독특한 분위기를 겹쳐 놓은 장소"로, "〈롤리타Lolita〉와 〈사이코Psycho〉 같은 영화에서 모텔은 별로 중요하지 않으면서도 반드시 필요한 장소이기 때문에 수상한 장소"[Treadwell 214]로 그려진다는 것이다.

트레드웰의 지적은 블라디미르 나보코프Vladimir Nabokov의 소설《롤리타》(1955)를 떠올리게 하지만, 큐브릭 감독이 영화화한《롤리타》는 길 위에서의 에피소드를 배제하면서 모텔의 모습은 거의 보여 주지 않기 때문에 조금 혼란스러운 진술이기도 하다[Treadwell 214]. 물론 트레드웰의 말을 어느 정도는 이해할 수 있다. 소설《롤리타》의 도로변 묘사는 그만큼 인상적이다. 최근 나보코프의 아들인 드미트리 나보코프는 걸작으로 평가를 받는《롤리타》를 "여행소설의 원형proto-road novel"이라고 부르면서, 고속도로와 모텔이라는 장소를 다룬 이 소설이 1940년대의 미국에 불멸성을 제공했다고 했다[Dmitri Nabokov 2009, XV]. 문화적으로 볼 때 모텔은 주로 영화에서 다루어질 때가 많지만, 소설《롤리타》가 미국의 모텔을 다룬 위대한 소설이라는 사실도 분명하다. 작품 후기에서 밝히고 있듯이, 나보코프는 제2차 세계대전 이후의 미국 여행문화, 특히 모텔 시스템에서 드러나는 여행문화를 묘파하면서 미국 작가로서의 지위를 굳히게 된다.

문화사학자 케이티 밀스Katie Mills가 전후 여행 서사의 첫 번째 시대라고 부른 시기는 케루악이《길 위에서On the Road》(1957)를 발표하면서 60년대 미국의 반항아 형상이 출현했을 때와 맞물린다[Mills 2006, 26]. 몇 년 후 등장할 이 컬트적인 영웅을 내다보기라도 한 듯이,《롤리타》는 주변성과 반항을 '도로변roadside'과의 관계 속에서 복잡하면서도 문제적으로 그려 낸다. 공간이자 어떤 활동이며 심리 상태이기도 한 '길'은 공간이론이나 전후 미국 사회에서 일어난 큰 변화 등과 연결되면서 문학, 영화비평, 사회학, 정신분석학 등에서 탐구되었다. 하지만 사회과학 분야 밖에서는 미국의 '도로변'이 그다지 주목받지 못했다. 트레드웰Treadwell의 2005년 논문은 모텔의 문화적 재현을 구체적으로 다룬 흔치 않은 글이다. 모텔의 시대를 역사적으로 다루는 설명들에서는 '여행 숙박 신화road hospitality myth'의 구축에 영향을 미친 소설이나 영화들을 피상적으로만 언급한다. 대부분은 나보코프의《롤리타》가 문학에서 가장 중요한 참고 자료라고 언급하나, 문화적인 분석까지는 시도하지 못한다. 미국의 모텔을 사회역사적으로 폭넓게 연구한 존 제이클John Jakle이나 키스 스컬Keith Sculle, 제퍼슨 로저스Jefferson Rogers 등의 지리학자들은 대공황 시기 서부로의 대탈출을 다룬 스타인벡John Steinbeck의《분노의 포도The Grapes of Wrath》(1939)가 도로변 숙박의 역사에서 자동차 야영이 중심이었던 짧은 시기를 기록한 미국소설이라면,《롤리타》는 전후 미국 중산층이 모텔에서 보낸 여가와 휴일 라이프스타일을 알게 해 준다고 평가한다(Mills 33).

《롤리타》의 모텔 재현에 나타난 모텔의 문화사에 학문적 관심을 기울여야 할 이유가 여기에 있다.《롤리타》는 냉정하고 정확하게 문화적인 관찰을 보여 주는 텍스트로 간주된다. 지리학자 제이클, 나보코프 연구자인 알프레드 아펠Alfred Appel, 철학자 프레드릭 제임슨Fredric Jameson은 미국 작가로서의 나보코프를 논했다. 이들은 미국에 거주한 외국인이라는 나보코프의 위치가 무해해 보이는 일상 문화의 특이성을 통찰하게 했다고 본다(Appel 1974, 245, Jameson 2007, 143). 제이클, 스컬, 로저스는 공저《미국의 모텔The Motel in America》(1996) 서론에서 "미국인 대부분은 그렇지 못했지만, 나보코프는 일찌감치 미국인의 삶에서 모텔이 지니는 중요성을 깨달았기 때문에 다양한 언어와 문화 속에서도 편안함을 느낄 수 있었다"(16)고 설명한다. 모텔이라는 주제를 지속적으로 탐구하면, 미국문학의 독자들과 연구자들에게 나보코프가 미국의 도로변 산업을 포착하여 전후 미국을 날카롭게 통찰했음을 알려 줄 수 있을 터이다.

하지만 나보코프는 《롤리타》의 후기에서, 도로와 도로변이 관련된 리얼리즘 문제를 도발적이지는 않더라도 장난스럽게 언급한다. 나보코프가 미국의 문화적 풍경을 날카롭게 그려 냈다는 사실은 이미 잘 알려져 있지만, 1956년 《롤리타》 후기에서 그는 "개인의 환상을 여과한 것" 속에 "지역적 재료들"을 정확하게 "재주입"한 것 말고는, 자기 소설에 소위 "리얼리티"란 존재하지 않는다고 했다(Nabokov 2000, 312). 나보코프는 생물학 실험 비유를 자주 썼는데, 여기에서도 그럴 만한 이유가 있다. 과학적 표본이라는 개념은 《롤리타》가 어떤 맥락에서 유래했는지, 그리고 그가 생각한 평균적인 미국의 현실에 어떤 식으로 실증적으로 접근했는지를 드러낸다. 그는 《롤리타》의 집필 과정이 여러 번의 여행과 함께 진행되었다고 설명한다.

여름마다 아내와 나는 나비를 잡으러 다녔다. 채집한 표본들은 하버드 자연사박물관이나 코넬대학교에 맡겼다. 나비 아래쪽에 핀으로 고정한 채집지 설명은 잘 알려지지 않은 생물학 분야를 좋아하는 21세기 학자들에게 요긴하게 쓰일 것이다. 저녁 무렵이나 흐린 날이면, 나는 콜로라도주의 텔류라이드, 와이오밍주의 애프톤, 애리조나주의 포털, 오레곤주의 애쉬랜드에서 《롤리타》를 힘차게 다시 써 내려갔다.(312)

나보코프는 《롤리타》에 나타나는 미국적인 색채가 콜로라도, 애리조나, 와이오밍, 오레곤의 나비들처럼 여행길에서 채집된 것이며, 포착하고 식별해야 하는 것이었음을 암시하고 있다. 중년의 나이에 새로이 미국 땅을 밟은 소설가에게 외국 사회의 문화를 이해하고 거기에 섞이는 일은 그리 만만하지 않았다. 나보코프는 "오십 줄에 들어서, 개인적 공상의 여과물에 약간의 일반적인 '리얼리티'를 주입하게 해 줄 지역적 재료들을 수집하는 일은 수용력과 기억력이 괜찮았던 유럽에서의 젊은 시절과 비교하면 훨씬 어려운 일이었다"고 했다[312]. 문학에서의 고전적 리얼리즘 개념과는 달리, 나보코프는 사실에 가까운 미국을 "고안"하는 "과제", 달리 말하자면 문학적 구성물 혹은 "개인적 공상"의 산물 속에서 미국에 그럴듯한 리얼리티를 부여하는 과제를 말하고 있다. 나보코프는 이 작업이 성공하려면 모든 사람이 접근할 수 있고 많은 사람의 경험을 반영하고 있어서 비교 가능한 지점을 제공하는 "리얼리티", 그러니까 "일반적"이어서 믿을 만하다고 여겨지는 "리얼리티"가 뒷받침되어야 한다고 보았다. 다시 말해, 미국의 일상이란 개인적 공상의 근거를 마련해 주는 미국적인 경험의 어떤 측면을 뜻한다. 미국에서 도로 모빌리티 민주화의 징후이자 수단인 모텔은, 《롤리타》에서 "일반적인 현실"의 사회적 구성 요소이다. 다음 장에서는 나보코프가 모텔에 주목하면서 전후에 등장한 여행 서사 장르의 중심 주제, 즉 '자유롭게' 자동차를 모는 개인과 사회의 관계, 그리고 그 관계의 중단과 재정립이라는 주제를 다룰 것이다.

더 나아가 최근 들어 모빌리티 연구가 인문학 분야로 확장되는 상황에서[Merriman, Pearce 2017], 길 위에서 펼쳐지는 《롤리타》의 기원은 미국 도로변에 대한 문화기술지ethnography로 탐구될 수 있을 것이며, 소설의 문화적 변용인 스탠리 큐브릭 감독의 영화 〈롤리타〉는 자동차 여행 도중 숙박을 가능하게 하는 이 새로운 미국적 장소의 문화적 중요성을 인식한 나보코프의 국제적 시야를 더 발전시켰다고 볼 수 있을 것이다.

미국적 공간, 모텔

미국의 도로변처럼, 《롤리타》의 교외 지역도 중산층이 살아가는 "일반적인" 공간의 특성을 보여 주는 곳이다. 새로운 환경에 처한 험버트 험버트 Humbert Humbert는 교외를 전형적인 "북미식"(313)이라고 묘사하면서 자기식대로 인식한 소설 속 미국의 "현실"을 보여 준다. 깔끔하게 가꾼 잔디, 짖어 대는 개, 주부들의 북클럽, 호숫가 피크닉 등은 화자가 몇 달 동안 적응 중인 새로운 세계의 분위기를 나타낸다.

소설의 2부는 교외를 떠나 길로 나아가면서, 새롭게 팽창 중인 상업화된 도로변이 낳은 "일반적인 현실"을 발견한다. 모텔, 그리고 식당이나 야외용 테이블을 끼고 있는 주유소, 관광지, 카페, 기념품 가게들이 종교적인 의례에 몰두하듯이 손쉬운 여가를 추구하는 미국 중산층의 문화적 초상을 완성한다. 교외와 마찬가지로, 도로변은 사람들의 왕성한 활동이 일어나는 곳과는 멀리 떨어져 있지만 일정한 편안함과 소비의 즐거움을 주는 별도의 공공장소를 제공한다. 이곳은 전후 미국 소비자들의 마음을 들여다보게 해 주는 창문과도 같다. 처음에 이 "속물적 천박함"에 대한 나보코프의 전유가 미국 사회 비판으로 해석된 것도 놀랄 만한 일은 아니지만, 이후에 평단은 "일반적인" 미국을 대하는 나보코프의 장난기 어린 태도에 담긴 "흥분exhilarating"의 중요성을 강조해 왔다(Nabokov 2000, 315).

1970년대에 알프레드 아펠은 "그를 호평한 평론가들이 말했듯이, 나보코프는 '실제 세계'를 완전히 적대시하지는 않았다"라고 썼다. 이 말은, 나보코프가 "통속적인 대중소설을 혐오했다"는 주장이 알려지면서 그의 작품들이 포시로스트poshlost[1]를 향한 비판으로 받아들여졌다는 사실을 떠올리게 한다. 나보코프는 포시로스트가 "거짓으로 중요한 것, 거짓으로 아름다운 것, 거짓으로 영리한 것, 거짓으로 매력적인 것"이 특징인 문화적 태도라고 했다(Appel 1974, 31). 레이첼 보울비Rachel Bowlby 등이 이 소설에서 광고 문구를 활용한 언어유희가 중요하다고 주장한 이후, 나보코프 소설은 문화적으로 엘리트주의에 가깝다고 보는 시각이 늘어났다(Bowlby 1993, 46-71).

《롤리타》에서 도로변은 교외와 마찬가지로 화자가 날카롭게 풍자하는 순진한 사고방식의 표상이다. 그러나 작가의 표현은 좀 더 미묘하다. 그가 "일반적인 미국"에서 발견한 "흥분exhilaration"은, 나보코프가 모더니즘의 엘리트적 이상을 뛰어넘어 미국의 발전 중인 문화적 풍경과 창조적인 만남을 가지고 싶어 했다는 사실을 일러 준다. 실제로, 나보코프는 미국 일상 문화의 소위 저속한 요소들을 접하면서 예전처럼 "자동적으로 잘" 되지 않던 창의적인 관찰을 다시 할 수 있게 되었다(312).

나보코프는 저속한 길가 모텔을 소설에 담는 일과 자신이 미국 작가가 되는 과정을 연결시킨다. 《롤리타》 후기에서 그는 이 소설에 반미 정서가 담겨 있다는 비판에 이렇게 대응했다. "나는 스위스 호텔이나 영국 여관 대신 미국 모텔을 골랐다. 미국 작가가 되어 다른 미국 작가들이 누리는 권리를 주장하기 위해서다"(315). 나보코프는 여기저기 돌아다니는 "외국인이자 아나키스트"인 그의 주인공 험버트와 달리, 자신은 문화적 정

---

1 (옮긴이) 러시아 작가들이 자주 사용한 말로, 다른 언어로 번역하기 어려운 단어이다. 대체로 속물적이고 저속하며 열등하고 거짓된 것들을 부정적으로 가리킬 때 쓰인다.

체성이나 사회적·정치적 차원에서도 성공적으로 미국에 귀화했다면서 그와의 동일시를 거부한다[315]. "어린 소녀를 탐한다는 점 말고도 우리에게는 다른 점이 많다"[315]. 험버트의 미국 인식을 매개로 미국 모텔을 그려 낸 이 소설은 따라서 진정한 미국을 탐사하는 나보코프의 관찰뿐만 아니라 험버트의 폐쇄적인 시야에 담긴 미국 사회도 반영한다. 그러므로 《롤리타》에서 도로변은 지금까지의 비평에서 인정하는 바보다 더 중요하다. 그 문화적 관련성이 모텔보다 더 크기 때문이다. 또한, 프레드릭 제임슨은 미국 태생 작가들에게는 별것 아닌 일로 보일 일상의 세부를 감지했다는 점을 들어 나보코프를 알프레드 히치콕Alfred Hitchcock, 레이먼드 챈들러Raymond Chandler와 비교한다. 아펠은 이렇게 주장한다.

　역설적이게도, 중요한 영화를 만들겠다는 야망이 오히려 영감의 '저속한' 원천에서 스스로를 소외시키고 고립시키는 독학한 예술가(미국적 전형)인 큐브릭보다 랭, 와일더, 나보코프처럼 고향을 떠난 교양 있는 유럽인들이 팝 문화에 더 자신감 있게 접근하는 것처럼 보인다.[245]

제임슨과 아펠이 말한 미국 대중문화의 '저속함' 덕분에, 미국의 모텔은 나보코프가 그의 외부자적 시각에 기반하여 전후 미국을 어떻게 이해했는지를 따져 보기에 적합한 대상일 것이다. 자클레, 아펠, 제임슨의 의견을 검토하기 위해서는, 나보코프의 《롤리타》와 1950년대 여행소설을 대표하는 또 다른 소설인 잭 케루악의 《길 위에서》가 모텔을 다루는 방식이 어떻게 달랐는지를 살펴보아야 한다.

두 미국소설의 모텔 묘사 비교

《롤리타》가 미국에서 출판되기 1년 전에 발표된 케루악의 《길 위에서》에는 모텔이 몇 차례 등장한다. 하지만 모텔이라는 소재가 주요 서사를 이끌어 가거나 실질적인 모텔 묘사가 나타나지는 않는다. 주요 화자인 살 파라다이스Sal Paradise는 어떤 순간에 "보석처럼 반짝반짝 빛나는 화려한 스페인풍 모텔"(Kerouac 2000, 73)을 떠올리기도 하지만, 그저 지나가는 말일 뿐이다. 파라다이스와 동료들은 모텔 숙박비가 그리 비싸지는 않아도 불필요한 지출이라고 생각한다. 간혹 이들의 여행에 동행하는 여성들만 그런 사치를 요구한다. 예를 들어, 아들을 데리고 다니는 파라다이스의 멕시코인 여자친구 테리Terry는 야영보다 모텔을 선호한다. 에드 둔켈Ed Dunkel의 아내인 갈라테이아Galatea는 잠시 멈춰서 쉬고 싶다고 징징대는 골칫덩이로 묘사된다. "갈라테이아는 피곤해서 모텔에서 쉬고 싶다고 계속해서 불만을 쏟아 냈"으며 두 번이나 "억지로 멈춰서" 돈을 낭비했다(101). 《길 위에서》의 여행 방식과는 전혀 어울리지 않는 태도였다. "이런 식이라면 버지니아에 다다르기도 전에 그녀의 돈을 다 써 버릴 것이다." 결국 갈라테이아나 그녀와 비슷한 여성들은 모두 이 여행을 포기하고 만다. "딘Dean과 에드는 호텔 로비에서 그녀에게 전표를 건네고 … 거리낌 없이 그들만의 여행을 시작했다"(101). 이 여행의 진정한 멤버들인 파라다이스의 남자 동료들은 교대로 차의 뒷좌석에서 잠을 잔다. 이들은 다양한 장소에 들르는 와중에도 거의 운전을 멈추지 않는다.

제목이 말해 주듯, 《길 위에서》는 길 그 자체의 황홀경에 초점을 맞춘다. 이 소설의 서정성은 여행이 끝난 후에도 오랫동안 이 텍스트가 운전의 매력에 푹 빠져 있음을 보여 준다. 특유의 리듬감 속에서《길 위에서》는 삶의 열정을 끝없는 여행에 쏟는 주변부적 인물들에게 찬사를 보낸다. 반면《롤리타》의 후반부 여행은 삶에 그리 긍정적이지 않다. 험버트는 단순히 "잠깐 들르는 일, 바가지나 쓰는 여행, 불필요한 맴돌기, 변덕스러운 일탈"에 불과한 이 여행의 "존재 이유raison d'être"가 롤리타가 "입맞춤과 입맞춤 사이에 그럭저럭 괜찮은 기분을 유지하도록" 하는 것이었다고 서술한다[Nabokov 2000, 154].《롤리타》의 모험은 이미 그 목표를 달성한 비뚤어진 모험이다. 롤리타를 계속 학대하기 위한 여정인 것이다. 따라서 험버트의 이야기는 길 위 그 자체보다는 길가에서 일어난다. 개인주의의 승리를 운운하면서도, 험버트는 모험을 금방 그만두고("나는 어떤 꼬리표, 배경, 환영을 갈망했다"[175]) 히치하이킹을 하는 사람의 일반적 형상이라고 할 수 있는《길 위에서》의 딘 모리아티Dean Moriarty 같은 인물을 경멸한다. "히치하이킹을 하는 사람들"은 "화려한 셔츠와 상의를 걸치고 머리도 반질반질하게 손질하여 차림새는 제법 말쑥하지만 시선을 한 곳에 두지 못하고 자꾸 두리번거리면서 빳빳하게 발기한 엄지손가락을 불쑥 내밀어 외로운 여자들이나 지친 외판원들에게 야릇한 갈망을 심어 주는 희끄무레한 얼굴의 젊은 짐승들"[159]이라는 것이다. 이 젊은이들은 고속도로 주변 지역의 표본이며, 험버트보다 좀 더 주류에 가까운 "도로변 종roadside species"에 속한다. 험버트의 자기중심적인 인간혐오와 비교하면 이들의 저항이나 주변성은 훨씬 매력적이고 무해하다. 길가에 있는 잘생긴 히치하이커를 태워 달라는 롤리타의 간절한 부탁을 험버트가 외면하면서 롤리타가 자신을 납치한 험버트를 점점 더 혐오하게 되는 대목에서 보듯이 험버트의 반항심은 대중문화 코드와 잘 맞지 않는다.

모텔뿐만 아니라 길가 식당, 주유소, 피크닉 테이블이 놓인 휴게소, 그리고 동굴, 호수, 계곡, 경치 좋은 드라이브길, 에이브러햄 링컨이 살았던 집들 같은 관광지들까지 포함하는 다양한 정차 장소들[155-158]이 나오는 《롤리타》에서, 길에서 보내는 시간은 멈춤에 종속된다. 여행의 시작을 알리는 2부 1장의 첫 문장에서부터 모텔은 어딘가 뒤틀린 모습으로 등장한다. "그때부터 미국 전역을 누비는 긴 여행이 시작되었다. 나는 다른 숙박 시설보다 실용적인 모텔을 선호하게 되었다. 청결하고 말끔하고 안전한 은신처라서 잠을 자거나 말다툼을 하고 화해를 한 뒤 지칠 줄 모르는 금단의 사랑을 하기에 이상적인 장소였기 때문이다"[145]. 곧장 모텔을 언급하는 이 서술은 도발적이다. 험버트는 롤리타를 계속 성적으로 학대하는 이야기를 늘어놓으면서도 전면에는 모텔을 내세운다. 학대 자체의 기억이 주는 희열을 표현할 여유는 없지만, 모텔의 다채로운 진부함을 비웃는 쾌락이 그 자리를 대체하며, 진부하다고 해서 즐겁지 않은 것도 아니다. 그가 "다른 유형의 관광 숙박 시설들" 대신 모텔을 고른 이유는 세련되거나 편안해서가 아니다. 사실 모텔은 서비스의 질이 떨어지는 만큼 손님들의 사생활에도 간섭하지 않는다. 험버트는 미국 모텔이 거의 모든 것을 허용한다는 합의가 암묵적으로 존재하는 부조리한 공간이라고 생각한다. 예를 들어, 험버트는 두 방이 서로 연결된 이상한 구조를 보고 모텔이 변태적인 성행위를 인정한다는 증거라고 여긴다.

처음에는 의심을 받을까 두려워서, 비싼 요금을 감수하고 서로 연결된 두 개의 방에 더블베드가 따로 하나씩 있는 객실을 골랐다. 이런 4인용 객실은 도대체 어떤 부류를 위해 마련했는지 궁금했다. 객실 하나를 둘로

나눠 서로 오갈 수 있는 사랑의 보금자리를 만들었고 칸막이가 워낙 부실해서 사생활 보호라고 해 봐야 눈 가리고 아옹 하는 수준이었다.[145]

이런 수상한 배치 때문에 험버트는 "짝을 바꾸면서 즐기는 젊은 남녀 두 쌍, 아니면 자는 체하면서 원초적인 소리를 엿듣는 아이"[145]를 냉소적으로 떠올린다. 모텔은 거의 관리되지 않으므로 미국에 처음 발을 딛은 사람에게조차 결함투성이에 엉망이고 그래서 가변적인 곳, 즉 무엇이든 허용되는 사회적 공간의 패러디로 보인다.

호텔과 상반되는 장소, 모텔

험버트는 모텔과 호텔의 서비스 차이가 크다고 강조한다. 고객들의 요구에 부응하려고 하는 호텔과 달리, 모텔은 전통적인 서비스 개념을 아예 포기한 것처럼 보인다. 험버트에게는 좋은 소식이다. 왜냐하면 인챈티드 헌터스Enchanted Hunters 호텔 에피소드에서 보듯이, 서비스에는 일종의 사회적 감시가 동반되며 호텔 투숙에는 모텔에는 없는 일정한 사회규범들이 포함되어 있기 때문이다.

1부의 마지막 부분에 나오는 "창백한 궁전" 인챈티드 헌터스 호텔은 경직되고 과거에 얽매여 있어서 보수적인 가치관에 따라 까다로운 감시를 하는 곳이다. 가정집 바깥에서는 처음으로 롤리타와 보내는 밤을 기대하면서 험버트는 "노부인과 성직자들"[117]이 우스꽝스럽게 우글거리는 로비로 들어간 후, 깐깐하게 구는 데스크 직원에게 체크인을 한다. 아펠은 이때 호텔 직원이 "에둘러서 제약을 가하는"(1974, 377) 태도를 보였다고 지적한다.[2] 세 명의 흑인 포터들이 교대로 나타나 엘리베이터 앞, 호텔 방문 앞으로 에스코트하고, 험버트가 구색을 맞추려고 요청한 간이침대를 가져다준다. 세 번째 포터는 늘상 그래 왔듯이 팁을 요청하는 제스처를 취한다. 험버트는 흥분한 나머지 "5달러 지폐"를 주고 싶다는 충동을 느끼다가, 그런 "관대함largesse"이 의심스러워 보일 수도 있다는 걱정에 적절한 팁을 건넨다(118-119). 사회적 규범에 따라 조심스럽게 행동하고 그가 예상한 방식으로 호텔이 제공하는 관심을 받은 이후에야, 험버트는 짐꾼의 등 뒤로 문을 닫고서 프랑스어로 "드디어 단둘이 남았네"(119)라고 소리를 지른다. 자본과 직원이 부족하고 손님 대부분이 그저 하룻밤 자고 가는 곳인 모텔은 약간 불편하지만, 험버트가 필요하다면 무시하고 싶어 하는 에티켓 차원에서는 완전히 '자유방임laissez-faire'이다. 비교적 관대한 모텔 시스템을 이용했던 험버트는 여전히 들뜬 마음으로, 불편하더라도 성행위를 제한받지는 않는다고 암시하는 모텔들의 싸구려 광고 전략을 계속 떠올린다.

우리는 자동차협회의 여행안내 책자에 '그늘진', '널찍한', '조경이 잘된' 곳이라고 설명된, 샤토브리앙풍의 거대한 나무 밑에 자리잡은 석조 오두막, 벽돌 건물, 흙벽돌 건물, 회반죽 건물 따위를 알게—플로베르 식으로 말하자면 '경험하게nous connûmes'—되었다. 롤리타는 옹이가 많은 소나

---

2 아펠은 해당 구절에 대한 주석에서 데스트 직원이 "[험버트를] 유대인 이름으로 차갑게 불렀고, 험버트가 아니라고 말하기 전까지는 방이 없다는 식으로 대했다"고 썼다(377).

무로 마감한 통나무집의 황갈색 광택을 보고 튀긴 닭뼈를 떠올리기도 했다. 희미한 하수구 냄새와 우울하게 만드는 악취를 풍기고 "좋은 침대"를 빼면 자랑할 게 아무것도 없는, 흰색 널빤지로 지은 오두막집을 우리는 경멸했다 …. [145]

험버트는 인챈티드 헌터스 호텔에서 롤리타와 첫날밤을 보내기로 했던 결정을 후회한다. 훌륭한 호텔로 향하는 길에 "수많은 모텔들의 네온사인이 빈 방을 알렸"고, 이 모텔들 모두는 아마도 "외판원, 탈옥수, 성불구자, 가족들, 심지어 유달리 부도덕하고 극성스러운 남녀들까지 가리지 않고 다 받아 주었을" 것이기 때문이다[116]. 그래서 험버트는 전통적인 호텔의 기준을 모방하면서도 요란하기만 하고 무성의한 모텔 광고의 위선을 비꼰다.

우리는 선셋 모텔, 유빔 코티지, 힐크레스트 코트, 파인뷰 코트, 마운틴 뷰 코트, 스카이라인 코트, 파크 플라자 코트, 그린 에이커스, 맥스 코트처럼 엇비슷한 이름들의 유혹을 겪어야 했다.[146]

서로 비슷한 모텔 이름들에 담긴 탁 트인 공간과 세련된 화려함이라는 환상은 사실 모텔 인테리어가 제공하지 못하는 것들이다. 험버트는 행간을 읽어서 이를 뒤집는다. 모텔 간판의 문구를 단순하게 문자 그대로 받아들이는 방식이다. "때로는 특별한 문구가 적혀 있기도 했다. '어린이 환영, 애완동물 허용'(너도 환영이란다, 롤리타야, 너도 허용한다는구나)"[146]. 사실상 롤리타에게 건네는 이 삐딱하고 은근한 농담은 험버트에게 롤리타가 이중적인 위치에 있음을 암시한다. 세상의 눈에는 어린아이지만, 규제의 패러디이자 교양 있는 태도의 희미한 메아리일 뿐인 이 은폐된 모텔 객실 공간에서는 애완동물이나 놀잇감에 불과하다. 《길 위에서》의 여행은 (물론 환상에 가까운) 자아 발견의 약속과 함께 나아간다. 반면 《롤리타》에서의 여행은 결국 사회적 소멸로 귀결되기는 해도, 도망 중인 사람처럼 보이지 않으려고 사회와 관계를 맺는 행위다. 거주와 이동이 동시에 일어나는 모텔은 흔적을 지우는 역할을 한다. 험버트는 모텔 덕분에 일상적인 거주에 내포된 정상적인 사회적 관계 시스템을 뛰어넘는다. 다른 여행자들과 마찬가지로, 그는 마거리트 샤퍼Marguerite S. Shaffer가 말한 "공공장소에서의 프라이버시", 즉 "가족, 친구, 동료, 지인들의 판단이 가득한 환경을 두려워하지 않고" 자율적으로 행동할 기회가 있는 생활 방식을 누리게 된다(Shaffer 2001, 243). 여행 내내 험버트는 길 위에서 접하는 문자언어를 계속 비튼다. 과감하게 이탤릭체나 대문자를 사용하면서 실제 의도를 무시하거나 왜곡한다. 눈에 보이고 기억되지만 그 의미는 허상으로 치부되며, 따라서 별다른 효과를 내지 못한다. 길에서 나타나는 언어는 육체를 떠난 목소리이며, 실제 인간 상호작용의 대체품일 뿐이다.

주변적 사회 공간

험버트는 현대 미국의 도로를 유아론적唯我論的 모험의 장소로 제시한다. 모텔에서 사람들 간의 접촉 기회는 거의 없다. 제이클, 스컬, 제퍼슨이 지적하는 바와 같이 모텔 객실은 폐쇄적인 자동차 공간의 연장선에 해당하며(1996, 329), 이 때문에 여행자들은 고독한 행진이라는 환상을 유지하게 된다. 기행문학의 역사를 돌이켜 볼 때, 이 집단적 고립은 개인용 자동차가 등장한 이후 나타난 새로운 특징이다. 이 점에서 《롤리타》는 모험 서사에서 길이라는 모티프를 이용하는 전통적인 방식과 구별된다. 예컨대 미하일 바흐친Mikhail Bakhtin은 1937년에 쓴 〈소설에 나타난 시간과 크로노토프의 형식Forms of Time and the Chronotope in the Novel〉에서 길 모티프가 과거에 어떤 식으로 쓰였는지를 추적했다. 문학에서 길은 대체로 우연한 사건과 만남이 일어나는 공간이었다(1982, 98). 그리스 서사시와 소설을 예로 들면서, 바흐친은 운명이 일상생활의 공간에서보다 더 뚜렷하게 작용하는 공간적·시간적 연속체로서 길이 갖는 중요성을 강조한다. 그는 "열려 있는 길의 크로노토프에서는 시간과 공간 표지의 일치가 매우 정밀하고 명확하게 드러나므로"(98), 길이 수많은 문학작품에서 중요한 사건과 만남의 장소가 된다고 했다.

《롤리타》에서의 모텔은 바흐친이 말한 길의 가능성을 제한한다. 멈춰서 쉬고 싶은 여행자의 욕구를 충족시켜 주지만 우연한 만남이 일어날 가능성은 거의 없는, 철저한 익명의 시스템이 모텔이다. 따라서 모텔은 혼자 하는 여행이 사회 관습에 따른 책임과 애착에서 자유롭게 해 준다는 현대 미국 남성 운전자의 인식을 구체화한 것이다. 험버트가 전략적으로 개입한 공허한 모텔 선전 문구가 보여 주듯이, 모텔은 거의 자동적으로 운영된다. 모텔에서 일하는 사람들은 일반적인 '유형들'의 묶음이자 붙박이 세간의 일종으로 치부된다. "남자들은 전과자, 은퇴한 교사, 실패한 사업가, 여자들은 자애로운 귀부인인 척하거나 뚜쟁이"(146)이며, 이들 중에 텍스트 속에서 목소리를 내는 사람은 아무도 없다. 이 비개성적 인물들은 '유형'으로서의 특징만을 지녔다. 이들이 건네는 인사말조차 소설에는 나타나지 않는다. 그들의 목소리를 대신하는 것은 어느 모텔에서 변기 위에 큼지막하게 붙어 있던 혐오스러운 경고("쓰레기, 맥주 캔, 종이 상자, 사산아를 변기에 버리지 마시오")나 "유리컵 아래에 끼워 놓은 주의 사항"이다[146].

고속도로의 사회적 정치를 추잡하게 오용하고 있는 상황을 얼버무리려고 애쓰면서 험버트는 이렇게 읊조린다. "만약 모텔들이 갑자기 색을 잃어 유리 상자처럼 투명해진다면, 말끔한 고속도로를 달리던 이들은 어떤 환락을, 어떤 비틀린 욕망을 보게 될 것인가"[117]. 그는 20세기 후반 내내 미국영화와 대중문화의 모텔 서사를 지배하게 될 주제인 관음증을 예견한다. 이후의 모텔 서사에서 계속해서 등장할 '투숙객의 성적 착취'라는 주제는 《롤리타》의 산물이다. 열정적이면서도 냉소적인 눈으로 모텔 시스템을 조망하는 나보코프의 화자는 일탈을 비난하면서도 부추기는 사회를 포착한다. 이렇게 뒤틀린 모텔의 모습은 사회적으로 지탄받는 행위가 평범한 일상과 공존하는 새로운 공간을 그려 낸다. "탈출한 죄수"가 "세일즈맨"과 한 지붕 아래 머물고, "성불구자"나 "타락"하고 "정열적인" 연인들이 "가족 여행객들"와 함께 투숙하는 것이다[116].

《롤리타》는 20세기 후반의 문화인류학까지 내다본다. 미셸 푸코는 '다른' 사회적 공간인 헤테로토피아에 관한 글[1984]에서, 모텔에서의 성행위가 "탁 트인 곳"에서 밀려난 것이라고 상정한다. 왜냐하면 모텔의 문화적 함축, 집단적 상상 속에서의 위상은 모텔의 방어적 고립, 마을 주변부라는 위치에서 기인하기 때문이다[Foucault 1997, 350-356]. 1940년대에 아직 많이 재현되지 않았던 모텔을 발판 삼아 나보코프는 미국의 잘 알려지지 않은 부분을 조명했다. 도로변 모텔은 중산층과 문화적·사회적·정치적 국외자들이 밀착하며 뒤섞이는 탱고의 무대다.

케루악은 고속도로의 상업적인 경관을 비교적 냉담하게 묘사했다. 이는 대중문화에 대한 미국의 불신과도 연결된다. 다음 절에서 논하겠지만, 나보코프의 소설을 각색한 스탠리 큐브릭의 영화(1962)에서도 비슷한 시각이 나타난다[Appel 1974, 244-245]. 큐브릭의 《롤리타》는 전부 영국에서 촬영되었고, 때문에 도로가 등장하지 않는 에피소드를 우선시하여 길고 파란만장하며 인상적인 인챈티드 헌터스 호텔 신을 만들어 냈다. 그러나 큐브릭은 나보코프가 이 영화를 위해 집필한 각본 대부분을 무시한 것처럼 미국의 모텔에도 무관심했다. 나보코프의 각본은 1974년에 따로 출판되었고 그 자체로 연구의 대상이다. 여기에 나오는 흥미롭고 불온한 모텔 에피소드들을 큐브릭이 무시했다는 사실은 유럽의 방식을 따라가면서 미국 예술의 수준을 끌어올리고 싶어 한 미국인들에게 미국 대중문화의 부상이 불편하게 느껴졌으리라는 추측을 가능하게 한다. 반면에 나보코프처럼 국제적인 작가들은 이 지점을 손쉽게 뛰어넘었던 것이다.

〈롤리타〉 각본 속의 모텔

아펠은 큐브릭의 〈롤리타〉를 논하면서 미국의 도로변을 거의 다루지 않은 감독의 선택에 집중한다. 아펠은 큐브릭이 소설에 담긴 미국의 문화 경관에 전반적으로 무관심하다고 본다. "비난을 피하고 차단된 해외 자금을 이용하기 위해 영화 〈롤리타〉는 영국에서 촬영되었다. 이 때문에 일부 삽입된 영상 소스 말고는 미국의 경관이 영화에 표현되지 못한 것이다. 하지만 이 상황이 그가 문제를 해결하려고 노력하지 않은 이유를 다 설명하지는 못한다"(Appel 1974, 244). 아펠에 따르면 큐브릭이 미국의 문화적 · 건축적 경관 재현에 별다른 관심을 기울이지 않은 것은 영화가 대중문화로 흡수되지 않게 하려는 그의 열망 때문이었다. 1960년대 초 미국에서 영화는 본질적으로 대중문화의 굴레에 갇혀 있었기 때문이다. 미국 영화감독인 큐브릭은 대중문화를 이용해서 더 뛰어난 예술 형식을 만들어 낼 수 있다고는 생각하지 못했다. "독학한 예술가"인 큐브릭은 지적이고 세련된 영화를 만들고자 하는 야망 때문에 소설《롤리타》의 생생하게 살아 있는 문화적 배경을 간과했다는 것이다(245). 아펠은 이 주장에 근거해 큐브릭이 미국 도로 영상 소스를 되살릴 간단한 방법도 제시했다.

캘리포니아에 사는 어느 고독한 촬영기사에게 험버트와 롤리타가 처한 절박한 상황을 그대로 보여 주는 모텔, 주유소, 간판, 야경 장면들을 조용히 모아서 감독에게 보내도록 할 수도 있었다. 배면 영사back-projection나 여타 스튜디오 트릭을 활용하면, 느와르도 로버트 프랭크Robert Frank의 사진과도 또 소설《롤리타》와도 유사한 시퀀스가 거의 없는 묘하게 맥 빠진 영화 속 자동차 신들의 장점을 살릴 수 있었을 것이다.(245)

아펠은 모텔 내부만을 보여 주는 큐브릭의 연출이 아쉽다고 지적한다(245). 큐브릭의 부탁으로 나보코프가 집필했지만 영화에는 일부분만 활용된 애초의 각본에서는 "모텔이라는 주제의 진화"를 시각적으로 보여 주려고 했다. 모텔 간판을 여러 번 클로즈업하여 관객이 모텔 건물과 이름이 계속 변하고 있음을 알게 하려 했다. 나보코프의 원래 각본에서 모텔들은 수수한 통나무집인 '애크미 캐빈Acme Cabins', 줄지어 들어선 시골집들인 '배스커빌 코티지Baskerville Cottages', 차고가 붙어 있는 '크레스트 코트Crest Court', 복합형 모텔인 '딤플 매너Dymple Manor', 풀장이 딸린 '에덴 로지Eden Lodge', 2층 건물인 '폭스크리크 랜치Foxcreek Ranch', 그리고 지역 호텔까지 이어지는 단계적 전개를 보여 준다[Nabokov 2012a, 164-165]. 이 전개는 소설에서 험버트가 나열한 모텔 이름들과는 다르다. 알파벳순으로 숙소의 수준이 점점 높아지면서 롤리타의 기분은 갈수록 침울해진다. 명확한 대조 효과를 노린 의도적인 배치다. 계속 여행을 하면 할수록 두 사람은 이동 중인 상태에 더 길게 머문다. 점점 더 좋은 숙소로 옮겨 가지만, 롤리타는 이 늘어난 휴가가 어느 곳에도 영원히 속하지 못하는 생활 방식으로 변하고 있다는 사실을 깨닫는다. 소설에는 없는 대화 장면에서 롤리타는 새로운 삶의 방식이 불만스럽다며 이렇게 토로한다.

(험버트) 너와 나, 우리 둘은 분명히 아주 행복할 거야.
(롤리타) 그런데 모든 게 다 변했잖아요. 모든 게, 오, 몰라요, 전에는 다 평범했는데, 캠프장이랑 호수랑 찰리랑 그리고 여자애들이랑 다 그랬는데, 지금은 캠프도 없고, 램즈데일 마을도 없고, 아무것도 없잖아요!
(험버트) 널 울리고 싶지는 않은데. 우린 무엇이든 어디든 보러갈 수 있어.
(롤리타) 돌아갈 곳이 없잖아요.[Nabokov 2012a, 166]

롤리타는 여행을 떠나기 전에 자기에게 중요했던 장소들을 나열하면서 중산층의 반복되는 일상을 확인한다. 여기서 평일과 휴일의 생활 방식은 명확하게 다르다. 모텔은 중산층의 생활 규범에서 한 걸음 떨어진 곳이다. 험버트가 모텔을 이용하는 방식은 모텔을 주변부적인 곳으로 만든다. "돌아갈 곳이 없다"면, 모텔은 존재하지 않는 집에 대한 대안이 될 수 없다. 사회생활의 공간이라기보다는 그 껍데기만 있는 모텔은 "캠프"나 "램즈데일 마을" 같은 관련 장소들이 존재하지 않는 순간부터 사실상 "아무것도 아니"다.

각본에서는 새롭게 등장한 민주적인 가족 휴가를 모텔과 대비시킨다. 이 장면에서 험버트와 롤리타는 휴가 중인 가족들과 우연히 엇갈린다. 나보코프의 각본 제2장에는 험버트와 롤리타가 호텔에서 처음으로 관계를 가진 이후에 자동차 여행 에피소드들이 이어지는데, 그 마지막은 모텔 바깥에서, 어느 날 새벽에 다른 모텔로 떠나는 "대가족"을 등장시키며 마무리된다. 험버트는 열쇠를 안에 두고 콜라를 사러 나왔다가 방에 들어가지 못해서 차 안에서 자게 된다. 창문으로 들여다보니 롤리타가 반나체로 잠들어 있었고, 그래서 모텔 매니저에게 도움을 요청하기도 불가능했던 것이다. 차례차례 모텔에서 나와 "큰 스테이션왜건 차량"으로 들어가는 "졸린 아이들, 아이스박스, 애완동물, 아기 침대"가 두 사람이 애써 감추려 하는 타락과 대비를 이룬다. 이 왜건에 붙어 있는 "여러 리조트와 관광지의 스티커들"은 동시에 그러나 전혀 다르게 이 대가족이 험버트와 같은 길을 거쳐 왔음을 보여 준다[196]. 애들 중 한 명은 왜건에 타자마자 라디오를 켠다. 이 행동은 모텔에 들어올 때마다 롤리타가 하는 일과 비슷하다. 험버트에 따르면, 롤리타는 언제나 "선풍기를 켜거나 라디오에 동전을 집어넣게 한다"[147]. 롤리타는 "더러운 짓"을 하면서 "답답한 모텔방"에 살지 않는 "보통 사람들"이 사는 방식인 일상생활의 표준에 따라 행동하려고 한다[158]. 당연히 험버트의 시점에만 갇혀 있지 않은 이 각본에는 나보코프가 모텔을 바라보는 복잡한 시각도 드러나 있다. 여기에서 모텔은 변태적인 행위가 암묵적으로 무시되면서도 "보통 사람들"이 나란히 생활하는 장소이다. 1965년 NETNational Education Television에 출연해 로버트 휴스Robert Hughes와 가진 대담에서, 나보코프는 가족 휴가를 떠나 미국 모텔에서 지냈을 때의 일화를 털어놓았다. 여름방학 동안 몇 달씩 여행한 나보코프 가족은 오랫동안 모텔에서 지냈고, 이 기간 동안 가정의 경계가 불분명한 도로변의 생활 방식 속에서 일상과 주변부적 삶의 구분이 흐려지는 경험을 했다.

(나보코프) 그때 우리 아들이 다섯 살인가 여섯 살이었는데, 유럽에 있을 때 여관, 호텔, 펜션 같은 곳에서 계속 생활을 했어요. 그래서 미국으로 왔을 때 아들 녀석은 집에 온 것이나 마찬가지였고, 모텔 시설도 어린아이에게 일반적인 것이라고 생각했죠. 주차장에서 누군가가 "꼬마야, 넌 어디 사니?"라고 물었고, 아들은 "길가에 있는 작은 집들에서요"라고 대답했어요. 틀린 말은 아니었죠.
(휴스) 《롤리타》의 기원처럼 들리는군요.
(나보코프) 어떤 면에서는, 어떤 면에서는요.[Nabokov 1965]

이 묘한 대답은, 1940년대 미국 도로변에서 그가 직접 겪은 경험이 가정의 가치 변화와 도덕적 양가성을 명확하면서도 독창적으로 그려 내게 했으며, 나아가 가정의 위치가 불분명했던 개인적인 경험도 《롤리타》 집필의 주요 소재였음을 짐작하게 한다. 끊임없이 문화를 관찰하고 개인적 상실의 체험을 글로 옮기려고 한 나보코프의 노력은 험버트의 경험을 생생하게 뒷받침해 주지만, 무엇보다도 제2차 세계대전 이후 부富, 가정, 소비주의라는 미국적 경험을 지배한 거짓된 멜랑콜리를 잘 드러내고 있다.

결론

나보코프의《롤리타》가 발표된 지 수십 년이 지난 20세기 후반에, 미셸 푸코, 장 보드리야르, 마르크 오제 등 유럽의 공간이론가들은 미국의 고속도로 경관이 본질적으로 공허와 과잉의 영역이라고 지적했다. 20세기 후반 미국의 문화적 경관을 다루면서 이들은 고속도로를 매우 비판적으로 대했다.

21세기의 모빌리티 연구자들은 인간 신체와 집이 모두 변화의 과정을 겪고 있다고 생각한다. 교통 시스템과 연결 기술은 우리가 생각해 온 근접성 개념을 바꾸고, 통신 기기는 우리가 더 자주 '이동 중'이도록 만들어 준다(Hannam 외 2006, 2). 모빌리티는 이동이 용이하게 돕는 고정적인 장소들을 필요로 한다. 따라서 연구자들은 이 장소들을 비판적이고 역사적인 관점에서 검토하려고 한다.

마르크 오제(1995)의 문화 이론에서 고속도로 주변은 하이퍼모더니티 hypermodernity의 특징인 추상성과 의미 결여가 나타나는 장소인 "비장소 placelessness"에 해당한다. 이와 달리, 모빌리티 연구자들은 공항, 호텔, 역, 도로변처럼 인간의 하이퍼모빌리티hypermobility를 위해 마련된 환승 장소들은 사회적 가능성과 문화적 의미로 가득하다고 여긴다(Hannam 외 2006,

6, Merriman, Pearce 2017, 52). 또한 앤 브리검Anne Brigham(2015)은 미국의 도로를 사회적·문화적 통합의 장소로 재탐구해야 한다고 강력하게 주장한다. 나는 이 글에서 나보코프의 미국 도로변 관찰에 주목하여, 그의 소설을 미국소설의 정전canon 목록에 통합하고자 했다.

《롤리타》후기에서, 나보코프는 여러 번의 자동차 여행이 미국인으로의 성공적인 동화를 가능하게 했다고 썼다. 그는 여행을 하면서 자신의 첫 번째 미국소설에 필요했던 미국 관련 지식들을 조금씩 쌓아 나갔다. 이러한 문화적 맥락에서 볼 때 내러티브를 방해하고 실존적 의심을 불러일으키는, 아직까지 충분히 논의되지 않은 도로변 배경이 지닌 힘은《롤리타》에서 도로변을 결코 잊을 수 없는 장소로 만들며, 또한 도로변은 작가가 미국의 변화하는 문화적 정체성을 성공적으로 드러내는 장소이기도 하다. 나보코프가 도로변에서 포착한 멜랑콜리와 소설 후반 주유소의 미학적 묘사는 다른 소설에서는 그 전례를 찾기 어렵지만, 미국의 사실주의 화가인 에드워드 호퍼Edward Hopper의 초기 작품인〈주유소Gas〉(1940)에 나타난 정지된 시간의 분위기와 공명하는 바가 크다. 이 그림과 다음에 인용하는 구절은 주제적·형식적 요소들을 공유한다.

롤리타는 그리 까다롭지 않아서 도로변의 편의시설을 자주 이용했는데, 특히 화장실 표지판에 관심이 많았다. … 그동안 예술가의 꿈에 젖은 나는 눈부시게 푸른 떡갈나무와 대비되어 선명하게 반짝이는 주유기를 바라보거나, 상처 입었지만 길들여지지 않은 먼 언덕이 자신을 삼켜 버릴 듯이 다가오는 황량한 농경지를 애써 밀쳐 내는 모습을 지켜보았다.

(Nabokov 2000, 153)

현대 미국의 도로변을 상징적으로 재현한 〈주유소〉는 나보코프가 미국에 처음 발을 디딘 해에 그려졌다. 호퍼의 명성이 절정에 달했던 시기이므로 나보코프가 이 그림에 주목했을 수도 있다.

"눈부시게 푸른"[153] 나무들과 대비되는 붉은색 주유기, 그리고 나중의 주유소 묘사에서 언급하는 모빌가스의 "페가수스 간판"[211] 등을 강조하는 소설의 주유소 장면들은 호퍼의 그림에 담긴 내용과 색감을 분명하게 보여 준다. 화자의 고독이 자아내는 느낌은 차가 한 대도 없는 길가에 홀로 있는, 그래서 운전자가 아니라 도로변 주유소의 직원인 듯한 사람이 등장하는 그림 속 황혼녘 풍경에도 깃들어 있다. 험버트는 시골의 모습을 찬양하며 클로드 로랭과 엘 그레코를 인용하기도 하고, 롤리타에게 생일 선물로《근대 미국 회화의 역사History of Modern American Painting》를 사 주고 미국미술을 가르치려다 실패하기도 한다. 그는 호퍼를 직접 언급하거나 도로변에 대한 자신의 예술적 관점이 어디에서 왔는지 분명하게 밝히지는 않지만, 책에 나오는 그랜트 우드와 피터 허드는 좋은 작가로, 레지날드 마쉬와 프레드릭 워는 끔찍한 작가로 구분하면서 호퍼와 동시대에 활동한 이 화가들에 대한 의견을 짧게 이야기하기도 한다[199]. 뉴욕 휘트니 미술관Whitney Museum of American Art이 1931년에 개장한 이래로 마쉬의 그림들은 호퍼의 그림과 함께 계속 전시되어 있다. 그는 도시의 어두운 측면과 미국인들의 삶에서 취약한 부분들을 주제로 삼아 또 다른 차원을 개척한 현대 구상 화가이다. 마쉬는 영화 포스터나 상점 간판의 "노골적인 상스러움"을 좋아했고, 그의 말에 따르면 그런 대상들은 "전혀 가리는 것 없이 선명하게 드러난 현실"의 느낌을 그대로 전달해 주었다[Chilvers, Glaves-Smith 2009, 443]. "선명하게 반짝이는 주유기"라는 나보코프의 표현은 일상을 매개 없이 전달하는 깊이 없는 내러티브, 즉 표층뿐인 내러티브에 해당하지만 이는 역설적으로, 복잡하거나 화려하지 않기 때문에 순수하고 솔직해 보인다.

나보코프의 다른 작품에서, 작가는 망명자의 전치dislocation 경험을 재현하기 위해 도로변의 경계성을 불러들인다. 그리고 이를 초월하게 해주는 것은 기억의 예상치 못한 현현이다. 예를 들어 〈러시아 시의 밤An Evening of Russian Poetry〉에서 화자는 "절반은 도시이며 절반은 사막"인 "먼지 자욱한 장소"를 떠올리고, 여기서 고국에서의 기억이 섬광처럼 떠오르는 경험을 한다.

그리고 이제 나는 너에게 / 가끔은 완전하지 않았던 풍요로운 기억이 / 어디서든 나를 따라다녔고 / 그럴 때면 공간이 무너져 내렸다는 것을 / 알려 주어야 하겠다. / 절반은 도시, 절반은 사막, 흙더미와 메스키트 나무의 / 먼지 자욱한 모라 카운티에서 한 번 / 과수원과 세찬 빗줄기 사이로 난 붉은 진흙탕 길의 / 웨스트 버지니아에서 또 한 번 / 찾아온 갑작스러운 전율, / 내가 들이쉴 수는 있어도 / 볼 수는 없는 러시아의 어떤 것. / 빠르게 몇 마디를 내뱉었다 ― / 아이는 잠이 들고, 문이 닫혔다.(2013, 137-141)

나보코프가 미국의 도로변을 다루는 방식을 관통하는 것은 우울과 경외의 혼합이다. 여기에는 망명자이자 여행객이 그 땅의 외딴 어느 곳에서 신세계와의 관계를 확장하고 있다는 사실이 암시되어 있다. 그 외딴 곳에서는 쓸쓸한 모텔들이 집과 다름없다는, 혹은 집에서 도피하게 해준다는 동시적이면서 자기모순적인 약속을 제공한다. 그리고 이 두 가지 약속은 어떤 식으로든 서로 공명하는 것처럼 보인다. 나보코프가 미국에서 쓴 작품의 핵심에는 새로 찾은 고향을 포용하려고 하면서 동시에 그 안에서 과거의 메아리를 찾으려고 하는 두 충동이 길항한다. 이 멜랑콜리한 방랑벽은 도로변의 다층적인 양가성에서 잘 드러난다. 나보코프는 스스로를 미국인이라고 생각하느냐는 질문에, 자신은 "애리조나의 4월처럼 미국인as American as April in Arizona"이라고 느낀다고 답하면서 "미국 서부 주들의 식물, 동물, 공기"와 "아시아와 북극에 면한 러시아Asiatic and Arctic Russia"가 사실 기후적으로 "연결"된다고 말한 바 있다(2012b, 84).

나보코프는 자신의 서부 여행을 활용하여 프론티어 신화를 전유하고 놀라운 지리적 비약을 보여 준다. 〈러시아 시의 밤〉에서 사막, 교차로, 도로변은 재창조된 프론티어 공간의 불안정성을 환기한다. 이 공간은 계속 규정되고 전유된다. 불안정하므로 위치가 계속 바뀌고 우연히 맞닥뜨리거나 "들이쉴" 수 있을 뿐이다(2013, 141). 나보코프의 작품은 집이 없다는 것이, 정착을 방해하는 장소에서 집을 찾으려는 역설적인 충동과 집을 찾는 능력을 만들어 낸다는 사실을 보여 준다. 말하자면, 소설과 시는 나보코프의 삶에서 경험한 상실과 원래의 고향을 되찾고자 하는 불가능한 희망을 승화시켜 주는 것이다.

전기작가들이 강조하듯이, 나보코프와 그의 가족들은 미국에서 어느 한곳에 뿌리를 내리지 않고 학기 중에도 이집 저집 옮겨 다녔으며, 여름 내내 여행을 다녔고 가을이 되어야 임시로 정착할 곳을 구했다. 《롤리타》가 세계적인 명성을 얻고 교수직을 포기해도 될 정도로 돈을 번 후, 나보코프 부부는 몽트뢰 팰리스 호텔Montreux Palace Hotel에 정착했다. 이곳은 나보코프의 작품에서 가장 악명 높은 주인공일 험버트 험버트가 어린 시절 살았던 소설 속의 리비에라 호텔을 떠올리게 한다. 세련됨과 덧없음의 전형일 몽트뢰 팰리스는 화려하고 유럽적인 《에이다Ada》(1969) 같은 후기 작품들의 창작에 이상적인 곳이었다.

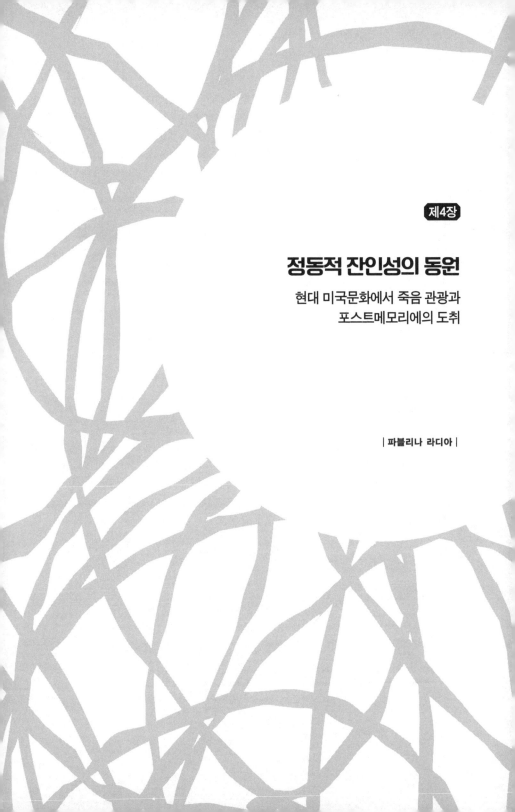

제4장

정동적 잔인성의 동원

현대 미국문화에서 죽음 관광과
포스트메모리에의 도취

| 파블리나 라디아 |

샬롬 오슬랜더Shalom Auslander의 《희망: 어떤 비극Hope: A Tragedy》(2012)의 주인공 솔로몬 쿠걸Solomon Kugel은 여러 세대에 걸친 트라우마적 기억과 싸우는 사람이다. 그는 홀로코스트나 9/11 테러와 같은 충격적인 사건이 어떻게 해서 에리카 도스Erica Doss가 말한 미국의 "추모 열광memorial mania"(2010, 2)에 휩쓸리게 되었는지를 고민한다. 쿠걸의 어머니는 독일 나치의 강제수용소인 작센하우젠에 그를 데려가 어떤 교훈을 주려고 하지만, 그는 가이드가 흥분한 관광객들을 "기초벽 안에 만들어진 여섯 개의 강철 화장터로 안내"(Auslander 2012, 177)했을 때 이 신성한 순례의 모순을 포착한다. 쿠걸의 어머니가 며칠 동안 홀로코스트를 재구성하고 '편집'하는 모습을 보며 쿠걸은 이렇게 질문을 던진다.

> 잊는 게 뭐가 나쁘지? 기억한다는 건 무슨 소용이야? … 우리가 과거에서 배우는 게 그저 과거를 반복하는 것이라면? 흉터가 상처보다 더 클 때도 많다. 과거가 기적처럼 사라지면 어떨까. 크든 작든 잔인하고 잔혹하고 치욕적인 일들이 다 없어진다면.(Auslander 2012, 106-223)

오슬랜더의 소설은 기억과 망각이라는 수수께끼, 추모의 윤리, 어떤 사건이 지나간 이후에 증언을 요구받는 이들이 갖는 기억의 한계성 등을 탐문하며, 죽음 관광death tourism의 증가와 추모 행위로서 정동을 동원하는 일에도 문제를 제기한다. 알리사 토레스Alissa Torres의 자전적 그래픽 노블 《미국의 미망인American Widow》(2008), 에이미 왈드먼Amy Waldman의 소설 《굴복The Submission》(2011) 등도 정동과 기억, 그리고 9/11에 대한 동원 문제를 진지하게 고민한다. 이 문학 서사들은 여러 질문을 던진다.

'누가' 기억하며 '어떻게' 기억하는가? 누가 기억 또는 추모할 권리를 갖는 가? 기억과 전유의 경계는 무엇인가? 미국문화가 비극과 추모에 집착하는 이유는 무엇일까? 무엇이 비극적 관광 담론을 구성하는 포스트메모리postmemory[1]에 도취되도록 만드는가?

워싱턴 D.C.의 내셔널 몰에 있는 미국 홀로코스트 기념관에서 베트남 전쟁 전몰자 위령비, 내셔널 9/11 펜타곤 메모리얼, 공산주의 희생자 추모공원, 뉴욕의 9/11 기념관에 이르기까지, 추모와 기념은 현대 미국 사회에서 중요한 부분을 차지한다(Doss 2010, 2). 이 장소들은 중요한 정동적 모빌리티 패러다임을 구성한다. 이 패러다임은 현재의 미국이 전쟁과 잔인성에 집착한다는 사실을 알게 하며, 이 슬픈 추모의 장소들이 어떻게 해서 존 어리의 표현처럼 "국가적 정동의 장소"(Urry 2007, 254)가 되는지, 그리고 미국문화 정체성이 지역적으로 또 국제적으로 수행되도록 하는 "모빌리티 전환mobility turn"을 이 장소들이 어떻게 재현하는지를 드러낸다(Urry 2007, 254). 어리가 말한 '모빌리티 전환'은 특히 현대의 추모 박물관과 소위 죽음 관광을 다룰 때 중요하다. 이곳들은 "집단적 증언"(Urry 2007, 269)의 장소를 재현하는 곳들이기도 하지만, 미국의 정동적인 집착, 그리고 내가 다른 글에서 언급한 바 있는 스펙터클의 "도취적 소비ecstatic consumption" 혹은 슬픔의 스펙터클로의 전환을 보여 주는 곳이기도 하다.[2]

---

1 (옮긴이) 마리안 허쉬Marianne Hirsch는 '포스트메모리postmemory'를 "문화와 공동체에 트라우마를 남긴 사건 및 경험에 대한 이후 세대의 기억"이라고 정의한다. 포스트메모리는 세대 간의 거리라는 측면에서 기억과는 구별되며, 깊은 개인적 연관성이라는 측면에서 역사와 구별된다. 포스트메모리는 강력하고 매우 특별한 기억의 형식이다. 대상 또는 출처와의 연관성이 회상을 통해서가 아니라 상상적인 몰두와 창조를 통해서 중재되기 때문이다.
2 자세한 사항은 라디아Radia의 글을 참조할 것(2016, 1-14).

1993년 4월 문을 연 이래 4,300만 명이 넘는 관광객이 미국 홀로코스트 기념관에 다녀갔다. 보도자료에 따르면, 홈페이지 페이스북 팔로워는 21만여 명, 트위터 팔로워는 26만 명이 넘는다고 한다(USHMM 2018). 건축 비용이 10억 달러를 상회하고, 연간 운영 비용도 5,700만 달러에 달하는 "미국 역사상 가장 비싼 추모관"인 9/11 기념관도 매년 6백만 명이 넘는 방문객을 끌어들이고 있다(Doss 2010, 143). 2010년에 도스는 이런 열광이 "기억과 역사 문제에 대한 집착이자 공개적인 상황에서 문제를 제기하고자 하는 강한 욕구"이며, "미국에서 누가 무엇이 기억되어야 하는지를 둘러싼 불안감의 고조"에 따른 것이라고 했다(2). 이 다양한 기념관들은 미국의 국가 정체성 수행에 기여하며, 나아가 정동을 급진화하여 마리안 허쉬가 말한 "포스트메모리" 혹은 "회고적 증언의 정치학politics of retrospective witnessing"(2012, 3)의 강박적 재상상인 잔인성의 스펙터클과 수행을 자주 동원한다.

이 글에서는 워싱턴 D.C.의 미국 홀로코스트 기념관이나 뉴욕의 9/11 기념관 같은 미국의 기념관들을 추모의 장소이자 정동적 모빌리티의 장소로 보고, 급진화된 정동이 회고적 증언의 윤리를 (혹은 그 결핍을) 어떻게 동원하는지를 살펴볼 것이다. 죽음 관광이 미국의 국가 정체성을 뒷받침하는 인종적 · 윤리적인 표지로서의 정동을 어떤 식으로 동원하는지를 질문하면서, 포스트메모리와 그 정동적 결핍 및 초과를 탐구하는 오슬랜더, 토레스, 왈드먼의 문학 텍스트들을 죽음 관광 문제와 대화적으로 연결지을 것이다. 또한 지금의 문학작품들이 오슬랜더가 "불행 올림픽"(2012, 76)이라고 표현한 상업화 문제에 어떻게 도전하는지, 그리고 9/11 희생자와 가족들을 대할 때 미국이 보여 주는 시각경제에 대한 집착과 "날것 그대로 원한다WE WANT IT RAW"는 욕구의 복잡한 면모를 토레스가 어떻게 설명하는지도 논할 것이다(Torres 2008, 127). 정동적 스펙터클을 애호하는 미국의 상황을 우려한 오슬랜더 및 토레스의 입장과 유사하게, 왈드먼은 9/11 테러의 인종·문화정치를 고찰하면서 죽음 관광을 문제 삼는다. 이 글에서는 미국의 국가 정체성 프로젝트의 일부로서만이 아닌, "새로운 모빌리티 패러다임"으로서 어리가 말한 "모빌리티 전환"의 맥락 속에서 기억, 정동, 이동 사이의 복잡한 관계를 숙고할 것이다(Urry 2007, 272). 이 패러다임은 소비, 수행, 집단 증언을 유리 로트만Yuri Lotman의 말을 빌리자면 "활성화의 상호 관계mutual relationship of activation"(1990, 65)에 있는 의도성과 비의도성 간의 기묘한 불일치, 즉 내가 말하는 '정동적 잔인성affective brutality'으로 보게 한다. 이 글에서는 죽음 관광과 관련된 정동이 급진적인 정동적 모빌리티 형태, 즉 포스트메모리에 대한 도취로 나타난다고 주장할 것이다.

그 뒤에는 체험적이고 교훈적이며 신성한 방식만이 아니라 관광과 소비 방식으로도 정동을 동원하는 텍스트인 기념관, 그리고 기억을 재구축하고 탈구축하는 문학 텍스트를 모두 살펴보면서, 어리가 말한 '모빌리티 전환' 개념을 말 그대로나 비유적으로나 추모의 맥락 안에서 활용할 것이다. 동시에 이 글은 미국문화의 취약성과 현대 미국의 다원적이지만 뚜렷한 국가 정체성을 떠받치는 슬픔을 (불)지향하는 수단으로서 잔혹성을 추모하는 데에 의존하는 미국문화에도 관심을 기울인다. 문학으로서의 추모, 추모로서의 문학을 비교 독해하는 이 글은 얀 무카로프스키Jan Mukařovský가 제시한, 의도성과 비의도성의 유동성과 긴장을 특징으로 하는 역동적인 의사소통 기호로서의 예술적·건축적 구조라는 개념을 참조한다(Mukařovský 1978,115). 또한, 로트만의 기호학 이론에 따라 추모 텍스트와 추모 대상을 "끊임없이 유동하는 기호 체계"(Lotman 1990,152)로 볼 것이다. 여기서 이 기호체계는 개인 또는 국가가 부여한 서사 구조의 의도를 따라가기도 하지만 이에 저항하기도 한다.

역사로서의 기억 동원
: 기호계로서의 정동과 기념관

기억은 문화 체계의 작동 방향을 정할 뿐만 아니라 그 실현 수단으로서도 중요한 역할을 한다. 유리 로트만은 《정신의 세계Universe of the Mind》 (1990)에서 문화를 정지와 이동이 되풀이되면서 계속 움직이는 역동적인 텍스트로 보았다. 그는 기호sign들이 해석되고 서로 관계 맺는 지속적인 과정을 "기호계semiosphere"라고 했다(1990, 3). 로트만에 따르면, "텍스트는 새로운 의미의 생성자이자 문화적 기억[실현actualization]의 축전기 condenser"이다(1990, 18).

주어진 텍스트가 해석되는, 그리고 어떤 식으로든 그 해석에 포함되는 문맥의 총합을 텍스트의 기억이라고 부를 수 있다. 텍스트에 의해 만들어지고 텍스트를 둘러싼 이 의미 공간은 청중의 의식 안에 이미 형성된 **문화 기억(전통)**과의 관계 속으로 진입한다. 그 결과, 텍스트는 기호학적 생명을 얻는다.(Lotman 1990, 18)

기호학적 생명을 얻는 텍스트라는 개념은, 특히 로트만이 말한 "문화의 내적 공간과 외적 공간"(Lotman 1990, 130) 사이의 역동적 긴장을 드러내기 때문에 미국문화의 추모 열광memorial mania 분석에서 중요하다. 로트만에 따르면, "모든 문화는 세상을 '자기의' 내부 공간과 '타자의' 외부 공간으로 나누면서 시작된다"(Lotman 1990, 130). 미국의 국가 정체성이 기억되거나 거기에 속한 사람들, 그리고 잊혀야 하거나 그다지 중요하지 않은 사람들이라는 이분법으로 정의된다는 사실은 그리 새로운 뉴스가 아니다.

비극, 전쟁, 애도에 특정한 프레임을 씌우는 미국 정부와 미디어를 다룬《전쟁의 프레임, 삶이 비탄에 빠질 때Frames of War: When Life is Grievable》(2000)에서 주디스 버틀러Judith Butler는 이 이분화 과정을 한편으로는 불안정성, 다른 한편으로는 도취감을 만들어 내는 미국 정치의 정동 구조와 연결시켰다. 버틀러는 슬픔과 애도처럼 고통스러운 기억은 개인, 국가, 국제적 차원의 정치에 달려 있다는 점을 상기시킨다. 특히 버틀러는 미디어가 추모의 관리와 구성에 개입하는 일이 점점 늘어난다는 점에 주목한다. 여기서 발생한 누락은 포스트메모리를 지워진 기억, 텍스트, 이미지의 텅 빈 공간으로 재생산한다(Butler 2009, xii). 마찬가지로, 기호학적 공간인 기념관들은 정동, 관광, 통제된 슬픔, 애국심을 드러내기 위해 잘 설계된 건물이다. 이 장소들은 "우리의 정동은 절대 우리의 것이 아니"(Butler 2009, 50)라는 사실을 되새기게 하므로, 문화의 내부와 외부 공간이 지니는 역동적 본질의 증거가 된다. 기념관의 건설과 운영에는 국가와 정부가 개입하기 때문에, 개별 방문객은 그곳의 구조와 디자인에 따라 텍스트/기념물의 정동적 감성과 인식을 이해하는 관광객이 된다.

패트리샤 클로프Patricia T. Clough(2010), 클로프/장 할리Jean Halley(2007), 브

라이언 마수미Brian Massumi(2010), 멜리사 그렉Melissa Gregg/그레고리 세이그워스Gregory J. Seigworth(2010) 등 최근의 정동 이론 연구들은 새로운 모빌리티 형태인 '정동적 잔인성'을 규정하는 데에 유용하다. 그렉과 세이그워스(2010)에 따르면 정동이란 "행위하거나 행위하도록 만드는 역량 속에서, 사이 속에서 발생하는" "일련의 힘 또는 강렬함"이다(1). 이와 유사하게, 마수미는 들뢰즈와 가타리에 기대어 정동과 감정을 구분하며, 정동은 주체의 통제를 벗어난 "비개체적 강렬도impersonal intensities"에 가깝다고 본다(52-70). 반면 사라 아메드Sara Ahmed(2004)는 감정과 정동을 상호 연관된 연속체이자 "대상과 기호 사이의 순환"(45)이 낳는 움직임의 한 형태로 보는 것이 중요하다고 강조한다.

아메드가 말한 순환으로서의 정동 개념을 확장하여, 나는 정동이 감정을 급진화하고 동원해 벤 앤더슨Ben Anderson의 표현처럼 "권력 형성 속에 겹쳐지는"(2010, 162) 방식에 주목하고자 한다. 다음으로, 정동 이론을 요즘 주목받는 분야인 사건 모빌리티 연구event mobility studies와 결합할 것이다. 이 연구 방식은 사건, 모빌리티, 행위능력agency 사이의 복잡한 관계를 추적한다. 정동적 잔인성과 기억의 이용(혹은 오용)의 관계에 대한 이 글의 분석에서 특히 중요한 부분은 한남Hannam, 모스타파네샤드Mary Mostafaneshad, 리클리Jillian Rickly 등이 문화유산과 기념 장소의 "[수사학적] 물질성[rhetorical] materialities"(2016, 9)이라고 부르는 개념이다. 이 장소들은 (집단)기억의 호출을 자극하는 방식으로 건설·관리되고, 기억의 복잡한 지형을 안내하고 통제하며, 트라우마적 사건들을 정화하는 신성한 회복의 감각을 기억 속에 불러오고, 그래서 린제이 프리먼Lindsey A. Freeman이 말한 "망각의 공학the engineering of forgetting"(2014, 59)을 방해하는 것이 아니라 역설적으로 거기에 참여한다.

이미 언급한 것처럼, (타나투어리즘thanatourism, 슬픔 관광grief tourism, 어둠 관광dark tourism, 비극 관광tragic tourism으로도 불리는) 죽음 관광death tourism 은 집단기억을 증언해야 하는 의무로 제도화하여 정동을 조작하기 때문에 엄숙한 명상의 스펙터클을 만들어 낸다. 1996년에 시튼A. V. Seaton 이 명명하고 이후 존 레논John Lennon과 말콤 폴리Malcolm Foley가 발전시킨 개념인 죽음 관광은 "강제수용소, 감옥, 전쟁터, 학살 · 테러 · 자연 재해가 일어난 곳과 같은 끔찍한 죽음의 장소"[Sion 2014, 1]를 관광하는 일을 가리킨다. "관광객이나 방문객에게 도움이 되도록 죽음의 경험을 가공"[Sharpley, Stone 2009, 113]하는 교훈적 목적을 내세워 잔혹성을 누그러뜨리면서, 죽음 관광은 성스러운 순례, 흥미 위주의 교육edutainment, 키치화 kitschification 등의 다양한 기능을 수행한다.[3]

데보라 드워크Deborah Dwork와 로버트 얀 반 펠트Robert Jan Van Pelt는 〈아우슈비츠 재생Reclaiming Auschwitz〉에서 아우슈비츠와 같은 추모 장소의 재건이 갖는 윤리적 문제를 제기한다. 이를테면, 이미 역사적 장소가 파괴되어 재건을 해야만 볼 수 있다면 과거를 어떻게 재현할 수 있을까? 한편으로 이런 재건은 허쉬[2012]가 말한 "포스트메모리"(즉, 역사적 사건 이후 세대가 구성하거나 탈구성하는 서사)를 자극하지만, 기억의 상업화

---

[3] 예를 들어, 필립 스톤Philip R. Stone은 "어둠 관광dark tourism은 부도덕성[그리고 잔인성]을 현대적 소비에 제시할 뿐만 아니라, 도덕성이 전달 · 재인식 · 재활성화되는 새로운 공간을 제공할 수 있다"고 본다[2009, 184]. 다음 논의도 참조할 것. Sharpley and Stone[2009, 167-185], John Beech in Sharpley and Stone[2009, 207-223], Laurie Beth Clark[2014], Lindsey A. Freeman[2014]. 여기서 로리 베스 클락과 린지 A. 프리먼은 전쟁이나 대량 학살에 대한 추모 장소가 교육적이거나 변화를 가져올 수 있다는 견해에 회의적이다.

를 통해 문화적 전유와 절멸의 잔인성을 집단적(그리고 사회적으로 구성된) 정동으로 재연하는 것이기도 하다. 분명히, 포스트메모리는 과거와 현재 사이를 오가는 정동적 집합체로 이루어진 일종의 움직임이다. 허쉬(2012)는 포스트메모리를 "이후 세대가 이전 세대의 개인적·집단적·문화적 트라우마와 맺는 관계, 즉 성장하는 과정에서 이야기, 이미지, 행위라는 수단을 통해서만 '기억'하는 경험"(5)이라고 정의한다. 허쉬는 "따라서 포스트메모리와 과거의 연결은 회상이 아니라 상상적 투자, 투영, 창작이 매개한다"(2012, 5)고 강조한다. 즉, 상상력과 결합된 정동은 기억의 수행적 측면을 추동하고, 비극, 상실, 고통, 고난의 거대서사는 이를 더 보완하며 "구체화된 수행"으로 동원된다(Jensen 2013, 99). 결과적으로 수행으로서의 기억은 대량학살의 잔인성을 증언하게 하면서도, "트라우마적 경험을 가볍게 만들"(Clark 2014, 24) 위험을 지닌 정동적 모빌리티의 형태를 취한다. 클라크는 "몰입 장치"나 "거대한 무덤 형태의 주춧돌" 같은 기념관의 전형적인 건축적 특징들은 추모 행위만이 아니라 교육적·정동적·소비적 목적으로 상실을 동원하는 데에도 중요한 역할을 맡는다고 강조한다(2014, 25-26).

기념관의 교훈적 기능에 대해 역사학자와 모빌리티 연구자들의 입장은 통일되어 있지 않다. 클라크는 죽음 관광이 사회적 운동과 저항을 위한 대안 공간을 만들어 낸다고 보지만(2014, 31), 죽음 관광이 서구적 모빌리티 및 서구적 특권과 결합되어 (서구) 관광객 시선의 정동적 잔인성을 재강화한다고 비판하는 이도 많다(Sion 2014, 4). 미국 홀로코스트 기념관은 관광객의 시선을 활용하는 전형적인 방식을 보여 준다. 마루프 하시안 Marouf Hasian(2004)에 따르면, 기념관은 입장할 때부터 방문객들에게 개인의 목소리나 정체성이 박탈된, 무대화된 집단성을 마주하게 한다(70). 감시탑 모형을 지나 '증인의 전당'에 들어간 관람객들은 미국 땅은 밟아 본 적도 없는 "홀로코스트 희생자들의 이름과 사진"이 들어간 신분증을 받는다(Hasian 2004, 72). 전시실들 중에는 학살에 쓰인 독가스인 치클론 B 알약들이 전시된 3층의 '최종해결책' 구역도 있다. 이곳은 집단성이 가장 두드러지는 전시실이다(79). 기억을 생략하고 비인격화하는 시뮬레이션이 강조된 홀로코스트 박물관은 필연적으로 기억을 호출하는 일과 키치 사이의 경계를 모호하게 만든다. 역사적이고 잔혹한 사건을 도취적인 모빌리티 형태로 다시 꾸며 놓은, 이 비인격적 시뮬레이션은 마크 펜들턴Mark Pendleton(2014)이 말했듯이 "트라우마적인 장소traumascapes"를 "관광지이자 순례지"(85)로 변질시킬 위험이 있다.

그러나 이 트라우마적인 장소는 미국의 정체성과 그 복잡한 정치의 수행에 참여하는 역동적인 의미의 장소, 로트만이 말하는 기호 영역 semiospheres을 구성하기도 한다. 의미의 기호학적 공간으로서(그리고 응축된 기억으로서) 신중하게 설계된 이 장소들은 "대중 정동의 아카이브"를 구성하며, 미국문화의 모든 불안이 담긴 "감정과 정서의 저장소"가 된다 (Doss 2010, 13). 이 인종·민족·종교·젠더적 불안은 비극적 관광이라는 소비 프로젝트 속에서, 그리고 다른 이들의 고통과 슬픔을 복잡한 문화적 소속감의 일부로 여기는 추모 열광 속에서 잘 드러난다. 기념관의 정형화된 설계, 구조, 건축과 그 전시의 체험적 측면은 이미 많이 지적되었고, 건축적 차원이나 추모의 의미 차원에서 사용된 수사적 요소들도 여러 비판을 받았다. 그 수사들은 선형적이고 동어반복적인 내러티브, 비극적 기억의 시각적 조작, 사진을 비롯한 전시물들의 의도적 배치 등을 통해 정동의 소비주의와 상품화를 부추긴다.

결과적으로 기념관의 모호성과 역동성은 로트만이 "두 가지 의식two consciousnesses"이라고 칭한 기호학적 체계와 일치한다(1990, 36). 하나는 "연결된 조각들이 길게 엮인 사슬처럼 함께 모인 텍스트를 코드화하고 형성하는 개별 체계로 작동"하지만, 다른 하나는 텍스트를 유동적이거나 "연속적"이고 "불확정적"인 것으로 만든다(Lotman 1990, 36, 44). 즉, 방문객-관광객이 인지하고 해석하는 텍스트가 되는 것이다. 로트만은 이 두 의식이 지속적으로 강화되는 연속성을 낳으면서 서로 얽혀 있다고 본다. 로트만의 주장과 비슷하게, 에이미 소다로Amy Sodaro(2017)는 새로운 추모 패러다임에 내재된 모호성을 지적한다. 화해와 미국의 국가적 회복을 약속하는 역동적 긴장 속에서, 이 패러다임에는 치유와 잔학 행위가 공존한다는 것이다[15].

따라서 미국 홀로코스트 기념관은 전 세계적인 애도와 추모의 장소가 되기를 바라면서, 서로 모순될 때가 많은 여러 의제들을 활용하려고 애를 쓴다. 그러나 다국어로 번역을 제공하고 서사화를 시도하면서 트랜스내셔널하고 글로벌한 기억에 영합하려고 해도, 박물관은 국가적 의제 바깥에 있지 않으며 소비 스펙터클과 대립하는 것도 아니다. 소다로가 강조하듯이, 관광객/방문객은 이민을 온 후 열심히 일해서 자유와 행복을 얻는다는 미국 특유의 이야기를 기념하는 "마지막 장"으로 나아간다(2017, 47). 미래 세대를 교육하거나 민주적 가치에 대한 윤리적 의무를 일깨우려는 정동적 충격의 의도성은 결국 차단된다. 따라서 포스트메모리 서사의 구조는 미국 홀로코스트 기념관 위원회가 내세운 교훈적 의도를 벗어나, "할리우드 세트장처럼 교묘하게 설계"(Sodaro 2017, 47)된 복제물 및 체험 시뮬레이션과 경합하는 더 복잡한 기억 구조에 포함되어 버린다.

의도성은 추모 사업 과정에서 중요한 역할을 한다. 대부분의 추모 기념관들은 위원회나 심사위원이 비극적 사건이나 잔학 행위를 어떻게 표현할지 논의하는 기획 과정을 마련한다. 여기서 방문자의 감정은 인식자/관광객의 시선과 정서를 동원하는 특정한 추모의 수사들과 서사적 형식들을 거쳐 해당 사건과 연결된다. 다시 말해, 이 장소들이 재현한 기억의 서사는 방문객/관광객의 감정에 의도적으로 개입한다. 무카로프스키의 의도성intentionality 개념에 따르면, 기념관은 인식자/관광객의 관점에 관여하는 것이다. "우리는 인식자의 입장에서 바라보아야만 예술의 의도성을 완전히 파악할 수 있다"(Mukařovský 1978, 100). 의도성은 기억 내러티브의 바로 그 구조에서 유발되지만, 인식자가 상황을 어떻게 받아들이느냐에 달려 있어 언제나 역동적이다. 무카로프스키는 "인식자는 항상 작품의 구조에서 의도성과 비의도성의 느낌을 이끌어 내나, 그 때문에 이 구조는 다양한 해석을 받아들인다"고 강조한다(1978, 118). 무카로프스키의 개념을 조금 더 확장해서 보면, 인식자의 혹은 죽음 관광을 나선 사람의 정동은 서사에서 예측될 수 있으며, 이 서사는 사건에 대한 특정한 느낌과 해석을 낳기 위해 관광객의 정서적 반응에 대한 예상과 관광객의 시선을 모두 동원한다.

이런 맥락에서 미국 홀로코스트 기념관의 역사 재현과 시뮬레이션은 고통을 이야기하는 자신들만의 언어를 만들어 내고 동원하는 동시에, '잊지 않으리'라는 다짐을 피해 가는 자신들만의 누락을 필연적으로 발생시킨다. 마찬가지로, 9/11 기념관도 죽음 관광의 경험적 차원에 의지하는 동시에 9/11과 1993년 세계무역센터 폭탄 테러 희생자들의 '부재absence'를 기리려고 노력한다. 마이클 아라드와 조경건축회사 '폴 워커

앤 파트너'가 설계한 '부재의 반추Reflecting Absence'는 대니얼 리버스킨드의 미니멀리즘적인 베를린 유대인 박물관과 마야 린의 베트남전쟁 전몰자 위령비에서 영감을 받아 미니멀리즘 스타일, 검은 화강암, 거대한 돌기둥, 인공 연못, 희생자들을 추모하기 위해 이름을 새겨 넣은 기념비 등 비슷한 건축적 요소들을 활용했다(Doss 2010, 145). 도스는 "요즘의 미니멀리즘 스타일 기념관들은 전혀 모호하지 않다. 사회적 화해와 국가적 구원이라는 의미에 들어맞는 트라우마를 골라 정교하게 조율한 내러티브에 가깝다"고 지적한다(2010, 131). 달리 말하자면, 이 기념관들의 모호성은 기본적으로 여타 추모 공간들을 동원하는 그 방식에 있다. 원래의 설계들이 지니는 역동적인 본질보다는 형식적인 차원에만 주목하여 추모의 수사를 가져왔기 때문이다. 이는 역사적 지식보다는 방문자의 감정 관여에 치중하는 것이다. 따라서 정동정치는 역사의 구성과 전달 방식을, 나아가 그 해석을 만들어 낸다. 무카로프스키의 말에 따르자면, 의도성의 정치는 "[서사/이야기의] 개별 부분들과 구성 성분들 사이의 모순과 긴장을 해결하고자 애쓰는, 그래서 각각이 서로 특정한 관계를 맺게 하고 모두가 통합된 의미를 갖게 하는 결합 장치binding mechanism가 된다"(1978, 96). 그는 의도성을 "의미론적 힘semantic energy"(1978, 96)이라고 본다.[4] 의미론적 힘이란 사건에 대한 인식자/관광객의 정동 및 해석에 의존하는 의미의 동원을 뜻하며, 인식자/관광객들은 예술 작품의 바로 그 구조, 여기서는 기념관의 사건 재현에서 그러한 영향을 받는다.

---

4 야나 미어존Yana Meerzon(2014)은 정동affect, 의도성intentionality, 무대 공연theatre performance 등을 흥미롭게 논한다.

기념관의 막대한 건축 · 운영 비용, 그리고 폭포, 연못, 희생자를 기리는 성조기 등의 장엄한 디자인은 논란을 낳았다. 개인의 목소리의 기록은 방문객들의 우울한 목소리와 섞여서 '9/11 이야기'를 구성하는 이미지와 미술품들로 조각조각 분해되고 말았다. 9/11 기념관 내부 유물들의 이야기는 죽음 관광의 정동적 잔인성과 대조를 이룬다. 마이클 슐란 Michael Shulan은 "세계무역센터 북쪽 타워 앞 파사드의 일부였던 거대한 강철 구조물 두 개는 … 복잡하면서도 놀라운 이야기를 들려준다"고 했다(2013, 30). 기호론적 삶을 얻은 그 이야기는 사건의 복잡성을 암시한다. 화재와 붕괴로 고통 받은 강철이 드러내듯이, 미국의 국가적 회복력과 그 취약성을 모두 말해 주고 있는 것이다.

　하지만 이 이야기들에는 기념관이 알리사 토레스 같은 생존자들 가족에게 미치는 정동적 영향이 생략되어 있다. 토레스는 《미국의 미망인》에서 9/11 기억의 상업화와 가족들의 슬픔이 집단적 국민주의 프로젝트로 전유되는 상황을 한탄한다. 미국의 기념관들은 정치적 의제의 부담과 잔인성에서 벗어나지 못하는 것처럼 보이는 반면, 현대 미국문학은 포스트 메모리의 다차원적 의식 혹은 기호계를 통제하기보다 거기에 참여하면서 다른 방식을 동원해 증언에 접근한다. 다음 장에서는 샬롬 오슬랜더, 알리사 토레스, 에이미 왈드먼의 문학 텍스트를 살펴보면서 문학이 역사적 진실을 허구로 또는 허구를 복수적 역사로 패러디하고 아이러니하게 표현하여 관광객의 시선에 대항하는 '모빌리티 전환'에 영향을 미치는 방식을 알아볼 것이다.

미국 국민주의의 정동적 잔인성에 맞서기
: 살아 있는 기념물로서의 문학 서사

현재 미국문학은 미국식 추모문화의 소비지향적 윤리를 점점 더 많이 문제 삼고 있다. 오슬랜더의 《희망: 어떤 비극》, 토레스의 《미국의 미망인》, 왈드먼의 《굴복》은 모두 미국문화 정체성의 수행을 확인하는 수단으로 추모 행위의 동원이 늘어나고 있다는 사실을 숙고하는 작품들이다. 기념관과 비슷하게 문학 텍스트도 역사적 사건과 그 "기억의 맥락mnemonic contexts"(Erll 2011, 194)에 반응한다. 로트만의 주장을 따라 아스트리드 얼Astrid Erll은 "문화적 기억은 서사화 과정에 달려 있다"(2011, 173)고 말한다. 문화적 기억은 "기억문화의 작은 틈을 메운다. 왜냐하면 … 과거를 다룰 때 잊혀지고 억압된 것, 그리고 주목받지 않은, 무의식적인, 의도적이지 않은 측면까지를 드러내는 능력을 혹은 그런 경향을 지니고 있기 때문이다"(2011, 153). 서사 과정과 독자/관광객은 움직인다. 즉, 이들은 멈춰 있는 것이 아니라 로트만의 주장처럼 "상호 활성화 관계" 속에 있다(1990, 65). 이 활성화는 정동이 다양한 맥락에서 동원되는 방식에 결정적인 역할을 한다.

오슬랜더, 토레스, 왈드먼이 보여 주는 문학 서사는 역사적 사건과 연관을 맺는다는 점에서 기억의 기념물이라고 할 수 있지만, 이들은 진실이라는 개념을 강화하기보다는 해체하는 입장에 가깝다. 미국 홀로코스트 기념관이나 9/11 기념관과 달리, 이 서사들은 잔혹한 역사를 다루면서도 화해를 권하거나 치유를 약속하지 않는다. 다시 말해, 이 서사들은 완전히 다른 의도를 지닌다. 여기서 역사와 픽션의 상호텍스트적 특성 intertextual quality이 나타난다.

기념관이 권위 있는(그리고 선형적인) 서사로 역사를 보증한다면, 오슬랜더·토레스·왈드먼이 쓴 '기억의 기념물monuments to memory'로서의 문학작품은 공식화된 관례를 패러디하거나 전복함으로써 역사와 역사 서사의 권위를 의문시한다. 역설과 패러디는 서사화 과정의 기묘함을 폭로한다. 따라서 이는 린다 허천Linda Hutcheon의 역사기술 메타픽션 historiographic metafiction 개념과 궤를 같이하는 것으로, 허천은 이 개념을 "'세계'과 문학 두 가지 모두의 텍스트적 과거를 패러디로 다시 다룰 때 역사와 허구의 상호텍스트가 평행한(동등한 것은 아니지만) 지위를 차지하는", "두 가지 목표에 영향을 미치는 일종의 진지한 아이러니 패러디"라고 정의한다[1989, 4]. 허천은 내러티브, 시간, 공간의 중첩으로 진실성의 환상과 선형성을 파괴하는 포스트모던적 특성이 역사기술 메타픽션에서도 나타난다고 본다[1989, 4].

오슬랜더·토레스·왈드먼의 소설은 포스트메모리의 허점에 사로잡힌 역사 과정의 불안정성을 다양하게 조명하면서 "서사화된 역사는 픽션처럼 현재의 문제에 비추어 어떤 대상(이 경우에는 과거)을 재구성하며, 역사기술 메타픽션이 우리의 관심을 끄는 부분은 바로 이 해석 과정"[Hutcheon 1989, 22]이라는 점을 드러낸다. 역사기술 메타픽션은 포스트메모리 개념을 허구·역사·메타픽션의 패스티시pastiche로 다루며, 역사적 사건이 기억의 다양한 정동적·문화적·집단적 측면과 관련된 서사화 과정의 대상임을 강조한다.

오슬랜더의 《희망: 어떤 비극》은 주인공 솔로몬 쿠걸과 그의 가족, 특히 미국에서 태어나고 자랐지만 홀로코스트 전문가가 된 그의 어머니를 통해 기억과 추모에 사로잡힌 현대 미국문화를 탐구하는 소설이다. 가족들에게 홀로코스트의 잔인성을 알려 주려고 애쓰면서 어머니는 가족사를 도취의 영역으로 끌어들인다. 주디스 버틀러의 말처럼, "도취에 빠져 있다는 것은 말 그대로 자기 자신 밖에 있다는 뜻으로, 열정에 이끌려 자기를 잃어버리거나 분노나 슬픔으로 정신을 잃는 것 등의 여러 의미를 지닐 수 있다"(2009, 24). 좌절감에 빠져 살아가던 쿠걸의 어머니는 남편에게 버림받고(나중에 남편은 자살한 것으로 밝혀진다) 혼자서 아이들을 길러야 했던 개인적인 슬픔을 유대인의 고통스러운 역사에 투영한다. 하지만 수전 손택Susan Sontag이 말한 "타인의 고통"(2003, 1)에 대한 어머니의 참여는, 분노를 도취로 바꾸는 정도까지는 아니더라도 집착에 가까운 것이 된다. 아들이 기꺼워하지 않자, 어머니는 어린 시절 브루클린에서 평안하게 자랐을 때의 사진들을 모아 손자인 요나를 위한 스크랩북을 만들어 "갈끔한 캐츠킬 리조트"를 방문한다. 그런데 거기에는 "부헨발트Buchenwald, 크리스탈나흐트Kristallnacht, 다카우Dachau의 시체와 묘지들"[5] 사진도 들어 있었다. 어머니는 "이 역사적 비극 속 희생자들이 담긴 끔찍한 사진들의 양이 쿠걸 가족의 사진들과 비슷해질 때까지, 아니 그보다 더 많아질 때까지" 자료들을 수집했다(Auslander 2012, 106). 대상을 의인화하고 타인의 고통을 전유하면서 쿠걸의 어머니는 기억 여행자 역할을 하게 된다. 기억 여행자의 시선은 고통을 방어하는 기제로 비극을 동원한다.

쿠걸의 어머니가 보여 주는 정동경제affective economy로서의 기억 동원은 존 어리가 관광객을 "'다른' 시대와 다른 '장소'에서 진정성을 찾아 헤

---

5 (옮긴이) 부헨발트에 나치의 강제수용소가 있었고, '수정의 밤Kristallnacht'(1938년 11월 9일~11월 10일)은 나치스 돌격대SA와 독일인들이 유대인 상점과 유대교 사원(시나고그)을 공격한 사건이다. 다카우는 나치 강제수용소가 가장 먼저 개설된 도시다.

매는 우리 시대의 순례자"[2007, 9]로 보는 것과 유사하다. 열광적인 수집과 포스트메모리의 동원은 기념의 한 형태이기도 하지만, 동시에 역사를 소비의 형태로 미학화하는 체화된 수행 형태이기도 하다. 마리안 허쉬에 따르면, "포스트메모리는 … 공감하기 좋은 개인적 · 가족적 매개 및 미적 표현을 멀리 있는 정치적 · 문화적 추모 구조에 재투자하여, 이 추모 구조를 다시 활성화하고 다시 체화한다"[2012, 38]. 허쉬는 기억의 한계성도 언급하지만, 회상과 망각의 연결 공간을 가로지르는 기억의 모빌리티도 논한다. 그 공간은 개인 및 집단의 역사가 중첩되고 투영되면서 열린다.

쿠걸의 어머니는 사진, 신문 스크랩, 생존자의 기억, 집단적 역사를 병치하고 중첩해서 가족 앨범을 만들어 낸다. 이 중첩에는 브루클린에서 한가롭게 성장한 그녀의 어린 시절, 그리고 자신의 트라우마와 끝맺지 못한 슬픔에서 벗어나기 위한 수단으로 타인의 고통/고난을 전유하려는 지속적인 시도에 담긴 미국문화의 소비이상주의도 나란히 놓여 있다. 쿠걸은 어머니의 "사실과 생각이 뒤섞인"[Auslander 2012, 106] 행동을 불만스러워하며, 트라우마적 장소들을 모은 스크랩북이 손자를 교육하는 좋은 방법은 아닐 것이라고 넌지시 이야기한다. 어머니를 말리기 위해 쿠걸은 "이성적인 태도는 어머니에게 전혀 먹히지 않았기에 자주 그래 왔던 것처럼 어머니의 감정에 호소했다"[Auslander 2012, 107]. 쿠걸의 말에서 드러나듯이, 어머니의 사진 수집과 집착은 시각적인 것 때문이라기보다는 움직이는 감정이 이끈 것이다.

달리 말하자면, 어머니의 스크랩북은 역사를 시각화하고 기념하는 일이기도 하나, 이 집착을 낳는 주된 요인은 정동이다. 어리와 라슨은 "관광을 구성하는 감각은 시각"[2011, 18]이라고 주장했지만, 오슬랜더는 트라우마적 사건과 비극에 대한 정동이나 감정적 참여가, 즉 포스트메모리에 대한 도취가 새로운 관광 형식이 될 수 있다는 점을 드러낸다. 이 관광 형식은 과거를 숭배하고 쇄신의 감각을 찾기 위해 비극을 재동원하고 재구성한다. 오슬랜더의 소설에서 이 지점이 전면에 드러나는 대목은 강제수용소 방문 장면이다. 어머니는 쿠걸을 작센하우젠으로 데러가 그가 어떤 "가르침"을 얻어 "편안한 미국인의 삶"에 안주하지 않게 하려고 한다(Auslander 2012, 175). 수용소에 도착하기 전에 어머니는 베를린 중앙역의 안내원에게 수용소와 사망자 수가 진짜인지 묻고, 안내원이 "정말 충격적인 곳"이고 "정말 많은 사람들"이 죽었다고 안심시키자(Auslander 2012, 175), 체험 투어를 기대하며 열차에 오른다.

오슬랜더는 아이러니와 패러디를 활용하면서 독자가 다중적이고 모순인 기능을 지닌 죽음 관광의 소비적·정동적 의미를 숙고하게 한다. 한편으로 죽음 관광은 증언을 접하면서 기억을 재구성하는 수단이다. 다른 한편으로 아들이 "소각로 앞에 서 있는" 모습을 찍기 위해 가스실과 화장터를 확인하려고 애쓰는 어머니의 모습이 보여 주듯이 죽음 관광은 일종의 증거를 찾는 행위다(Auslander 2012, 177).[6] 하지만 포스트메모리를 증거 서사로 재구성하는 데에 중점을 두는 죽음 관광은 거기서 목도하는 잔학 행위를 되새기는 일이 될 수밖에 없다. 역사를 기념품으로 만들고,

---

6 독일 베를린에서 35킬로미터 떨어진 작센하우젠은 원래 1936년에 건설된 포로수용소였다는 점을 감안할 필요가 있다. 1943년에 지어진 작센하우젠의 가스실은 비교적 작은 규모였다. 작센하우젠 기념관 및 박물관 웹사이트 참고(www.stiffung-bg.d.gums/en). 베르겐벨젠도 전쟁포로 수용소였고, 이후 교환 수용소로 사용되었다. 절멸 수용소들은 주로 독일이 아닌 동부 유럽에 있었다(아우슈비츠-비르케나우, 트레블링카, 마이다네크, 헤음노, 그리고 '대기 수용소'였던 테레지엔슈타트 등). 더 자세한 내용은 Clark(2014) 참조.

관광객/순례자가 역사의 무의식 속에 있는 신전을 경배하게 하는 행위가 되는 것이다. 쿠걸이 "싸구려 [대중적] 가짜 애도"라고 비꼬는 대목에서 (Auslander 2012, 207), 오슬랜더는 기념 장소가 불러일으키는 기억의 혼란에 도전한다. 이 장소들은 거기서 비난하려고 하는 정동적 잔인성의 도취적 동원에 참여하는 함정에서 완전히 벗어나지 못한다. 여기서 오슬랜더는 "작품의 개별 부분들과 구성 요소들을 작품에 의미를 부여하는 통일성으로 묶는 힘"(1978, 96)이라는 무카로프스키의 의도성 개념을 반영하고 있다.

이렇게 볼 때 기념관의 주요 기능 중 하나는, 인식자/관광객/관람객이 확실한 영향을 받아 특정한 유형의 해석에 얽매이도록 역사를 제시하는 것이다. 예를 들어 미국 홀로코스트 기념관 위원회가 전시관의 전체 구조를 논의했을 때, 그 개념 설계는 기본적으로 "홀로코스트의 끔찍한 현실을 증언하는 것"에 중점을 두어야 했다(Bernard-Donals 2016, 34). 마이클 버나드 도날스Michael Bernard-Donals에 따르면, "기념관의 내부 구조에는 방문객들에게 홀로코스트에 대한 지적 반응만이 아니라 신체적 반응을 이끌어 내기 위한 이야기들의 선택이 반영되어 있다"(2016, 27). 버나드 도날스는 "정동은 종결에 저항한다는 점에서 자율적"이라고 했다(2016, 162). 정동은 움직이고 이동한다. 여기서 중요한 질문은 어떻게 누가 움직이는가이다. 기념관은 정적인 장소라기보다는 교육적·예술적·역사적·감정적 기능의 역동적 장소이다. 이곳에서 관광객/방문객은 감정과 기억의 움직임을 경험한다. 반면에 역사기술 메타픽션 문학은 다른 종류의 더 유동적인 기념을 마련한다. 기념관들이 의존하는 바로 그 추모 구조와 수사들을 동원하는 동시에 파괴하는 것이다. 텍스트/기념물의 이 두 유형은 둘 다 자신들이 그려 내는 기호학적 세계의 이질성heterogeneity을 드러낸다.

이 이질성은 홀로코스트 이후의 기억과 마찬가지로 9/11 테러와 같은 사건들에서도 찾아볼 수 있다. 텔레비전으로 중계되는 기념식이나 추모식, 9/11 기념관 투어 등은 계속해서 사건을 극적으로 재생하고 물신화한다. 하지만 많은 생존자 가족에게 그런 투어는 반가운 일이 아니다. 미디어가 생중계로 퍼부은 그날의 사건을 떠올리게 할뿐더러, 정부가 개인들의 애도를 공적이고 국가적인 행사로 전유했다는 사실을 상기시키기 때문이다. 9/11 테러로 남편을 잃은 알리사 토레스는 최성윤이 그림을 맡은 자전적 그래픽노블 《미국의 미망인》에서 9/11 이후의 시대정신이 드러낸 정동적 잔인성에 맞선다. 9월 11일 오전, 임신 7개월이었던 토레스는 국제무역센터 테러로 남편을 잃었다. 토레스는 이 사건에 대한 자신만의 '그래픽' 가족 앨범을 만들어 기록을 바로잡으려고 노력한다. 자기의 개인적인 상실이 미디어의 광란에 가려지는 아이러니를 드러내면서, 토레스는 미디어가 시작하고 정부가 프레임을 만든 추모 열광이 회복 가능한 국가의 정동 영역과 회복 불가능한 개인들의 상실을 어떤 식으로 대립시키는지를 기록한다.

기억의 정동적 동원을 우려하는 오슬랜더의 입장과 유사하게, 토레스의 자전적 소설은 9/11이 정동과 집단적 슬픔의 정치를 생산해 내는 기호학적 사건으로 상품화되는 상황에 의문을 표한다. 남편을 비롯한 수많은 희생자가 발생한 곳, 이제는 열렬한 관광객들이 비극적 사건을 기념하려고 셀카를 찍는 곳에 엄청난 돈을 들여 기념관을 세워서 치유와 '재건'을 강조하려는 사회에 대한 비판이다. 그래픽노블이라는 매체를 이용하여, 《미국의 미망인》은 거대한 비극에 직면한 미국이 국가적 활력과 생존의 정동적 형식인 이미지 중심의 대중적 애도를 되풀이하는 현상을 비판한다. 토레스는 파란색, 검은색, 회색의 단색 톤으로 이야기를 구성하는 방식으로, 미디어가 그 사건을 구성할 때 사용하는 시각적 과장과 정동적 잔인성에 맞선다.

소설은 세계무역센터가 공격받았다는 것을 알리는 시각적이고 텍스트적인 파편들이 폭발하는 장면으로 이어진다. 서장에서는 널리 알려진 텔레비전 장면인 "뉴스 속보"와 타워에서 피어오르는 연기 이미지가 등장하고, 여러 언어로 쓰인 문구들이 그 주변을 둘러싼다. "비행기 한 대가 방금 세계무역센터에 충돌했습니다! TV를 켜세요"(Torres 2008, 5). 로트만의 말을 빌리자면, 이 소설은 미디어가 애초부터 사건을 기억해 온 방식을 반영하면서 9/11 테러를 끊임없이 펼쳐지는 기호학적 "텍스트 속의 텍스트"로 다루고, 그 "기호학적 공간은 다양한 구조의 자유롭게 움직이는 파편들로 가득 차 있다"(2009, 114). 토레스는 텍스트 영역과 시각적 영역을 병치하여 '9/11을 슬퍼하는 국가'라는 거대서사를 방해할 뿐만 아니라, 집단적 기억이 희생자 가족들의 정동 공간에 어떻게 침입했는지에 주목하게 만든다.

토레스는 생존자 및 희생자 가족에 대한 정부 지원이 곧바로 이 사건을 미국의 회복력을 과시하는 일종의 이동식 기념관으로 만들었다고 주장한다. "건물들이 무너지고 난 후, 여기저기서 치유를 하겠다며 나선 무리들이 얌전하게 굴었다면, 그래서 더 이상 우리에게 해를 끼치지 않았다면 좋았을 것이다"(Torres 2008, 90). 토레스와 비슷하게, 주디스 버틀러도 정부가 즉각적으로 나서서 사건 관련 이미지와 내러티브를 규제하여 국가와 개인의 애도 과정을 이끌고 통제하려고 했다는 점을 지적했다(2009, 38). 부시 행정부는 "인식의 영역에 공을 들였"고, "더 일반적으로 말해 정동을 통제하려고 재현가능성의 영역에 손을 댔다. 정동이 해석에 따라 어떻게 구조화되는지만이 아니라 정동이 어떻게 해석을 구조화하는지도 알고 있었던 것이다"(Butler 2009, 72). 그런 해석의 틀은 소설에서 자원봉사 치료사들이나 적십자사와의 만남에서, 또 보상계획 책임자인 케넌버그가 "우리가 사랑한 사람들의 가치를 계산"한 "경제 차트"를 들이밀었을 때 잘 드러난다(Torres 2008, 135). 또, 이 소설은 사건 직후부터 제기된, 세계무역센터가 있던 장소에 기념관을 세우자는 발상을 풍자하기도 한다.

"추모 열광"과 그에 따른 "대중 감정의 구조화"가 진행될 때, 세계무역센터의 잔해를 트럭이 과거 쓰레기매립장이었던 프레시 킬즈로 실어 나른 어두운 현실도 있었다. 루돌프 줄리아니 뉴욕시장과 조지 퍼타키 주지사가 매립장의 재개장을 승인했다(Shamining 2014, 145). 소설은 사랑하는 사람의 유해를 찾는 가족들이 느낀 공포를 묘사한다. 그들은 시신을 찾거나 위치를 확인하는 대신에 대부분 재해분석연구소의 전산화된 데이터와 마주해야 했다. 신체 일부나 소지품의 파편들이었다(Torres 2008, 164). 유가족들과 국가가 공존하는 초현실적 세계를 설명하면서 토레스는 "30피트, 40피트가 되도록 높이 쌓이는 잔해들", 그리고 정부예산과 수칙에 즉각 복종하는 가족들의 모습을 소설에 담는다(Torres 2008, 165). 그림과 텍스트는 개인과 집단이 대조되거나 뒤섞이며 끊임없이 모순을 낳는 세계를 그려 낸다. 이 세계는 개인 경험의 개별성을 구분하고 존중하지 않아 사건의 잔인성에 기여한다.

로트만(2004)은 예술적 텍스트의 기호학적 본질이 그 이원론적 특성에 있다고 했다. 그래픽노블을 멀티미디어 장르라고 볼 때 로트만의 개념은 아주 유용하다. 로트만은 이 이원성을 이렇게 설명한다. "한편으로 텍스트는 현실을 모방하면서 텍스트를 작가에게서 독립적인 존재로 간주하게 한다. … 다른 한편으로, 텍스트는 그것이 누군가의 창조물이며 무언가를 의미한다는 사실을 계속 상기시킨다"(2004, 73). 그래픽노블이라는 형식 덕분에 토레스는 경쟁하는 두 현실이 동시에 제시될 수 있는 공간, 외부 세계에 의해 지속적으로 억압되는 정동의 잔인한 동원 속에서 개인과 국가가 다시 충돌하는 공간을 만들어 낸다. 이러한 맥락에서 볼 때, 토레스의 소설은 9/11을 둘러싼 다양한 종류의 모빌리티를 드러내는 작품이다. 즉, 화해를 촉구하는 감정의 끊임없는 릴레이 속에서 슬픔이 개인에서 국가로, 국가에서 개인으로 이동하는 방식을 보여 준다. 이 방식은 필연적으로 이른바 '정동적 잔인성'이라는 폭력적 형식을 동원한다.

작품 전반에 걸쳐서 토레스는 9/11 장면들의 포스트메모리적 현란함과 재건이라는 구호의 되풀이에서 느끼는 염증을 토로하면서, 어떻게 슬픔이 "새로운 세계"로 그라운드 제로의 재건에 동원되는지를 폭로한다(Torres 2008, 171). 2002년 7월 21일자 신문에는 로어 맨하탄 개발공사가 "새로운 세계를 건설하겠다"고 다짐하는 이미지가 실렸다(Torres 2008, 171). 소설에서는 의도적으로 이름을 가리고 이 기사를 활용하여 독자들이 뉴스의 허위성과 구성적 특징을 알아채게 만든다. 9/11을 하나의 "거대서사 monolithic narrative"(Sodaro 2017, 143)로 축소하려는 정부의 추모 시도를 자신만의 조각난 기억 및 정서적 충격과 병치하면서, 소설은 9/11의 공식적 추모 방식이 '상실'보다는 '부재'의 재현에 초점을 맞춘 것과는 달리 남편의 상실이 보여 주는 단절에 주목한다(Doss 2010, 145). 이 때문에 소설의 결말은 자신의 것이 아닌 서사를 단절시키기 위해 토레스가 아들과 함께 하와이로 향하여, 기념일 행사에서 자신의 부재가 상실을 표현하도록 하는 장면으로 마무리된다.

《미국의 미망인》이 9/11 테러 직후의 추모를 문제 삼았다면, 왈드먼은 《굴복》에서 무슬림 미국 건축가인 모하메드 칸Mohammed Khan이 기념관 설계안 공모에 응모하고 당선되는 이야기를 서술하면서 9/11 기념관의 기획과 건설을 둘러싼 복잡한 정치를 탐구한다. 칸의 당선은 아무리 좋게 보아도 상처뿐인 영광이었다. 그의 인종적·종교적 배경은 미국인들의 인종적·종교적 불안에 도전하는 것이었고, 궁극적으로는 잠재적인 (테러) 위협인 타자에 대한 미국문화의 공포를 자극하는 것이었다. 왈드먼의 소설은 "개인과 국가를 위협하는 테러리즘의 공포"에 대항하는 일종의 "안보 서사security narrative"(Doss 2010, 147)인 9/11 기념관 건설 과정을 검토하면서 이 공포를 분석한다. 기념관 설계를 둘러싼 사건들을 다시 살펴보면서 왈드먼은 심사위원들의 개별적 의제와 각각의 이해관계에 따라 동원되는 정동정치를 탐사한다.

소설 속 심사위원인 클레어 버웰은 9/11 테러로 미망인이 되었다. 그녀와 대립하는 조각가 아리아나 몬태규는 기념관의 비전이 "국가의 상징이자 역사적 의미"라는 강력한 입장을 내세우는 사람이다(Waldman 2011, 5). 베트남전쟁 전몰자 위령비를 디자인한 유명한 건축가이자 디자이너인 마야 린, 역사학자 제임스 영, 미국 홀로코스트 기념관의 관장이었던 앨리스 그린월드 등 현실 속 9/11 기념관 심사위원들의 관심사와 논쟁을 반영한 이 소설은 의사결정 과정의 복잡한 정치성을 보여 주면서 정동의 모빌리티가 기념관의 "이야기" 설계에서 어떻게 중요한 역할을 하고 있는지를 살펴본다. 실제로 9/11 기념관 설계 심사단이 '빛의 정원', '기억의 구름', '부재의 반추' 등의 디자인이 "심사단 중 몇몇이 핵심이라고 생각한

부분을 다루고 있는지"를 두고 논쟁을 벌인 것처럼(Blais & Rasic 2011, 6), 소설에 등장하는 허구의 심사위원들도 국가의 단합이라는 요구를 처리하기 위해 고심하는 동시에, 인종과 젠더 문제가 겹쳐 있는 개개인들의 슬픔이 지니는 복잡성을 인식하면서 추모 관련 문제들을 숙고한다. 주요 논의 사항들은 이러했다. 첫째, '기념관이 어떻게 국가적 회복을 상징하게 할 것인가', 둘째 '대중적 추모 공간으로 기능하게 하는 방법은 무엇인가', 셋째 '어떤 식으로 희생자 유가족들의 개별적인 애도 과정을 존중하고 이를 위한 공간을 마련할 것인가'. 여기서 또다시, 의도성intentionality은 국가가 말하고자 하는 이야기의 결합 장치가 된다. 왈드먼은 이 과정을 탐구하기 위해 아리아나 몬테규와 클레어 버웰의 생각을 비교하고, 모하메드 칸의 당선작을 두고 대중들이 벌이는 논쟁을 다루면서 테러리스트 대 국가라는 이분법도 겨냥한다.

정동적 경계들로 계속해서 이동하거나 그 경계에 도전하는 로트만의 기호학적 공간 개념은 이 소설에 나타나는, 사라 아메드가 말한 "공포의 정동경제affective politics of fear"를 잘 이해할 수 있게 한다. 공포의 정동경제는 특정한 방향으로 움직이는 감정에 의지한다. 그 방향은 "그럴 수도 있다could-be-ness"는 위협이 이끈다(2004, 79). 아메드는 이 위협이 "이슬람, 아랍인, 아시아인, 동양인 등, 테러리즘과 연관될 수도 있다고 여겨지는 사람들에 대한 모빌리티 제한을 허용한다"고 지적한다(2004, 79). 공포는 "우리" 대 "그들"이라는 역학 관계를 성립시키고, "자아와 타자 사이의" 비유적인 "경계"를 만든다(Ahmed 2004, 67). 마찬가지로 로트만의 경계boundary 개념은 내부 공간과 외부 공간을 구분한다(1990, 129). "경계는 낯선 기호학적 텍스트를 '우리'의 언어로 번역하는 기제이며, '외부적'인 것이 '내부적'인 것으로 변형되는 공간이다"(1990, 137). 왈드먼의 텍스트에서 심사위원들은 외부와 내부 사이, 국가와 개인적 이해관계 사이의 경계를 나타낸다. 유가족의 이해를 대변하는 클레어와 국가라는 외부적 맥락을 대표하는 아리아나는 이 경계의 예시라고 할 수 있다.

클레어는 "아리아나가 선호하는 최종 후보작 〈공백the Void〉을 혐오했고, 다른 유가족들도 그러하리라고 확신했다. … 〈공백〉은 베트남전쟁 전몰자 위령비를 흉내 냈지만 초점이 어긋난 것이었다"(Waldman 2011, 5). 아리아나는 반대로 클레어가 기념관과 어울리지 않는 선택을 했다고 생각한다. "정원은 우리에게 익숙하지 않아요. 우리는 공원을 만들죠. 정원 형식은 미국 혈통이 아닙니다"(Waldman 2011, 5). 클레어가 유가족들은 고통 속에서 평화를 찾아야 한다고 반박하자, 아리아나는 다시 강력하게 반대한다. "유감이지만, 기념관은 묘지가 아니에요. 국가적 상징이고, … 시간적으로나 지리적으로 그 공격과의 연결이 약하더라도, 방문하는 사람 누구나 그 느낌과 의미를 이해하게 하는 방법입니다"(6). 아리아나는 기념관의 국가적 비전을 구체화하면서, 〈공백〉이 "마음속에서 우러나오는, 분노에 찬, 어두운, 생생한" 부재를 표현한다고 본다(6). 전 세계에 호소해야 한다는 아리아나의 생각은 실제 9/11 설계위원회의 의도성을 반영한다. 위원회는 "잘 통제된 경로를 따르는 이야기"의 재현에 관심을 두었고, 이것이 "정치적 정당성"을 갖게 하며 "경험하게 하는 방식"의 유용함을 재확인해 줄 것이라고 보았다(Sodaro 2017, 148,176). 현실의 상황과 유사하게, 《굴복》에서는 심사위원들이 '유가족의 슬픔' 혹은 '회복 중인 국가'를 일반적인 언어로 번역하는 방법을 찾는 데에 집중한다. 이에 따라 재현 불가능한 것은 상실이 아닌 부재로 교묘하게 재현되어야 했다.

〈공백〉이 9/11 테러를 더 잘 표현하는 디자인이라고 주장하는 아리아나와, 유가족의 슬픔을 반영하는 "기하학적 구조를 지닌 담으로 둘러싸인 사각형 정원"(Waldman 2011, 4)을 원하는 클레어 간의 대립은 국가 혹은 개인의 이익이라는 이원성을 보여 줄 뿐만 아니라 내적 관계 혹은 외적 관계의 영향을 받는 정동의 모빌리티라는 이원성도 엿보게 한다. 유가족을 대변하는 디자인을 내놓은 무슬림 미국인 모하메드 칸은 테러리스트'일 수도 있는' 사람이자 인종적 타자로서 이 이원론의 경계 공간에 갇힌다. 최종 수상자의 이름을 들은 심사위원들의 반응은 9/11 이후의 이슬람혐오를 시사한다. 위원들 중 한 명인 월너가 수상자의 이름을 밝히자, 위원들은 "하느님 맙소사! 빌어먹을 무슬림이잖아!"라고 외친다. 역사학자인 심사위원은 이렇게 말한다. "역사는 그 자체의 진실, 새로운 진실을 만듭니다. 역사는 쓰이지 않을 수 없다는 걸 우린 인정해야 합니다…"(Waldman 2011, 23). 결국 이 소설에서 정치적·국가적·개인적·건축적·인종적 추모는 경계를 만드는 중요한 장소가 된다. 소설 마지막에서 칸이 제출한 디자인은 기념관이 '미국적'이어야 하며 어떤 외국적 요소도 없어야 한다는 대중의 요구에 굴복한다. 달리 말해, 기념관은 미국의 집단적 슬픔을 일반적인 (지배의) 언어로 번역한다.

국가적 회복의 모빌리티를 보여 주는 정동에 초점을 두고 특정한 기호체계 구축을 중시하는 태도는 설계, 건설, 개관의 과정을 메타픽션적으로 비판하는 이 소설의 여러 장면에서 나타난다. 도스가 미국문화의 추모 열광 연구에서 언급했듯이, 9/11 기념관은 "안보, 안정, 영웅주의를 강조하는 디자인 요소와 텍스처 형식"을 통해 테러리즘의 공포를 가라앉히려는 "안보의 내러티브"로 설계되었다(2010, 29). 소다로는 "기념관의 연대기적 서술과 관광 장소로서의 역할이 오늘날의 세계를 선과 악이라는 마니교적 서사로 재현하여 9/11 테러를 단순화"(2017, 130)한다는 점을 지적한다. 앞에서 언급한 바와 같이 선형적이고 연대기적인 서술은 9/11 서사의 중심을 이룬다. 선형적인 사건 설명 속에도 다양성과 복잡성을 드러내려고 애쓰는 목소리들의 불협화음이 존재하지만, 문서화되지 않은 이들은 '부재의 반추'에서 반추되거나 반추되지 않는 부재로 남아 있으며, 가해자들의 이름은 "무릎 아래 높이에" 걸려 있다(Sodaro 2017, 151). 소다로가 지적하는 바와 같이, "어색해 보이기는 해도, 이는 도덕적·정치적으로만이 아니라 물리적으로도 박물관의 서사와 전시에서 희생자, 생존자, 구조자들보다 그들의 지위가 낮다는 것을 보여 주기 위한, 분명히 의식적인 결정이었다"(2017, 151). 9/11 기념관이 많은 "불편한 누락"들의 재현에 실패하는 동안(Sodaro 2017, 151), 왈드먼의 소설은 기념관과 그 설계가 보여 주는 역사의 틈새를 조명한다.

비평가들이 강조했듯이, 9/11 기념관의 설계와 건축 과정은 폭력과 마찬가지로 애도와 기념화에도 그 나름의 정동적 정치가 존재한다는 사실을 드러냈다. 63개국에서 총 5,201개의 설계안이 제출된 2003년의 설계 공모전과 그 실현에 몇 년이 소요된 마이클 아라드의 〈부재의 반추〉를 반영하면서, 왈드먼은 9/11 기념관을 설계할 권리를 가진 사람이 누구인지를 묻고 인종적·민족적·종교적 차이에 대한 미국의 불안을 수면 위로 끌어올리며, 9/11 추모 열광의 인종화를 둘러싼 윤리적 복잡성도 드러낸다.[7]

---

7 기념관 설계 공모에 대한 더 자세한 내용은 Shaming(2014) 참조. 9/11 기념관에 대한 정보는 해당 웹페이지를 참고할 수 있다(www.911memorial.org). 이스라엘(5건), 인도(6건), 이집트(5건)에서도 설계안이 제출되었다. 수상작인 〈부재의 반추〉 설계자는 유대계 미국인인 마이클 아라드와 피터

이 소설은 국가적이고 인종화된 공공의 슬픔이라는 담론이 상실을 추모하고 기념하는 과정을 형성했다고 지적한다. 이 담론은 재현을 검열하고 특정한 유형의 추모를 조장한다. 여기서 부재는 건축설계 그 자체에 의해 동원된다. 예컨대 물과 나무가 둘러싼 정원처럼 생긴 닫힌 공간은 억제와 평화를 의미했다. 하지만《굴복》에서 이 미국적 애국주의의 상징은 포용의 공간이 아니다. 대신에 이곳은 특정한 기억과 상실을 다른 것보다 우선시하는 문화적·인종적·종교적 전쟁의 은유적 장소로 변한다. 소설은 9/11 희생자 중 상당수가 불법 이민자를 포함한 다양한 인종적·문화적·종교적 배경을 가진 사람들이었다는 사실이 여기에서 누락되었다고 힐난한다. 이런 맥락에서 보면, 현대 미국의 기억 동원과 이에 따라 필연적으로 나타난 경험적 대응물인 죽음 관광은 추모와 그 교훈적 기능에 윤리적 질문을 제기하게 하며, 상실의 이야기를 어떻게 누가 다시 말하고 동원하는지가 중요하다는 것을 알게 한다.

정동적 잔인성의 도취적 모빌리티
: 새로운 패러다임?

기념관은 복잡한 기호계를 표상한다. 그러나 잔학 행위와 비극적 사건의 연대기적 재구성을 중시하는 기념관의 경향은, 체험 학습을 내세우고

워커이다. 베트남 전몰자 위령비의 설계자인 마야 린도 디자인 수정에 참여했다. 웹사이트(www.wtcsitememorial.org)의 〈World Trade Center Site Memorial Competition〉 문서 참조.

감정적인 반응을 유도하여 소비지향적 윤리를 방해하려는 기념관의 원래 의도를 무력화시킬 때가 많다. 반면에 현대 미국의 역사기술 메타픽션은 파열과 해체를 활성화시키는 기호학적 공간이 열릴 기회를 더 많이 제공한다. 오슬랜더, 토레스, 왈드먼의 소설들은 모두 무카로프스키가 말한 "의도성과 비의도성 사이의 경계"를 넘나들고자 하며, 예상하지 못했던 파열과 "미학적 불쾌감aesthetic displeasure"을 자극한다[1978, 119, 126]. 이 점에서 세 작가는 역사 편찬식 메타픽션이 역사와 픽션이라는 이분법의 안정성에 도전한다는 린다 허천[1989]의 주장을 뒷받침한다. 앤 리그니Ann Rigney는 역사기술 메타픽션이 "문화적 기억의 진화에 비선형적으로 접근"하며, 이에 따라 소설은 텍스트적인 기념물 혹은 "휴대가능한 기념물"의 형식이 되었다고 말한다[2004, 391]. 이 글에서는 복잡한 정동정치와 관련된 현대 미국의 '모빌리티 전환'을 탐사하여 이 주장을 더 발전시키고자 했다. 현대 미국문화는 포스트메모리에 도취되어 있다. 그리고 이는 궁극적으로 정동적 잔인성의 형태로 비극을 재동원한다. 비극과 정동의 문제적인 누락에 의존하는 죽음 관광은 그 좋은 예가 될 것이다.

수백만 달러 규모의 산업인 죽음 관광은 집단적 목격과 감정의 동원을 발판 삼아 번창한다. 매우 정형화된 그 구조 속에서 사람들은 저 너머의 기억에 도취하게 된다. 존 어리의 말에 따르면 "죽음의 장소는 방문자의 장소로 변모"하며, 방문자들은 자기 식대로 증언할 수 있는 특권적 위치를 얻는다[2007, 267]. 이 글에서 주장했듯이 기억은 모빌리티의 한 형태이자, 끊임없이 동원되고 움직이는 과거의 물리적·은유적 기념물로서 기념관과 텍스트에 살아 있는 체화된 수행이기도 하다. 시간이 지나고 공간이 바뀌면서 잔혹한 사건에서 멀어졌던 정동적 힘과 강렬도, 과거와

현재의 기억, 텍스트, 시각적 기념물의 조합이 만들어 낸 포스트메모리,
더 나아가 죽음 관광은 잔인성을 긍정적인 정동으로 바꾸는, 수전 손택
이 말한 "생존의 기적"의 공식적 서사를 구성하고 또 이에 의존한다(Sontag
2003, 87). 요한나 하텔리어스Johanna Hartelius 같은 비평가들은 죽음 관광이
"트라우마를 중재"하고 증언의 "설득력 있는 대체물"인 기념품과 기념관
을 통해 교육을 제공하는 중요한 역할을 한다고 본다(2013, 16). 그러나 이
글에서는 기억이, 또 추모의 정동정치가 만들어 내는 복잡한 관계를 더
깊이 있게 탐사하고자 했다. 이 정동정치는 국가적·국제적인 거대서사
들과 거기에서 나타나는 정동적 잔인성을 새로운 모빌리티로서, 의도적
으로 비의도적인 모빌리티로서 동원하고 있는 것이다.

[2부]

체화된 주체성

제5장

E. M. 포스터의 《하워즈 엔드》에
나타난 모빌리티, 주의력, 공감

| 누르 다카크 |

E. M. 포스터E. M. Forster는 소설 속에서 인간의 지각과 인식에서 신체가 맡는 역할을 계속해서 찬양했다. 마지막 작품을 내고 10년이 지난 후, 포스터는 〈내가 믿는 것What I Believe〉(1938)이라는 유명한 에세이에서 인간의 몸은 정체성과 가치관 형성의 기반이라고 썼다.

나는 귀족을 믿는다. … 계급과 영향력에 기초한 권력을 가진 귀족이 아니라 섬세하고 사려 깊고 결단력을 지닌 귀족을 믿는다. 이런 귀족은 전 세계 어느 나라, 어느 계급, 어느 세대에서든 볼 수 있으며, 서로 마주치게 되면 그들 사이에 암묵적인 이해가 생겨난다. … 인간의 몸은 세상을 인식하고 즐기는 도구이기 때문에 자기 몸을 제대로 대접하지 않는 귀족은 진정한 귀족이 아니다.(Forster 1972, 70-71)

포스터가 인간 신체에 기울인 관심은 이 인용에서 분명하게 나타난다. 포스터의 설명에 따르면, 공감을 낳고 인간관계를 이끄는 인간적 가치는 신체적 지각과 강력하게 연결되어 있다. 포스터의 신체 옹호를 그의 억눌린 동성애 성향과 연결짓는 시각도 흥미롭지만, 이 글에서는 《하워즈 엔드Howards End》(1919)에 나타나는, 움직임의 신체 지각에 대한 세심한 묘사가 20세기 초반 현대 모빌리티가 인간의 지각과 주의력attentiveness의 변화에서 어떤 역할을 했는지에 주목하게 한다고 주장한다.

19세기 후반부터 20세기 초반의 교통기술이 낳은 효과에 대한 연구들은 대개 현대를 살아가는 인간 신체의 불안을 표현한 창의적인 모더니즘 문학작품들에 기대고 있으며(Kern 1983, Seltzer 1992, Armstrong 1998), 이 중요한 연구들은 당시의 문화에서 모빌리티의 변화가 갖는 중요성을 강조한다. 그러나 21세기가 되기 전에는 지각과 수행이 낳은 공간 경험에 연구자들이 크게 관심을 기울이지 못했다(Danius 2002, O'Neill & Hatt 2010, Garrington 2013, Pearce 2016). 이제 연구자들은 문학 텍스트의 미적 생산만이 아니라 변화된 모빌리티 경험이 인간의 인식에 통합되는 방식을 자세히 탐사하기 시작했다.

초기 포스터 비평은 《하워즈 엔드》에 나타난 자동차와 철도의 상이한 이미지에 관심을 두고 모빌리티 묘사에 주목했는데(Page 1993, Jameson 1990, Thacker 2000, Bradshaw 2007), 이런 입장은 주로 농촌 환경에 미친 근대 이동 수단의 부정적 영향을 분석하여 모더니티에 대한 포스터의 복잡한 태도를 이해하고자 했다. 인간 경험과 교통기술의 역할을 분리해 연구하는 대신, 이 글에서는 《하워즈 엔드》에 나타난 모빌리티 묘사를 이해하는 최선의 방법은 모빌리티가 인간 신체에 영향을 미치는 방식과 인간이 세상을 만나는 방식을 살펴보는 것이라고 주장한다. 체현된 모빌리티를 분석하면 이동, 주의력, 공감 사이의 복잡한 관계를 드러낼 수 있다. 《하워즈 엔드》에서 모더니티의 경험은 이전에는 간과되었던, 느리게 체현되는 다른 상호작용들에 주의를 기울이게 하는 방식으로 일상생활의 시간성을 변화시키고 공간적·사회적 상호작용의 질을 변형시킨다.

표면적으로 볼 때 《하워즈 엔드》는 20세기 후반 장 보드리야르Jean Baudrillard(2010)와 폴 비릴리오Paul Birilio(2008)의 철학을 입증하는 것처럼 보인다. 두 사람은 현대 교통수단의 속도가 인간을 주변의 물질성으로부터 멀어지게 할 뿐만 아니라 "육체와 정신의 초월적 분리를 가져올 잠재성을 지닌다"고 보았다(Pearce 2016, 92). 속도가 지각을 제한하고 운전자나 동승자를 환경의 물질적 요소들과 격리되게 한다는 진술은 (《하워즈 엔드》에서처럼) 운전을 큰 문제를 일으키는 행위로 보게 한다. 그렇다 해도 최근의 연구들은 보드리야드나 비릴리오처럼 속도는 육체에서 분리되는 경험을 하게 한다는 관점에서 출발한다. 예를 들어, 피터 메리만은 자동차에 탄 사람들의 "자동차와 도로에 대한 신체적 참여, 실제 참여와 관심의 종류와 수준, 공간적·시각적·운동감각적 인식이 매우 다르다"고 지적한다(Merriman 2012, 69). 메리만은 자동차 경험이 인간의 정체성과 세계를 인식하는 방식에 영향을 주는 새로운 시각적·예술적 감성을 나타나게 한다고 본다.

> [자동차 이용의] 정동적 특성, 주변 환경, 감각은 이미 인간의 체현된 경험을 넘어섰으며 어떤 경우에는 세계-내-존재being-in-the-world의 감각까지 변화시켰다. 자동차는 몸에 익은 공간과 시간 개념을 바꾸고, 나아가 움직임과 이동이 일어나고 감지되는 체화된 실천들을 변화시켜서 물질성, 분위기, 공간성, 느낌, 리듬, 힘, 감각 등의 독특한 집합으로 구성된 정동적 체계를 낳았다.(Merriman 2012, 80)

여기서 자동차 드라이브는 세계의 물질성을 마주하는 다른 방식을 경험하고 수용하는 방법이다. 메리만은 빠르게 이동하는 차량을 탄 경험이 어떻게 긍정적인 느낌으로 이해될 수 있는지, 그리고 인간의 감각기관과 특별한 감각을 경험하는 능력을 어떻게 향상시키는지를 보여 준다. 이는 《하워즈 엔드》의 자동차에 주목한 프레드릭 제임슨의 분석에서도 확인할 수 있다. 그는 메리만과 비슷한 긍정적 입장을 취한다. 그에 따르면, 이 소설에서 자동차는 제국주의와 부정적인 연관성을 갖기는 하지만,

신체적이고 시적인 과정인 운전의 지각은 우리 감각의 긍정적인 성

취이자 확대이다. 그러므로 이 새로운 형상의 아름다움은 특이하게도 그 내용에 해당하는 사회적 · 역사적 판단과는 상관이 없는 것처럼 보인다.(Jameson 1990, 58)

인간 신체에 운전이 미치는 영향에 주목한 제임슨은 부정적 연관성을 강조한 비평들과는 다른 방식으로 자동차에 접근한다(Page 1993, Tambling 1995, Bradshaw 2007). 앤드류 태커Andrew Thacker 또한 자동차 운행을 상징적 의미에 가두지 않고 끊임없는 모빌리티, 불확실성, 뿌리 없음의 이미지로 본다. 〈E. M. 포스터와 자동차E. M. Forster and the Motor Car〉에서 태커는 제임슨과 마찬가지로《하워즈 엔드》 속 경제적 · 제국주의적 맥락과 모빌리티의 여러 이미지들을 연결지었고, 작품 속에 등장하는 자동차 장면은 "모더니티에 따른 다양하고 새로운 장소적 · 공간적 경험들을 이해하려는 시도"라고 설명한다(Thacker 2000, 37). 그는 "근대적 삶의 유동성을 포함"하거나 재현하는 방법을 찾으려고 한 작가의 노력이 이 소설의 형식에서 나타난다고 보았다(Thacker 2000, 39). 태커는 자동차 경험의 역사를 개관하면서, 등장인물들이 빠르게 움직이는 차량을 타고 세계와 조우할 때 경험하는 유동의 감각을 "고정된 상징과 이미지" 혹은 정적인 장소나 집과 관련되는 공간 감각 · 소속감과 대비시켰다(Thacker 2000, 39, 47). 메리만의 입장은 운전이 다른 공간적 · 감각적 경험을 겪는 방식이라는 태커의 관점과 비슷해 보인다. 그러나 그가 속도 경험을 정적이고 고정된 장소 경험과 나란히 놓고 살피지 않는 이유는 완전한 임모빌리티immobility란 없다는 주요 모빌리티 연구자들의 관점을 따르기 때문이다(Adey 2010, Bergson 1911, Massey 2005).

그렇지만, 근대적 교통수단의 속도가 낳은 새로운 이동 감각과 정적이고 고정된 장소와의 비교는 포스터의 작품에 등장하는 집들이 향수를 불러일으키는 반근대적인 장소라고 보는 일반적인 견해에 기여하기도 했다(Tambling 1995, 3, Bradshaw 2007, 168). 사실《하워즈 엔드》에서의 자동차 경험은 모빌리티가 고정되고 안정된 장소와 대조된다고 암시하는 것이라기보다는 모더니티의 표출에 가깝다(Stone 1966, Cavaliero 1986, Thacker 2000, Finch 2011). 나는 자동차 경험이야말로 포스터와 소설 속 등장인물들이 미시적 모빌리티 micro-mobilities에 관심을 기울이게 만든 요인이라고 주장한다. 미시적 모빌리티는 주변 환경과의 다중감각적인 상호작용과 일상적인 걷기에서 나타나는 여러 체화된 움직임의 형태들 속에 존재한다.《하워즈 엔드》에서 이동과 속도는 정적인 것과 대립하지 않는다. 느린 움직임을 인지하고 완전히 인식하게 해 주는 것은 바로 빠른 속도의 모빌리티다. 느린 신체적 상호작용은 포스터의 작품 속에서 자동차의 모빌리티나 그 속도와 비교되었으나, 사람들이 차 바깥에 나와 몸으로 세상과 '접촉'할 때 어떻게 주변 환경을 더 잘 관찰하게 되는지를 보여 주는 일상의 신체적 경험을 묘사한 텍스트들과《하워즈 엔드》에 대한 비평에서는 거의 주목을 받지 못했다. 모더니티는 감각하고 느끼는 방식의 대안을 제공했고, 이는 사람들이 근대적 기술을 매개로 삼든 삼지 않든, 세계와 그들이 어떻게 상호작용하는지를 깨닫게 해 주었다.

포스터가 보여 주는 여러 모빌리티 유형들은 인문학 모빌리티 연구의 폭넓고 다양한 접근 방식 및 방법론들에 잘 부합한다. 메리만과 린 피어스는 이동의 텍스트적·예술적 재현이 인간의 운동감각적 존재론과 문화적 실천을 효과적으로 포착하며, 인문학과 예술 분야에서 "이동의 표현은 특정한 움직임, 경험, 감각이 어떻게 서로 다른 존재론과 체화된 실천, 문화적 · 역사적 맥락에 근거하는지를 추적하게 해 줄 것"이라고 주장한다(Merriman, Pearce 2017, 497).《하워즈 엔드》는 현대적 모빌리티를 묘사했을 뿐만 아니라, 새로운 기술이 그 특수성을 가시화하게 하는 여러 유형의 움직임들을 포착하여 모더니티를 드러내는 텍스트이다. 이 글은 일상적인 신체 행위에 초점을 맞춰 모빌리티와 인문학 연구에 기여하려고 한다.《하워즈 엔드》를 비롯한 포스터의 작품들에 나타난 모빌리티, 주의력, 공감을 분석하면 등장인물들과 외부 세계 사이의 운동감각적 상호작용이 어떻게 여러 가지 형태의 움직임으로 표현되는지를 알 수 있다. 소설 속 다양한 모빌리티 묘사들은 체화된 일상 활동이 인물들의 정체성, 인간관계, 소속감에 얼마나 중요한지를 강조한다. 체화된 모빌리티는 포스터 소설 속 등장인물들이 메를로 퐁티의 말처럼, 궁극적으로는 "세계의 구조 안에 사로잡힌" 모습으로 나타나게 한다(Merleau-Ponty 1964, 163).

공간감의 상실

자동차 경험은 외부 세계와의 신체적 상호작용에 일어난 변화와 관련된다. 어떤 이들은 시야가 2차원으로 제한되는 "감각의 울타리sensory enclosure"를 지적하고(Baudrilard 2010, Virilio 2008), 반대로 "이동하는 주체들이 주변 환경에 대해 갖는 다중감각과 운동감각적 불안을 강조"(Merriman 2012, 12)하는 경우도 있다. 표면적으로《하워즈 엔드》의 운전 묘사는 속도가 어떻게 등장인물들이 외부 세계와 의미 있는 관계를 맺지 못하게 하는지를 강조하는 것처럼 보이지만, 자동차 경험은 감각의 차단만이 아니라 더 중요하게는 모빌리티의 자발성을 결여한 개인인 동승자의 위치를 강조하여 자동차와 주변 환경 사이의 관계를 더 복잡하게 만든다.[1] 예를 들어, 마거릿 슐레겔은 윌콕스네와 관광을 나섰을 때 차 바깥으로 지나가는 풍경과 자신이 동떨어져 있다는 느낌을 받는다.

> 마거릿이 너무도 싫어하는 자동차 드라이브가 그녀를 기다렸다. … 하지만 그리 인상적인 드라이브는 아니었다. 아마도 우울한 구름이 두껍게 깔린 잿빛 날씨 탓이었는지도 모른다. 아니면 하트퍼드셔가 자동차 드라이브에는 어울리지 않아서였는지도 모른다. 어떤 사람은 자동차로 달리다 보니 웨스트멀랜드가 너무 빨리 지나가서 아무것도 보지 못했다고 말하지 않았는가? 웨스트멀랜드가 그렇게 지나간다면 더욱 주의 깊은 눈이 필요한 하트퍼드셔의 섬세한 구조 속을 제대로 여행하기란 어려운 일이다.(Forster 2012, 205-206)

구경을 목적으로 나왔지만 자동차 드라이브는 마거릿에게 별다른 인상을 남기지 못한다. 차를 타고 지나가는 길은 차 안에 있는 사람과 '바깥에 있는' 풍경 사이의 분리를 드러낸다. 여기서 풍경은 차를 타고 이동하는 사람에게 미적 자극을 주기보다는 단지 기능적인 특징만을 지닌다.

---

1 'Driving' and 'passengering': 자율성, 행위능력, 자동차모빌리티를 두고 논할 때 운전driving과 동승passengering(Laurier 외 2008)의 구분은 중요하다. 표면적으로 운전은 단순히 자동차에 동승하는 것보다는 행위주체적이고 자율적인 행위로 보인다. 하지만 피어스(2016) 등 최근 연구들은 두 역할을 더 복잡하게 이해한다. 포스터가 작품을 쓰던 시기에는 차주들이 대개 관리자를 따로 두고 있었으므로 자동차 소유자가 운전을 하더라도 차의 운행을 완전히 책임지는 것은 아니었다. 포스터의 소설들은 운전자와는 다른 입장에 있는 동승자의 경험에 중점을 둔다.

도로 위에서 마거릿은 그저 날씨 탓을 할 뿐이다. "빗줄기가 제법 굵어져 있었다. 자동차 덮개를 올렸고, 그녀는 다시 한 번 공간감을 잃었다"[207]. 하지만 오로지 이 때문에 마거릿이 감각의 박탈을 느낀 것은 아니다. 자동차가 궂은 날씨 속에서도 탑승자들을 어떤 식으로 보호해 주는지를 묘사하는 대목에서, 여행을 편하게 만들어 주면서도 여행자들의 주의력을 흔들어 놓는 자동차는 절반의 축복이다. 그렇지만 이 분리가 만든 '공간감'의 '상실'이라는 느낌은 속도나 물리적인 분리보다는 모빌리티 자율성과 주의력 사이의 관계와 더 큰 관련이 있다.

'공간감sense of space'이라는 표현은 《하워즈 엔드》와 디스토피아 단편소설 〈기계가 멈추다The Machine Stops〉(1909)에서 주체가 외부 세계와 단절되는 방식을 서술하기 위해 여러 번 사용된다. 포스터 소설에서 공간감의 '상실'이나 '획득'은 인물의 움직임이 더 이상 자발적이지 않고 자율성 결여가 그 자신의 몸과 환경에 대한 주의력을 왜곡할 때 나타난다. 태커는 《하워즈 엔드》 속 공간감의 상실은 근대에 이르러 모빌리티가 증가한 결과 생겨났다고 지적하면서, 마거릿은 "자동차의 '유동성flux'이 장소의 고정성으로, 집으로 대체될" 때에만 공간감을 되찾는다고 주장한다[Thacker 2000, 48]. 《하워즈 엔드》는 안정의 이미지와 이동의 이미지 사이의 간극을 만들어 내는 것처럼 보인다. 그러나 포스터의 여타 작품들에서 공간감을 잃거나 얻는다는 표현이 쓰이는 상황을 자세히 들여다보면, 공간감이 의미하는 바는 인물의 고정성이나 정적인 장소에 뿌리내리고 있는지의 여부에 달려 있지 않다는 사실이 좀 더 분명해진다. 〈기계가 멈추다〉의 등장인물인 쿠노는 "방을 나가서 철도 승강장을 이리저리 왔다 갔다" 하면서 공간감을 다시 얻는다[Forster 1954, 125]. 걷기는 쿠노에게 '기계'

의 세상 속에서 대안적인 이동이다. 걸으면서 쿠노는 이 간과되었던 실천을 새롭게 발견하게 해 준 주의력을 되찾고 자율성과 결정권을 회복한다. 이와 비슷하게, 나중에 다시 언급하겠지만 《하워즈 엔드》의 마거릿은 다른 방식의 모빌리티를 선택하여 풍경 속을 걸으며 자동차 드라이브로 상실한 '공간감'을 다시 획득한다[210].

마거릿에게 공간감은 고정성이나 장소에 달린 것이 아니라, 자신의 모빌리티를 다시 통제하게 되었을 때, 그래서 주변 세계의 독특한 요소들을 파악하는 능력을 다시 얻게 되었을 때 회복되는 어떤 것이다. 그러므로 《하워즈 엔드》에서 느린 속도와 '공간감'의 회복은 속도에 대한 반응으로도 볼 수 있겠지만, 중요한 것은 사람들이 빠른 속도의 세계에 살게 된 이후에야 느림이 환영받는 선택이 되었다는 점이다. 다시 말해, 느림은 가속화된 세계와 '대립하는 실천'이 된 것이다[Vannini 2014, 122]. 이 글의 마지막 두 장에서 보겠지만, 느린 속도는 주변 환경에 익숙하게 해 주므로 인물들은 강한 소속감을 느끼게 된다.

지리학자들에게는 '공간space'과 '장소place'가 다른 의미를 갖는 말이겠지만, 포스터는 이 용어들을 혼용한다.[2] 《하워즈 엔드》의 루스 윌콕스는 강한 공간감과 장소감을 가진 인물이다. 루스에 대한 묘사는 작가가 영국의 과거와 관련된 전통적 가치를 찬양한다는 증거로 읽힐 때가 많다[Trilling 1964, Tambling 1996, Royle 1999]. 하지만 마거릿이 자연과 풍경에 연결된다고 느끼는 감각은 근대성이 인간관계에 미치는 영향으로 결정된 것이다.

---

2 팀 크레스웰Tim Cresswell은 이렇게 설명한다. "공간space은 장소place보다 더 추상적인 개념이다. 우리는 공간에 대해 말할 경우 보통 우주공간이나 기하학적 공간을 떠올린다. 공간은 면적과 부피를 지닌다. 장소와 장소 사이에는 공간이 있다"[Cresswell 2015, 15].

이 글의 마지막 장에서 설명하겠지만, 마거릿이 느끼는 소속감은 자동차의 속도와는 대조되는 의도적인 느림을 통해 전달된다. 포스터 작품 속의 인물들이 주변의 물질적 환경과 상호작용하는 방식은 근대적 교통기술이 어떻게 걷기와 같은 체현된 일상적 모빌리티의 재평가를 이끄는지, 익숙하지만 의미 있는 일상적 존재 조건에 대한 새로운 주의력을 낳는지를 보여 준다.

바로 이 부분에서, 마거릿의 부정적인 경험에 대한 자세한 묘사가 주로 여가와 관광을 위한 자동차 이용에 초점을 맞추고 있다는 점에 주목해야 한다. 윌콕스 가족은 자동차 드라이브를 '즐긴다'. 예컨대 큰아들인 찰스가 "가장 좋아하는 것은 자동차를 타고 영국을 여행하는 일"[73]이며, 윌콕스 씨와 막내딸인 에비는 요크셔 지방으로 자동차 여행을 떠난다[74]. 20세기 초반 들어 자동차 여행은 재빨리 유행했다. 피어스의 말처럼 "자동차 여행은 발명 직후 놀라운 속도로 유행하기 시작했다"[Pearce 2016, 63]. 피어스는 T. D. 머피T. D. Murphy와 이디스 워튼Edith Wharton 같은 초기 자동차 여행자들의 글을 분석하여, 자동차가 과거에는 접근할 수 없었던 장소로 탑승자들을 데려다주었고, "도착하면 원하는 만큼 오랫동안 (머피의 경우는 아주 빠르게) 둘러보고 또 마음대로 탐색할"[2016, 65] 수 있게 하는 새로운 관광 방식을 도입했다고 강조한다. 자동차 드라이브와 여행의 결합은 차창을 통해 풍경이나 외부 세계와 상호작용하는 새로운 방식을 제공했다. 하지만 《하워즈 엔드》는 자동차가 제공하는 '탐험'의 기회를 다루기보다는 탑승자의 자율성과 이들이 주변 환경과 맺는 관계에 자동차 경험이 미치는 영향에 집중했다.

차량 바깥에 있는 것들에 대한 주의력이 점차 감소하면서, 마거릿은 주변을 구별하려고 애를 쓴다. 풍경에 대한 관심은 빠르게 사라졌다. 윌콕스 씨는 마거릿의 관심을 길가 건물들로 돌린다. "'저기 아름다운 교회가 있군요. 이런, 이런 걸 놓치다니. 자, 잘 봐요. 도로가 불안하게 만든다면 먼 풍경을 바라보도록 해요.' 그녀는 주변 풍경을 바라보았다. 오트밀 죽처럼 부글부글 끓어올랐다가 가라앉는 것처럼 보였다"(206). 마거릿은 당황했고 혼란을 느꼈다. 거기에는 아무런 개성도 특징도 없었다. 포스터는 1930년에 런던을 여행하면서 오트밀 죽을 맛본 적이 있는데, "즐거움을 피해 가는" 그 "회색 물질"은 그에게 그저 고픈 배를 채우는 정도의 역할밖에 하지 못했다(Burnett 2004, 207). 눈앞의 거창한 광경은 마거릿의 눈에 매력적으로 비칠 수도 있었지만 그녀에게 어떠한 특별함도 의미 있는 관계성도 제공하지 못한다. 나중에 경험하는 드라이브에서도 마거릿은 "공간감을 상실한다. 자꾸 나타나는 나무와 집과 사람과 동물과 언덕들이 그냥 시커먼 흙덩이로 뭉뚱그려졌다"(213). 또다시 계속해서 휙휙 지나가는 장면들은 마거릿의 감각을 압도한다. 그녀는 어디를 지나고 있는지 특징이 무엇인지도 전혀 인지하지 못한다. 주변의 풍경을 이루는 집, 언덕, 나무, 사람, 동물 등의 모든 것들이 뒤섞이면서 그녀는 개성을 상실하고 만다. 메리만은 이렇게 서술한다.

자동차 속에서의 지각에 대한 이 설명에서 놀라운 것은 운전자가 차량, 도로, 풍경, 날씨, 다른 운전자들과 함께 움직이거나 이들을 느낄 때, 그리고 공간과 시간이 자동차에 탄 주체가 세상을 감지하고 경험하는 가장 중요한 장치로 자리잡지 않지 않을 때, 감각이 뭉쳐지고 흐릿해지는 방식이다.(Merriman 2012, 81)

이 설명은 운전자와 동승자 모두의 신체적 경험이 자동차와 분리불가능하다는 점을 강조한다. 차에 탄 사람이 무엇을 바라보든지 간에 자동차가 흡수하는 복잡하게 쌓인 정보 때문에, 또 특정한 광경을 감각에서 떼어 놓기 어렵다는 점 때문에 자동차가 통과하는 풍경과 인간 신체의 관계는 근본적으로 달라진다. 소설의 인용 부분에서 알 수 있듯이, 운전자와 동승자는 짧은 시간 동안 엄청난 분량의 풍경을 시야에 담을 수 있지만, 드라이브를 하는 동안 시야에 들어오는 각 사물에 대해 충분히 관심을 쏟을 수도 없고 순식간에 지나가 버리는 존재에 친숙함을 느끼거나 충분한 이해를 하기도 어렵다.

자동차의 속도와 개인적 자율성의 상실은 마거릿의 방향감각을 혼란스럽게 하고, 승객이 되는 일마저 소외 경험으로 바꿔 버린다. 이와 비슷한 장면이 소설 초반부에 먼트 부인이 하워즈 엔드 저택으로 가는 기차를 탔을 때다.

기차는 수많은 터널을 지나며 북쪽으로 달렸다. … 사우스웰린 터널을 지나서 잠시 바깥으로 나온 뒤 비극적인 사고가 있었던 노스웰린 터널로 들어섰다. 그녀는 고요한 초지와 튜인강의 나른한 물결 위로 뻗은 거대한 고가 철교를 건넜다. 그리고 정치인들의 별장도 지나쳤다. … 먼트 부인은 계속 아무런 관심이 없었다. 그녀는 이번 여행의 목적만 생각했다.[13]

속도를 표현하는 동사들과 불필요한 풍경 묘사는 서로 대조되면서 먼트 부인이 기차가 지나가는 장소들과 동떨어져 있음을 보여 준다. 마지막에 먼트 부인의 무관심은 여행 자체보다는 목적지에 집중하면서 생겨난 결과라는 설명이 있기는 하지만, 자신의 신체와 바깥의 환경을 갈라 놓는 기차의 매개 기능과 자기 모빌리티에 대한 자율성 부족은 먼트 부인이 바깥 환경에 흥미를 잃게 한다. 데이비드 비셀David Bissell은 "신체는 지나가는 물체의 움직임과 여타 운동감각을 통해 속도를 느낄" 수 있지만, "수동적이고 대상과 유리된 시각적 경험은 성공적인 이동에 필요한 주의 깊게 보는 방식들이 작동하지 않게 만든다"고 했다[Bissell 2009, 46]. 여기서 '성공적인' 이동이란 이동을 즐기는 것이며, 이동이 바라보는 이의 감각에 의미 있는 방식으로 제공하는 광경을 즐기는 것이다. 이 논리에 따르면, 마거릿과 먼트 부인이 자동차와 기차에서 경험하는 자율성 상실은 다음 장에서 논할 주의력결핍inattentiveness과 무관심apathy에 해당하는 수동성을 야기하게 된다.

자동차 같은 모빌리티가 야기하는 자율성의 상실로 등장인물들은 자신들이 이동하는 풍경에 거리감과 낯섦을 느낀다. 《하워즈 엔드》에서 자동차와 기차가 제공하는 매개와 지시 기능의 결과로 생겨나는 주의력결핍을 강조하는 것은 인간의 자유와 자율성을 찬양하는, 대안적인 기존의 상호작용 방식을 재발견하도록 유도한다. 대안적인 미시적 모빌리티의 묘사는 감각과 공감을 발전시키기 위해서는 행위능력agency과 체현embodiment이 모두 중요하다는 점을 간접적으로 강조한다. 다음 장에서는 《하워즈 엔드》가 이동적인 행위능력, 주의력, 공감 사이의 연결 고리를 어떻게 제시하는지를 다룰 것이다.

부주의와 무관심

《하워즈 엔드》에서 수동적인 이동, 무엇보다 빠른 속도의 이동은 주체와 대상 사이의 변화된 관계가 어떻게 무관심과 유대감 결여를 야기하는지를 보여 준다. 기차와 자동차의 속도는 효율적이고 기능적이라고 할 수 있지만, 그 속도감이 제공하는 인상은 의미 있고 지속적이라기보다는 피상적일 때가 많다. 포스터는 〈기계가 멈추다〉에서 더 복잡한 존재 방식들을 희생시키는 '실용성practicality'이라는 개념을 탐색했다. 여기서 실용성이란 사람과 사물에 대한 일반적인 생각을 제공해 주는 것이다. 예를 들어, 쿠노의 어머니인 바슈티Vashti는 소설 속의 새로운 소통 방식이 "모든 실용적인 목적에 충분히 유용한" 것이라고 믿는다[111]. 이 관점은 세세한 사항에 대한 주의를 약화시키고 장소, 대상, 그리고 다른 사람들이 인간의 인식에 남기는 다양한 영향을 축소시킨다.

앞서 언급된 자동차 관광 대목에서 마거릿이 경험한 불쾌감은 윌콕스 씨가 완벽하게 받아들인 풍경의 세부를 그녀는 분별할 수 없었기 때문일 것이다. 마거릿은 화자가 말하는 "주의 깊은 눈the attentive eye"[206]으로 주변을 살펴볼 기회를 갖지 못한다. "마거릿이 관광에 찬성"[219]해서 슈롭셔로 떠난 드라이브 여행에서도 그녀는 지나치는 풍경에서 정말로 중요한 모든 것을 놓치고 있다고 느낀다.

슈롭셔에는 하트퍼드셔 같은 고요함이 없었다. 자동차의 빠른 속도에 그 마법의 절반을 빼앗겼지만 그래도 언덕의 느낌은 전해져 왔다. … 또 한 명의 손님을 태운 뒤 자동차는 산악지대를 피해 남쪽으로 돌아갔다.

그래도 이따금 둥글고 완만한 정상 부분이 나타나는 것은 느낄 수 있었다. 낮은 땅과는 지질과 색이 달랐지만 그 지형들은 아주 느리게 변했다. 구불 구불한 지평선 저편에서는 조용한 신비로움이 나타나고 있었다. 서편 하늘 은 언제나처럼 어떤 비밀을 지닌 채 물러나고 있었다. 그리 대단한 비밀은 아니었지만 실용적인 사람은 전혀 발견할 수 없는 비밀이었다.[220]

이 풍경 묘사는 흥미로운 지점을 드러낸다. 포괄적인 묘사는 차에 탄 사람들이 풍경의 다른 모양이나 형태와 색깔만을 인식하고 언덕의 '느낌' 만을 얻는다는 사실을 보여 준다. 다음 장에서 또 언급하겠지만, 걷기처 럼 체화된 모빌리티로 루스와 마거릿이 경험적이고 감각적으로 풍경에 참여하는 것과는 매우 다른 모습이다. 여기에는 소설에서 윌콕스네와 관 련된 특성인 '실용적인' 사람이라는 표현도 나온다. 윌콕스 씨는 "신비하 거나 사적인 부분에 전혀 신경을 쓰지 않"기 때문에 실용적인 사람이다 [168]. 작품 속에서 실용성이 직접 비판되지는 않지만, 이는 포스터가 〈내 가 믿는 것〉에서 찬양한 인간적 자질인 연민과 공감의 쇠퇴와 관련되어 있다. 자동차 경험과 무관심의 연결은 이후의 드라이브에서도 다시 한 번 강조된다.

자동차는 그들을 더 깊은 언덕 안쪽으로 데려갔다. 언덕들은 윤곽이 아름 답지 않아 인상적이라기보다는 특이했다. 언덕 꼭대기의 분홍색 평원은 거 인이 말리려고 널어놓은 손수건 같았다. 가끔씩 바위나 초목들도 보였고, 나무가 없어서 온통 황토색인 '숲'도 나타나면서 이제 곧 황량한 땅이 나 타날 것이라고 암시했지만 전체적인 색깔은 농지의 녹색이었다.[220-221]

언덕과 평원은 그다지 눈여겨볼 만한 인상을 남기지 않는다. 풍경 자체는 웅장해 보일지 모르지만 시선을 잡아끄는 아름다움이 부족해 보인다. 바위와 나무, 숲, 산림은 모두 조화를 이루지 못하고 여기저기 흩어져 있다. 아무런 특징도 없고 이름이나 세부도 제시되지 않는다. 평원마저도 한 가지 색깔로 표현할 수 있을 뿐이다. 전체적인 풍경은 규칙성과 통일성, 지루한 집안일 같은 단조로움 일색이다. 인용에서 암시되듯이, 탑승자들과 풍경을 이어 주는 관계성이 부재하는 이유는 그들에게 세부에 쏟을 주의력이 결핍되어 있고 풍경과의 관계에서 그들이 수동적이기 때문이다. 그 결과, 인간의 감각 외부에 존재하는 것들에 흥미를 잃게 되고 그것들에서 영향을 받을 능력도 줄어들게 된다.

인간의 자율성을 감소시키고 탑승자들을 매개 기능에 종속시키는 근대 교통기술은 인간의 주의력에 가장 명백하게 영향을 미친 모더니티의 한 측면에 해당하며, 결국에는 인간이 서로 반응하고 상호작용하는 방식을 크게 변화시켰다. 조나단 크래리Jonathan Crary는 현대 세계에서의 주의attention과 지각perception에 관한 대표적인 연구인《지각의 연기: 주의, 스펙터클, 근대 문화Suspensions of Perception: Attention, Spectacle, and Modern Culture》에서 "주의력의 위기는 모더니티의 중요한 측면"이라고 결론짓는다(Crary 1999, 13-14). 주의력 개념을 중심으로 현대 예술을 연구한 크래리는 19세기 후반부터 20세기 초반에 나타난 주의력 변화가 인간 지각에 영향을 미친 기술적 변모와 관련된다고 보았다. 따라서 주의력은 사람들이 주위의 물질세계와 상호작용하고 이에 반응하는 방식과 관련된, 근본적으로 육체적인 경험이다.《하워즈 엔드》에서 주의력은 주변 환경과의 조우에 영향을 주는 것이면서 사회적 상호작용의 일부이기도 하다. 현대 교통기술은 소설 속 인물들 간의 관계에도 영향을 미친다. 마거릿이 듀시 스트리트의 윌콕스 씨 저택을 방문하러 가는 기차 여행 장면은 현대적 모빌리티가 장소의 가치와 사람 간의 소통을 저하시킨다는 것을 보여 준다.

마거릿은 눈이 불편해서 기차 안에서 아무것도 읽을 수 없었고, 어제 한 번 본 창밖 풍경을 다시 보는 일도 지루했다. 사우샘프턴에서 그녀는 프리다에게 '손을 흔들었다'. 프리다는 그들과 합류하기 위해 스위니지로 오는 길이었고 먼트 부인은 반대편 기차와 만날 것이라고 예상했었다. 하지만 프리다는 다른 쪽을 보고 있었다.[166]

기차나 자동차를 타고 정해진 노선이나 같은 풍경을 지나갈 때면 사람들은 바깥보다는 내부 활동에 신경을 쓰게 된다. 계속해서 변하는 풍경이 사람들 눈에는 똑같은 모습으로 보인다. 마거릿은 손을 흔들어서 사촌 프리다와 연결되려고 애쓰지만, 해당 문구의 따옴표는 그 동작의 가상적인simulated 성격을 강조한다. 마거릿은 '예상된' 시간에 프리다에게 인사하려고 했지만 실망스럽게도 만남은 이루어지지 않는다. 이동의 결정권, 그리고 주변 환경과 맺는 신체적이고 다중감각적인 상호작용을 잃으면 이런 일상적인 사건에서도 인간성과 물질성이 모두 박탈된다.

따라서 텍스트의 자동차 경험 서술은 이러한 가상적인 경험이 어떻게 사람들의 주의력을 왜곡하고 대상과 사물의 구분을 막을 뿐만 아니라 중요하지 않게 만드는지를 보여 준다. 빠른 속도로 움직이는 자동차처럼 사방이 막힌 세계에서 바깥 세계를 만날 때, 인간의 몸과 마음은 그 의미를 잃고 운전하는 이는 인간의 힘과 통제력을 과신하게 된다. 《하워즈 엔드》의 어느 드라이브 장면에서, 달리던 차가 갑자기 멈췄고 여성들은 다른 차로 갈아타라는 요구를 받는다.

다시 출발하려고 했을 때, 길가 오두막 문이 열리고 한 소녀가 그들에게
    사납게 악을 썼다.
"무슨 일이에요?" 여자들이 큰 소리로 물었다.
찰스는 아무 대답 없이 백 야드를 달린 뒤에 말했다. "별일 아니에요. 앞
    차가 개를 좀 건드렸어요."
"멈춰요!" 마거릿이 깜짝 놀라 소리쳤다.
"안 다쳤어요."
"정말로 안 다쳤어요?" 마이라가 물었다.
"안 다쳤다니까요."
"제발 멈춰요!" 마거릿이 몸을 앞으로 굽히면서 말했다. 그녀는 차 안에서
    일어섰고 다른 여자들은 마거릿이 넘어지지 않도록 그녀의 무릎을 붙
    잡았다. "돌아가 봐야겠어요. 제발요."
찰스는 모르는 척했다.
    …
"그래도 가 봐야겠어요. 내려 줘요!" 마거릿은 분노에 차서 말했다.
    …
"차를 세워 봐야 소용없어요." 찰스가 느릿하게 말했다.
"소용없다고요?" 마거릿은 그렇게 말하고는 차에서 훌쩍 뛰어내렸다. 그녀
    는 무릎을 찧었다. 장갑이 찢어지고 모자가 귀 옆으로 돌아갔다. [221-222]

이 감정적인 사건에서 마거릿과 찰스 간의 말다툼은 로드킬에 대한 상반된 반응을 보여 준다. 찰스는 실용적이지만 무관심한 태도였고, 도로에서 동물을 차로 치어 죽게 만든 것을 "건드렸다"고 표현한다. 물론 찰스가 차에 탄 여성들이 놀라지 않도록 순화된 표현을 사용했을 수도 있다. 하지만 찰스의 태도는 분명히 무정했다. 마거릿이 사고 장면을 자세히 볼 수는 없었겠지만 오두막에서 나온 소녀가 계속해서 악을 쓰는 상황에서 그녀는 관심과 연민을 보인다. 앞부분에서 공간감을 상실했던 마거릿은 더 이상 차 안에 갇혀 있기를 거부하고 돌아가 보아야겠다고 요구한다. 여기에서 그녀의 행위는 일행들을 방해하고 미래의 양아들과의 관계를 해치는 비이성적이고 '비실용적'인 것으로 그려진다. 그렇지만 마거릿이 차에서 필사적으로 뛰어내리려고 했던 이유는 자동차가 그녀를, 또 일행들을 사고에서 떼어 놓았기 때문만이 아니라 차에 타고 있던 그녀의 모든 행위능력을 빼앗고 있었기 때문이다. 마거릿은 시골 도로를 빠르게 이동하고 있었지만 자기의 이동을 통제하지 못했다.

반려동물을 죽게 한 사고에 대한 무관심은 동물을 친 운전자이자 찰스의 친구인 앨버트 퍼셀의 말에서 더 잘 나타난다. "'괜찮아!' 그가 소리쳤다. '개가 아니었어. 고양이였어.' '거봐요!' 찰스가 의기양양하게 소리쳤다. '그냥 별 볼일 없는 고양이라니까요'"[222]. 차로 친 동물이 어떤 동물인지도 알지 못했다는 것은, 살아 있는 존재라 할지라도 차량을 빠르게 모는 데에 방해가 되기 전까지는 운전자의 주의를 끌지 못하는 의미 없고 무가치한 존재로 취급되었다는 뜻이다. 결국 주의력의 결핍은 더 일반적으로 말해서, 마거릿이 윌콕스네 사람들에게 품는 혐오감의 원인인 동정심 결여나 무관심을 가리키는 것이다. 이 장면에서 윌콕스 가문 사람들에게서 드러나는 공감의 부재는 마거릿이 차에서 뛰어내리려 손에 상처가 나고 장갑이 찢어지고 무릎이 까질 정도로 강력한 감정을 표현하고 구체적인 행동을 취하는 것과 큰 차이를 보인다. 마거릿이 차에서 떨어지는 모습은 인간 신체의 연약함, 나약함, 유한함을 떠올리게 하기도 하지만, 동시에 자율적인 움직임의 중요성과 그 가능성을 나타낸다. 수동적이고 '억눌린' 승객인 마거릿은 어디로 갈지 얼마나 속도를 낼지 전혀 제어할 수 없었지만, 차에서 탈출하면서 자기의 신체를 땅과 그 물질성과 다시 연결한 것이다.

사고 장면과 관련한 무관심이 사고 그 자체보다 더 중요하다고 보는 생각은 그리 이상한 것이 아니다. 고양이의 주인인 소녀에게 죽은 고양이를 대신해서 "보상을 해 줄 예정"인데도 소녀가 격한 반응을 보이자, 운전자들은 소녀가 "무례하다"고 말한다[223].

사람들은 마거릿을 다시 차로 데려왔다. 곧 풍경이 다시 움직였고, 외딴 오두막은 사라졌으며, 방석 같은 잔디 위로 어떤 성이 불룩 솟았다. 이윽고 그들은 도착했다. 그녀가 창피한 행동을 한 것은 분명했다. 하지만 그녀는 런던에서부터의 여정 전체가 비현실적으로 느껴졌다. 그들은 대지와도, 대지 위의 감정들과도 아무 관계가 없었다. 그들은 먼지나 악취였고, 현실과 동떨어진 수다였으며, 고양이를 잃은 소녀는 그들보다 더 진정한 삶을 살았다.[223]

이 사고 이후 마거릿은 윌콕스 가문 사람들을 그다지 호의적으로 보지 않게 된다. 그리고 차에서 느낀 풍경과의 단절감도 지속된다. 소녀는 이름 없는 존재였고, 소녀의 오두막을 설명하는 유일한 형용사는 '외딴'이었으며, 그들이 지나친 성도 어딘지 알 수 없는 곳이다. 《하워즈 엔드》의 자동차 드라이브는 도로 위의 풍경, 사물, 인간 아닌 존재들을 깊이도 없고 본질도 없는 형태로 바꿔 놓는다. 속도와 자동차 타기는 풍경의 지각 방식 변화만이 아니라 도덕적 무감각과도 관련이 있다. 주의력과 연결성의 결핍은 풍경을 보드리야드가 말한, 인간이 자신의 행위에 책임을 질 수 있는 물질적 세계와 단절된 시뮬라르크simulacre로 만든다. 이는 모빌리티, 지각(주의 깊게 보는 능력), 공감, 그리고 행동에 대한 주체의 책임감 사이에 깊은 연관이 있음을 의미한다. 게다가 운전자로서 더 많은 '행위능력'을 가진 찰스는 동승자들과 마찬가지로 풍경에서 괴리되어 있다. 앞에서 언급했듯이 여러 복잡한 방식으로 감각과 연결되어 있는 자동차 경험은 《하워즈 엔드》에서 기계 바깥의 세계와 인간 신체를 단절시키고 그 때문에 인간의 우월감을 높이는 역할을 하는 것으로 나타난다.

주의력과 공감

《하워즈 엔드》에서, 20세기 교통 모빌리티의 속도 및 수동성과 관련 있는 단절감과 무관심은 강하게 체화된 모빌리티이자 자연경관과의 상호작용을 이끌어 내는 걷기와 대립한다. 걷기는 느리지만 자발적이기 때문에 인간 신체가 주변 환경과 밀접하면서도 감각적으로 상호작용하게 하며, 세계의 비-인간 요소들과 신체의 관계를 결정하는 다양한 물질성에 자동차 타기와는 다른 방식으로 주체를 노출시킨다. 윌콕스 가족과 함께

한 마거릿의 자동차 체험은 세계와의 다른 체화된 상호작용을 찾아내고 드러낸다. 하워즈 엔드 저택에 도착해서 자동차에서 내렸을 때, 마거릿은 "자동차가 빼앗아 가려 했던 공간감을 되찾았다"[210]. 현대 세계에 들어 나타난 신체감각의 재배치는 마거릿이 과거에는 신경 쓰지 못했던 사물들을 주의 깊게 관찰하게 한다. 저택에서 마거릿은 우선 정원에 주목한다. 그녀는 나무와 사물들을 관찰하고 주변을 산책하면서 "토질의 비옥함에 놀랐다. 꽃들이 그토록 건강해 보이는 정원은 별로 본 적이 없었다. 현관 앞에서 무심코 잡아 뜯은 잡초마저도 싱싱한 초록색으로 빛났다"[208]. 마거릿의 지각 속에서 외부 세계는 이제 다른 위치에 놓인다. 그녀는 자동차 안에 있을 때보다 더 가까이 풍경에 다가가 주변 풍경의 물질성에 깊이 빠져들었다. 무아지경 속에서 정원을 거니는 동안에는 잡초마저 마거릿의 주의를 끈다. 그녀는 자신이 무엇을 하는지 의식하지 않으면서도 모든 것을 꼼꼼하게 관찰한다.

하지만 여기에서 다시 한 번, 마거릿이 회복하는 공간감은 정지 상태에서 오는 결과가 아니라는 사실을 언급할 필요가 있다. 마거릿은 걸으면서 자신만의 '자율-모빌리티auto-mobility'를 실행하여 물질적 환경과 접촉할 때 안정감을 되찾는다. 마거릿은 자동차나 기차와 같은 매개에 기대는 모빌리티를 이용할 때가 아니라 자기의 이동을 통제하고 자신의 몸을 움직여 천천히 주위를 관찰할 수 있을 때에만 공간과 장소를 의미 있다고 여기게 된다. 친숙한 위컴 플레이스에 돌아온 마거릿은 "짐을 잊고 자동차를 잊었고, 아는 것은 많지만 소통할 줄은 모르는 성급한 사람들을 잊어버렸다. 그녀는 땅 위 모든 아름다움의 토대인 공간감을 되찾았다"[213]. 포스터는 마거릿에게 로컬리티가 심오한 존재의 감각과 밀접하게 연결되어 있다는 점을 분명히 한다. 자율적인 모빌리티를 포함하는 자율성을 되찾고 사람들과 신체적으로나 감정적으로 교류하는 능력을 회복하면서, 마거릿은 윌콕스네와 있을 때 잃어버렸던 '자주성centredness'을 다시 얻게 된다.

《하워즈 엔드》에서 걷기는, 더 일반적으로 말해서 느림은 등장인물들을 주변 환경과 친밀하게 만들어 소속감을 낳는다. 프레데릭 그로Frédéric Gros는《걷기, 두 발로 사유하는 철학Marcher, une philosophie》에서 "풍경에 천천히 다가가다 보면 … 점차 친숙해진다. 마치 우정을 깊게 하는 정기적인 만남과 같다"고 했다(Gros 2014, 37).《하워즈 엔드》에서 루스의 정원 산책 습관은 그녀가 땅 그리고 자연과 맺은 밀접한 관계를 알려 준다. 다른 윌콕스 가족들과 달리, 루스의 느린 움직임은 자동차의 속도와 대조를 이룬다. 소설의 1장에서 루스는 꽃을 바라보며 산책한다. "느릿, 느릿, 젖은 풀 위로 그녀의 긴 치마가 지나갔다. 그녀는 어제 벤 건초를 가득 들고 돌아오더니 … 계속 그 향기를 맡았다"(2). 루스는 3장에서도 등장한다. "잔디 위로 느릿하게 소리 없이 걸어나왔다. 그녀는 손에 건초를 한 줌 쥐고 있었다"(21). 루스가 걷는 방식은 이 두 대목에서 자세하게 묘사된다. '느릿느릿 걷다trail'라는 단어는 어느 정도의 무게가 지표면에 밀착해서 가해진다는 의미를 포함한다. 그녀의 소리 없는 걸음걸이는 부릉부릉 진동하는 자동차의 타이어가 지표면을 가를 때 생기는 마찰과는 아주 다른 조화로움을 느끼게 한다(21). 땅과 밀착해 있는 루스의 모습은 자연과 하나가 된 것처럼 보인다.

텍스트는 자연환경의 행위능력이 루스의 산책에 어떻게 영향을 미치는지, 어떻게 주위의 비-인간 요소들에 더 많은 주의를 기울이도록 하는지를 세심하게 묘사한다. 필립 배니니Philip Vannini는 〈느림과 감속 Slowness and Deceleration〉에서 "느림을 관계적으로 이해하면, … 느림이 자아, 움직임, 장소감의 반성적 인식을 키우는 신체의 역량을 향상시키는 방법임을 알 수 있다"고 했다(Vannini 2014, 122-123). 《하워즈 엔드》에서 세계의 물질성과 밀접하게 상호작용하며 걷는 일은 사람들 간의 연결이나 소속감만이 아니라 비-인간에 대한 관용과 공감까지도 환기시켜 준다. 루스가 발휘하는 비-인간 존재를 향한 주의력은 소설 속 다른 인물들에게도 향하는 그녀의 공감 능력과 궤를 같이한다.[3]

비릴리오(2008)와 제임슨(1990)에 따르면, 자동차 타기는 무한이라는 환상과 연관이 있는 반면, 그로에 따르면 "걷기는 계속해서 인간의 유한성을, 유한한 땅에 묶여 거친 욕구로 무거워진 몸을 떠올리게" 하며(Gros 2014, 186-187), 또한 "대지의 질량, 나약한 신체, 속절 없이 느려지는 움직임을 폭로함으로써 몸과 땅의 화해를 의미한다"(Gros 2014, 186-187). 걷기는 지나가면서 환경과 직접 접촉하게 하므로 세계를 구성하는 다양한 물질성에 인간의 몸을 노출시킨다. 따라서 걷는다는 것은 인간의 신체가 세계의 비-인간 요소들에 가까이 다가가는 일이자 열려 있게 만드는 행위이며, 아래에서 서술하겠지만 다른 인간 존재들에게도 그리 하는 일이 된다.

마거릿이나 윌콕스 가족들은 차 안에서 비를 피하지만, 걸어가는 사람들은 세계의 물질성과 곧장 맞닥뜨린다. 하지만 등장인물들이 그들 주위의 세계와 더 느리고 체현된 상호작용을 하면서 충분한 주의력을 갖추게

---

[3] 공감을 잘하는 루스의 성격은 소설 전반에 걸쳐 강조된다. 특히 마거릿에게 자신이 어린 시절 살던 집인 위컴 플레이스가 곧 철거될 것이라는 소식을 전하는 장면에서 그러하다. 루스가 유언장에 하워즈 엔드를 마거릿에게 남긴다고 쓴 것도 공감 능력 덕분이다.

되는 까닭은 근대 교통기술의 속도를 체험했기 때문이다. 포스터의 소설에서 걷기는 찬양의 대상이다. 인간의 신체와 직접 연결되므로 믿을 만한 것이면서, 인간의 정체성과 가치관의 형성에 관여하는 비-인간 존재의 행위능력을 인정하는 일인 것이다.

느리고 '무겁게' 걷는 것은 말 그대로든 은유적으로든 인간을 좀 더 땅에 가깝게 다가가게 하며, 따라서 주변 환경에 더 민감하게 만들어 준다. 포스터의《기나긴 여행The Longest Journey》(1907)은 세계의 물질성과의 체현적 상호작용이 사람들의 이동 방식과 장소와의 상호작용 방식을 어떻게 형성하는지를 보여 준다. 농부인 로버트 워넘은 페일링 부인의 응접실을 방문했을 때 집 안에서도 "마치 카펫이 밭고랑인 것처럼 묵직한 발걸음으로 걸었다"[231]. 루스와 마찬가지로 로버트의 걸음걸이가 갖는 특징인 묵직함은 그의 몸이 땅과 아주 가깝다는 것을 뜻한다. 집 안에서 걸을 때에도 그는 들판을 걸을 때처럼 "묵직"했고, 이는 페일링 부인의 집과는 전혀 어울리지 않는 모습이었다. 로버트가 걷는 방식은 그의 기질과 사회관계를 암시한다. "응접실 카펫을 가로질러 걸어갔을 때처럼 열린 눈으로, 느리고, 묵직하게, 사랑을 향해"[232] 나아가는 로버트의 모습은 인간의 감정과 성향이 일상에서 체화된 행위와 간접적으로 연결되어 있음을 알게 한다. 로버트의 공감 능력은 사람들만이 아니라 비-인간 존재들과의 관계까지 결정한다.

그는 땅이 언제 아픈지 알고 있었다. 또한, 땅이 언제 허기가 지는지도 알았다. 그는 땅이 성질을 부린다고 말했다. 과학자가 듣는다면 전혀 이해하지 못할 얘기였다. … 그가 말하는 동안 땅은 살아 있는 존재, 아니 차라리 살아 있는 피부를 가진 존재가 되었고 거름은 더 이상 더러운 것이 아니라 재생의 상징이, 생명에서 생겨나는 생명의 상징이 되었다.[232]

로버트가 땅을 묘사하는 방식이 낭만적이긴 하지만, 땅과의 관계는 매우 기능적이고 일상적인 말로 표현된다. 땅은 멀리서 바라보는 분리된 대상이 아니라 그가 땅에 미치는 영향만큼 그의 몸과 감성에 영향을 주는 의인화된 존재다. 로버트는 땅이 무생물보다는 생물에 가깝고 우리가 인간에게 기대하는 많은 자질을 지녔다고 말하기 위해 땅의 여러 상태와 욕구를 이야기한다. 이렇게 로버트와 땅은 서로 공감하는 동등한 존재로 그려진다. 《기나긴 여행》이 로버트의 걸음걸이, 땅과의 관계, 인간관계 사이에서 찾아낸 연결 고리는 체화된 모빌리티와 인간 지각이 개방성, 공감, 관용과 같은 인간적 가치와 얼마나 통합되는지를 묻게 한다.

결론

현대 교통기술은 비-인간 세계를 희생시키면서 인간의 행위능력이라는 환상을 증가시킬 새로운 감각을 제공했기 때문에, 포스터의 텍스트들에서는 모더니티의 부정적 측면과 연관되어 있다. 그러나 새로운 모빌리티들은 예전부터 존재한 모빌리티이자 인간의 감수성과 연민을 키우는 육체적 활동인 걷기에 주목하게 만들었다. 《하워즈 엔드》의 마지막 부분에서 윌콕스 씨가 자동차를 타지 않고 걷기로 하는 깜짝 놀랄 만한 변화를 보여 주는 것은 아마도 포스터가 이러한 역설을 알고 있었기 때문일 것이다.

"반 마일이나 되는데요." 찰스가 정원으로 나서며 말했다. … "내가 마음에도 없는 소리를 했단 말이냐." 윌콕스 씨가 짜증스럽게 말했다. 찰스는 입을 꾹 다물었다. "너희 젊은 친구들은 자동차 탈 생각밖에 안 하는구나. 나는 걸어가고 싶다. 걷는 걸 좋아하니까." … 찰스는 이런 일이 마음에 들지 않았다. 아버지의 모습이 왠지 불안했다. 오늘 아침 아버지는 아버지답지 않았다. 무언가 신경질적인 모습이, 마치 여자 같았다. 아버지가 늙어 가는 신호인가? 윌콕스가에 애정이 부족한 적은 없었다. 그들의 애정은 풍족했으나 다만 그걸 사용하는 법을 몰랐다.[346]

여기에서 윌콕스 씨의 어딘가 여성적인 성격 변화는 걷기를 선택하는 일과 관련이 있다. 이 변화는 윌콕스네가 원래 드라이브를 즐긴다는 사실을 놓고 볼 때 중요하다. 위의 인용에서는 자동차 타기, 걷기, 감정적 발전 사이의 연결 고리가 제시된다. 사람들이 공간을 이동하는 방식은 그들의 감수성이나 감정과 연결되고, 느린 이동과 주의력은 남다른 가치를 갖는다는 암시가 그것이다. 이는 포스터의 유작인《모리스Maurice》(1970[1913~1914])에서도 생생하게 그려진다.

서로의 사랑을 확인한 모리스와 클라이브는 사이드카가 달린 오토바이에 올라타고 케임브리지를 떠난다.

그들은 다리를 가로질러 엘리 로드로 뛰어들었다. 모리스는 말했다. "이제 우리는 지옥으로 갈 거야." 오토바이는 힘차게 달렸고 그는 자연스럽게 무모해졌다. 오토바이는 소택지를 향해 그리고 멀리 떨어진 하늘을 향해 튀어 나갔다. 그들은 먼지 구름이 되어 악취를 풍기며 세상을 향해 으르렁거렸지만 그들이 숨쉬는 공기는 순수했고 그들에게 들리는 소음은 바람이 멀리서 환호하는 소리였다. 그들은 아무도 신경 쓰지 않았고 세상 바깥에 있었으며 죽음이 다가오더라도 점점 멀어지고 있는 수평선을 향해 계속 돌진했을 것이다. 한때 엘리에 속했던 탑과 마을은 같은 하늘 앞에서 뒤로 멀어졌고 마침내 바다를 예고하듯이 흐릿해졌다. '우회전', 다시, '좌회전', '우회전', 모든 방향감각이 사라졌다. 찢어지고 긁히는 소리가 났지만 모리스는 알아채지 못했다. 그의 다리 사이에서 수천 개의 자갈돌들이 흔들리는 것 같은 소리가 났다. 사고가 일어나지는 않았지만 오토바이는 시커먼 들판 한가운데서 멈추고 말았다. 종달새 노랫소리가 들려왔다. 흙먼지의 흔적이 그들 뒤에서 가라앉기 시작했다. 그들만이 남았다.(Forster 2005, 64-65)

모리스와 클라이브의 오토바이 체험은 자유와 해방의 감각을 극대화한다. 그들이 감행한 당시의 전통과 관습에서의 탈출은 그저 은유적인 이미지가 아니라 표현 그대로 케임브리지에서 지리적으로 떨어져 나온 것이기도 하다. 두 사람은 속도를 내고 방향을 전환하면서《하워즈 엔드》에서의 마거릿과 마찬가지로 공간감과 방향성을 상실하며, 작은 사고 때문에 멈출 수밖에 없게 된 상황에서야 미친 듯한 질주를 멈춘다. 그 속도는 그들의 친밀한 감정과 성적 욕망을 상징하는 것일 수 있다. 그러나 오토바이가 멈춰야만 두 사람은 온전히 주변 환경에 몰입할 수 있고, 이전에는 감지하지 못했던 종달새의 노랫소리를 들을 수 있게 된다.

그러므로, 포스터의 텍스트들에서 주변 세계에 대한 사람들의 주의력은 공간을 이동하는 방식과 연결되어 있다.《하워즈 엔드》와《모리스》

에서 20세기 자동차모빌리티는 인간의 지배와 자율성 환상을 낳은 기술로 묘사된다. 하지만 포스터에게 이런 기술적 성취는 인간과 비-인간 사이의, 또 개인의 행위능력과 타자의 요구 사이의 교섭을 가능하게 하는 미묘하고 민감한 존재 방식을 희생해야 얻어지는 것이다. 《하워즈 엔드》와 《기나긴 여행》에서는 인간 신체를 세계와 타인에 더 열려 있고 더 수용적이도록 만드는 이 강렬한 체현된 상호작용을 조명했다. 이는 주의력, 연민, 공감이 세계와 만나는 사람들의 일상에 기반하고 이를 통해 발전하는 인간적 가치임을 상기시킨다. 포스터 작품 속 20세기 교통 모빌리티는 지각, 인지, 인간 감수성 발달에서 인간 신체가 하는 역할에 주목하게 한다.

여기서 여러 종류의 체현된 모빌리티들은 도덕적·윤리적 행위에 직접적인 영향을 미친다. 하지만 "느린 모빌리티"(Adey 외 2014, Vannini 2014, Popan 2018)를 연구한 이들이 말하듯이, 역설적이지만 인간은 **빠른 속도로 이동하고** 차량이라는 매개를 경험해야만 다른 인간이나 비-인간 세계와 의미 있는 관계를 맺을 때 중요한 역할을 하는 인간의 행위능력을 다시 감지하게 된다. 자동차에 동승하거나 기차에 타는 수동적 모빌리티와 걷기와 같은 행위주체적이고 자율적인 모빌리티를 대비시킨 포스터의 텍스트들은 21세기 모빌리티 연구의 논쟁 지점을 예고한 것인지도 모른다.

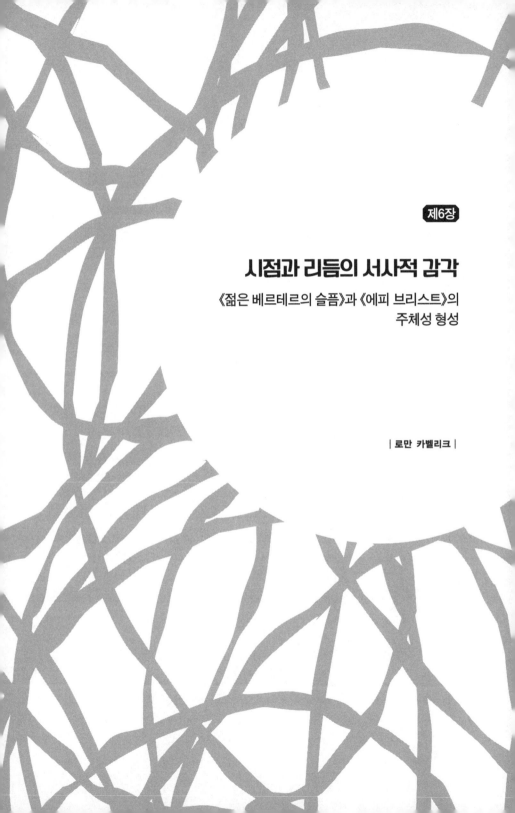

제6장

시점과 리듬의 서사적 감각

《젊은 베르테르의 슬픔》과 《에피 브리스트》의
주체성 형성

| 로만 카벨리크 |

모빌리티: 담론에서 경험적 정치까지

피터 메리만Peter Merriman과 린 피어스Lynne Pearce는 모빌리티 연구와 인문학의 관계를 논하면서, 미적 실천과 담론에 관한 연구는 이동이 단순한 물리적 움직임을 넘어 어떻게 다양한 존재론적 의미를 가지게 되는지를 잘 보여 준다고 주장했다(2017, 497). 의미는 "모빌리티의 중심"(2010, 81)이라는 피터 애디Peter Adey의 신중한 언급처럼, 이 입장은 모빌리티가 문화적 구성과 가치 평가에서 자유로울 것이라는 생각에 도전하며, 모빌리티 연구의 핵심이라고 가정되는 관찰 가능한 이동과 그것이 이데올로기적으로 스며든 문화 사이를 인식론적으로나 방법론적으로 나누어 보기를 제안한다. 존 어리 또한 "직접적으로 외부 세계를 감각"하는 신체와 "담론적으로 매개되어 사회적 취향, 차이, 이데올로기, 의미를 뜻하는 감각경관sensescape"을 구분한다(2007, 48). 이 구분에 따르면, 체화된 실천은 즉각적인 것이며 문화적 실천은 파생된 현상이다.

담론 연구자들은 사진, 춤, 소설, 법, 영화에 이르는 다양한 문화 생산물들에서 서구문화에 널리 퍼져 있는 '자유로서의 모빌리티'라는 강력한 내러티브를 발견해 내려고 했다(Cresswell 2006). 미셸 푸코에 기반한 모빌리티 체제regime 개념은 이동을 규제하고 모빌리티 시스템 접근 기회를 불평등하게 배분하는 제도적 실천과 담론을 설명하기 위해 사용되었다(Baker 2016, 157-158). 모빌리티 체제는 자동차 운전처럼 특정한 교통수단이 물질적으로 가능하고 안정화되게 하며(Mandescheid 2014), 주체가 그에 따라 순응해서 행동하도록 지속적으로 규율한다.

이러한 틀은 주체성이 어떤 체제 속에서, 또 그 체제에 의하여 어떻게 형성되는지를 잘 드러낸다. 그러나 조지 레빌George Revil은 그런 접근 방식이 "이동 경험의 창의적이고 표현적인 차원"을 거의 다루지 못한다고 주장한다(2014, 508). 담론이 체화embodiment를 거치며 작동하는 방식에 주목한 캐롤리나 도티Karolina Doughty와 레슬리 머레이Lesley Murray에 따르면 제도적 담론은 분명한 "모빌리티 문화"(2016, 304)를 만들어 내며, 이 모빌리티 문화는 인간의 신체에, 또 신체를 통해 권력을 행사하지만, 지역적이고 일상적인 체화된 실천의 끊임없는 도전을 받게 된다(307). 이들은 권력을 탈중심적인 것이며 예측불가능한 방식으로 다양하게 변화하는 것으로 간주하면서, 담론과 체화가 어떻게 지식의 생산과 구성에 함께 관여하는지를 강조한다. 이들은 신체의 느낌과 감각을 통해 작동하는 실천이 담론이라고 보면서 "다양한 담론과 신체적 위치 속에 있는 생생하고 복잡한 경험에서 출현하는 것으로 주체성을 이해"한다(2016, 305).

담론이 정치적 함의를 지니는 신체의 정동으로 전환되듯이(Cresswell 2010, 25), 담론적 지식은 일상의 체현적 실천이 나타나는 인프라와 기술에서 분명하게 드러난다(Doughty, Murray 2016, 306). 모빌리티의 매개적 형식들을 관계적 관점으로 본 에밀리 키틀리Emily Keightley와 애나 리딩Anna Reading은 다중스케일multi-scalar적인 접근으로 주요한 이동과 부수적 이동을 모두 아우르면서 주체성이 어떻게 형성되는지에 대한 문제를 더 큰 구조적 요구와 배경의 문제로 보는 방식을 취한다(2014, 295). 이 복잡한 모델에서 모빌리티에 대한 권력 행사는 그 자체가 이동적인 것이 된다. 피터 애디는 모빌리티가 권력과 마찬가지로 "관계적이며 경험적"(2006, 83)이라고 했는데, 이는 공간을 상호관계의 열린 과정으로 보는 도린 매시Doreen Massey의 관점과 유사하다(2005, 10).

모빌리티의 담론적 형식들은 권력 체계 하에서 이동이 의미를 갖게 하는 문화적 실천이다. 이러한 관점에서 메리만과 피어스는 재현이 경험적 연구에 버금갈 만한 연구 가치를 지니는 유효한 지식 형태를 마련한다고 주장한다. 서사적 허구를 비롯한 텍스트적 재현들은 창조된 세계에 몰입하게 하는 특성을 통해 모형과 경험을 체현된 실천으로 나타나게 한다 (2017, 502-503). 레빌은 서사보다는 인프라가 어떻게 경험되는지에 더 관심이 있지만, 같은 맥락에서 모빌리티가 역사적으로 어떤 감정 양태들을 낳았고 어떻게 체현된 감각을 만들었는지를 깊이 탐구해야 한다고 말한다 (2014, 507-508). 문학 텍스트는 과거의 현실을 추측하고 진술하는 역사적 자료이자, 이동과 여타 소통 행위를 의미 있게 경험하도록 재창조하는 것이다.

다른 역사적 텍스트들을 이용할 때와 마찬가지로 문학에서도 지시성 referentiality 문제가 제기될 수 있다. 리타 펠스키Rita Felski는 "문학작품이 진정 의미하는 바"를 가늠하려면 "실제 존재하는 것"을 이해해야 한다고 보는 해석 방식에 찬성하지 않는다(2008, 85). 대신에 펠스키는 "텍스트는 우리를 지시성이 두드러지는 상상의 세계로 끌어들인다"면서 문학은 그 자체로 "사회적 지식의 한 형태"라고 본다(Felski 2008, 104). 독자와의 상호적 행위 속에서 이루어지는 몰입이 주체성을 형성하는 방식을 따져 보기 위해, 펠스키는 독서가 어떻게 등장인물을 "기호적 상호 교환의 흐름 속에서 형성된, 매개되지만 특수한, 내재적이고 구체적인 행위 주체"로 바꾸는지를 치밀하게 논한다. 서사는 부수적인 현상이 아니라, 문화적으로 공유된 관념을 형성하고 확산하는 구체적 실천을 능동적으로 구성하는 것이다. 캐롤라인 레빈Caroline Levine은 형식 개념을 논하면서 텍스트의 미적 특징과 정치적 구조 사이의 유사성을 제시한다. 형식은 시간과 공간을 배치하여, 요소들의 배열과 선택을 통해 권력과 텍스트적 속성이 관계되어 있음을 드러낸다(Levine 2015, 3). 따라서 미적 양상들이 이동을 조직하는 방법에 주목하면 문학 텍스트가 구조화된 모빌리티 경험을 통해 어떻게 주체성을 형성하는지를 이해하게 된다.

이 글에서는 문학 서사가 초점화와 리듬을 통해 이동을 경험하고 느끼는 감각을 제시하는 방식에 주목하여 위의 논의에 기여하고자 한다. 나는 서사에서 나타나는 잠재적인 주체화 경험이 어떻게 모빌리티의 관점에서 구성될 수 있는지를 서술하려고 한다. 따라서 이 글의 제목에서 언급한, 주체성을 형성하는 경험적 차원은 문학 텍스트 안에 숨겨진 코드가 아니라 텍스트와의 상호작용으로 만들어진다고 본다. 사례 연구의 대상은 유명한 독일소설들인 요한 볼프강 괴테Johann Wolfgang Goethe의 1774년 작품인《젊은 베르테르의 슬픔Sorrows of Young Werther》과 테어도어 폰타네Theodor Fontane의 사실주의 소설인 1895년 작《에피 브리스트 Effi Briest》이다.

이 두 소설은 각기 다른 모빌리티 감각을 보여 주는 독특한 특징과 문체를 가지고 있다.《젊은 베르테르의 슬픔》은 지나치게 예민하고 문학작품에서 읽은 닿을 수 없는 세계를 마음속에서 방랑하는 주인공이 머물 곳을 찾아 헤메는 과정을 편지 형식으로 토로한 소설이며,《에피 브리스트》는 당시 사실주의 소설의 특징인 관찰자적 서술자가 주인공이 외딴 마을에서 느끼는 불안, 독립을 위한 분투, 사회적 기대에 순응하는 모습 등을 서술한 작품이다. 두 작품을 해당 시대와 지역의 사회역사적 맥락에, 특히 신성로마제국 말기와 독일제국 말기의 교통 통신 체계 안에 위치시키면서, 문학 텍스트와 모빌리티가 문화적 과정과 구체적 실천을 통해 어떻게 작동하는지를 탐사하는 텍스트 기반 접근을 시도할 것이다 (Merriman, Pearce 2017, 499). 이 방법은 역사적 분석을 인식론적 깊이가 부족하다고 무시하는 것이 아니다. 오히려, 교통 통신 행위가 시대와 장소에 따라 물리적 · 사회적으로 어떻게 변화했는지를 보여 줌으로써, 모빌리티의 문학적 표현을 더 광범위하게 맥락화하고 특정 형태의 이동이 담론 속에서 찬양받거나 무시되거나 문제시되는 방식을 논할 수 있다. 예를 들어 철도의 도입은 이 교통수단에 대한 당혹감과 우려를 표하는 다양한 발언들을 등장시켰다(Schivelbusch 1986, 129-133).

그렇다 하더라도 문학 텍스트는 처음 발표되었을 때의 맥락을 벗어나는 경우에도 경험을 구조화하며 예술적으로 정교화된 감각을 전달한다. 따라서 문학의 문화적 모빌리티(Greenblatt 2010, 250-251)를 논하기 위해서, 또 미적 설계를 통해 모빌리티 문화를 구성하는 문학의 역할을 설명하기 위해서, 문학 연구는 역사적 비평을 넘어, 펠스키의 표현을 빌리자면 "일이 진행되게 만드는 협력자로서"(2015, 180) 문학 텍스트가 할 수 있는 일을 내세우는 접근 방식을 중시할 필요가 있다. 이런 관점에서 볼 때《젊은 베르테르의 슬픔》과《에피 브리스트》는 시간과 공간을 구성하면서 모빌리티에 대한 문화적 협상을 적극적으로 시도하는 작품들이다. 두 소설은 특히 서사적 시점과 리듬을 활용해 모빌리티의 구조화된 경험을 전달한다. 모든 서술은 특정한 시간적 패턴 속에서 어떤 지각하는 행위 주체가 진행하는 것이므로 시점과 리듬은 서사적 허구의 기본적 특성이다.

걸어 다니면서 주변을 둘러보기보다는 책상 앞에 앉아 문학과 편지로 소통하는 베르테르의 폐쇄적 시점, 그리고 괴테가 자신의 복가적 습관을 말할 때 서술 속도를 늦추는 경향은 모빌리티를 경험하는 방식에서 폰타네 소설의 서술자와 큰 차이를 보인다. 폰타네의 서술자는 까다롭고 엄격하게 계획된 교통·통신 네트워크 속에서 바쁘게 움직이거나 뒤늦게 행동하는 등장인물들에게 아이러니한 논평을 하면서 인물들과의 거리를 유지한다. 두 소설은 모두 역사적 현실인 모빌리티가 문화와 어떤 관련성을 갖는지를 보여 줄 뿐만 아니라, 해방적 실천이든 혼란을 야기하는 구조적 필연이든 다양한 형식과 다양한 차원에 걸친 모빌리티의 감각과 느낌을 적극적으로 드러낸다. 다음 장에서는 모빌리티 경험의 제공 가능성과 관련하여 시점과 리듬이 어떻게 왜 서사 텍스트 분석에 유용한 범주가 될 수 있는지를 논할 것이다.

행동유도성,[1] 시점, 리듬

미적 텍스트가 주체성 형성에 어떻게 기여하는지 설명하기 위해서는 어떤 발언이라도 특정한 추상적 원칙에서 나오거나 그 원칙에 이끌린다는 믿음인 일종의 결정론(Williams 1977, 83-85), 그리고 의미는 사회적이며 문화적인 방식보다 더 특이한 방식으로 생성된다고 보면서 텍스트의 가독불가

---

1 (옮긴이) 행동유도성affordance. 어포던스는 어떤 행동을 유도한다는 뜻으로, 행위자가 특정한 환경과의 관계 속에서 실행할 수 있는 행위들의 가능성을 가리킨다. 제임스 깁슨James J. Gibson의 《시지각에 대한 생태학적 접근The Ecological Approach to Visual Perception》(1979)에서 제시된 이 개념은 디자인, 심리학, 인공지능 등 여러 분야에서 활용되고 있다. 동사 afford는 이 글에서 행동유도성 개념을 바탕에 두고 활용되므로 '유도하다'로 옮긴다.

능성을 내세우는 포스트모던적 입장(Felski 2015, 3) 사이에서 균형을 잡아야 한다.

수용은 누구에게나 동일한 행위가 아니므로 소설, 음악, 영화는 독자, 청자, 관객에게 통일되고 고정된 세계 모형을 강요하지 않는다. 또한, 문화적 대상으로서의 텍스트는 계속해서 변형될 가능성이 있으며, 다양한 문화적 협상에 따라 통시적이고 공시적으로 형성된다. 문화 연구는 어떻게 해서 특정 개념이 영속화되고 결국 지배적인 것이 되는지를 강조해 왔다. 예를 들어 어떻게 일주일간의 시간이 노동에 적합하도록 구성되는지, 사람들이 어떻게 핵가족 모델에 따라 살아가게 되는지를 연구했다(Williams 1977, 121-127). 그러나 문화 연구는 지속적인 과정 속에 있는 문화의 역동성을 강조하면서 변화와 안정화를 모두 설명할 수 있는 여지도 남겼다. 문화적 현상인 미적 텍스트는 비교적 개방적이고 상호작용하는 의미 생산구조에 내재되어 있다. 같은 텍스트라도 사람에 따라 각기 다른 감각 · 개념 · 감정을 이끌어 낼 수 있지만, 문화적 차원을 강조하는 읽기 방식에서는 수용 위치의 개별적 특성을 과장하기보다는 이 주체화 경험이 잠재적 다수성을 공유하며 폐쇄적인 해석 공동체의 결과가 아니라 문화적 상호작용 · 이동 · 변화에 따라 나타난다고 본다.

모빌리티의 담론 형식들은 그저 유익하고 기능적인 지식만이 아니라 다양한 지식 형태들을 이끌어 낸다. 그런 의미에서 세계를 여행하는 자유로운 여성이나 국민주의적 이미지가 가득한 전쟁의 재현은 읽거나 보는 사람이 누구인지에 따라 경외를 낳을 수도, 경멸을 불러일으킬 수도 있다. 비평보다는 텍스트 분석에 역점을 둘 때(Felski 2015), 텍스트의 가능성에 기반하는 문학 · 문화 연구는 이런 의미 있는 반응이 어떻게 생겨나는

지를 설명할 수 있다. 담론은 다양하고 때로는 서로 충돌하는 지식과 경험의 여러 유형들을 가능하게 하는 텍스트 형식을 통해 작동한다. 모빌리티에 주목한 사회과학 연구들은 지식과 구체적 실천들이 지닌 근본적인 다양성을 지적했다(Doughty and Murrary 2016, 308). 문학 텍스트도 그 자체의 지식을 제공한다(Felski 2008). 레빈은 문화적으로 의미 있는 실천인 문학 형식들이 분명한 시공간적 양식을 만들어 내면서 사회적 · 정치적 함의를 갖게 된다고 보았다(2015, 3). 레빈은 양식적 특성의 "특수한 제약과 가능성"을 설명하고자 "행동유도성affordance" 개념을 활용한다. 이 개념은 우리에게 "항상 분명하지는 않더라도, 미학적이고 사회적인 배치에 어떤 가능성이 잠재해 있는지"를 묻게 한다(2015, 6-7).

문학 형식에서의 행동유도성은 문화적으로 의미 있고 우연적인 문학적 실천을 다루는 틀을 제공하며, 그 실천이 경험을 구체화하는 방식도 설명하게 해 준다. 존 어리는 적절한 모빌리티 연구 방법을 모색하면서, 물질적 구조이자 경험인 이동과 관련된 객관적 · 주관적 차원을 모두 설명하고자 이 개념을 이용한 바 있다(2007, 50-51). 문학 텍스트의 형식적 특성은 관습적인 용어들로도 기술할 수 있지만, 행동유도성 개념을 이용하면 그 특성들이 구체화하는 가능한 반응과 다양한 효과까지도 설명할 수 있게 된다. 문학 텍스트는 다양하게 중첩되고 교차되는 형식들과 함께 작동하므로, 형식적 기법과 서사 전략에 기반하는 분석은 이런 다양성을 진지하게, 그러나 억지로 조화시키려고 하지 않으면서 받아들여야 한다(Levine 2015, 8).

도린 매시는 공간 연구에서 비슷한 시도를 했다. 매시는 공간화로서의 재현이라는 기존 개념에 도전하면서, 공간이 구조를 둘러싸기보다는 "지속의 다중성multiplicity of durations"을 유도한다고 주장하였다. 주체성을 구성하는 다양하고 때로는 모순적인 방식들은 여러 가지 시공간적 배치를 가져오는 많은 형식들과 함께 출현한다. 예컨대《에피 브리스트》에서 각 장이 시작될 때마다 정확한 도착과 출발 시간 및 장소를 명시하는 형식은 예측가능성과 정확성이라는 기술적 개념을 떠올리도록 유도한다. 이 개념들은 더 큰 공간적 유연성을 허용하면서도 그 요구대로 따르도록 강요한다. 그렇지만 이 소설은 또한 이 제한에 대한 몇몇 등장인물들의 통찰과 반응을 보여 주면서, 시간을 지키는 사회적 관습과 제한된 모빌리티 범위에 관련된 여러 지식과 경험을 유도하는 주체성의 표현 형식도 마련해 놓는다. 이런 관점에서 보면 브라이언 터커Brian Tucker(2007)가《에피 브리스트》의 지루한 내러티브 방식을 시간적 제약에 대응하는 여러 실천들을 표현하고자 선택한, 지루함의 수행적 행위라고 파악한 것은 정확한 해석이다. 서사 과정에서 형식들이 변하거나 서로 충돌할 수도 있기 때문에 우리는 형식의 다양성과 관계성을 고려할 필요가 있다. 이를 위해서는 서사 형식들과 그 행위유도성의 설명에 사용하는 분석 용어부터 명확하게 이해해야 할 것이다.

첫 번째로 논할 형식 개념은 내러티브의 가장 중요한 특징으로 간주되는 '시점perspective'이다(Genette 1980, 185-189). 서사학에서 매우 논쟁적인 개념인 시점은 서술자가 자신이 이야기하는 세계와 관련하여 어떤 위치에 있는지, 그 세계의 일부인지 아닌지, 인물의 마음에 어느 정도까지 접근할 수 있는지를 의미한다. 제라르 주네트Gérard Genette(1980, 189-194)가 도입하고 미케 발Mieke Bal(2009, 145-165)이 발전시킨 '초점화focalisation'란 서사적 목소리narrative voice가 서술자 자신만이 아닌 다른 인물들을 통해서 이야기 세계story-world를 인지하고 표현하는 방식을 말한다. 주네트는 서술자가 아닌 인물이 일시적으로 지각을 맡는 특수한 서사 양식을 초점화라고 보았다[1980, 189-190]. 그러므로 초점화는 정보 기반 모델에 속하며, 인물과 서술자의 아는 바가 다르다는 것이 특징이다. 주네트의 모델은 해당 요소들의 실체화나 공간화를 피해 간다. 따라서 거리를 공간화하지 않으며, 대화의 말하기와 사건의 말하기를 서사적 매개의 단계로 이해한다. 서술자가 대화와 사건을 말하고 변형하는 정도에 따라 거리는 늘어난다[1980, 171]. 이런 의미에서 거리는 매개의 단계와 같으며, 따라서 직접화법은 서사에서 거리가 가장 가까운 형식이다.

이렇게 추상적으로 거리를 다루는 방식은 서사적 시점이 만들어 내는 암묵적인 장소 설정 경험을 포착하지 못한다. 미케 발은 초점화를 "제시된 요소와 그 요소들을 제시하는 시각의 관계"로 보았다[2009, 145]. 이 관계는 지각하는 행위자, 초점자focaliser[Bal 2009, 147], 초점화된 대상[153]으로 구성된다. 미케 발의 구분은 초점화가 물리적이거나 상상적이거나 가상적인 다양한 종류의 모빌리티에 따라 거리를 극복하거나 만드는 감각을 어떻게 유도하는지를 살피는 데에 유용하다. 서술자가 이야기 세계의 바깥에 위치하더라도, 초점화는 이동하는 초점자를 통해 거리감을 낮거나 극복하거나 증가시켜서 세계의 주관적 인상을 포착한다[Bal 2009, 145]. 마찬가지로, 미케 발이 날카롭게 비판하는[72] 서사적 장치인 전지적 서술자는 이동이 자유로운 초점자로 재구성할 수 있다. 이러한 초점자는 배경과 시간의 변화로 인해, 베르테르 같은 1인칭 서술자와 동일한 초점자보다는 훨씬 더 역동적인 장소와 시간 감각을 유도한다. 서사 시점에 이동성을 부여하는 이 관점은 모빌리티와 의사소통의 일상적 실천으로[Morley

2011, 743-744) 거리를 관리하고 유지하고 극복하는 양식들과의 대화를 가져 온다(Larsen 2014, 125). 이렇게 볼 때, 서술자이자 등장인물인 베르테르의 편지 쓰기는 초점자가 초점화된 대상을 직접 언급하는 복잡한 초점화를 만들 어 내어(Bal 2009, 160-193), 소통 근접성의 경험을 유도한다고 할 수 있다.

시점에 이어 살펴볼 리듬 또한 서사의 흥미로운 형식적 특징이지만 문 학 연구에서는 주목받지 못했다. 이 개념은 최근 들어 모빌리티 연구에 서 더 많은 관심을 끌고 있다. 특히 앙리 르페브르Henri Lefebvre는 "리듬 분석rhythmanalysis" 연구에서 리듬을 "시간, 장소, 에너지 사용의 상호작 용"(2004, 15)이라는 아주 일반적인 용어로 설명하였다. 이 상호작용은 반복 적인 패턴, 진폭, 간섭을 낳는다(2004, 15). 이 상호연결된 사건들이 일상에 서 다양한 규칙성을 만들어 내는 방식에 주목하면, 예를 들어 통근에서 처럼, 리듬은 "모빌리티의 장소와 형식이 지니는 다중적 시간성"을 분석 하는 틀을 마련해 준다(Edensor 2014, 163). 구석구석 스며들어 일상과 신체의 수많은 움직임을 조절하고 조정하여 시간적 질서를 유도하는 형식인 리 듬은 결국 "신체에 뿌리내린"(Edensor 2014) 자연적이면서 일상적인 제약이다 (Levine 2015, 49). 르페브르는 신체를 규칙적인 움직임의 영향을 받는 수동적 인 장소가 아니라 능동적이고 복수複數적인 리듬 속에 있는 것으로 보고, 신체와 신체의 많은 리듬들은 항상 다른 리듬과 얽혀 있고 그 영향을 받 는다고 주장했다. 이는 조화로울 수도 있고 부정맥의 리듬처럼 병적인 것일 수도 있다(2004, 67).

서사의 경우에, 미하일 바흐친Michail Bakhtin의 '크로노토프chronotope' 개념은 비록 시공간적 양상을 장르적 특징으로 귀착시키는 경향이 있지 만, 문학 연구에서 시간과 공간의 상호 연관성을 선취했다는 평가를 받는다(1981, 84-85). 리듬은 여러 시공간성들을 조직하는 형식이므로, 시공간들 간의 관계 속에서 모빌리티를 서술할 때의 행동유도성을 설명할 수 있다. 미케 발은 리듬을 가리켜 "재현의 속도"라고 했는데(2009, 98), 이는 주네트의 "지속duration"과 일치한다(1981, 95). 따라서 서사의 리듬은 (이야기story가 아닌) 서술의 지속 시간에 장소의 변화 같은 사건들이 많이 일어날수록 늘어난다(Bal 2009, 100).

장소를 만들고 모빌리티를 생성하는 실천을 서사의 시간성과 연결하면, 리듬은 리듬 형식이 어떻게 작동하고 경험을 이끄는지를 분명히 드러내는 유용한 범주가 될 수 있다. 특히 리듬끼리 충돌할 경우가 그러하다(Levine 2015, 65). 예를 들어, 짧은 기간 동안 여러 도시를 방문하는 시티호핑city-hopping의 리듬 형식은 대부분의 여행 형식과는 상이한 시공간적 주체화 형식을 유도한다. 기차, 자동차, 비행기를 타는 일이 상세하게 이야기할 가치가 있는 특별한 체험일 때도 있다. 그러나 그런 일들이 "일상적인 관행"(Edensor 2014, 163)이 되면 그 리듬이 파괴되는 순간에나 다시 이목을 끌게 된다. 그러므로 서사에서 리듬 양식의 행동유도성에 초점을 맞추면 어떠한 모빌리티 실천이 의미 있고 어떤 것이 주목받지 않는지를 파악할 수 있다. 예를 들어 이탈리아로 갔다가 프로이센으로 돌아오는 에피의 신혼여행을 서술자가 이야기할 때, '일상적'인 기차 여행 서술은 한 문장으로 처리되고(Fontane 2015, 32) 별다른 인상을 남기지 않는다. 반면에 뒤에서 짧게 내연관계를 갖게 되는 캄프라스 소령과 에피가 나란히 말을 달리는 장면은 더 길게 서술된다(107-113). 이는 이 체현적 모빌리티 실천이 친밀함의 경험을 유도하는 의미 있는 형식임을 알려 준다.

서사적 시점과 리듬에 대한 일반적인 설명을 진행했으니, 다음 장에서는 두 소설을 좀 더 자세히 살펴보면서 형식적 특징이 어떻게 문화적으로 의미 있는 실천인 독특한 모빌리티 감각을 유도하는지를 논해 보자.

멀리 보기와 가까이 머물기
: 괴테의 《젊은 베르테르의 슬픔》

독일 근대문학의 시작이라고 불리는 《젊은 베르테르의 슬픔》의 중요성은 아무리 강조해도 지나치지 않다(Vellusig 2012, 129-130). 1774년에 발표된 이 소설은 괴테의 첫 작품으로, 개성을 강조하는 한편으로 불확실성과 유연성, 이동성이 증가하는 세계에 적응하지 못하고 실패하는 모습을 그려 냈기 때문에 근대적 주체성의 역사에서 핵심적인 텍스트로 꼽는다(von Petersdorff 2006, 67-73). 이 시기에는 여러 영토로 나뉘어 분권화된 신성로마제국 안의 궁정들에서 지식인들의 공론장이 발전했고(Whaley 2012, 528), 잘 정비된 우편 체제와 함께 출판시장도 성장하였다(Whaley 2012, 458-465). 미적 관습, 합리주의, 정부 권위에 도전한 1770년대 질풍노도Sturm und Dran 운동(Whaley 2012, 462)의 일환이었던 이 소설은 1769년의 법률 개정으로 자유로운 통행, 이동, 재산권과 같은 시민권이 보장되는 등의 근본적인 개혁이 진행되던 때에 나왔다(Whaley 2012, 489).

18세기 진실성의 시학을 따른 《젊은 베르테르의 슬픔》은 그 당시 인기를 끌었던 서간체 형식을 사용했다. 서간체는 독자와 서술된 내용 간의 공간적 · 시간적 · 사회적 거리를 좁혀 바로 곁에 존재한다는 인상을 주는 형식이다(Paulin 2007, 23). 하지만 괴테가 다른 서간체 문학들과는 달리 베르테르의 편지만을 보여 주는 독백체로 소설을 쓴 결과, 로베르트 벨루치히Robert Vellusig의 말처럼 작품 속 공명의 부족이 문화적 공명을 낳았다(2012, 142). 독백은 사회의 일부로서가 아닌 개별화된 주체성을 표현하도록 유도하는 형식이었기 때문이다. 1773년에 철학자 프리드리히 하인리히 야코비Friedrich Heinrich Jacobi가 주장했듯이, "사회의 진정하고 진실된 핏줄"은 사회적 교류라고 보는 세계 속에서 자신의 자리를 찾으려고 애를 쓰면서(Whaley 2012, 457에서 재인용), 목가적인 풍경 속에서 편안하게 살아가고 싶다는 베르테르의 바람은(Sullivan 2015, 119) 고정된 장소와 소속감이라는 개념을 유도하는 정주성의 형식처럼 보인다. 이 소설의 시점과 리듬은 강렬한 지각과 통찰이라는 신체적 임모빌리티 경험을 유도하고 어떤 정동적 움직임을 낳는다. 이러한 미적 형식은 온전한 개인이 되려면 고정적인 중심과 시간의 영속성이 필수적이라는 생각을 중심으로 주체성을 구축하는 한편, 감정과 상상의 모빌리티가 사적인 의사소통에서 근본적인 것으로 나타나게 한다.

여러 장면에서 베르테르는 산책하며 느낀 감각들을 서술한다. 8월 18일자 편지에서 베르테르는 자신이 지쳐 있다고 느끼면서 주위를 둘러본다. 여기서 초점자의 헤메던 시선은 주변의 여러 지점에 초점을 맞추면서 풍경을 분명하게 포착한다. "바위" 위에 올라간 초점자는 "계곡"과 "숲" 저편의 "언덕"과 "산"에서부터 근처의 "강"과 주위의 "새들"을 지나 "바다와 이끼"에 닿을 때까지 여러 지점들을 살펴본다(Goethe 2012, 44-45). 풍경을 표현하는 이 선형적인 형식은 가장 멀리 떨어진 지점에서 시작해 초점자가 있는 장소에서 끝나는 특정한 순서로 진행된다. 초점화는 지평선을 묘사하는 것이 아니라 주체와 대상 사이의 거리를 계속 좁힌다. 초점이 좁혀질수록 감각은 더 다양해진다. 초점자는 처음에는 언덕과 산만을 바라보지만 이후에는 "저녁의 산들바람"을 느끼고 "새들"의 노랫소리를 듣게 된다. 이 장면 내내 초점자는 주변 환경의 "풍요로움을 … 조망하는" 한 장소에만 머물러 있다(2012, 44). 이 서사 형식은 아주 넓은 범위까지가 닿으면서도 다시 고정된 중심으로 돌아가는 장소 감각을 유도하며, 자연의 '내면적 삶'이라는 전체론적 이미지를 베르테르의 '나'와 연결짓는다. 감각적 풍요로움은 걸어 다니면서가 아니라, 먼 곳에서부터 발밑 이끼에 이르는 예민한 지각으로 경험된다. 그의 시점은 그의 신체적 모빌리티 범위 안에 제한되어 있지만, 오히려 고정된 신체 덕분에 강렬하게 세계를 경험하는 느낌을 유도해 내게 된다.

장소와 시간을 고정하는 이 형식은 비판의 대상이 되기도 했다. 바흐친은 시공간적 깊이나 변화의 가능성이 없는데도 조화로운 삶을 그려 내는 목가적 크로노토프idyllic chronotope의 대표적인 예가 《젊은 베르테르의 슬픔》이라고 지적했다(Bakhtin 1981, 226-227). 헤더 설리반Heather Sullivan은 바흐친의 주장에 이의를 제기하면서, 이 소설에서 등장인물의 변화가 나타난다고 주장한다. 처음에는 목가적 이미지로 시작하지만, 이후에는 인간과 자연의 관심이 더 이상 조화를 이루지 못하는 "어두운 목가dark pastoral"로 변한다는 것이다(2015, 119-120). 이 소설의 많은 장면들에서, 특히 책의 앞부분에서 베르테르가 가장 좋아하는 장소를 묘사하는 대목이 목가적인 아늑함이라는 감정을 환기한다는 것은 분명한 사실이다. 베르테르가 빌헬름에게 발하임과 "한 번에 계곡 전체를 다 아울러 볼 수 있"는 "마을에서 돌아오는 길"에 대해 이야기할 때, 그는 그곳이 "집처럼 편안하고 마음에 쏙 드는" 장소라고 말한다(Goethe 2012, 11). 서술자는 자신의 시점을 공유하면서 ("만약 네가 따라온다면") 평안을 찾는 지점에 다다르는 방법을 설명한다. 베르테르는 여기에서 소박한 삶을 즐긴다. "집에서 가져온 테이블과 의자를 놓고 커피를 마시면서 호메로스를 읽고 있어"[12]. 이 소설에서 여러 번 언급되는 독서는 대체로 움직이지 않으면서도 상상을 통해 큰 즐거움을 느끼는 실천이며 사회적 제약을 극복하기 위해서도 활용된다. 2부 초반, 곤욕을 치르며 궁정에서 쫓겨난 베르테르는 문학의 허구적 세계에서 위안을 얻는다.

나는 그 고귀한 무리에서 슬며시 빠져나와 이륜마차를 타고 M이라는 곳으로 갔어. 언덕에 서서 해가 지는 광경을 바라보며 나의 호메로스를 읽었지. 오디세우스가 훌륭한 돼지치기들에게 환대를 받는 멋진 대목이 있었어. 모든 것이 다 좋았어.[Goethe 2012, 61]

마차를 타는 일은 자세하게 묘사되지 않지만, 작품 후반 베르테르가 오시안의 시를 암송하는 장면에서처럼 독서 중에 일어나는 베르테르의 상상적인 여행은 서술을 대신할 정도로 세밀하게 초점화된다. 이런 소통 방식을 통해 은유적으로 움직이는 감정의 힘은 공감sympathy에 대한 최근 철학적 논쟁에도 반영되고 있다. 이를테면 미란다 버제스Miranda Burgess는 공감에 대한 논의를 18세기 모빌리티의 조건과 연결짓는다[2011, 303].

비슷한 방식으로 이 소설의 초점화는 신체적 모빌리티를 거의 다루지 않으면서, 감각적이고 상상적인 방식으로 움직임을 유도한다. 베르테르가 자신의 서술로 구성하는 고독의 장소는 예술과 휴식을 허용한다는 점에서 목가적이지만, 카트린 비틀러Kathrin Wittler의 말처럼 그의 고독은 홀로 있다는 점에서 실존적 위협이기도 하다[2013, 215-216]. 소설의 시점은 창의적이고 생산적인 활동을 하는 고독한 존재를 유도한다. 베르테르는 글을 쓰고 소설의 서술을 진행할 때 책상 앞에 붙어 있다. 따라서 그 장소를 벗어나면 그의 시각과 목소리는 지워진다.

왜냐하면, 우리끼리 하는 말이지만, 이 글을 쓰기 시작한 뒤로 벌써 세 번이나 펜을 내려놓고 말에다 안장을 얹고서 밖으로 나갈까 생각했었어. 하지만 오늘 아침엔 밖으로 나가지 않기로 다짐했지. 그러면서도 자꾸만 창가로 가서 이제 해가 얼마나 높이 떠올랐는지 보게 돼. 나도 어쩔 수가 없어. 나는 그녀를 만나러 갈 수밖에 없었어. 빌헬름, 나는 이제 다시 돌아와 야식을 먹으면서 너에게 편지를 쓰는 거야.[Goethe 2012, 16]

책상 앞에서 서술적 목소리와 초점자는 수렴된다. 서술자로서의 베르테르는 서술 과정에 있는 자신을 지각하는 초점자가 된다. 어느 장면에서 베르테르는 책상 앞에 앉아 창문으로 "멀리 있는 언덕" 너머 "계곡 아래 조용한 초원과 구불구불 흐르는 강물"이 자신을 향해 비추는 "아침의 햇살"을 내다본다[76]. 다시 한 번, 시점은 초점자의 위치를 고정시켜서 초점화를 이동시키고, 실제로는 아무도 그곳에 있지 않으면서도 배회하는 이의 시각을 유도한다. 물리적이고 지리적인 의미에서 결국 이동하게 된 베르테르는 그렇게 하는 일의 무의미함을 성찰한다. 그는 "저기 있는 나무"나 "여기 전체를 내려다볼" 수 있는 "산꼭대기" 같은 주변 풍경을 되풀이해 바라보지만, 이런 지점으로 가는 일은 공허한 상태로 귀결될 뿐이다. "우리가 서둘러 그곳으로 달려가도, 그래서 저기가 여기가 되어도,

모든 것은 예전 그대로이고 우리는 여전히 초라함 속에, 협소함 속에 서 있게 된다"[24]. 베르테르는 계속 자신의 산책에 대해 이야기하면서 다른 멀리 떨어진 곳으로 초점을 옮긴다. 이 멀리 보기는 서술자의 발언에서 알 수 있듯이 어떤 감정적인 동요 없이도 거리를 극복하는 듯한 느낌을 유도한다. 반대로, 로테를 향한 사랑의 절박함과 위기에 처한 그의 사회적 지위가 보여 주듯이 지나치게 가까운 관계도 마찬가지로 위험하다. 초점자와 그 대상 사이의 균형 잡힌 거리는 아무렇게나 끝없이 이동하는 것으로는 유지되지 않으며, 결국 자기 자신을 향한 시점 변화로 이어진다.

그 자체로 초점을 잃기 쉬운 위태로운 초점화와 함께, 소설의 리듬도 불확실성을 유도한다. 편지 형식이라는 시공간적 틀 속에서 서사적 목소리는 최근의 과거와 임박한 미래 사이에 자리한다. 베르테르의 첫 번째 편지는 정확하게 출발과 도착 사이의 지점에 위치한다. 베르테르는 남기고 온 친구에게 "멀리 떠나는" 게 얼마나 "기쁜지" 이야기하고 "운명이 우리 앞에 가져다준 사소한 괴로움을 계속 곱씹는 일을 멈추"겠다면서 "현재를 즐기고" 과거는 뒤로 하겠다고 약속한다[5]. 현재를 축복하고 있지만, 이 편지에 담긴 수사는 추억, 사과, 약속, 예측의 시간성 속에서 진행된다. 시간대를 미끄러지는 이 형식에서는 현재 순간 이외의 모든 것이 불확실하다. 나중에 베르테르가 빌헬름에게 자기가 계획하거나 행동할 때 머뭇거린다고 말하는 장면처럼, 미래나 과거는 우연적이고 변하기 쉬운 것으로 언급된다. "이제 가 봐야겠어. 빌헬름, 내가 흔들릴 때 결심하게 해 줘서 고마워. 2주 동안 떠날지 말지 고민해 왔거든"[48]. 또 다른 장면에서 베르테르는 자신의 행동과 생각에서 나타나는 일시적이고 불안정한 흐름을 두고 고민한다. 그는 이미 알베르트와 약혼한 로테를 자주 방문하지 않으려고 애쓰지만 생각과는 달리 계속 그녀를 보러 간다(35-36).
베르테르의 서사는 오로지 사랑하는 사람과 함께하고 싶은 마음만을 따
르는 자신만의 일상 리듬을 만들어 내면서, 별다른 제한이 없는 만남을
넘치는 사랑의 언어로 번역하고 사회적인 고려는 완전히 무시한다.

자신의 불안한 리듬이 유도하는 불확실성을 누그러뜨리기 위해, 베르
테르는 발하임에서의 일상을 매우 느릿느릿하게 이야기하며 규칙적으
로 하는 행동 하나하나마다 시간을 들여 서술한다.

> 매일 아침 해가 뜨면 나는 발하임으로 가 그 집 정원에서 완두콩을 따
> 고, 앉아서 다듬고, 그 사이사이에 호메로스를 읽었어. 조그만 부엌에서
> 팬을 골라, 버터를 넣고, 완두를 불 위에 얹고, 뚜껑을 덮은 다음, 그 옆에
> 앉아 가끔씩 저어 주었지. … 감사하게도 어떤 애정도 없는 상태에 나만
> 의 삶의 방식을 엮어 넣을 수 있게 해 주는 가부장적인 삶의 방식만큼 따
> 뜻하고 진실된 느낌을 차오르게 하는 일은 없어.(Goethe 2012, 24-25)

목가적 삶의 방식을 반복해서 이야기하는 베르테르의 리듬은 느려질
뿐만 아니라 시간성이 사라지는 감각을 유도한다. 따라서 폰 페터스도르
프von Petersdorff(2006, 76)의 주장처럼, 이러한 목가적 장면은 아이러니한 것
이라기보다는 베르테르에게 필요한 시간적 안정성의 이상적인 감각을
보여 주는 것이다. 이 목가적 형식은 움직임이 없는 안정적인 장소를 만
드는 행위와 함께 느린 리듬을 배치한다. 반대로 베르테르가 자살하기
며칠 전 주변의 익숙한 장소들을 보러나갔을 때에는 서사적 리듬이 더
빨라져서 그의 현재 상황과 어울리게 된다.

안타까운 눈길로 그 더웠던 날, 로테와 내가 산책하다 잠시 쉬었던 버드나무 아래를 더듬어 보니, 거기 역시 홍수가 휩쓸고 가서 그 나무조차 알아볼 수 없었어. 아, 빌헬름, 그녀의 목장을, 사냥꾼의 오두막이 있던 곳을, 우리의 정자 주변을, 넘쳐난 강물은 이제 이 모두를 얼마나 망가뜨렸을까?(Goethe 2012, 89)

괴로움 속에서 베르테르는 이제는 '엉망이 된' 사랑했던 장소들과, 다른 시간적 상태에 놓인 자신에게 초점을 맞춘다. 문장을 끝맺지 못하게 하는 고조된 리듬은 고양되고 압도적인 역동성을 느끼게 한다. 감정에 휩쓸려 끊기는 서술자의 말은 예전 편지들의 일정하고 완만한 진행과는 상당히 다르다. 주인공이 자살한 뒤, 리듬의 속도는 더 빨라진다. 베르테르의 하인을 초점화하여 가상의 편집자[83]가 서술하는 소설의 마지막 대목에서 서술자는 총소리가 들린 후 무슨 일이 일어났는지를 거의 알려 주지 않는다. "그는 바닥에 쓰러진 주인을, 총을, 피를 발견했다. 그는 소리를 질렀고, 끌어안았지만, 아무런 대답이 없었다"[111]. 접속사를 생략하고 빠르게 진행되는 리듬은 베르테르의 마지막 순간에 극도의 긴장감을 유도한다. 자살을 서술하는 이 방식은 독자들에게 충격적인 경험을 안긴다(Felski 2008, 105). 주인공이 바닥에 누워 있는 동안 서사는 소설의 마지막 몇 페이지에서 일어나는 여러 사건과 행동들을 정리한다. 베르테르가 육체적으로 움직이지 못하는 이 순간에, 서술은 베르테르와 가까웠던 이들의 다양한 반응과 빠른 움직임에 초점을 맞춘 리듬과 시점을 통해 독자들을 다른 정동적 차원으로 옮겨 놓는다.

이 텍스트는 그 형식적인 특징을 통해서 말, 글, 독서와 같은 경험적 속성을 중심으로 주체성을 형성하는 정동의 즉각성을 유도한다. 이렇게 구현된 소통 행위에 물리적인 움직임은 없지만, 반대로 그 행위는 사색, 상상, 개인적인 상호작용을 거치면서 강렬한 감정의 순환을 야기한다.

등장인물과 장소 사이의 시공간적 거리가 매우 먼 것이 특징인 테어도어 폰타네의 사실주의 소설《에피 브리스트》는《젊은 베르테르의 슬픔》과는 전혀 다른 일상적 움직임의 경험을 유도해 낸다. 에피도 거리를 극복하기 위해 편지를 쓰지만, 기차와 말을 이용하고, 주위 환경에서 느낀 다른 감정들도 표현하며, 베르테르는 알지 못한 자유의 느낌도 표출한다. 직접적인 서술을 하는 대신에, 폰타네 소설의 시점은 주인공의 행동과 감정을 그녀가 적응해야만 하는 시공간적 구성의 사회체제 안에 배치한다.

서로 어긋나는 두 가지 시점과 리듬
: 폰타네의《에피 브리스트》

"부르주아 소설의 정점"(Woodford 2007, 83)으로 불리는 폰타네의 후기 소설《에피 브리스트》는 1895년에 처음 책으로 출간되었다. 젊은 귀족 여성인 주인공 에피 폰 브리스트는 나이 차가 한참 나는 게르트 폰 인슈테텐과 결혼한 뒤, 남편을 따라 독일제국 동부의 어느 정도 국제적 면모를 갖춘 가상의 지방 도시인 케신으로 가게 된다. 주요 모티프인 간통과 그로 인한 파국 때문에 톨스토이의《안나 카레리나》나 플로베르의《보바리 부인》과 (때로는 불공평하게) 비교되곤 하는(von Graevenitz 2014, 623) 이 소설 속에서 프로이센 귀족사회와 농촌사회는 근대화에 직면해 있다(Darby 2013, 160-161). 독일제국을 형성한 지역들은 19세기 중반 이후 엄청난 사회경제적 변화를 겪었다. 특히 1871년 이후의 제국 창건기Gründerzeit에는 산업화가 급격하게 진행되었고, 이에 필요한 인프라와 교통시설도 갖춰졌다(Hochstadt 1999, 107). 연방 체제 성격이 강했지만 단일 제국 형태로 정치적 통일을 이루면서, 제국 전역을 연결하는 철도망은 19세기의 마지막 30년 동안 5배가 늘어나 제국 전역을 연결하였다(Mitchell 2000, 213). "독일의 모빌리티는 19세기 중반에 크게 발전"(Hochstadt 1999, 107)했고 이를 이용해 저개발 지역의 사람들이 새롭게 등장한 제국의 중심으로 몰려들게 되었다(Hochstadt 1999, 109). 철도가 아주 효과적이기는 했지만 인구의 3분의 1은 여전히 철도망에 접근하기 어려웠으므로(Blackbourn 1997, 356), 도시와 시골 간의 문화적 차이는 점점 더 벌어졌다. 특히 프로이센 동부 지역에서는 농촌지역에 토지를 소유한 엘리트계급이 반자유주의, 반유대주의, 반가톨릭적 분노를 조장하는 경우가 많았다(Clark 2007, 562-575). 농촌 인구의 대규모 이주는 사람들의 모빌리티가 독일이라는 국가의 완전성을 위협한다고 보는 반反도시주의를 낳았다(Hochstadt 1999, 107).

반대로, 점점 더 많은 사람들이 도시로 이주하면서 베를린은 동시대에 등장한 많은 소설의 무대가 되었다(Jeffires 2003, 129). 중앙으로의 집중은 주변부 삶의 조건을 드러내는 배경이 되기도 한다. 예를 들어, 프랑코 모레티Franco Moretti는《유럽소설의 지도Atlas of the European Novel》에서 "지방의 무료함과 타락한 도시의 매력"(1998, 166)을 대비시키는 19세기의 여러 작품들 중 하나로《에피 브리스트》를 꼽았다. 이 소설은 지방에 있는 집에 묶여 있으면서 가끔 여행에서 기쁨을 찾는 불행한 유부녀를 그리고 있으므로 당대 소설의 관습적 주제에 충실하다[Ambrose 2016, 139-143]. 하지만 이 텍스트는 "부정한 여성이 사회적으로 정서적으로 어떻게 무너지는지"[Blackbourn 1997, 370]를 보여 주어 당시의 엄격한 도덕규범도 드러낸다. 사회적 기대와 개인의 반항을 모두 표현하기 위해, 폰타네는 아직까지도 높은 평가를 받는 아이러니 기법을 활용해 등장인물과의 거리를 확보했다[Jerrries 2003, 130]. 외부와 내부를 오가는 소설의 시점은 주체와 사회의 경계를 모호하게 하며, 인물의 욕망과 사회적 기대도 구분하기 어렵게 만든다[Woodford 2007, 97]. 사회적 가치와 개인의 갈망은 걷기, 말타기, 마차나 기차 타기처럼 모빌리티의 체현적 실천을 서술할 때에도 표출된다. 이제부터 이 소설의 형식적 특징과 이러한 재현 방식이 적절한 시간 사용, 사적인 교류, 신체적 건강이라는 개념들을 어떻게 유도하는지를 볼 것이다.

소설의 서술에서 등장인물인 에피와 그 남편이 초점자를 맡을 때도 있지만, 대체로 초점화는 외부 서술자external narrator의 몫이다. 이 형식은 지각하는 주체와 지각의 대상인 객체 사이의 거리를 더 멀게 하는 한편, 시간과 공간을 서사적으로 더 자유롭게 활용할 수 있게 한다. "11월 중순"[Fontane 2015, 32]의 이탈리아 신혼여행 이후, 서술자는 두 사람이 집으로 돌아오는 여정을 서술하면서 열차, 마차, 배의 출발 및 도착 날짜와 시간을 정확하게 언급한다. 이러한 초점화는 고정적이고 치밀하게 계산된 시간표를 유도하며, 등장인물들은 이 시간표에 따라 행동하고 자신들의 모빌리티를 관리해야 한다. 외부 초점자는 시간을 엄수하는 게르트의 모습을 강조하고 제시간에 집으로 돌아가기 위해 필요한 정보와 자료를 열거하여 게르트의 질서 감각을 재현한다. 외부 초점자는 신혼부부가 베를린에서 관람한 파노라마[2]를 포함해 이들이 이탈리아에서 독일로 돌아오는 동안 무엇을 경험하고 느꼈는지는 기술하지 않고, 산업화된 모빌리티 체계가 일상 행동을 얼마나 결정하는지만을 강조한다. 실제로 소설의 많은 장들은 "11시가 훨씬 지났지만 기슈블러는 아직 도착하지 않았다"[45]거나 "15분도 채 되지 않아 그들은 집에 왔다"[90]처럼 도착과 출발의 예상과 실현을 언급하면서 시작된다. 소설 전반에 걸쳐 반복되는 이런 패턴은 단순히 사회적 관습을 보여 주는 것이 아니라, "어떤 속박감을 만들어 낸다"[Youngman et al. 2016, 7].

에피는 자신에게 부과된 이 엄격한 질서와 계속 대조되는 인물이다. 케신의 새집에서 처음 잠을 잔 뒤, 초점화는 에피에게 향한다. "다음 날 눈을 떴더니 벌써 날이 환하게 밝았다"[Fontane 2015, 39]. 서술자는 에피가 일어났다는 사실만 전하는 것이 아니라 그녀의 늦잠을 알리기 위해 '벌써'라는 미묘한 표현을 사용한다. 그다음 문장에서 그녀는 일시적으로 초점자가 되면서 방향감 상실을 강조한다. "어디지? 그렇다. 케신이다, 폰 인슈테텐의 집이고, 그녀는 그의 아내인 인슈테텐 남작 부인이다"[39]. 소설의 시점은 외부 시점과 내부 시점 사이에서 빠르게 전환된다. 외부 시점은 중립적이지 않으며 엄격하게 통제된 시공간적 질서, 즉 에피가 살아가는 방식과 반복적으로 충돌하는 시공간적 패턴의 형식을 유도한다. 사물화된 시간성을 유도하는 인물 초점화는 외부 서술자가 설정한 현실적

---

2 (옮긴이) 19세기에 유럽에서 유행한 파노라마Panorama는 거대한 원통 모양의 건물 속에 벽면을 따라 그림과 모형들을 배치하고 효과음이나 조명까지 활용하여 360도로 펼쳐진 이미지에 둘러싸인 관람객들에게 사건 현장에 참여하는 느낌을 유발한 장치로, 주로 전쟁 장면을 극적으로 연출하여 국가적 프로파간다를 전파하는 역할을 했다. 당대 대중의 환호를 이끌어 낸 스펙터클이기도 했다.

질서와 양립하지 못한다. 에피의 초점화는 종종 향수에 사로잡혀 뒤로 물러나는 반면, 외부 초점화는 공간적으로나 시간적으로 계속해서 전진한다. 예를 들어, 에피가 마침내 남편과 함께 배를 타고 케신을 떠날 때, 두 종류의 초점화는 전혀 다른 궤적을 보여 준다.

> 증기선은 여름에만 운행했으므로 에피가 타고 갈 배는 가벼운 범선이었다. 배는 12시에 출발했다. 에피와 인슈테텐은 이미 출발 15분 전에 승선했다. … 에피는 배가 강을 타고 내려가 브라이틀링의 넓은 강어귀에 들어설 때까지 답답한 선실에 머물렀다. 그때 인슈테텐이 와서는 갑판으로 올라와 멋진 경치를 즐기라고 했다. … 에피는 15개월 전, 지붕 없는 마차를 타고 브라이틀링 강변을 따라 달렸던 때가 생각났다. 짧은 기간이었지만, 쓸쓸하고 외로웠던 적이 많았다. 그러나 그 이후로 얼마나 많은 일이 일어났는가!(Fontane 2015, 152-153)

외부 초점화는 중심인물들의 시공간적 좌표에 얽매이지 않고 그 순간에는 그들과 실질적인 관련이 없는 정보도 제공한다. 결과적으로 이런 시점은 교통 일정이나 의사 교환과의 관련성 속에서만 등장인물과 그들의 행동을 배치한다. 그러나 에피의 초점은 다르다. 예전의 이동을 생각하고 추억하면서 자신만의 시공간적 질서를 유도한다.

내부 초점화의 다른 예는 진솔함을 더 많이 유도하는 미적 형식인 에피의 편지이다. 케신의 집에 홀로 남아서 지루할 때면 에피는 어머니에게 남편과는 나누지 못하는 고민을 털어놓는 긴 편지를 쓰고, 소설은 그 내용을 전부 서술한다(78). 지루하고 외로운 몇 달이 더 지난 뒤에도 에피는 "요즘 호엔크레멘으로 편지를 자주 부친다"[82]. 연결성이 취약한 독일 제국 주변부에 공간적으로 고립된 에피의 신체적 모빌리티는 제약되어 있으나, 소통의 매개를 이용하여(Larsen 2014, 125-126) 그녀는 가족이나 친구들과의 거리를 극복하고, 거리감 때문에 두려워하던 이 장소에 근접성과 친숙함을 만들어 낸다.

서부 포메라니안 지방에서 남작 부인으로 살아가려면, 이동의 선택을 관리하는 영리한 리듬이 필요하다. 남작 부인의 역할인 방문은 우정의 표현이라기보다는 예의와 사업의 문제이다.

> 그러고 나서 마을 방문을 시작했다. … 마을 방문이 끝나자 지방 귀족들을 찾아갈 차례였다. 영지들이 서로 멀찍이 떨어져 있어서 하루에 한 집밖에 방문할 수 없었기 때문에 이번에는 더 오래 걸렸다. 먼저 로텐무어의 보르케가를 찾아간 다음, 모르그니츠, 다베 르고츠, 크로쉔틴으로 가서 알레만, 자츠코프, 그라제납가를 방문하는 의무를 수행했다. 그 후에는 파펜하겐의 귈덴클레 남작가를 포함한 몇 집을 더 돌아야 했다.(Fontane 2015, 50)

서술자는 날마다 이웃 가문들을 방문하는 일을 별다른 설명 없이 스타카토 식으로 짧게 이야기한다. 이 일들이 에피에게 전혀 중요하지 않기 때문이다. 에피는 "대부분 친절한 척하는 평범한 사람들"[50]과의 만남을 지루해한다. 지주 계층 사람들을 바라보는 에피의 관점에서 나타나는 유쾌한 초점화는 사회적으로 기대되는 바와 충돌하는 색다르고 더 자유로운 리듬을 유도한다. 에피는 르페브르가 말한 사회적 "승마 기술 dressage"[Lefebvre 2004, 38-43]을 익히도록 강요받지만, 야심 찬 군수의 순종적인 트로피 와이프라는 자기 위치에 스스로 도전하는 체현적 실천들을 보여 주기도 한다. 소설 초두에 에피의 어머니는 운동과 체조를 즐기는 딸에게 이렇게 말한다. "에피, 넌 곡예사가 될걸 그랬구나. 항상 그네를 타고, 항상 공중에 붕 떠 있으니 말이다"(Fontane 2015, 4). 에피는 어린아이의 어머니로 살아가야 하는 일상의 리듬에 여러 번 저항한다. 게르트가 크람파스 소령과 말을 타고 나가 있는 동안, 주변에 방문할 친구가 없는 에피는 집에 머물며 잡지를 보거나 아이와 하녀를 데리고 산책을 한다. 이런 일이 몇 번 일어난 뒤, 이 지루한 일상은 "밤이 여기저기에 떨어져 있었다"(100)처럼 아주 사소한 세부 사항까지 언급하는 느린 속도로, 또 반복적으로 이야기된다. 어린아이처럼 취급받는 단조로운 리듬에 신물이 난 에피는 이 시공간적 패턴을 깨고 "갑자기" 남편하고 그 친구와 같이 "말을 타고 나가고 싶다고 말했다"(101). 결국 "처음으로 세 사람이 말을 달렸을 때"(101), 서술자는 이 일이 에피에게 큰 의미가 있는 특별한 사건이라고 강조한다. 이후 "이런 말타기가 11월까지 계속되었을"(103) 즈음에, 서술은 어느 외출에서 크람파스 소령과 나눈 대화에 많은 공간을 할애한다.

서술은 기차나 마차를 타는 것 자체는 거의 언급하지 않으면서 출발과 도착의 시공간적 상황은 부각시킨다. 이 때문에 교통과 관련된 일상적인 사건들은 짧게 요약되거나 생략되어 버린다. 예를 들어, 베를린행 기차가 "출발"했다는 진술의 바로 다음 문장에서 이미 에피는 "프리드리히 슈트라세역"(153)의 많은 사람들 사이에 나타난다. 기차 이동 자체는 전혀 언급되지 않는다. 흥미롭게도 에피는 기차 구경을 좋아하고 기차에 "진심어린 동경"(70)을 품고 있다. 소설의 끝부분에서도 에피는 부모님 집 근처를 오가는 기차들과 "철로변"(235)에서 일어나는 일들을 바라본다. 따라서 서술 행위에서 교통수단 자체는 전혀 중요하지 않지만, 에피가 자신에게 중요한 소통 행위를 할 때면 서사의 리듬은 점점 느려진다. 풍경을 가로지르며 즐겁게 말을 타거나 공원에서 산책하는 일을 자세하게 서술하면서, 서사는 독자들이 이 행위들을 문화적 현상으로 인식하고 더 깊이 있게 이해하도록 유도한다[Felski 2008, 25].

또한, 텍스트는 이러한 일상 행위들을 체현적 형식과 직접적으로 연결 짓는다. 에피는 딸과 헤어지고 우울에 빠지면서 "열병"과 "신경쇠약"이라는 진단을 받는다[Fontane 2015, 222]. 더 이상 사회적 기대에 얽매일 필요가 없는 그녀는 "하루 종일 공원에서 시간을 보냈다. 신선한 공기가 필요했기 때문이다"[227]. 이제 에피의 신체는 베를린이라는 도시에서 이혼 여성이자 사회적 추방자로서 홀로 살아가는 삶이 낳는 불규칙한 리듬과는 잘 맞지 않는다. 작품 전체를 압도하는 엄격한 시공간적 질서마저 에피와 게르트의 이혼 이후로는 느슨해진다. "이 대화를 한 지 사나흘 후에 인슈테텐은 평소보다 한 시간 일찍 서재로 들어갔다"는 식이다[229]. "5월은 아름다웠고, 6월은 더 아름다웠다"[234], "한 달이 지나고 9월도 끝나가고 있었다"[238]. 서술자는 계속 시간의 흐름을 진행시키지만, 에피의 리듬은 갑자기 끝을 맺는다. 그러나 그리 불쾌한 인상을 남기지는 않는다. 에피가 죽음을 맞이하는 순간 "해방감이 그녀를 사로잡았다"[238]. 부모님의 집에서 머물면서 육체적으로나 정신적으로 건강을 되찾은 에피의 모습은 여성이 체현하는 이상적인 리듬이란 가사와 육아에만 묶이지 않고 다른 환경들과 접하면서 독립적으로 외출하고, 말을 타고, 여행하는 것이라는 주체적 이념을 유도한다. 따라서, 에피의 죽음으로 끝을 맺기는 하지만 이 서사의 형식은 체조와 같은 체현적 실천들을 서술하면서 여성의 행복한 삶을 여러 가지로 경험하게 만든다(von Graevenitz 2014, 594-604).

《에피 브리스트》의 아이러니하고 복잡한 형식은 특정한 제약 아래 놓여 조건화된 행위능력을 드러낸다. 한편으로는 계획가능한 시간과 공간이라는 현실적 패러다임을 (지나치게) 강조하는 외부 화자의 형식 기법이 있고, 또 한편으로는 자유를 되찾으려고 애쓰는 젊은 여성의 시점이 존재한다. 이런 형식들의 미적 충돌은 사회적 환경에 맞서는 투쟁이라는 배경 속에서 에피가 얻는 수많은 쾌락을 인식하도록 유도한다. 에피의 시점과 리듬을 구성하는 일상적인 모빌리티 서술조차도 독자들이 공감할 만한 경험을 제공하며, 체현적 실천의 주체화 가능성을 강조한다.

결론: 모빌리티의 다양한 형식

체화된 실천으로서의 모빌리티는 지리적 전치에서부터 가상현실이나 증강현실에 이르는 다양한 존재론과 매체성에 나타난다(Sheller 2013). 서사적 허구와 여타 미적 텍스트 및 실천이 모빌리티 연구에 적절한 자료가 되기 위해서는, 권력구조나 체제를 지지하거나 반대하면서 특정 역사와 지역에 국한되는 담론으로만 기능해서는 안 된다. 그러한 접근 방식은 다중스케일multi-scalar적이고 복합적인 모빌리티 연구를 이해하도록 돕는 가치 있고 흥미로운 지식을 제공하지만, 텍스트의 특수성을 약화시키기도 한다. 텍스트의 특수성은 어떤 텍스트가 경험을 어떻게 구조화하는지, 그래서 읽거나 쓰는 미적 실천으로 어떻게 주체성을 구성하는지를 설명해 주기 때문이다.

이 글에서 서사와 관련지으며 제안했듯이, 형식적 특성에 주목하면 특정한 미적 과정을 거쳐 이동이 문화적 의미를 지니게 되는 방식을 탐사해 볼 수 있다. 나는 문학 연구에서 이러한 연구 방식을 발전시켜 시점과 리듬이라는 두 형식적 특성을 살펴보고, 이 특성들이 괴테의《젊은 베르테르의 슬픔》과 폰타네의《에피 브리스트》에서 어떤 식으로 다양한 모빌리티 방식 및 형식의 감각을 유도하는지를 알아보았다. 베르테르는 거주와 정착이라는 목가적 사고를 따르지만, 서사의 제한적인 시점과 변화하는 리듬은 관찰과 독서라는 실천과 관련된 강렬한 감각과 상상적 모빌리티를 표출한다.《에피 브리스트》의 아이러니한 서술자는 인물의 모빌리티를 제한하는 엄격한 형식적 틀을 반복하지만, 사회적 기대에 부응하려는 그 리듬은 결국 피곤하고 지루한 루틴이 된다.

소설은 그 미학적 특성을 통해, 지시나 명령이 아닌 독서에 몰입하는 행위로 주체화 과정에 기여한다(Felski 2008, 26). 시점은 거리와 근접성을 만들어 내고, 리듬은 서사적 흐름과 집중을 시공간적으로 조절한다. 이 개념들은 다른 문학 텍스트들을 모빌리티 관점에서 독해할 때에도, 나아가 영화나 건축 혹은 일상적 모빌리티를 형식적 차원에서 연구할 때에도 도움을 될 것이다. 사람들의 소통이 만드는 수많은 움직임의 형태들은 문화적으로 의미 있고 체현적인 실천이며(Morley 2011), 우리는 복합적인 상황 속에서 이를 수행하고 감지한다. 그러므로 이런 다채로운 미적 차원들을 탐구하는 일은 미래의 학제간 연구에서 필수적이다. 여기에서 인문학은 모빌리티가 어떻게 인식되고 경험되는지를 검토하는 새로운 분석 범주를 제공하고 발전시킬 수 있을 것이다.

제7장

도시에서 달리기

| 카 이 싱 탄 |

출발점

달리기에는 그럴 만한 가치가 있다

모빌리티의 체현에는 약자의, 연령에 따라 구분되는, 젠더화된, 인종화된 신체가 포함되어 있다. 신체들은 다른 신체, 사물, 물리적 세계를 다중감각적으로 마주한다. … 몸은 세계 속에서 신체적으로 움직이면서 세계를 지각하고 이해하며, 사회적 취향과 구별, 이데올로기와 의미를 뜻하는 담론적으로 매개된 감각경관sensescapes을 만들어 낸다.(Büscher 2010, 8)

모니카 뷰서Monika Büscher는 철학자 메를로 퐁티Maurice Merleau Ponty 와 사회학자 팀 단트Tim Dant의 말을 빌려, "신체가 공간에서 무엇을 하는지를 관절, 근육, 힘줄 등에 등록된 움직임의 감각으로 알려 주는 감각경험을 의도 및 신체 기억과 결합시켜 주는 운동감각적 기술kinaesthetic skill" 덕분에 인간 신체는 "움직임을 느끼게 된다"고 했다(2010, 8). 예술가는 담론적으로 매개된 물리적 세계의 감각경관을 만들어 내기 위해 여러 가지 방식으로 신체를 활용한다. 이 중에서도 걷기는 대중적이면서도 그 효과가 충분히 입증된 과정이다. 상황주의 인터내셔널Situationist International(1950년대), 테칭 시에Teh-Ching Hsieh(1981~1982), 자넷 카디프 Janet Cardiff(1999), 프랜시스 알리스Francis Alÿs(2004) 등이 그 선구자들이다. 현재 영국에서는 로잔나 케이드Rosanna Cade(2011 이후)와 워킹 아티스트 네트워크Walking Artists Network(2007 이후) 회원들이 활동하고 있으며, 모빌리티 분야의 주요 아티스트로는 젠 서던Jen Southern과 마이크 콜리어Mike Collier(2010 이후)가 있다. 이 아티스트들은 라이브 아트, 관객 참여 예술, 오디오워크, 영화, 지도, 그림, 설치 등의 활동으로 각기 다른 신체들이 어떻게 도시 세계를 느끼고 이해하며 어떤 식으로 도시와 창의적이고 비판적으로 관계맺는지를 보여 준다.

속도를 높이면 어떤 일이 벌어지는가? 아티스트 혹은 참여자가 '달리기'의 기본적인 사전적 의미인 한 발 또는 두 발이 모두 바닥에 닿지 않을 정도로, 즉 걷기보다 더 *빠른* 속도로 움직이면 어떻게 되는가?*(Simpson, Weiner 1989, 250)* 만약 이 달리는 신체가 약자의, 연령에 따라 구분되는, 젠더화된, 인종화된 신체라면 그렇지 않거나 이를 인식하지 않거나 뛰지 않는 다른 신체와 만날 때 어떤 일이 생길까? 빠른 속도로 움직이면 신체가 마주치는 도시와 사물을 보고, 느끼고, 읽고, 해석하는 방식이 어떻게 변화될 것인가? 도시의 상황을 어떻게 느끼고 이해하게 될까? 어떤 감각경관을 만들어 낼까? 빠르게 움직이는 몸은 무엇을 의미하는가? 어떻게 보이고 읽히고 이해되거나 오해되는가? 오늘날, 우리는 '달리기'를 도시를 느끼고 이해하는 수단으로서만이 아니라 개개인들이 담론적으로 매개된 감각경관을 만들어 낼 힘이 있다고 느끼게 만드는 시적이고 도시적인 개입이라고 볼 수도 있을 것인가? 달리 말해, 도시를 달리는*run* 일은 은유적으로 도시를 운영*run*하는 일이 될 수도 있을까?

모빌리티, 비주얼아트, 달리기의 교차점에서

비주얼아트나 모빌리티 연구에서, 그리고 이 둘이 겹치는 지점에서 달리기는 체화된 주체성의 표현이지만, 이에 대한 연구는 놀랍게도 거의 이루어지지 않은 상태다. 각각의 분야에서 산발적으로 나타난 선례들은 있다. 젠 서던, 엠마 로즈Emma Rose, 린다 오키프Linda O'Keefe 등의 아티스트들은 '모바일아트 실천 형식들forms of mobile art practice'을 시도하면서 예술과 모빌리티가 서로 충돌하면서 함께 작동하는 여러 방식들을 내놓았다(2017, 2-4). "움직이면서 상상하는 방법", "이동 중에 자료를 기록하고 모으거나 수행적인 이동으로 작업하기", "시각적 표현으로서의 예술"이나 "경험하기", 조사하는 지역을 오가면서 "이동하는 작업자"로서의 예술가, "아이디어를 구성하고 전달하는 의미 있는 양식"으로서의 "표현과 통찰의 형식인 예술 작품" 등이 그것이다. 이들은 "예술가들이 이동적 상황을 발견하고 거기 머무르면서 자신들이 조사하는 문제에 관여하고 글로벌 모빌리티가 나타나는 특정 상황에 우리의 관심을 끌게 한다"고 주장한다(Southern 등 2017, 2-4). 즉, 이런 실천들은 그들이 다루는 장소의 문제와 특징을 통찰하는 새로운 길을 열어 주는 동시에, 사람 · 생각 · 권력의 흐름이라는 더 큰 시스템을 드러내기도 한다.

달리기는 걷기, 운전(McGowan 2018), 비행(Southern) 등의 모빌리티에서는 얻지 못할 새로운 통찰을 준다. 그러나 모빌리티와 달리기, 그리고 걷기와 달리기 사이의 복잡한 관계는 여전히 명확하지 않다. 적어도 1960년대 이후부터 달리기는 세계적이고 대중적인 운동으로 자리잡았다(Latham 2015, 103). 매년 열리는 런던마라톤에서는 1981년에 시작된 이후 1백만 명이 넘는 참가자가 완주에 성공했으며(Virgin Money London Marathon 2007), 2013년에는 팔레스타인에서도 '이동의 권리Right To Movement'라는 슬로건을 내세운 팔레스타인마라톤이 처음으로 개최되기도 했다(Palestine Marathon 2013). 수십 년 전부터 철학, 사회학, 신경과학처럼 스포츠과학이나 생체역학이 아닌 분야에서도 달리기를 연구하거나 활용하기 시작했다(Austin 2007; Bale 2002; Mattson 2012). 달리기를 테마나 모티프로 삼는 소설들도 있었고(Sillitoe 2010[1959]) , 달리기가 글쓰기 과정과 어떻게 관련되는지를 다룬 논픽션도 나왔다(Murakami 2008, Oates 1999) . 하지만 비주얼아트에서 달리기를 모티프나 방법론, 은유로 활용하는 경우는 드물었고(Creed 2008; Nguyen-Hatsushiba 2009), 도시를 배경으로 달리기를 이용한 사례도 거의 없다(Blast Theory 2001; Geoffroy 2012). 다만, 도시라는 맥락 속에서의 달리기(Latham and McCormack 2004; Cook 등 2016), 달리고 있는 신체가 장소와 감각적으로 소통하는 방식(Lorimer 2012; Allen-Collinson and, Hockey 2011), 달리기와 모빌리티 간의 복잡한 관계(Cook 2013) 등에 관한 연구들이 있으나, 도시를 느끼고 이해하는 창의적 과정으로 달리기를 탐구하는 더 많은 시도들이 필요하다.

"약하거나 연령에 따라 구분되거나 젠더화되거나 인종화된 신체"에 대한 비서구권에서의 재현은, 또 그 실제 경험에 대한 재현은 많이 이루어지지 않았다. 관심의 대상인 신체나 이런 신체를 연구하는 신체와 사유는 대부분 백인, 남성, 특권층, 비장애인의 것이며, 그렇지 않은 신체는 중요하지 않게 취급된다.

오늘날, 이 교차점에서

사회학자 존 어리의 유명한 선언에서처럼 "가끔은 온 세계가 움직이고 있는 것처럼 보인다"(2007, 3). "조기 퇴직자나 유학생, 테러리스트, 디아스포라, 휴가를 떠난 사람, 사업가, 노예, 스포츠 스타, 망명 신청자, 난민, 배낭여행객, 통근자, 젊고 이동적인 전문직 종사자, 매춘부"와 같은 사람들에게 "현대 세계는 맛있게 즐길 음식 같은 것이거나 적어도 그들의 운명이다"(Urry 2007, 3). 여기서 망명 신청자와 노예처럼 약하거나 연령에 따라 구별되거나 젠더화되거나 인종화된 신체는 '이동할' 행위능력이나 기회를 항상 갖는 것이 아니라 수동적으로 '이동될' 운명에 처해져 있는 듯하다. 이들에게 세계는 함정과 장벽이거나 상해 버린 음식물일지도 모른다. 2016년 여름 들어 갑작스럽고 충격적인 여러 사건들이 일어나면서 물리적이거나 보이지 않는 장벽이 재빠르게 "세워졌고, 경계들은 강화되었고, 달리는 사람, 이주자, 여행자, 여성들의 이동은 제한되었으며, 타자를 두려워하면서 우리의 마음도 닫혔다"(Tan 2018). 브렉시트, 테레사 메이, 도널드 트럼프, 무슬림 입국금지, 오스트리아·이탈리아·프랑스의 우파 포퓰리즘, 윈드러시 스캔들,[1] 인종차별 공격, 미투 운동, 타임스업 운동[2] 등은 세계가 그저 이동 중인 것만은 아님을 보여 주는 지표들이다. 세계는 역겨운 '혼란' 속에 있는 것처럼 더 '빠르게', 더 광적으로 움직인다(Tan 2017).

따라서 서로 다른 신체들이 창조적이면서 비판적으로 도시에 참여하는 일상적 개입을 고려하는 일이 더욱 중요하지 않을까? 인간 활동과 상호작용의 복잡한 현장인 도시는 여러 문제들을 반영하고 만들고 부추기

1　(옮긴이) Windrush fiasco(Windrush scandal). 1940년대 후반부터 70년대 초까지 카리브해 지역에서 영국으로 이주한 이들과 그 후손들이 2010년대 들어 받은 차별적 대우를 가리킨다. 제2차 세계대전 이후 영국은 당시 법적으로 영국인에 속했던 식민지인들의 영국 이주를 장려하였고, 이들은 귀화나 입국 관련 절차 없이 영국에 정착하였다. 그러나 2010년대 반이민 정책의 일환으로 영국 정부는 명확한 법적 자격이 없다는 이유를 들어 이들과 그 후손들의 체류 자격을 문제 삼고 격리하거나 일부를 강제추방하여 큰 사회적 물의를 일으켰다.

2　(옮긴이) #TimesUp. 지금은 '때가 되었으니' 주저하지 말고 자신이 겪은 성희롱·성차별적 경험을 공유하고 이를 근절해 나가자는 캠페인.

고 있다. 도시 속에서 활동하는 약하거나 나이 들거나 젠더화되거나 인종화된 신체는 이전보다 훨씬 더 취약하고 위태로운 상황에 처해 있다. 또 한편으로, 도시는 거주자들이 치유와 힘을 얻을 수 있는 강력한 장소이기도 하다. 그런 노력들의 상당수는 푸시햇 프로젝트Pussyhat project[3]나 맨체스터 아레나 테러 추모행사와 같은 비예술 분야에서 이루어졌다. 예술적 실천은 도시에 초점을 두고 우리가 세상의 문제들을 생각해 보도록 이끌어야 하지 않을까? 젠 서던의 주장처럼, "모빌리티 분야에서 예술의 핵심적인 역할은 바로 예술적 탐구에 내재하는, 문제를 제시하고 반영하는 실천"이다(Southern 등 2017). 같은 책에 실린 글에서 뷰셔는 지금이 "민주주의의 위기"(2017, 12-13)라고 주장하면서, 예술은 "붕괴를 피하게 할 강력한 상상력의 실천"이라고 했다. 뷰셔는 나에게 보낸 자필 편지에서 "당신의 제안에서 실마리를 얻어" 달리기를 선택했다고 전하기도 했다(Büscher 2018). "평소에는 걷지만, 당신에게 감명받아 얼마 전에는 올해 들어 두 번째로 달렸다." 뷰셔는 몇몇 예술 행위들을 언급하면서, "예술적인art-fully 달리기는 새로운 대응 능력response-abilities을 길러 준다"고 말한다. 이 대응 능력이라는 용어는 집단적 실험을 거쳐 뷰셔가 고안해 낸 말이다(2017, 13).

따라서 이 혼란한 시기의 교차점에서, 나는 도시를 작업 현장으로 삼아 나의 대응 능력을 공유하고 싶다.

---

3 (옮긴이) 2017년 트럼프 취임을 맞아 대규모로 벌어진 여성 행진의 일환이다. 참가자들은 여성들의 저항과 연대를 상징하는 핑크색 푸시햇 모자를 쓰고 이 집회에 참석했다.

목표 달성하기

이제부터는 그러한 대응 능력을 '예술 선언문art manifesto'과 '방법how to' 가이드 형태로 제시하고자 한다. 달리기의 신체적·시적 과정에서 도출된 네 가지 전술을 간략하게 설명할 것이다. 도시 거주자는 일상에 창의적으로 개입하면서 이 전술들을 활용하고 적용할 수 있고, 담론적으로 매개된 경관을 만들어 낼 수 있으며, 이에 따라 도시를 '운영run'하고 주인의식을 느끼게 된다. 이 전술들은 개인적이고, 정치적이고, 실용적이면서도 놀이에 가깝다. 사실 내 접근 방식의 핵심에는 어린이들이 장난칠 때 느끼는 즐거움이 있다. 어릴 때 우리 모두는 부모님이나 선생님께 "걸어 다녀! 뛰지 마!" 하고 야단을 맞은 적이 있지 않은가(Tan 2017, 65).

담론적으로 매개된 자신만의 감각경관을 만들어 내면, 우리는 제자리에 있고, 자신감을 되찾으며, 무너지지 않고 힘을 얻는다고 느낀다. 이런 전술들은 방법론적이고 은유적인 통찰의 사례이다. 〔달리기는〕 모빌리티, 비주얼아트, 달리기의 교차점에 있는 간극을 메워 주고, 우리가 도시를 느끼고 이해하도록 강력한 상상력을 발휘하게 한다. 또한, 다양한 신체가 존재하는 방식을 인정하고 축하하며, 이 신체들이 처한 불안정하고 취약한 현실에 주목하게 만들며, 글로벌 모빌리티가 어떤 식으로 나타나는지를 드러내고, 새로운 방향을 제시한다. 나는 모빌리티 분야 연구자 및 예술가들의 작업과는 방향을 달리하여, 특히 뷰서와 서던의 방식과는 달리 상황주의 인터내셔널과 중국 전통 도가사상의 개념과 실천에 근거한다.

내 전술은 종이 위나 머릿속에만 존재하면 소용이 없다. 이 전술들 각각은 내 예술 작업에서 탐구되거나 나온 것이다. 특히 세 가지 예술 행위와 크게 관련돼 크다. 첫 번째는 'ANTI Adult RUN! RUN! RUN!'으로, 핀란드 쿠피오의 시장 광장 한복판에서 7세에서 14세 어린이들이 최고 연령 82세 성인들에게 달리기로 (다시) 즐겁게 노는 방식을 가르쳤다[Tan 2015]. 두 번째인 'Hand-In Hand'는 프랑스 그르노블에서 프랑스 대혁명을 기념하는 거리축제 때 기획된 것으로, 장애인들이 특별 제작된 리본으로 가이드와 연결되어 달리기를 했다[Tan 2017]. 세 번째는 내가 기획한 'RUN! RUN! RUN Biennale 2016'이다. 여기에서는 여성 예술가와 활동가들이 중심에 섰다[Tan 2018]. 참가자들은 취약성[McCall 2014], 노화[GrovWhite 2014], 런던의 노숙자[A Mile in Her Shoes 2016], 권력과 전쟁과 분쟁[Free To Run 2016] 등을 탐구하였다[그림 7.1].

하지만 여기서 나는 'Kaidie's 1000-Day Trans-Run 12.12.2009-09.09.2012'의 디지털 이미지 다섯 개에 초점을 두려고 한다. 여러 방식이 시도된 이 대형 작업은 그림, 사진, 영상, 설치, 블로그 포스트, 행위예술, 비평 등을 모두 포함한다. 달리기를 이용한 내 첫 번째 주요 활동인 이 작품은 1,000일, 즉 3년에 걸쳐 진행되었고, 나는 이 학습과 체화의 과정을 장기적인 퍼포먼스 혹은 라이브아트로 표현했다. 이 기간 동안 나는 나를 '케이디'라고 불렀고, 이 여성 영웅을 또는 좀 더 정확하게 말해 반영웅에 해당하는 인물을 달리기를 이용해서 자신을 둘러싼 세상에 도전하고 거역하는 자, 즉 '트랜스-런trans-run'이라고 개념화했다[2014]. 내 개입 장소 중 하나인 도시는 내 작품 속에서 런던을 가리키는 '논던 Nondon'이라고 불렀다. 따라서 이 전술에는 자전적 요소가 있으며, 달리기를 일상적인 개입으로 이용하는 나의 일인칭 경험에 기반한다. 내 존재와 두뇌는 일반적이지 않거나 신경학적으로 정상이 아닐 수도 있다. 나는 스스로를 "이주자, 여성, 학자, 예술가, 교사, 신경학적으로 조금 다

[그림 7.1] "ANTI Adult RUN! RUN! RUN! Masterclass #antiadultrun," Kai Syng Tan(2015). 동네 어린이들
이 어른답지 않은 즐거움의 원칙들을 어른들에게 가르친다. Collaborator: Alan Latham. Participatory art
commissioned by ANTI─Contemporary Art Festival 2015, Kuopio, Finland(Photo Pekka Mäkinen).

른 사람(ADHD, 난독증, 운동장애)"으로 묘사했다[Tan 2016, 98]. 케이디 역할을 하면서 나는 달리는 사람이 되었다. 이 글에서는 트랜스-런이나 논돈이라는 용어 대신에, 뷰서를 따라 '예술적으로 달리기run art-fully'라는 용어를 사용해 작품과 상호작용하는 모빌리티라는 생각을 소개할 것이다. 또한, 10년이 지난 뒤에 상황이 변했는지 변하지 않았는지를 살펴보고, 자신의 일에서 달리거나 달리지 않는 독자들에게 이를 소개하여 이 작품을 재평가할 기회로 삼고 싶다.

달리기의 유희성을 실행하고 강화하기 위해서, 이 글에서는 빠르고 가볍게 접근하면서 달리기 관련 용어들을 사용할 것이다. 또한 '나', '우리', '당신'이라는 표현을 이용하여 이 노력이 지니는 주체성과 일상적 본질을 전달할 것이다. 이 글의 각 장들은 이탤릭체로 시작하고 끝나며, 독자인 '당신'에게 직접 말을 건넬 것이다.

당신은 예술적으로 달릴 준비가 되었는가? 이제 같이 움직여 보자.

속도-놀이-표류를 활용하라

도시 주변을 한가롭게 헤매고 다녀라. 한 발 또는 두 발이 동시에 바닥에서 떨어질 정도로, 걷기보다 더 빠른 속도로 움직여라. 가장 가까운 가로등 기둥까지 편안한 정도의 속도로 뛰어라. 그리고 왼쪽으로 방향을 돌리고 숨을 헐떡일 정도까지 맹렬하게 질주하라. 이제 걸어가듯이 속도를 완전히 낮춰라. 인도를 천천히 거닐어라. 그저 발길 닿는 대로 냄새를 따

[그림 7.2] "Kaidie's 1000-day Trans-Run: Speed-play-drift" (Kai Syng Tan[2013]. Digital art)

라 움직여라. 어떤 냄새가 나는가? 다시 속도를 높여라. 다른 사람의 시선에서 벗어나라. 눈에 보이는 것에 손을 대 보자. 천천히 달려라. 아무런 낌새를 느끼지 못하는 행인의 주변을 돌아라. 다시 속도를 높여라. 급하게 그 옆의 건물에 다다라서 제자리 뛰기를 하라. 느낌이 어떤가? 무엇이 다르게 보이는가? 어떤 소리가 들리고 무슨 냄새가 나는가? [그림 7.2]

스웨덴어로 '속도 놀이'를 가리키는 '파틀렉fartlec'은 장거리 육상선수의 훈련 방법 중 하나로 유희와 다양성을 강조한다(Benyo, Henderson 2001, 111). 한 전신주에서 다른 전신주로 전력 질주하기, 그다음 전신주까지는 걷는 속도로 달리기 등이 그 예이다. 하지만 달리기 전문가들은 파틀렉의 가장 좋은 점은 "파틀렉에 대해서 말하거나 쓰는 일 모두가 아주 재미있다"는 것이라고 말한다. "세상을 걸어 다니는 보통의" 사람들에게는 방귀fart와 비슷한 파틀렉이라는 말이 더럽게 들리기 때문이다[2001, 111].

상황주의 인터내셔널 창립 멤버인 기 드보르Guy Debord와 동료들도 유희에 대해 어린이같은 마음가짐을 보였다. 여기에서 '표류drift'는 놀이가 된다. 드보르에게 표류 또는 방황drift은 일종의 "즐거우면서 유익한 행동playful-constructive behaviour"이다[Sadler 1994, 77에서 재인용]. "다양한 장소의 분위기에 잠깐 머무르면서 지나가"[Ford에서 인용 2005, 34]면서 표류하는 사람은 "개방적이고 우연적이며 이동하는" 내러티브를 만들어 낸다[Sadler 1999, 98-99]. "도시 공간을 자유롭게 가로질러" 간 신체는 "도시에 대한 혁명적인 인식"[Ford 2005, 93]을 얻고 "일상생활의 혁명"[Debord 1955]을 가져오게 된다.

상황주의자가 등장하기 2천 년 전, 움직이는 신체가 세계를 느끼고 이해하는 강력한 도구라고 생각했던 또 다른 유희주의자들이 있었다. 도가를 이룬 중국의 고대 철학자 노자(기원전 500)와 그 제자들에게 세계는 몸이었으며 몸은 곧 세계였다[Kohn 1993, 102]. 신체의 모든 부위는 "비유적이며 공간적인 방식으로"[Miller 2003, 34-60]으로 자연 · 사회 · 국가에 연결되며 그 반대도 가능하다. 데카르트와 아브라함에게 몸은 죄를 지은 부끄럽고 열등한 것이지만, 도가에서는 신체가 창의적이며 역동적이고 "도가 작동하는 우월한 공간"[Miller 2003, 3460]이라고 보았다. 우리는 환경에 의해 "영향을 받고 형성"되지만, "단순한 환경의 산물"이 아니므로 "그 영향의 흐름"이 "역전reverse"되어 우리가 환경을 "지배하고 변형"시킬 수도 있다[Schipper 1994, 103-190]. 도교의 '도道'가 사람의 머리를 뜻하는 글자와 발을 뜻하는 글자로 이루어져 있듯이, 도교에서 움직임은 매우 중요하다[Keelan 1967, 22]. 명사 '도'는 길, 도로, 과정, 선을 나타내지만 그 비유적인 의미는 방법론, 교리, 담론이다[Hansen 1996]. "몸으로서의 세계, 세계로서의 몸"이라는 역동성 속에서 구체와 추상, 외부와 내부, 미시와 거시, 개인과 주관과 세계를 연결하는 도교의 핵심 철학이 나타난다. 하지만 태극권, 여타 도가 수련, 지겨운 걷기 등을 대신해, 나는 이 이 사상을 업데이트하고 즐기며 질문하게 해 줄 덜 이국적인 방식이 필요했다. 그래서 달리기를 시작했다. 달리기는 나의 체화된 주체성이며 주체적인 체화이다.

"파틀렉-표류"를 해 보자. 이제 당신의 관절과 근육, 힘줄에 상황주의자와 도가사상가가 몸에 대해 가르쳐 준 것들을 적용해 보자. 그들의 발자국을 따르되 당신만의 시스템을 업데이트하면서 흐름에 따라 움직여라. 당신만의 속도를 선택하고 놀이하듯 다양한 장소의 분위기에 잠깐 머무르면서 지나가라. 달리지 않는 누군가의 신체와 부딪히면 땀 흘리는 당신의 신체와의 우연한 접촉과 시선과 냄새로 인해 그들은 '불쾌함'을 느낄 것이다. 건물과 도로, 땅과 하늘, 사람들이 시야에 들어왔다 사라지고 다시 시야에 들어오는 동안 당신의 신체도 행인과 서 있는 사람들의 시선에 들어갔다가 사라진다. 당신의 신체가 도시를 지나가는 동안 도시가 펼쳐 놓는 레퍼토리의 향연과 함께 속도-놀이-표류를 통해 당신이 만들어 내는 내러티브는 개방적이고 우연적이고 움직이는 상태가 된다. 당신은 단순한 도시의 산물이 아니라 도시를 지배하고 변형시킨다. 도시는 당신의 신체가 되고 신체는 도시가 된다.

숨바꼭질 놀이하기

독재자는 항상 우리를 보고 있다. 지난 수십 년 동안 독재자는 사방에 감시카메라를 설치했다. 하나라도 카메라를 발견하면 즉시 뛰어서 지나가라. 당신의 신체를 흐릿한 형체처럼 표현하여 관료적 통제에 반대하고 있음을 표현하라. '파틀렉'이라고 말하라[그림 7.3].

19세기 프랑스 센 지역 지사였던 조르주외젠 오스만GeorgesEugene Hau-ssmann 남작은 파리의 모습을 개선하면서 나폴레옹 3세의 군대가 불량 시민들을 쉽게 진압할 수 있도록 도시를 구획했다. 100년 후 드보르는 오스만이 "분노에 가득 찬 아무 의미도 없는 멍청이"라고 비난했다(Sadler 1999, 16에서 재인용). 열정이 넘치는 이 프랑스인은 "철거 중인 집들에 한밤중에 몰래 들어가기", "일반인의 출입이 금지된 지하묘지 배회하기"처럼 정부의 계획과 계략을 전복할 적극적인 방법들을 추천했다(Sadler, 93에서 재인용). 도시의 전체 설계를 전복하거나 경로 변경détourn[4]을 하기 위해서 잘못된 지도를 들고 거리를 헤매고 다니거나 잘못된 방식으로 지도를 이해하기 등의 우스꽝스러운 장난을 치기도 했다.

　두 세대 전에는 파리의 거리에서 걷기만으로도 충분했다. 그러나 현재 우리가 접하고 있는 이 공격적인 상황들을 고려해 보면 더 강도 높은

4　(옮긴이) 경로 변경détourn은 프랑스어로 "rerouting, hijacking"이라는 의미로, 1952년에서 1957년 사이 파리에 기반을 두고 발전한 급진적 예술가와 문화 이론가 집단인 '문자주의 인터내셔널Letterist international'이 고안한 기술이다. 이후 상황주의 인터내셔널이 이를 이어 발전시켰다. 상황주의자들은 détourn이 "현재와 과거의 예술 작품들을 환경 안에서 더 우월한 구조로 통합한다"고 본다.

[그림 7.3] "Kaidie's 1000-day Trans-Run: Speed-play-drift" (Kai Syng Tan[2013]. Digital art)

달리기가 은유적으로 좀 더 강력한 대응 방법이 아닐까 한다. 현재 도시
는 빽빽하게 들어선 고층 건물들로 가득 차 있고 그중 상당수가 행정관
청이 설치한 감시카메라로 관리되고 있다. 런던에는 적어도 만 개가 넘

는 CCTV가 설치되어 있으며(Davenport 2007), 중국의 관영 언론은 베이징 시내 구석구석을 CCTV로 확인할 수 있다고 단언하기도 했다(Zeng 2015). 달리기는 본질적으로 선을 넘기 쉽다. 우리는 어릴 때 걷게 되자마자 뛰었지만 권위의 명령에 복종하기 위해 멈췄다. 뷰서는 두 번째 달리기 활동에서 "스파이 본부"(2018)처럼 보이는 건물을 자세히 관찰하기 위해 달렸다. 미국 작가이자 달리기를 즐긴 조이스 캐롤 오츠Joyce Carol Oates는 "내 피에 흐르는 반항을 끓어오르게 하지 않는 '출입금지' 표시는 본 적이 없다"(1999)면서, 나무와 울타리, 철책 등에 설치된 표지들은 "당장 들어오라!Come Right In!"고 외치는 것 같다고 했다. 오츠는 61세, 그러니까 철없는 어른일 때 이 글을 썼다. "철없는 어른Old Child"이라는 뜻으로도 읽히는 노자老子는 스스로를 "무지하고 멍청하며 바보 같으며 상스러운 어린이"(Kai Syng Tan 역, Lao Tzu and Lau 1963, 20장에서 재인용)라고 표현한 바 있다. 노자 또한 오츠의 말에 공감할 것이다.

노자는 또한 달리기의 절제된 표현에 만족했을 것이다. 상황주의 인터내셔널이 "무정부주의의 또 다른 표현인 마초 기질의 으스대는 수사법"을 드러낼 때가 있는 것과는 달리(Tan 2016, 102), 노자와 그의 제자들은 '온건'한 유형의 무정부주의적 태도를 보여 주었다(Hansen 1996). 이는 도교의 무위無爲 철학을 따른 것으로, 무위란 "권위, 통치, 강압, 그리고 정상 가치의 사회화에 대한 반대"를 의미하며 "뚜렷한 양면성, 간접성, 비논증적 태도, 시와 우화를 이용"하는 특징이 있다. 싱가포르의 중국학자인 이작연李焯然은 무위의 가장 뛰어난 점은 "우리가 하고 있는 모든 것들을 알려 주고 변형시키는 자연스러움의 새로운 정신a new spirit of naturalness"으로, 이 정신은 우리가 "우리가 살아가는 방식에 근본적인 변화가 필요하다는 것을 깨닫게" 하며 "우리가 하는 방식의 급격한 방향 전환을 가져오도록 한다"고 설명한다(Tan 2016, 102).

달리기는 '자연스러운' 일이다. (그래피티처럼) 불법도 아니고 (고층 건물에서 뛰어내리는 낙하산 점프와 같이) 극단적이지도 않으며, (파쿠르나 암벽등반처럼) 기술적으로 복잡하지도 않고, (스케이트보드처럼) 장비를 필요로 하지도 않는다. 전 세계적으로 존재하는 맨발 달리기 커뮤니티들이 증명하듯이 러닝화도 선택일 뿐이다. 달리기는 매일매일의 일상에서 스포츠와 운동에 갇히지 않고 할 수 있다. 굳이 "달리기 위해 나갈" 필요가 없으며, 그저 버스를 타기 위해 달려갈 수도 있다. 간접적인 저항의 표현으로 달리는 사람은 경찰과 부딪히지도 않는다. 분신이나 상반신 노출시위, 단식투쟁과 같은 행동은 훨씬 더 사람들의 이목을 끌겠지만 단기적인 행위에 그친다. 흔하디흔하고 평범한 달리기에도 사람들 눈에 띄지 않는 다양성이 있기 때문에 권력 기관의 레이다망을 피해 간다. 연좌 농성이나 파업, 여타 다른 형태의 저항이 불법인 싱가포르와 같은 국가에서 예술적으로 달리기는 유쾌한 대안이 될 수 있다. 저항하는 자가 직접 나서서 자신의 몸으로 행할 수 있으며, 소박하고 "흐름을 따르는" 완곡한 무정부주의적 행위이기 때문에 권력기관에는 우리를 검열하거나 체포할 근거가 없다.

부드러운 무정부주의자가 돼라. 국가와 숨바꼭질 놀이를 해라. 당신을 알아채지 못하도록 카메라가 보이면 빠르게 지나쳐라. 바보처럼 기뻐하며 하라. 철없는 어른이 되라. 도시는 당신의 놀이터다. 뛰어들어가서 뒹굴고 "출입금지" 표시가 있는 장소로 들어가서 순수하게 즐겨라. 도시는

도망가거나 공포와 두려움에 사로잡혀 *뻣뻣하게 서 있어야만 하는* 그런 장소가 아니다.

숨지 말고 드러내라:
당신의 달리는 신체는 저항의 장면이자 장소이다

달리는 몸이 거리를 누비며 권력의 시선을 따돌릴 수 있다고 해서, 남성적 시선을 따돌릴 수 있을까? 숨는 대신 달리는 신체가 젠더적 신체를 드러내고, 그들이 당신을 새롭게 바라보게 할 수 있을까?[그림 7.4]

달리기는 생존이다. 260만 년 전, 인간이 무기를 갖기도 전에, 우리 조상들은 지쳐 쓰러지게 만들 목적으로 동물들을 쫓아 달렸다[Bramble, Lieberman 2004]. 인내심과 버티기로 이루어지는 사냥에서 호모에렉투스는 뜨거운 태양 아래에서 땀을 흘리고 열을 식히면서 천천히 추적하여 영양처럼 엄청나게 빠른 동물도 지치게 만드는 그들의 유일한 능력을 이용했다. 사실 인간은 걷기와 같은 운동능력에서 별다른 역할을 담당하지 않는 커다란 엉덩이와 긴 힘줄처럼 "달리기에 적합한 장치"[Bramble, Lieberman. 2006 Chen에서 인용]를 가지고 "달리기 위해 태어났"다. 장거리 달리기를 하면서 기른 인내력과 "멀리 볼 수 있는 시력"[Heinrich 2002, 175], 인간이 가진 그 밖의 생물학적 장점 덕에 굶주림과 죽음에 패하지 않을 수 있었다.

사냥꾼이 남성이었다고 가정하더라도 여성은 중장거리 경주, 특히 26.2마일 이상의 장거리 경주에서 더 오래 버틸 수 있다[Kell 2015]. 여성은

 처녀성을 떠올리게 하고자 비틀리고
구부러진 중국 여성의 전족

 강력하고 날카롭게 발길질하는 투쟁의 상흔이
남아 있는 전족에서 벗어난 발

[그림 7.4] "케이디의 트랜스-런 천일 달리기, 전족에서 벗어난 중국 여성의 발"(Kai Syng Tan[2013]. 디지털아트)

남성보다 더 좋은 효율로 지방을 소모하고(신체 내 글리코겐이 대폭 감소하는 '한계'에 부딪히는 경우가 적다), 질량 대 표면적이 더 크며(더 많은 열을 발산할 수 있다), 남성호르몬인 테스토스테론의 양이 적고(따라서 여성이 남성보다 페이스 조절에 능숙하다), 정신적 회복력도 우월하다(McDougall 2009, 79). 캐서린 스위처Kathrine Switzer는 1967년, 26.2마일을 달리는 보스턴마라톤에 공식적으로 처음 참가한 여성이다. 여성의 회복 능력을 잘 알았던 그녀는 젠더중립적인 'K.V. Switzer'라는 이름으로 참가했다.

50년 후, #MeToo와 #TimesUp 운동은 여성의 신체, 정신, 모빌리티가 여전히 어떻게 통제되는지를 드러냈다. 여성혐오나 제도적 권력남용이 새롭게 널리 인식되는 상황에서 달리는 신체는 거부와 저항의 강력한 장소이자 장면이 될 수 있다. 달리기는 달리는 사람에게 강력한 영향을 끼치며, 이와 더불어 달리는 사람의 행동은 더 커지고 그들이 차지하는 공간은 넓어지면서 구경꾼들에게 주는 시각적 영향도 더 강력해진다. 걷기와 비교했을 때, 걷기는 30퍼센트 정도 두 발이 땅에서 떨어지지만 달리기는 거의 80퍼센트에 다다른다. 달리기에는 걷기보다 2~3배 이상의 더 높은 수직적 힘이 필요하다(Cross 1999). 달리기는, 특히 약하거나 노령이거나 젠더화되거나 인종화된 신체의 달리기는 현재 우리가 살고 있는 이 문제 많은 시대에 대한 긴급하고 강력하며 주목할 만한 육체적 · 시각적 · 은유적 회복을 제시한다.

달리기를 할 때, 여성은 "백인, 남성, 중요한(그리고 자만심과 도취에 빠진)" 역사적으로 전형적 이미지의 보행자에 저항한다(Tan 2016, 99). 벤야민이 말한 거북이를 끌고 걷는 산책자flâneur, 카스파르 다비트 프리드리히Caspar David Friedrich의 그림 〈바다 안개 위의 방랑자Wanderer above the Sea of Fog〉 속 주인공, 샤를 보들레르의 〈와인과 아편On Wine and Hashish〉, 리처드 롱Richard Long의 〈걷기로 만들어진 선A line Made by Walking〉, 이언 싱클레어Iain Sinclair와 M25, 21세기 산책자를 자임하는 윌 셀프Will Self 등을 떠올려 보라. 키가 크고 옷도 잘 차려입고 똑바른 자세로 땀 한 방울 흘리지 않으면서 힘들이지 않는 것처럼 보이는 모습들. 이 모든 연상들은 의도된 것이다. 그들은 달리는 사람들과 대척점에 서 있다.

거리를 달려라. 장소를 차지하라. 조상들이 관절과 근육, 힘줄로 몸속에 남겨 준 남성과 여성의 달리기 기억과 운동감각 기술을 깨워라. 끈질긴 사냥꾼과 선구적인 여성 주자의 원거리 시야를 확보하라. 이 강력한 유산과 내러티브의 활기를 되찾아라. 길가에 서 있는 구경꾼이 보이면 상대방을 향해 손등을 들고 검지와 중지를 내밀어라. 놀이를 시작해라. 힘껏 웃어라. 땀을 흘려라. 숨을 헐떡여라. 침을 뱉어라. 다리를 높이 차

올려라. 발걸음을 크게 내딛어라. 당당해라. 모든 발걸음이 "나를 봐라! 나는 행동하고 움직이고 있으며 수동적이지도 순종하지도 길들여지지도 않았다! 나는 내 몸뿐만 아니라 내 운명도 모두 책임지고 있다(내 전쟁의 상흔을 본 적이 있는가?)고 선언하자. 예술적으로 달리면서 도시의 통제권을 다시 가져오기 위하여 저항의 가장 근본적이고 최종적인 수단으로 몸을 움직여라. 남들 눈에 띄어라. 보이는 존재가 되어라. 당신은 움직이면서 몸소 자주성을 보여 주는 존재다. 다른 사람들이 보여지는 방식과 당신이 비슷하다는 것을 보여 줘라. 당신과 비슷하지 않은 사람들에게 그들이 무시했거나 알지 못했거나 잊고 있었거나 전혀 생각해 보지 못했던 새로운 통찰을 보여 줘라.

스펙터클 뛰어넘기

달려라. 예술적으로. 그리고 현실이 비즈니스와 관료제도가 승인한 이미지와 제품과 활동의 물결 속으로 추락하지 않도록 피해 가라. 멋진 러닝 키트와 장비를 버려라. 조상들이 달렸던 발걸음을 그대로 따라 달려라. 맨발로 달리거나 회사에 가는 차림으로 달려라. 어느 쪽이든 간에 경멸과 감탄을 불러올 것이다. 당신이 소리를 지르는 걸음걸음마다 나는 당신의 사업 계획이나 이상에 전혀 관심을 보이지 않을 것이다. [그림 7.5]

  기 드보르에게 도시의 스펙터클은 "비즈니스와 관료제도가 승인한 이미지와 제품과 활동의 흐름 속으로 추락"하는 것을 의미한다(Sadler 1999, 15에

[그림 7.5] "케이디의 천 일 달리기 트랜스-런: 크레인으로 달리기"(크레인은 모든 것이 하나로 통합된 쇼핑몰과 카지노가 "통합된 리조트"를 세우기 위해 땅을 매립한다) (Kai Syng Tan[2013]. 디지털아트)

서 재인용). 모빌리티 연구자들은 수년 동안 드보르의 생각을 발전시키거나 재검토해 왔다(Salazar 외 2016, Squire 2010, Burgin 외 2013). 여기서 흥미로운 점은 드보르가 "열광적인 소비의 성전"과 "무無에서 창조된 거대한 쇼핑센터", "엄청난 넓이의 주차장"(1995, 123), "역겨운 프티부르주아식 풍경"(Sadler 1999, 123에서 재인용)과 같은 드보르의 개념들이 어떻게 오늘날 많은 도시에서 표준이 되었으며, 표류가 그러했듯 예술적으로 달리기가 어떻게 "모든 것에 의문을 제기"할 수 있으며, 그의 동료 철학자 라울 바네겜Raoul Vaneigem이 주장하는 바와 같이 어떻게 "스펙터클에 맞서는 저항"으로 기능할 수 있느냐 하는 문제이다(Ford 2005, 113에서 재인용).

아주 작은 도시국가인 싱가포르는 그 극단적인 예다. 이 섬은 한 세대만에 "제3세계에서 1세계"로 발전하면서 유명해졌다(Lee 2000). 싱가포르의 성공과 과잉은 수마일에 걸친 쇼핑센터와 부대시설 등에서 나타나는데, 이 시설들은 싱가포르의 전체 면적이 278.6마일임을 고려할 때 불균형적으로 큰 편이다. 구매, 판매, 소비가 그리고 2010년 이후부터는 도박까지도 중심 지역만이 아니라 온갖 곳에서 이루어진다. 주택단지 주변뿐만 아니라 "세계 최고 공항"(Skytrax 2018)인 창이공항에도 이 시설들이 들어찼다. 게다가 주변국에서 흙을 들여와 메운 간척지 위에 휴양하기 좋은 "복합리조트"도 세웠다(Ministry of Trade and Industry Singapore 2012). "State of Fun"(Sentosa Development Corporation 2014)이라는 공식 슬로건을 내건 센토사섬을 포함한 작은 섬들도 있다. 센토사섬은 한때 정치범 수용소로 이용됐는데, SF 작가 윌리엄 깁슨William Gibson은 싱가포르를 "사형죄가 집행되는 디즈니랜드"(1993)라고 부르기도 했다.

싱가포르는 현재 우리가 처한 상황을 그대로 보여 준다. 왜냐하면 오래되었건 새로 등장했건 간에 전 세계 많은 도시들이 물리적인 건설과 함께 열광적인 소비의 성전이라는 명성의 은유적 건설에 열중하기 때문이다. 아랍에미리트의 두바이는 물론이고 영국의 리즈도 산업혁명 시기의 공장도시에서 '워너비' 도시로 탈바꿈하려고 애쓰고 있는 도시이다. "연 매출 19억 3천만 파운드를 기록할 정도의 지역 쇼핑 중심지"에는 "1천여 개가 넘는 소매점들"이 있고, "매장들의 총면적은 366만 평방피트"에 달한다(Leeds List 2017).

점점 더 화려해지고 커지는 열광적인 소비의 성전, 불필요하게 큰 쇼핑센터, 엄청난 넓이의 주차장의 미장센에 맞서, 달리기의 본능적인 행위는 걷기보다 훨씬 더 시각적으로 강력한 항의를 보여 준다. 깁슨은 싱가포르 통치와 관련하여, 어떤 정치적 저항도 "너무나 대담하거나, 자살할 준비가 되어 있거나, 아니면 두 경우 모두에 해당한다"[1993]고 했다. 밀실공포증에 사로잡힌 이 정권을 제외하면 깁슨의 지적은 상당히 유익해 보인다. 깁슨의 지적은 "헤게모니 문화 형태가 무엇이든, 그 기원이 국내든 국외든, 좌익이든 우익이든, 동양이든 서양이든 간에, 모든 헤게모니적 권력에 대해서는 끊임없이 비판적인 태도를 가질"[Sadler 1999, 43에서 재인용] 필요가 있다고 강조하는 드보르의 말을 보완해 준다. 경찰의 허가를 받지 않은 5명 이상의 대중집회가 불법으로 간주되는 곳에서는[Attorney-General's Chambers 2008], 시위가 이전 통치자에 의해 문제 해결을 위한 "슬픈" 방법으로 간주되고 '이 나라'에서는 그저 상황이 다르다는 이유로 시위가 금지된 곳에서는[Sesser 1994, 64에서 재인용], 보편적임을 증명할 수 없다는 이유로 기본 인권이 무시되는 곳에서는[Sesser 1994, 48에서 재인용], 예술적으로 달리기가 현명한 방법이다. 이런 터무니없는 강요 앞에서 우리는 권력에 그대로 순응하지는 않는다는 것을 보여 주는 방법으로 예술적으로, 쓴웃음을 지으면서도 무모한 태도로, 스스로에게 미소 지으면서, 달리는 것을 빼고 과연 무엇을 할 수 있을까?

우리가 처한 시대에는 어느 정도의 무모함과 유머가 제정신을 유지할 수 있게 한다. 이런 태도는 우리가 시스템 속의 플레이어나 배우와 같다는, 우리가 살고 있는 장소의 역설을 깨닫게 하기 때문이다. 소비주의는 말 그대로 모든 소비 행위를 가리킨다. 달리기뿐만 아니라 그 하위 행위에 해당하는 '더 순수한' 맨발로 달리기나 비판적 행위나 개입 행위 등을 포함한 삶의 모든 영역은 필연적으로 좀 더 넓은 의미의 상업 시스템과 글로벌 모빌리티에 포함된다. 우리에게는 현실에 대응하고 협상하고 이를 반영하고 여기서 탈주하기 위해 끊임없이 비판적이고 굳건하게 스스로를 깨달으며 즐기는 상상력의 행위를 함께 창조할 책임이 있다.

달리는 사람들이 다른 이들과 팀을 이루면 또 다른 대응 능력이 필요하다. 달리는 사람들은 자신들의 권리를 강조하는 사이클리스트 집단의 대중집회인 크리티칼 매스Critical Mass를 참고할 수 있다. 행동주의에 속하지 않으면서 후원이 필요없는 예로는 대규모의 마라톤 대회를 들 수 있다. 런던마라톤과 영국의 바스 하프 마라톤을 포함해 9차례의 마라톤에 '케이디'로서 참가하면서 나는 이 과정을 마을의 전통 행사나 거리영화제, 여타 동시대 도시 행사들을 대신하는 것으로 느꼈다. 대대적 규모의 마라톤은 규모도 큰 데다 볼거리도 풍성하며 화려하고 극적이면서 소음으로 가득해서 교통을 차단하고 도로를 우회하도록 하면서 심장을 뛰게 한다[그림 7.6].

[그림 7.6] "케이디의 1000일 트랜스-런: 달리는 사람들이 규율에 저항하다"(Kai Syng Tan[2013]. 디지털아트)

배짱 있게 예술적으로 예술적으로 달려라. 쇼핑몰과 사무실, 카지노가 들어서서 어지러운 콘크리트 정글을 뚫고 달려라. 당신은 은유적으로 또 말 그대로 소비하지 않으며, 도박에 돈을 걸지도 않고, 달리는 동안만이라도 돈을 벌지 않는다는 사실을 행동으로 보여 줘라. 쇼핑으로 얼룩진 도시의 또는 나라들의 생활 방식을 당당히 거부한다고 선언해라. 구역질 나는 프티부르주아식 풍경을 당신이 만들어 내는 담론적으로 매개된 감각경관으로 변형시켜라. 달리는 사람으로서 당신이 따르는 과정과 습관을 포함한 모든 것에 의문을 품어라. 스펙터클에 맞서는 저항을 보여 주기 위해 협력자들과 팀을 이뤄라. 당신 스스로가 집단을 이루고 스펙터클이 되어라. 거리를 장악하고 교통을 막아서고 차량이 우회하게 만들며 심장을 뛰게 하고 세계적인 쇼의 끝을 창조하면서 사람들이 눈물을 흘리게 하라. 백인도, 남성도, 비장애인도, 젊지도 않은 당신의 번들거리는 땀과 몸을 보고 쇼핑객들이 불쾌함을 느끼게 만들어라. 제멋대로 날뛰는 어린아이처럼 달리지 않는, 바라보기만 하는, 안전한 적정 거리에서 구경만 하는 관료, 부르주아, 지식인들을 비웃어라. 소란을 피워라. 마구 날뛰어라. 당신이 달리지 못하게 하거나 당신을 멈추게 하는 당국에 맞서서 달려라.

당신의 상상력이 날뛰게 만들자

지금까지 즐겁고 강한 상상력을 발휘하게 하는 네 가지 행위들을 소개했다. 이 방법들은 달리기를 방법론이자 은유로 삼아 도시를 '예술적으로'

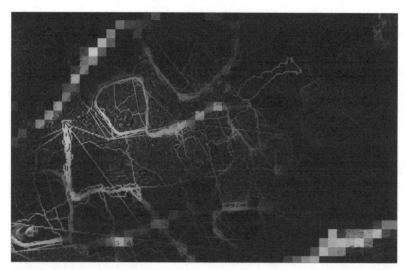

[그림 7.7] "케이디의 1000일 트랜스-런: 논던 노선도" (Kai Syng Tan[2013] GPS에 근거한 런던에서 달리기에 기초, 디지털아트)

달리고 감각경관을 창조하며 도시를 소유하고 있다는 감각을 느끼고 세계를 감지하고 이해하는 방식을 사람들에게 보여 준다. 이 전략들은 또한 창의적 개입 과정이다. 은유적이며 방법론적인 통찰의 예시이기도 한 이 방법들은 모빌리티와 비주얼아트의 교차점에 달리기를 도입하면서 이동 방법으로서의 걷기 담론을 확대한다. 뷰서와 서던 같은 모빌리티 연구자들과 달리, 나는 상황주의 인터내셔널과 중국 전통 도가철학의 개념과 실천을 이용했다[그림 7.7].

이 전략들의 핵심은 선택받고 능력 있는 백인 남성들과는 다른 사람들이 존재하는 방식을 인정하고 찬양한다는 사실이다. 이 전략들은 달리기에 직접 참여한 유색인종, 여성, 신경학적 비표준인 예술가로서 내가 직접 경험한 바에 기반한다. 내 신체는 도시에 접속하고, 도시와 교류하고, 도시 안에서 여러 가지 개입을 만들어 내는 센서, 매개, 지표, 지도, 무기와 같은 여러 가지 역할을 담당한다. 이 전략들은 내게 특별하다. 이 특별함을 통해 이 전략들은 나와 다른 사람들의 신체를 위한 새로운 통찰의 문을 연다. 동시에 이 전략들은 다른 사람들이 받아들이거나 적응하거나 의문을 제기하거나 침범하거나 개선을 꿈꾸게 하는 자극제가 된다. 나는 여기서 네 가지 전술만 언급했다. 하지만 이를 통해 (예술가와 비예술인, 달리는 사람과 달리지 않는 사람들을 포함한) 모든 사람들이 다른 전략과 대응 능력을 만들어 낼 수 있도록 자극하는 촉매제가 되기를 희망한다. 이제, 이전보다 훨씬 더, 우리는 민주주의의 위기를 반영하고 문제 삼으며, 자율성과 차이를 찬양하고, 현재 상황을 옹호하는 자들을 조롱하고 물리칠 수 있는 예술적 과정이 더 많이 필요하다. 달리기가 만병통치약은 아니지만 어떤 것도 만병통치약이 될 수는 없다. 서로 힘을 합쳐서, 움직임에 대한 여러 접근을 통해, 우리는 더 앞으로 나아갈 수 있다.

여러 가지 강력한 상상력의 행위들을 창조하자. 당신의 상상력이 마구 날뛰게 하자. 도시를 달리고 도시를 운영해 보자.

[3부]

이주의 지정학

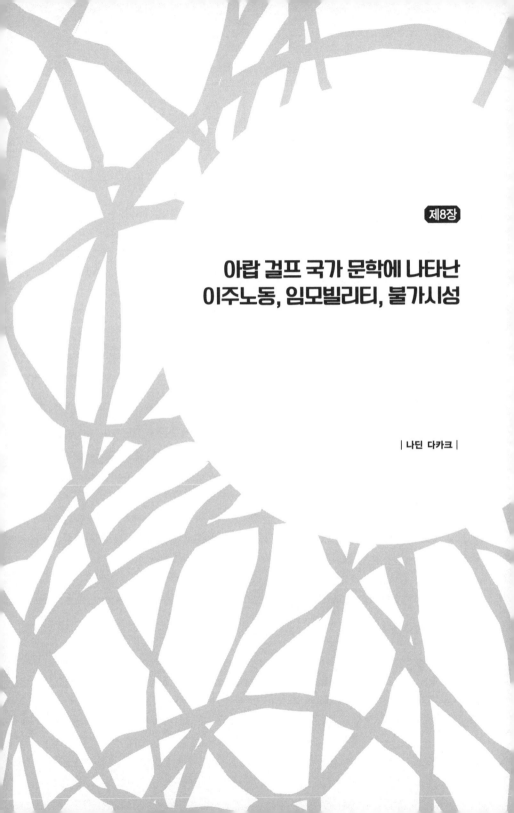

제8장

아랍 걸프 국가 문학에 나타난
이주노동, 임모빌리티, 불가시성

| 나딘 다카크 |

서론

인도 출신의 작가 베냐민Benyamin의 베스트셀러《염소의 날들Goat Days》
(2012)에서는 주인공 나지브Najeeb가 사우디아라비아의 염소농장에서 일
했던 경험을 다음과 같이 서술하고 있다.

> 그렇게 여름이 오고 겨울이 오고 바람이 불고 모래폭풍이 몰아치고 가
> 끔 비가 오고 일주일에 한 번씩 트럭이 왔다 갔다. 모든 것이 왔다. 그리고
> 모든 것이 떠나갔다. 나와 염소들만 떠나지 못하고 중노동에 묻혀서 머물
> 고 있었다.(Benyamin 2012, 176)

나지브는 아무런 기술도 없는 비숙련 이주노동자다. 고향인 봄베이
〔'뭄바이'의 전 이름〕케랄라 지방에서 수백 마일을 거쳐 리디아에 도착한
후, 사우디아라비아의 사막 지역에서 탈출할 방법을 찾지 못하고 붙들려
있어야 했다. 강제로 일해야만 하는 주변 환경뿐만 아니라 사우디아라비
아의 도심지역과 너무도 멀리 떨어져 있어 염소농장에서 떠날 수도 없는
지경에 이르러, 나지브는 그가 처음에 생각했던 여정과는 완전히 다른
임모빌리티 상태에 처하게 된다. 사우디아라비아와 쿠웨이트, 카타르,
UAE, 바레인, 오만 등의 걸프 국가에서 나지브와 마찬가지로 수천 명의
단기 비숙련 이주노동자들은, 영구적이지는 않더라도, 예상하지 못한 신
체적 모빌리티 제한을 받는 거주 및 작업 환경에 종속되어 완전히 새로
운 장소에 속하게 된다. 이주노동자로서 국경을 넘나드는 그들의 육체는
쉽게 이용가능하면서도 착취가능한 대상이 된다. 하지만 이들의 모빌리

티는 이주한 국가의 일상생활에서 크게 두드러지지 않는다. 왜냐하면 이동의 제한이 이들이 타국에서의 거주 및 무사히 모국으로 돌아갈 수 있도록 하는 보장장치 역할을 하기 때문이다. 비록 허구라 할지라도, 사우디아라비아에서 나지브가 겪게 되는 고난은 수천의 이주노동자들이 전혀 보이지 않는 존재로 걸프 국가에서 노동을 제공하는 현실을 보여 주는 예라고 할 수 있다.[1] 다분히 과장된 요소들이 포함되어 있지만《염소의 날들》이 보여 주는 내러티브는 노동자들에 대한 차별뿐만 아니라 거주정책의 차별을 보여 주는 것으로, 이는 이주자의 모빌리티와 더불어 걸프 국가 내 지역과의 관계성을 보여 준다.

걸프 국가로의 이주는 석유산업이 발달한 초기부터 이어져 왔지만, 1973~1979년의 오일붐Oil Boom 이래로 남아시아, 이집트, 팔레스타인, 기타 걸프 국가 이외의 아랍 국가 등에서 이주 물결이 증가하면서 걸프 국가 내에 전통적인 외국인 집단을 형성하기 시작했다(Rahman 2010, 16-17). 새로운 사회기반시설과 더불어 보건 및 교육시설 개발의 필요성이 제기되면서 걸프 지역은 숙련노동자뿐만 아니라 미숙련노동자에게도 엄청난 직업의 기회를 제공하는 매력적인 장소가 되었다. 이주노동자 중에서도 하층의 미숙련노동자들은 노동력 부족을 겪는 국가들에게 즉각적이면서 아주 손쉬운 해결책으로 인식되었다. "외국인의 경우 노동력이 필요할 때, 그리고 어떤 프로젝트가 생길 때마다 대부분 아주 쉽고 저렴한 비용으로 채용이 가능했다. 그들이 더 이상 필요하지 않은 경우에는 해고와 본국으로의 추방도 쉽게 이루어졌다"(Babar 2013, 123).

---

[1] 작품 말미의 작가 노트에서는 이 소설이 나지브에게 직접 들은 실화에 바탕한다고 밝히고 있다.

외국인 노동자의 신체를 이동가능하지만 행위성은 결여된 것으로 보는 인식은 노동력을 수입하는 국가의 기관이나 노동력을 수출하는 국가의 이주 절차 담당 부서에 모두 아주 매력적으로 다가갔다. 나지브와 같이 이주민들이 노동력 착취나 사기에 매우 취약했음에도 걸프 국가로의 이주가 계속된 이유는 이러한 노동력 이주가 일종의 "이주산업"이었기 때문이다. 앤드류 가드너Andrew Gardner는 이주산업이 "이주노동자를 이용해 이윤을 확대하고, 이주 절차 자체를 통해서도 이윤을 얻을 수 있다"(2012, 44)고 설명했다. 걸프 국가들이 "아시아와 아프리카 빈국들이 노동모빌리티에 기반해 성장하도록 기여하고 있"(Barber 2013, 134)다고 볼 수도 있지만, 사실은《염소의 날들》이나 쿠웨이트 작가인 탈레브 알레파이Taleb Alrefai의《태양의 그림자The Shadow of the Sun》(1998)에서 나타나고 있는 바와 같이,[2] 이 과정에서 이주노동자의 신체는 상품화되고, 많은 노동자들이 일상의 육체적 모빌리티에 영향을 주는 구조와 정책에 직면해 무력한 처지에 놓이게 되었다.

걸프 국가로 이주한 주인공들의 모빌리티/임모빌리티에 대한 자세한 묘사를 통해 두 작품은 '이주산업'에 대한 비판적인 입장을 드러낼 뿐만 아니라, 장소적 재현을 통해 등장인물이 종속되어 있음을 여실히 보여준다. 하지만 이주자들의 모빌리티/임모빌리티에 대해, 그리고 걸프 국가라는 특수한 맥락에서 장소의 사회-공간적 구성에 대한 분석을 하기에 앞서, 존 어리가 정의한 새로운 모빌리티 패러다임에 대해 설명하고

---

2 나는 조셉 코이팔리Joseph Koyippally가 말라얄람어에서 번역한 2012년 영어판《염소의 날들》을 사용하였다. 알레파이의《태양의 그림자Zill Al-Shams》에서 인용한 부분은 내가 직접 아랍어에서 번역한 것이다.

그 관점에 따라 베냐민과 알레 파이의 작품에 접근해 보고자 한다.

이주, 모빌리티, 임모빌리티

경제적 · 정치적 · 사회적 이유로 한 장소에서 다른 장소로 이주하는 것은 거시적 관점에서 보면 궁극적으로 이동 행위로 보일 수 있지만, 반드시 일상적 모빌리티를 수반하는 것은 아니다. 거시적 규모와 미시적 규모의 이동의 관계를 탐구하려면 "모빌리티와 배치가 서로 얽혀 있다는 점을 중시해야 한다"(Collins 2011, 319). 이주민이 이주국가의 장소들과 상호작용하는 행위가 허용되거나 방해받는 일에 이주민이라는 일시적인 지위가 어느 정도까지 영향을 주는지를 따져 보려면, 이주민의 일상적인 공간적 활동을 조사해야 한다. 아시아 태평양 지역의 이주에 관한 연구에서 프랜시스 레오 콜린스Francis Leo Collins는 "트랜스내셔널하게 이동하는 신체가 특정 도시 공간에 거주하게 되는 방식과 그 과정에서 그 공간의 물질적 · 비물질적 구성에 기여하는 방식"에 관심을 두고 있다(2011, 320). 일상적인 공간 활동에 초점을 맞추면, 트랜스내셔널한 모빌리티가 자유를 주는 것으로 보는 인식에 도전하게 된다. 트랜스내셔널한 모빌리티는 "고도로 이동성이 높은 엘리트 이주자들"과 연결되는 경향이 있기 때문이다(2011, 328).

실제로 세계화 시대에 모빌리티가 받는 찬사가 빠지는 함정 중 하나는 모빌리티가 얽혀 있는 권력 역학 관계와 여기서 만들어지는 많은 불평등에 충분한 주의를 기울이지 않고 모빌리티를 본질화하는 것이다. 어리가 새로운 모빌리티 패러다임 연구에서 파악한 핵심 특징 중 하나는 각 사회마다 다른 '모빌리티 체제'를 지니며, "모빌리티 체제는 사람들이 사는 위치와 모빌리티 체제에 대한 접근성 측면에서 장소 간의, 사람들 간의 상당한 불평등을 낳는 결과를 가져온다"는 것이다(2007, 51). 이주자들 각각은 이주국가의 사회가 제공하는 공간 및 사회적 구조에 따라, 또 "모빌리티와 관련한 대상의 생산과 소비의 경제"에 따라 모빌리티 체제와 서로 다른 관계를 맺는다(Urry 2007, 51). 《염소의 날들》의 주인공 나지브와 《태양의 그림자》의 이집트 출신 주인공 힐미Hilmi가 걸프 국가에서 경험한 불행은 주로 모빌리티 체제에 접근하지 못하거나 접근이 제한되어 있기 때문에 생겨난 것이다. 따라서 "경제적·물리적·조직적·시간적" 요소들(Urry 2007, 91)이 결정하는 접근성 혹은 접근불가능성은 이주노동자의 공간적 활동과 장소 경험에 영향을 미치게 된다.

어리가 강조하는 '접근성access' 개념은 공간적이고 사회적인 개념으로 이해할 수 있다. 이는 모빌리티 연구가 공간성을 사회성보다 우선시한다는 의미가 아니다. 모빌리티 연구는 "공간적이고 수행적"이지만, 그럼에도 불구하고 "계급, 인종, 민족, 젠더 등으로 구성된 '권력기하학' 내에서의 사회적 진보와 범주적 발전을 주의 깊게 살피면서 지리적으로나 사회적으로 전치를 설명한다"(Adey 외 2014, 4). 개별 주체의 신체적 모빌리티가 전체의 정체성 구성 측면과 영향을 주고받는 방식을 이해하려고 하면서, 모빌리티 연구는 걸프 국가에서 위태로운 삶을 살아가면서 모빌리티/임모빌리티의 복잡한 상태에 처한 하층계급의 미숙련 이주노동자(Gardner, Nagy 2008)처럼 "주변으로 밀려나고 배제되고 전치된 이동 주체의 삶을 조명하기 시작"했다(Adey 외 2014, 13). 이러한 전치와 소외는 뿌리내림이나 안정성과 대조될 때, 그리고 상대적으로 특권을 누리는 다른 이동이나 이주와 함께 연구될 때 "모빌리티는 항상 다중적이며 차이를 낳는다는 인식"을 갖게 한다(Adey외 2014, 14).

따라서 임모빌리티에 초점을 맞추어야 할 필요성이 생긴다. 예를 들어, 앤 마리 포티어AnneMarie Fortier는 이주 연구와 모빌리티 연구의 연결성을 논하면서 두 분야 모두 이동성이 낮은 주체를 소홀히 다룬다고 비판한다(2014, 66). "사회생활과 공간의 생산에 직접 관여하는"(Adey 2006, 77) 모빌리티와 임모빌리티의 관계를 강조한 피터 애디Peter Adey의 입장을 받아들인 포티어는 "현대 세계에서 '이주'와 '거주'는 상호 배타적이기보다는 서로 얽혀 있다는 점"(Fortier 2014, 66)에 관심을 기울인다. 비슷한 상황에 있는 사람들이 이주하지 않을 때가 많고, 또 많은 사람들이 이주를 떠나는 곳이나 이주를 받는 국가에 정착해 있다는 것이다.

이 글에서 주목하는 바와 더 관련되는 것은, 일상적인 공간적 활동이 일어나는 좁은 영역에서의 임모빌리티 개념이다. 애디는 모빌리티에 대한 불균등한 접근을 다룬 도린 매시와 팀 크레스웰의 연구를 바탕으로 이 개념을 자세히 설명한다. 시공간 압축이 동등하게 경험되지 않으며 평등한 접근도 없다는 매시의 주장(Adey 2017, 117)과 "어떻게 차별적으로 모빌리티에 접근하는지"(Adey 2017, 106)에 대한 크레스웰의 유사한 지적은 "모빌리티는 사회적 관계를 가능하게 하고 이를 수행하지만, 불평등한 사회적 관계는 모빌리티를 통해 재생산되고 차이를 강화한다"(2017, 123)는 결론으로 연결된다. 따라서 이주자의 모빌리티 혹은 임모빌리티는 "이미 존재하는 사회적 차이와 위계"의 반영이다(Adey 2017, 118).

걸프 지역에서 미숙련 이주노동자의 모빌리티와 임모빌리티는 이들이 사회계급의 최하층에 자리잡게 되면서 정해진다. 걸프 국가에서 모든 이주민은 '임시 비시민권자temporary non-citizen'로 분류되는데, 이들은 회사나 시민권자가 카필kafil이라고 불리는 후원자가 되어 이주자들을 고용하면서 계약서를 작성할 경우에만 합법적으로 거주 허가를 받을 수 있다. 후원자 또는 카팔라 시스템kafāla system에서는 고용계약 갱신으로 거주 기간이 정해지기 때문에, 카팔라 시스템은 "해당 지역의 노동시장에 필수적인 다수의 이주노동자들을 통제하고 관리할 수 있게 하며, … 외국 노동자의 거주 기간을 보장하지 않으며 영구적으로 정착하는 방법 자체를 아예 불가능"(Babar 2013, 132)하게 만들어 버린다. 물론 아주 드물게 예외가 있기는 하지만, 수십 년 동안 이주자가 걸프 국가에 머물다 생을 마감하거나 2세대, 3세대가 걸프 국가에서 태어난다 하더라도 귀화는 거의 불가능하다. 임시 직업계약을 맺고 고용주나 후원자가 주거 상황을 관리하는 미숙련 이주노동자의 경우, 거주 장소나 거주 조건 등을 선택할 권한이 아예 없게 되고, 카필을 바꿀 수도 없으며, 고용주의 허가 없이는 여행하는 것조차 불가능하다(Babar 2013, 123-124). 카필/시민권자가 비시민권자나 이주노동자를 지배하면서 불평등하고 분열된 사회가 만들어지고 거주 국가 내에서 이주자들이 경험하는 "구조적 폭력"이 가능해진다(Gardner 2010, 54). 질 크리스탈Jill Crystal은 카팔라 시스템이 "후원자라는 이름으로 범죄행위가 가능한 통제와 감시"의 민영화된 형태라고 본다(2005, 168-170). 이러한 방식의 규제를 통해 카필은 "걸프 국가에 머무는 노동자의 모빌리티를 통제"(Babar 2013, 123)하게 되며, 이 통제 체제는 이주자의 행위능력과 모빌리티를 빼앗아 버리는 "이주산업"의 필수 요소가 된다(Gardner 2012, 44).

한편 이주자의 모빌리티에 영향을 미치는 카팔라 시스템을 보완하는 또 다른 요인은 바로 공간 구성spatial organization으로, 공간 구성은 시민권자와 비시민권자를 사회적으로 구분하며 미숙련 남성 노동자와 나머지 인구를 구분한다. 1970년대 이후의 공간 구성과 주거 유형은 문화적 · 사회경제적 측면에서 이주노동자의 증가를 위협으로 보는 시각을 반영하고 있으며(Dresch 2006, 204), 미숙련 이주노동자가 사회계급의 최하층에 자리하면서 사회-공간의 극단적 소외 형태가 나타나게 된다. 이주자의 경우에 결혼 여부와 관계없이, 또 저임금과 취업허가증 같은 문제 때문에 걸프 국가로 가족을 데려올 수 없으므로, 저임금 이주노동자는 싸구려 남자 기숙사나 도심 주변의 황폐한 곳에 자리한 소위 독신자 숙소 또는 도시 가장자리에 위치한 노동자 수용소에 거주한다. 이로써 "격리를 통해 '비정상으로 취급되는' 인구에 대한 통제와 지배가 가능"(Kathiravelu 2016, 158)해지며, 하층 남성 이주노동자의 성적 · 문화적 위협에서 벗어나 가족과 '순수한' 문화를 지킬 수 있게 된다(Mohammad, Sidaway 2016, 1405).

차별적인 거주 및 노동정책으로 어떠한 힘도 가질 수 없게 되면서 이주자들의 모빌리티가 제한되며, 그들의 신체 활동과 공간 활동마저 격리에 따라 정해진다. 이들의 격리는 지속적으로 "(계급과 인종으로 구분된) 타자의 신체를 분리하여 보이지 않는 존재로 남길 것"(Kathiravelu 2016, 165)을 목표로 삼는다. 조르조 아감벤Giorgio Agamben의 "헐벗은 삶"(Kanna 2012, 160에서 재인용) 개념에 근거해 걸프 국가 이주노동자를 생명정치적 차원에서 이해하려고 한 아메드 칸나Ahmed Kanna는 보이지 않는 존재인 이주노동자들이 "국가문화를 위협하고 있다는 공개적인 논의"와 "관련 당국이 국가주권을 분명히 해야 한다는 요구를 낳는 학대 사건들"에서 모두 가시화되고 있다고 주장한다(2012, 160). 불안정한 지위에 놓인 미숙련 노동자 대부분은 이 과정에서 거부되어야만 하는 위협의 대상으로 또는 해결해야만 하는 사회경제적인 문제로 대두된다.

나는 문학, 더 일반적으로 문화 생산물들도 이주노동자가 가시화되는 공간을 재현한다고 주장한다. 베냐민의 《염소의 날들》과 알레파이의 《태양의 그림자》는 이주노동자의 모빌리티와 임모빌리티가 이들에게 부과된 제도적 배제에 종속되어 있다는 사실을 반영하는 한편 그 종속에 공헌한다. 여기에서는 특정 이주자 사회에 관한 결론을 도출하려고 하는 문화기술지적 연구에서 일반적으로 동시에 나타나지는 않는 두 가지 이주 경험을 함께 다룰 것이다. 인도 케랄라에서 사우디아라비아로 이주하는 나지브와 이집트에서 쿠웨이트로 이주하는 힐미의 이동은 각자의 역사와 특징을 지닌 다른 이주의 흐름으로 파악할 수 있다. 이들은 각자의 이주 행위에 대해 서로 다른 가치를 부여하며 새로운 공간을 같은 방식으로 경험하지 않는다. 문학 연구와 모빌리티 연구를 통해 두 인물의 경험을 종합하여 모빌리티와 임모빌리티가 걸프 국가 내 이주노동자의 경험을 형성하는 역할에 주목하고, 등장인물들이 신체 이동에 대한 주체적인 권한을 갖지 못하고 자신들이 일하고 거주하는 환경에 종속되어 있다는 사실이 결국에는 걸프 국가에서 그들의 지위와 주변성을 반영하는 것임을 강조하고자 한다.

사실 주변성이 반드시 이주자들의 행위능력을 빼앗는 것은 아니다. 걸프 국가 이주에 관한 문화기술지 연구와 도시 연구들은 이주노동자의 주변성이 도심 공간을 다르게 이용하여 걸프 지역의 지형을 새롭게 형성하는 사회적 · 공간적 활동을 하게 하는 사례들을 제시한다. 다른 이동 수단에 접근할 방법이 없으므로 저임금 이주노동자가 걷거나 자전거를 타게 될 경우, 이들은 "걸프 지역의 모빌리티를 통제하는 공간 정책을 방해하는 공간적 권한spatial authorship"(Kendall 2012, 52)을 신장시킬 수 있다. 걷는 행위는 "자동차로 접근할 수 있도록 설계된 공간에서는 무력한 행위로 간주"되지만, 비숙련 노동자에게 걷기는 "교통체증을 피하고 자신만의 방향을 설정하면서 주변 환경에 간섭할 수 있는 자유"를 얻게 한다(Kendall 2012, 47). 걷는 사람, 즉 보행자의 "비가시성으로 인해 그들의 사회적 행동은 당국이 무시하거나 용인하는 대상"(Kendall 2012, 47)이 되며, 그 결과 이들이 이동하지 않기를 기대하는 도심 구조나 후원자 시스템을 위협하는 어떤 모빌리티를 형성한다. 비슷한 방식으로, 사람들이 모이는 곳으로 설계되지 않은 장소에서 이주노동자들이 어울릴 때 이들은 행위능력을 얻게 되며, 이 일탈적인 사회적 행동을 취하면서 도시 구조에 가시적인 변화를 가져와 이주자들을 보이지 않는 존재로 만드는 정책에 위협을 가할 수 있게 된다(Elsheshtawy 2010, Alissa 2009).

이런 관점에서 볼 때 공간적 주변성과 사회적 배제가 반드시 이주노동자들을 그들의 노동에만 갇히게 해 그들의 행위능력을 빼앗아 가는 것은 아니며, 반대로 자신들이 거주하는 장소에 대한 권리를 요구하면서 걸프 지역에서 행해지는 체계적 배척에 도전하는 공간을 만들게 하기도 한다. 하지만 이어지는 분석과 결말에서 주장하게 되겠지만, 《염소의 날들》과 《태양의 그림자》에서는 이런 부분이 나타나지 않는다. 두 작품에서 나지브와 힐미의 모빌리티와 임모빌리티는 힘을 발휘하지 못하며, 오히려 무력한 이주노동자의 전형적인 모습에 부합한다.

기만, 사회적 배제, 임모빌리티

쿠웨이트 작가 탈렙 알레파이의 《태양의 그림자》에서, 이집트 출신의 젊은 선생님인 힐미는 쿠웨이트에 가는 것이 금전 문제와 여러 개인적인 문제를 해결할 유일한 해결책이라고 생각한다. 그리고 여러 정치적 상황과 사회경제적인 상황에 맞물려 1970년대부터 이어진 수천 명에 달하는 이집트인들의 쿠웨이트와 걸프 국가로의 이주 흐름(Ibrahim 1982, 69)에 힐미도 몸을 싣게 된다. 당시 이집트인들은 경제학자 갈랄 아민Galal Amin의 표현을 빌리자면 "자리를 잡을" 필요가 있었기 때문에 임시로 이주를 선택했다. '자리를 잡는다'는 말은 "이집트에서 온전한 삶이라고 생각할 정도의 삶을 누릴 수 있도록 충분히 저축을 하는 것"(2005, 97)을 의미한다. 저임금에 시달리면서 아내와 아들을 충분히 먹여 살릴 수 없고 아버지 집에 얹혀살던 힐미는 "석유와 돈의 나라 쿠웨이트"(Alrefai 2012, 57)가 더 나은 삶을 바라는 그의 꿈을 이뤄 줄 땅이라고 상상하게 된다. 그에게 비자와 고용계약서를 마련해 주겠다고 한 머트왈리는 힐미가 이런 신화적 이미지를 만들어 내는 데에 일조한다. 머트왈리는 힐미에게 그 대가로 큰돈을 요구하면서 "쿠웨이트에는 돈이 넘쳐나서 쓸어 담기만 하면 된다"(42)면서 걱정하지 말라고 큰소리를 친다.

하지만 힐미의 꿈은 실현되지 못한다. 힐미는 머트왈리에게 고용계약서를 받지 못하고 사기를 당한다. 더군다나 힐미는 합법적으로 쿠웨이트에서 일을 하는 데에 필요한 취업비자와 거주허가증을 발급받기 위해 후원자를 맡은 회사에 엄청난 돈을 지불해야 하는 상황에 처한다. 알레파이의 단편소설집에도 등장하는 아부 아자즈라는 회사는 하층 이주노동자들에게 비싼 값에 거주허가증을 불법 판매하면서 고용계약서는 주지 않는 사기를 치는 곳으로, 머트왈리는 이 회사의 직원이고, 이 회사는 힐미를 속인 "이주산업migration industry"의 일부인 것이다(Gardner 2012, 44).[3] 쿠웨이트에 도착한 뒤 몇 달 동안 힐미는 일을 할 수도, 돈을 벌 수도, 빚을 갚을 수도 없었고, 금전적으로 궁지에 몰리면서 사회생활이나 사회적 활동은 꿈도 꾸지 못한다. 그 결과, 쿠웨이트에서 힐미는 이주노동자의 지위를 결정하는 지배구조, 특히 그를 기만하고 약탈하기 쉬운 대상으로 만드는 카팔라 시스템 앞에서 무력한 존재가 된다. 힐미가 보여 주는 신체의 임모빌리티는 행위능력의 결여와 상황을 해결하지 못하는 무능력을 드러낸다.

쿠웨이트에 도착한 힐미는 이집트 출신 미숙련노동자들이 함께 사는 작은 방에서 오도 가도 못 하는 상태로 한 달을 보낸다. 그 방은 카이탄 지역에 위치한 오래된 독신자 숙소의 일부로, 쿠웨이트에 배우자가 없는 많은 남성 노동자에게 숙소를 제공하는 공간이며, 가족들과 함께 사는 주변 이웃들은 이곳을 불쾌한 장소로 여긴다. 힐미는 자신이 '독신자'로 분류되고 이 숙소에 머물러야 한다는 사실에 당황한다(69-70). 쿠웨이트에 대해 잘 알지도 못하고 이동 수단을 이용할 돈도 없는 힐미는 누런 벽지에 구역질 나는 땀 냄새와 음식 냄새, 흙먼지로 가득한 방에서 머물 수밖에 없다(70-71). 법적인 서류가 발급될 때까지 3개월이나 기다리는 동안, 힐미는 좌절감과 절망에 찌든 채 "폐소공포증을 부르는 방"에서 벗어날 길이 없어 아무것도 없는 이 방에서 참을 수 없는 임모빌리티 상태에 놓여

---

3 Alrefai, Taleb, 1992. *Abū Ajaj 'Tal Umrak'* (Abu Ajaj, May God Give You Long Life!), Beirut: Al-Adab.

있어야만 했다[65]. 힐미는 매일 아침 룸메이트들이 일을 하러 나가면 홀로 방에 남는다. "방을 나가야겠다고 여러 번 생각했다. 그러나 과연 어디로 가야 할까? 어느 방향으로 가야만 할까? 한번은 아시유트 카페에 나갔지만 다시는 가지 않았다. 차 한잔에 150필스, 그러니까 1파운드 50펜스였다. 주변의 이집트인들은 신기한 눈초리로 나를 훑어봤다"[93-94]. 경제적인 이유와 좌절감, 열등감을 느끼게 하는 사회적 시선이 힐미를 임모빌리티 상태로 만들고, 그의 조그만 방에 보이지 않는 장벽을 만든 것이다. 그 장벽의 경계는 잡화점과 잡화점의 주인이다. "그들이 내 경계가되었다. 나는 잡화점 앞에 서서 저 멀리 오른편에 있는 독신자 숙소 건물을 바라본다. … 왼편으로는 카이탄 길이 주거용 아파트와 독신자 숙소를 가르며 지나간다. … 나는 광고판을 읽는다. 내가 찾던 쿠웨이트가 여기다!"[109].

여기에서 특히 주목해야 할 점은 바로 카이탄 길의 공간 구성과 가족 거주지/독신자 숙소의 분리가 힐미를 임모빌리티 상태로 만들고 있으며, 그의 모빌리티를 제한하는 경제적인 상황이나 개인적인 문제와는 상관없이 이주노동자가 정해진 공간을 떠나는 행위 자체가 위반적인 행위가 된다는 것이다. 라바냐 카티라벨루Laavanya Kathiravelu는 두바이의 요새화된 도시와 일상의 모빌리티를 다루면서 "물질적인 차별과 격리는 거주 인구 내의 기존 정치적 · 사회적 분리를 반영하고 구체화"한다고 지적했다. 공간 구성은 "도시 내 분리를 창조하고 재창조"하는 것을 의미한다[2016, 134-135]. 따라서 힐미의 임모빌리티는 저임금으로 착취당하는 이주노동자의 사회경제적인 지위의 결과물이자 그의 신체적 모빌리티를 방해하는 쿠웨이트 공간 구성의 결과물이다. 공간 구성은 미숙련 이주노동자를 소외시키는 사회적 배척의 결과이자 재확인이다. 여기에 "불평등과 격리를 정상으로 보이게 해서 우리와는 다른 타자, 특히 다른 계급의 타자와 만나는 기회를 줄이는 물질적 경관"[Kathiravelu 2016, 141]이 나타난다.

마침내 공사장에서 일을 시작한 후에도 힐미는 이집트에서 상상했던 쿠웨이트의 모습은 보지 못한다. 거대한 알쿠레인 주거 프로젝트의 일부인 공사 현장은 그가 사는 타이탄 지역이 쿠웨이트의 여타 장소와 구분되어 있는 것과 마찬가지로 격리된 장소다. "내가 공사장에서 일하는 동안 쿠웨이트 노동자는 한 사람도 만나지 못했다. 쿠웨이트 사람은 노동을 하지 않는다. 회사에서는 다양한 인종과 다양한 언어가 뒤섞인, 아랍인, 인도인, 스리랑카인, 아프가니스탄인, 중국인, 필리핀인, 파키스탄인들을 데려왔다"[135]. 감옥과도 같은 방에서 석 달을 보낸 후 힐미는 새로운 지리적 공간에 속하게 되지만 그 공간에서도 다른 종류의 공간에 갈 수 없으며, 노동자들이 일하는 제한된 공간을 벗어나 사회적 교류를 할 가능성도 여전히 막혀 있다. 공사장에서 일하는 5개월 동안 힐미는 "노동자는 쉬는 날도 없이 '물레방아saqiya'를 끄는 소가 계속해서 바퀴를 돌리는 것처럼 일한다"는 사실을 깨닫는다[135]. 이 비유는 물리적 환경의 변화가 일어나도 힐미가 계속해서 임모빌리티 상태에 머물러 있음을 강조한다. 물레방아를 끄는 소는 눈가리개를 하고 몇 시간이고 계속해서 걷지만 제자리에 머물며, 어디로도 가지 못한다. 한 장소에서만 계속 일하는 것은 아이러니하게도 육체노동을 임모빌리티의 한 형태로 만든다.

힐미가 사는 쿠웨이트의 도시화된 환경은 《염소의 날들》에서 나지브가 강제로 일하며 머무는 사우디아라비아의 사막과 대조적이다. 《태양의 그림자》에서 힐미의 모빌리티를 방해하는 것이 벽으로 둘러싸인 방과 물질적인 경계, 그리고 쿠웨이트의 사회공간적인 거주 분리 정책이었다면, 외견상 경계가 없이 광활하게 펼쳐진 사막에서 나지브는 움직일 수 없는 상황에 처해 있다. "장소는 고정되거나 주어져 있거나 변하지 않는 것이 아니라 그 안에서의 행위에 어느 정도 의존"(Urry 2007, 254)하기 때문에, 이주노동자들의 모빌리티를 촉진하거나 가로막는 것은 장소의 지리적 상황만이 아니라 어떤 특정한 순간에 이들을 환영하거나 적대하는 사회적 관계라고 말할 수도 있다. 알레파이와 베냐민의 소설에서 쿠웨이트의 도시와 사우디아라비아의 사막은 착취 관계와 차별정책에 지배되며, 이는 두 하층 이주민 캐릭터의 경험을 결정한다. 나지브가 겪는 일들은 여러 면에서 힐미와 다르다. 하지만 두 사람 모두 기만과 착취의 희생자로 카팔라 시스템에 착취당한다. 두 사람은 걸프 국가의 전혀 다른 지역에 머물지만, 비슷한 임모빌리티 경험을 공유한다.

나지브도 힐미처럼 걸프 국가에서 돈을 벌고자 케랄라 지역을 떠나 이주노동자의 물결에 참여하기로 결정하지만, 결국 그가 경험하는 사우디아라비아의 본모습은 고향을 떠나기 전에 상상했던 것과 전혀 다르다. 비자 승인을 기다리는 동안 나지브는 "정말 많은 꿈"을 꾸었다. 아마도 이 꿈은 "걸프 국가에 머무는 140만 말레이시아인들이 고향을 떠나기 전에 꾸었던 것과 똑같은 꿈"[38]일 것이다. 케랄라인들이 걸프 국가로 이주한 긴 역사가 있고 그들의 상상 속에 걸프 국가에 대한 인식이 강력하게 자리잡고 있는데도(Caroline Osella, Filippo Osella 2008), 나지브는 자신이 일하기로 되어 있는 곳에 대한 아무런 지식도 없이 리야드에 도착한다. 심지어 언어장벽 때문에 후원자를 포함해 어떤 사우디아라비아 사람과도 의사소통할 수 없다. 공항에서 오랜 기다림 끝에 사우디아라비아의 카필을 만나게 된 나지브는 순진하게도 그가 "내 모든 꿈의 수호자, 내 야심을 채워줄 살아 있는 신"[48]이라고 생각한다.

하지만 아이러니하게도 이 후원자가 어떤 존재인지 드러나면서 이 표현은 완전히 정반대가 된다. 후원자는 나지브가 일하기로 되어 있는 건설회사에 데려가지 않고 몇 시간이나 자동차로 달려서 사막으로 들어간 뒤에, 도시와 완전히 동떨어진 염소농장에서 나지브 홀로 염소를 돌보게 한다. 나지브는 후원자가 소유한 염소에게 먹이를 주고 우유를 짜며 수백 마리의 염소 떼를 모는 일을 한다. 나지브는 후원자를 '아르밥arbab'이라고 불러야 한다. 아르밥은 페르시아어로 '주인'을 뜻한다. 나지브는 임금은커녕 아르밥이 머무는 텐트 안으로도 들어갈 수 없어서 사막의 열기와 추위를 피해 쉴 곳도 없고, 오로지 밤낮으로 염소와 함께 있어야 한다. 모래언덕 말고는 아무 곳도 없는 곳에서, 나지브는 사막에서 길을 잃을지도 모른다는 두려움 때문에 탈출은 꿈꾸지도 못하는 임모빌리티 상태에 놓인다. "난 이 지역에 대해서 아는 게 아무것도 없다. 심지어 여기가 어딘지도 모른다. 동서남북 어느 쪽으로 가야 한단 말인가?"[140-141]. 사막의 농장에서 현실에 굴복하기 전에도, 몇 시간 동안 자동차를 달려 사막으로 가는 동안 나지브는 아르밥의 통제에서 벗어나려는 시도조차 하지 못했다. 주변 환경에 대해 아무것도 알지 못했기 때문이다. "뛰어내리고 싶었지만 움직일 수가 없었다. 나는 차 뒤편에 그대로 앉아만 있었다"[57].

나지브의 임모빌리티는 그가 사우디아라비아의 카필이 직접 고용한 이주노동자가 되는 순간부터 시작된다. 그의 아르밥은 작품 전반에 걸쳐 주인 노릇을 하면서 이주노동자를 통제하는 지배력을 이용해 나지브를 움직이지 못하는 상태로 밀어 넣는다. 나지브가 농장에 도착하자마자 그의 아르밥은 나지브를 텐트로 불러 자기 지배력의 범위를 확인해 주듯이 쌍안경으로 주위를 둘러보게 한다. 그러고는 총을 꺼내서 날아가는 새를 쏘아 죽임으로써 자신의 힘을 과시한다. 이 행위는 나지브에게 사방이 트인 사막에서 염소를 돌보더라도 보이지 않는 경계선을 넘어 도망갈 생각은 감히 꿈꾸지도 말라고 위협하는 것이다(72-73).

여기서 아이러니한 것은 염소 떼를 모는 일이 보통은 이동, 자유, 독립의 이미지와 연결된다는 점이다. 나아가 나지브는 이런 고백도 한다. "어렸을 때 꿈이 염소치기였다고 말하면 사람들이 믿을까? 이 땅에서 저 땅으로 자유롭게 옮겨 다닐 수 있어서. 초원과 언덕을 염소 떼와 함께 한가로이 거닐 수 있어서. 날마다 새로운 장소에서 천막을 칠 수 있어서"(124-125). 하지만 고립되고 위험한 사막에서, 카필이 모든 것을 통제하는 곳에서 이런 꿈은 아예 불가능하며, 원래는 이동적인 활동인 염소 떼 치는 일도 나지브에게는 임모빌리티가 되고 만다.《태양의 그림자》에서 건설 현장에서의 육체노동이 힐미를 사회적 배제와 임모빌리티로 귀결되게 하는 것과 같은 방식이다. 두 작품 속 주인공의 육체노동과 모빌리티가 보여 주는 연관성은 걸프 지역에서 단순히 경제행위자 역할만을 담당하는 이주노동자의 특징을 모순적으로 드러낸다. 두 사람 모두 그들의 노동력을 필요로 하는 걸프 국가로 국경을 넘어 이동하지만, 후원자에게 고용된 노동자가 되면서 모빌리티를 상실한다. 그들은 자신들이 일하고 거주하는 장소를 결정할 자유를 잃고, 고향을 찾아갈 수 있는 자유도 잃고 만다.

지금까지는 나지브와 힐미가 일상의 모빌리티와 활동이라는 좁은 영역에서 마주한 모순을 추적했다. 모빌리티를 요구하는 육체노동의 수행에서마저 나지브와 힐미는 노동 현장을 떠나지 못하고, 경제적 이주노동 자의 지위에서 벗어나지 못한 채 임모빌리티를 겪어야 한다. 나지브의 경우 3년 반, 힐미는 1년 미만의 체류 기간 동안 두 사람은 이주노동자 신분을 벗어나지 못했고, 그들을 옭아매는 노동환경에서도 벗어나지 못한다. 두 사람의 임모빌리티는 바로 그들이 처한 상황을 반영한다. 하지만 "모빌리티〔그리고 임모빌리티〕는 항상 다중적이고 차별적"(Adey 외 2014, 14)이라는 앞서 소개한 개념으로 되돌아가 생각해 보면, 두 인물이 걸프 지역에서 겪은 모빌리티/임모빌리티 경험을 간단하게 규정하기는 어렵다.

이제부터는 이러한 복잡성이 미숙련 노동자로서 이들의 모빌리티가 그와 함께 존재하는 다른 모빌리티, 특히 사우디아라비아와 쿠웨이트의 '타자'가 수행하는 모빌리티의 형태와 분리하여 이해할 수 없다는 사실에 기인한다는 점을 살펴볼 것이다.

나의 모빌리티, 타인의 모빌리티

존 어리에 따르면 "사회가 부유해질수록, 앞으로 생겨날 모빌리티 체제의 범위는 더 넓어지고 그 체제들 사이의 교차점은 더 복잡해질 것이다"(2007, 51). 여기에는 "사람, 사물, 정보가 순환하는 구조화된 경로"(2007, 52)가 포함되며, 앞서 언급한 접근성 개념으로 돌아가 보면 "장소 간의, 사람 간의 상당한 불평등"도 나타나게 된다. 《염소의 날들》의 나지브와 《태양의 그림자》의 힐미는 사회적으로나 경제적으로 종속되어 있기 때문에 신체적으로 이동하지 못하고, 하층 남성 이주노동자에게 제한된 공간을 넘어서지 못한다. 하지만 그들의 상황과 그들 곁에 존재하는 다른 모빌리티들을 비교해 보면, 두 인물이 걸프 지역에서 이동적일 때조차 그들이 갖는 모빌리티의 가치가 달라지는 것을 알 수 있다. 이들의 모빌리티는 그들을 종속시키는 강력한 '타자'의 모빌리티에 달려 있기 때문이다. 자아와 타자의 관계를 규정하는 권력의 역학 관계는 모빌리티 체제들 간의 교차가 만드는 복잡성과 특정 사회에서 모빌리티가 실행되고 나타나는 방식을 만들어 낸다.

《염소의 날들》에서 나지브가 이용할 수 있는 모빌리티와 극명하게 대비되는 것은 아르밥이 이용하는 모빌리티로, 사우디아라비아의 베두인 유목민인 아르밥은 공항에서 나지브를 만나 자동차를 이용해 자신이 머물고 있는 사막의 텐트로 데려온다. 아르밥은 자동차라는 강력한 도구를 이용해서 나지브를 통제한다. 자동차를 이용해 아르밥은 장거리를 이동하며 사막의 환경을 정복하지만, 나지브에게 사막은 황폐한 날씨, 발이 푹푹 빠지는 모래, 뱀의 위협 때문에 탈출이 불가능한 장벽이다. 주인의 감시와 더불어 자동차는 무력한 이주노동자를 통제하는 수단이다. "아르밥은 내가 염소 떼를 몰고 나가면 자동차 꼭대기에서 나를 관찰한다. 내가 너무 멀리 갔다는 생각이 들면 자동차를 타고 내 주변을 빙빙 돈다"[100]. 한번은 나지브가 "쌍안경이 볼 수 있는 거리"를 벗어났다고 생각하고는 달려서 도망가려고 하지만 결국에는 뒤에서 들려오는 "자동차의 굉음"[147]에 소스라치게 놀라 주저앉고 만다. 아르밥은 자동차를 이용해 나지브를 손쉽게 따라잡으며 그가 달려가야 하는 엄청난 거리를 아무것도 아닌 것으로 만든다.

따라서 나지브는 단순히 임모빌리티 상태에 있는 것이 아니다. 아르밥이 이용할 수 있는 모빌리티와 비교해 볼 때 나지브가 이용할 수 있는 모빌리티, 즉 걷기와 뛰기는 가치가 없고 부적절한 것이 된다. 아르밥이 결혼식에 참석하고자 염소농장을 떠난 날 밤, 나지브와 근처 농장의 염소치기 두 명이 함께 탈출을 시도한다. 모빌리티 체제에 대한 불평등한 접근성과 기존 사회적 위계의 확인은 이 긴 탈출에서 분명하게 드러난다. 그들은 아침이 와서 탈출이 발각되기 전까지 달리고 또 달린다. "그렇게 달렸지만 우리는 충분히 멀리 달아났다고 느끼지 못했다. 누군가 우리를 쫓아오고 있다는 공포에 계속 시달렸다. 바람 소리와 주변에서 들리는 모든 소리가 아르밥이 탄 자동차 소리 같았다"[191-192]. 아이러니하게도 그들은 길을 찾기 위해 자동차가 달리면서 모래 위에 만들어 낸 자국에 의존해야 했다. 그 흔적을 따라 달려야 고속도로에 도달할 수 있기 때문이다. 누군가 차를 세워 그들을 태워야만 살 수 있었지만, 그 차가 아르밥의 것이거나 아르밥이 아는 사람의 차여서 다시 염소농장으로 데려갈지도 몰랐다[192]. 이 딜레마는 그들의 모빌리티 형식과 어울리지 않고, 사막을 가로지르는 신체 이동에는 부적합한 지형 속에 그들이 고립되어 있기 때문에 발생한다. 사우디에서 석유가 나온 뒤에 사막 위로 깔린 도로는 차를 이용해야만 통과할 수 있다. 도보로 사막을 횡단하는 것은 나지브와 그 일행을 목숨이 걸린 비참한 여정에 몰아넣는 불가능한 모빌리티 형식이다. 결국 고속도로에 이르러 지나가는 이에게 구출된 것은 나지브 혼자였다. 한 명은 갈증으로 사망하고, 다른 한 명은 행방불명이 된다.

특정한 모빌리티 형식에 접근하기 어렵기 때문에 나타나는 소외는 석유 개발 이후 도시화가 진행된 걸프 국가에서 일반적인 문제로 등장했다. 도시화는 자동차를 배타적인 교통수단으로 삼았고 보행자를 위한 공간은 거의 남지 않게 만들었다. 데이비드 켄들David Kendall은 두바이 남아 시아계 노동자의 모빌리티를 다룬 포토에세이에서 "도로가 '모빌리티를 통제하는' 공간적·사회적 문화를 유지하고 장려"하며, "걷기를 권하지 않는" 인프라를 조성하고 있다고 지적했다(Kendall 2012, 46). 자동차를 이용할 여유가 없는 하층 이주노동자들에게 "도로는 장벽, 경계, 목적지를 찾아가는 선"이 되어 "보행자를 소외시킨다"(Kendall 2012, 46). 나지브는 리야드에 도착하기 전에 근대적 도시의 모습을 상상했지만, 그곳과는 동떨어진 사우디아라비아 외곽에 격리되었다. 사우디아라비아의 환경은 나지브의 모빌리티를 거부했다. 며칠에 걸쳐 사막을 걸어서 탈출한 극적이고 믿기 힘든 이 이야기는 이주노동자들이 카필들에게 지배받고, 주위 환경을 조정할 권한을 박탈한 걸프 지역의 정책에 종속되는 일반적인 상황을 반영한다. 사막을 가로질러 탈출하려는 나지브의 투쟁은 이주노동자가 걸프 공간에서 경험하는 임모빌리티 또는 주변화된 모빌리티의 한 사례라고 할 수 있다.

나지브와 마찬가지로 《태양의 그림자》에서 힐미는 거의 움직일 수 없는 비슷한 상황에 처해 있지만, 드물게 방을 나서는 몇 장면에서 그의 임모빌리티가 하층 이주노동자는 접근할 수 없는 다른 유형의 모빌리티와 대비되어 아이러니하게 강조된다. 이 소설에서는 '타자'가 어떻게 인식되며 힐미가 그로 인해 이주노동자인 자신을 어떻게 인식하게 되는지가 좀 더 분명하게 드러난다. 룸메이트 한 명이 힐미를 데리고 근처의 쇼핑센터에 갔을 때 먼지가 날리는 거리를 걸으면서 룸메이트는 이렇게 말한다. "쿠웨이트인들은 걸어 다니지 않아. 모든 쿠웨이트 사람들은 차를 가지고 있거든. 모든 집에 가족 수만큼 집 옆에 같은 수의 자동차를 주차해 놓는다구. 네 대에서 다섯 대 정도야. 차 안을 보면 한 사람만 타고 있잖아"[110]. 이 말에는 질투와 좌절감이 묻어난다. 힐미와 동료가 걸어서 목적지에 도착할 수는 있지만, 이 제한된 행위는 자동차를 모는 특권과 비교했을 때 인정받지 못하는 모빌리티 유형일 뿐이다. 후원자 회사인 아부 아자즈에 가기 위해 처음으로 대중교통을 탔을 때, 힐미는 버스를 가득 채워서 쿠웨이트가 아닌 공간으로 만드는 이주노동자 무리를 보게 된다. "나는 아프가니스탄인, 인도인, 파키스탄인들의 벌겋게 탄 얼굴과 비쩍 마른 몸, 떡진 머리를 처음 보고 깜짝 놀랐다. 순간 나는 쿠웨이트가 아니라 인도에 있는 게 아닐까 하는 생각이 들었다"[74].

쿠웨이트의 저임금 이주노동자들이 주로 이용하는 대중교통[Khalaf 2006, 259]은 힐미에게 다른 유형의 모빌리티를 경험하게 하지만, 그의 낮은 지위도 상기시킨다. 승객들의 지친 얼굴과 비참한 표정을 보며 힐미는 쿠웨이트로 이주하기로 한 결정을 후회한다. 차별정책과 휴일 없는 노동은 자신마저도 다른 이주노동자와 다름없게 만들고 있기 때문이다. 힐미는 룸메이트의 쿠웨이트인 매니저의 여동생에게 아랍어 개인 교습을 하는 일을 맡는다. 쿠웨이트인들이 거주하는 알 누자로 가게 됐을 때, 그는 자신이 처한 사회적·공간적 격리가 어느 정도인지를 깨닫게 된다. 힐미는 차창으로 바깥을 바라본다. "전에는 한 번도 보지 못했던 거리와 이웃들이 보였다. 완전히 다른 거리, 차들이 한가하게 다니는 거리"[99]. 그는 "낡은 독신자 숙소, 더러운 거리, 식료품 상점 ⋯ 이집트 남부 사람들"이 있는 카이탄 거리는 쿠웨이트가 아니라고 결론 내린다[99]. 반대로 알 누자는 "내 마음에서 그려 온 쿠웨이트, 와서 보기도 전에 바랐던 곳"이다[99].

《염소의 날들》의 사막처럼, 카이탄은 힐미를 임모빌리티 상태에 머무르게 하는 공간이다. 노동, 기만, 착취의 관계가 카이탄이라는 장소를 경험하는 방식을 제공하기 때문이다. "장소는 다양한 종류의 수행을 포함한다"(Urry 2007, 254). 하층 이주자의 사회적·공간적 소외는 카이탄과 독신자숙소를 신체적 임모빌리티의 장소로 경험하게 하는 수행의 일부이다. 하지만 알 누자 또한 힐미를 환영하거나 모빌리티를 허용하는 공간은 아니다. 알 누자를 지나가는 일이 다른 유형의 공간에 접근할 기회를 일시적으로 제공하기는 하지만, 이어지는 이야기에서 나타나듯이 힐미는 기본적으로 외부인일 뿐이다. 힐미를 비롯한 건설노동자들에게 5개월 동안이나 임금을 지불하지 않은 계약자에게 속아 절망한 힐미는 돈이 절실하게 필요했기 때문에 은근히 성적 암시를 던지는 소녀를 불편해하면서도 계속해서 아랍어 개인 교습을 이어 나간다. 결국 힐미는 미성년자를 성폭행했다는 죄를 뒤집어쓰고 15년 형을 선고 받는다. 이 불행은 쿠웨이트에서 그가 처한 임모빌리티의 축도이다. 수개월 동안 비가시적인 존재로 착취당했던 힐미는 이주노동자에게 할당된 공간을 넘어섰다는 이유로, 권위를 확립하고 그를 처벌하려는 법의 눈앞에 갑자기 가시화된다.

결론

술라이만 칼라프Sulayman Khalaf는 "자동차 중심의 도시풍경"과 독신자 거주지역에 대한 부정적 인식, 그리고 하층 아시아계 아랍계 이주노동자가 이용하는 "개발이 미진한" 대중교통은 석유와 세계화 시대에 걸프 국가가 지니는 특징이라고 했다(2006, 258-259). 이 특징들은 주거 양식, 미숙련 이주노동자의 모빌리티 체제에 대한 접근성, 민족과 계급에 따라 분할된 사회적 관계에 영향을 미치는 사회적·공간적 분리를 드러낸다. 나지브와 힐미가 경험한 신체적 임모빌리티와 공간의 격리는 이 사회구조와 관련한 그들의 지위를 그대로 반영한 것이다. 공간 구획을 넘지 못하고 일상 활동과 행위에서 환경에 종속된 이들은, 걸프 국가들이 차별적인 노동 및 거주정책으로 이주노동자들을 체계적으로 소외시키는 상황에서 행위능력의 결여를 드러낼 수밖에 없다.

그러나 앞서 지적한 바와 같이 공간적·사회적 주변성이 항상 이렇게 독해되어야 하는 것은 아니다. 주변성은 개인에게 사회적이거나 다른 종류의 제약에서의 자유를 제공할 수도 있다. "주변성은 어떤 가능성의 조건이 될 수 있"으며, "주변부는 단단히 자리잡은 사회의 규칙이 중단되는 경기장, 혹은 어떤 기회가 나타날 변화의 요인에 민감하게 반응하는 실험과 가능성의 공간"이 될 수도 있다[Saad 2012, 109]. 물론 베냐민과 알레파이의 작품 속 나지브와 힐미에게는 그런 파열이 일어나지 않는다. 나지브는 가까스로 사막을 탈출한 후 리야드에서 만난 다른 인도인 탈출자와 함께 최선의 해결책은 경찰에 체포되어 수감된 후 인도로 강제추방되는 것이라고 결정하지만, 경찰의 관심을 끄는 것도 쉽지 않다. "그들에게 우리는 보이지 않는 것 같았다"[3]. "체포되기 위해서 우리가 청과시장과 수산시장, 사람들이 북적이는 거리를 얼마나 많은 날 동안 걸어 다녔던가? … 많은 경찰들이 우리를 보았지만 우리를 제지하는 사람은 아무도 없었다. … 아무도 우리를 알아채지 못했다. 하루는 내가 일부러 경찰의 발에 걸려 넘어진 적도 있다. 하지만 질문을 건네는 대신 경찰은 나를 일으켜 세우고 알라신의 이름으로 깊이 사과를 하고는 나를 보내 줬다"[4-5]. 심지어 그들의 이동을 제한하는 주변 환경의 속박에서 일시적으로 벗어났을 때조차도 그들의 모빌리티는 인식되지 않으며 그들의 존재 또한 보이지 않는다.

힐미를 좌절시키고 쿠웨이트 사람들과 장소들에서 그를 분리하는 것이 바로 이런 비가시성, 특히 쿠웨이트의 타자에 대한 비가시성이다. "내가 꿈꿨던 쿠웨이트는 과연 어디에 있는가? 쿠웨이트에서 돈도 벌지 못하고 다른 쿠웨이트인은 만나 보지도 못하고 여덟 달을 보내면서 나는 그저 그들을 멀리서만 바라보았을 뿐이다. 나는 알파르와니야 시장을 혼자서 걸었고, 사우디 전통 복장을 입은 그들도 최신 휴대폰을 보면서 따로 걸어갔다"(164-165). 힐미는 배타적으로 쿠웨이트인들에게만 속하고, 부유하고 사치품을 소비하는 "쿠웨이트식 생활 방식"을 누리는 쿠웨이트라는 이미지를 가지고 있었다. 결과적으로 이 배타적 영역에 대한 접근성의 결여는 카팔라 제도의 이주노동자 차별이 만들어 낸 임모빌리티와 사회공간적 주변성 감각을 강화한다. 다시 말해, 힐미는 카이탄을 비롯해 자신을 제약한 모든 장소들을 쿠웨이트인의 쿠웨이트 바깥이라고 이해하면서 자신이 보이지 않는 존재임을 깨닫게 된다. 도착 전 쿠웨이트 이미지의 기반이 된 쿠웨이트 "타자"와 관련된 자신에 대한 인식에 의해 더 결정되는 것 같습니다.

나지브의 불가시성이 저임금 노동자로서 사우디아라비아에 머무는 동안 그를 따라다니는 조건이라면, 힐미의 불가시성은 쿠웨이트에 오기 전에 가졌던 쿠웨이트에 대한 이미지의 기반이 된 쿠웨이트의 '타자'와 관련된 자신에 대한 인식이 더 크게 영향을 미치는 듯 보인다. 여기서 강조하고자 하는 바는 《염소의 날들》과 《태양의 그림자》 모두 이주노동자를 움직이지 못하게 만드는 후원자 시스템에 이의를 제기하지 않으며,

비록 눈에 띄지 않더라도 이주민의 모빌리티가 걸프 지역의 도시 구조에 도전할 가능성조차 제시하지 않는다는 점이다.[4] 그런 가능성은 분명 존재할 것이며, 걸프 국가 내 이주노동자의 경험을 묘사한 다른 문학작품들에서 탐구할 만한 가치가 있을 것이다. 이 글에서 다룬 두 작품의 목표는 걸프 국가로 이주한 하층계급 노동자가 카팔라 제도와 같은 정책 때문에 취약한 상황에 놓여 소외, 기만, 착취의 대상이 된다는 사실을 폭로하는 데에 있다. 움직이든 움직이지 못하든, 이들은 모두 보이지 않는 존재들이다. 주변부적 장소에서 일하거나 특별한 움직임이 없어서가 아니라, 그들을 바라보길 거부하고 그 존재를 인정하지 않는 사회구조가 의도적으로 그들을 보이지 않게 만들기 때문이다.

《염소의 날들》과《태양의 그림자》에 나타나는 등장인물들의 불가시성과 물리적 임모빌리티는 이주노동자에게 적대적인 걸프 국가의 정책으로 구조적 착취에 직면한 이주노동자들의 행위능력 결여를 반영한다. 한편으로, 두 서사는 경제적 성공 이야기에 대응한다. 그러한 이야기는 걸프 국가의 신화적 이미지 형성에 기여하지만, 두 서사는 임모빌리티와 종속이라는 다른 이야기를 제공하는 것이다(Gardner 2012, 53-55). 다른 한편으로, 이 소설들이 이주민의 행위능력을 박탈하고 그들을 경제적 열망만을 지닌 노동자의 지위로 환원하는 전형적인 착취 서사를 무비판적으로 따른다고 볼 수도 있다. 네하 보라Neha Vora와 나탈리 코치Natalie Koch는 그러한 접근 방식을 비판하며 "걸프 국가 연구에서 배제에만 초점을 맞추는

---

4 이 글에서 다루는 범주를 벗어나지만, 이주민 타자에 대해 글을 쓰는 쿠웨이트인으로서, 나는 힐미의 행위능력 결여와 알레파이의 주체 위치의 관계는 탐구할 가치가 있다고 생각한다.

시각은 주로 비시민권자를 영원한 외부인으로, 경제적 행위자로, 억압적인 권력에 수동적으로 따르는 주체로만 본다. 특히 걸프 국가에 머무는 비시민권자의 삶에 즐거움, 기쁨, 성취감 대신 그저 공허한 착취나 부의 축적만 있는 것처럼 간주한다"[2015, 541-542]고 했다. 아티야 아마드Attiya Ahmad도 유사한 관점에서, "노동에 초점을 맞출 때 누락되는 다른 유형의 행위들도 고려해야 한다"[2012, 40]고 지적한다. 《염소의 날들》과 《태양의 그림자》는 등장인물의 수동성을 강조하고 어떤 형태의 전복도 불가능한 것처럼 그린다. 때문에 이주민들이 노동에도 불구하고, 혹은 노동과 함께 할 수 있는 어떠한 활동이나 실천도 이 서사들에는 들어설 여지가 없다.

이런 관점에서 보면 두 소설은 그 서사가 포착하는 이주민 인물들의 수동성만큼이나 수동적이다. 그럼에도 불구하고, 아메드 칸나Ahmed Kanna가 지적했듯, 이주노동자를 본질화하는 "희생자 서사victim narrative"를 피하는 동시에 "전부는 아니더라도 많은 이들이 걸프 지역에서 처한 참혹한 노동 조건을 인식"[2012, 40]해야 할 필요성을 고려한다면, 《염소의 날들》과 《태양의 그림자》는 그러한 인식의 사례라고 볼 수 있다. 이 서사들이 등장인물들의 물리적 모빌리티와 임모빌리티를 묘사하기 위해 다룬 공간들은 "모빌리티 체제"[Urry 2007, 51] 간의 "교차점" 및 공간 분리가 사우디아라비아와 쿠웨이트라는 걸프 국가에서 이주노동자의 경험을 결정하는 중요한 역할을 하고 있음을 정확하게 반영한다. 우리가 소설 속 등장인물의 모빌리티/임모빌리티 묘사에 관심을 기울이면, 이는 이주노동자의 지위를 결정하는 사회경제적 요인들과 그들이 일하고 거주하는 장소 속에 체화된 관계 사이의 연관성을 탐사할 디딤돌이 되어 줄 것이다.

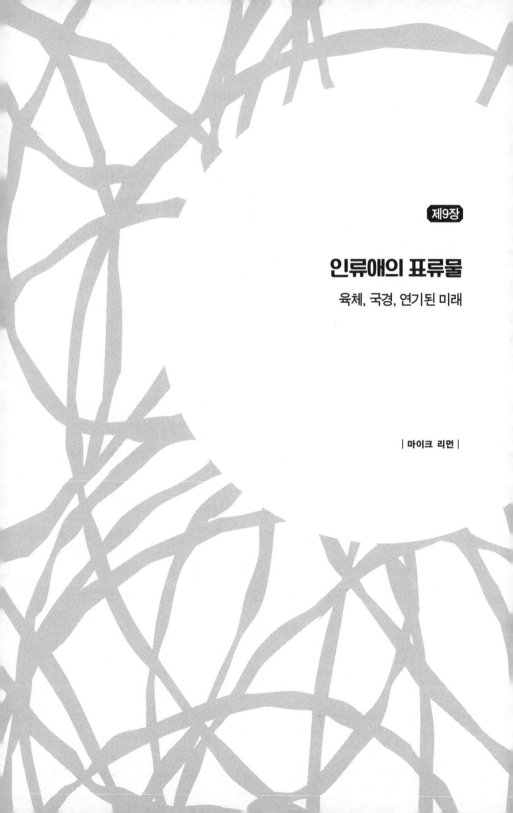

제9장

인류애의 표류물

육체, 국경, 연기된 미래

| 마이크 리먼 |

2011년 5월 8일,《가디언》지는 배를 타고 리비아의 트리폴리를 떠나 이 탈리아의 람페두사섬으로 향하던 72명의 난민 중 11명만 살아남은 사건을 자세하게 보도했다(Shenker 2011). 처음에는 별다른 관심을 끌지 못했던 이 사건은《가디언》의 보도와 유럽평의회의 조사 이후에 '버림받은 난민 보트left-to-die boat' 사건으로 유명해졌다. 최초 보도 이후 1년쯤 지났을 때, 잭 쉔커Jack Shenker는 버림받은 난민 보트가 나토 해군과 유럽 해안 경비대의 실패를 보여 준다고 지적했다(Shenker 2012). 이 난민 보트는 연료가 떨어지면서 2주간이나 지중해를 떠돌았으며, 보트 여기저기가 파손되면서 결국 리비아 해안으로 밀려갔다. 한번은 난민 보트가 대형 군함에 아주 가까이 다가갔으나, "사망한 아이들과 텅 빈 연료통을 들어올리며 필사적으로 도움을 요청하는 난민들을 내려다보며 갑판 위 선원들은 사진만 찍었다"(Shenker 2012). 지중해에서 일어난 조용한 비극의 예증인 버림받은 난민 보트 사건은 즉시 모빌리티 관련 논란의 중심에 놓였다. 이 사건은 과연 누가 모빌리티 권리를 가지고 있는지, 누가 버려져서 시민권을 얻지 못하고 (임)모빌리티의 형태로 남겨지는지를 묻게 만들었다.

이런 맥락에서 보면 권리는 미래의 안정적인 지위에만 부여된다. 국경을 국민국가와는 다른 공간으로 인식할 경우, 글로벌 미래가 필연적으로 국가적 형태를 취할 것이라는 개념은 약화된다. 리비아 해안으로 밀려온 생존자들은 체포되었다가 최종적으로 9명이 풀려났다. 안정적인 국민국가라는 신화가 더 공고해졌고, 국경 내 난민에 대한 국민국가의 주권 주장도 강화되었다(Papastavridis no date, 9-10). 법학자인 에프티미오스 파파스타브리디스Efthymios Papastavridis는 버림받은 난민 보트의 구출을 거부한 행위가 1951년에 합의한 난민협약 제33조 강제송환금지 원칙에 위배될 수 있다고 지적한다. 난민협약은 "모든 난민은 박해와 학대, 고문을 당할 수 있는 국가로 돌려보내서는 안 된다"고 밝히고 있으며, 파파스타브리디스는 이 원칙이 "국경 내에서만이 아니라 어느 곳에서나" 적용된다고 본다 (Papastavridis no date, 9-10). 나토 함정이 근처에 있었음에도 그들은 난민 보트의 도움을 거절했다. 그들의 행동과 버림받은 보트라는 용어 자체는 폴란드 사회학자 지그문트 바우만Zygmunt Bauman이 말한 '세계화 시대의 폐기물'을 떠올리게 한다. 바우만은 "난민, 추방자, 망명 신청자, 이민자, 무국적자"를 "전통적 개념의 산업폐기물"과 비교한 바 있다(Bauman 2004, 58).

이 글에서는 국경 자체에서 나타나는 또 다른 주권을 논하고자 한다. 버림받은 난민 보트 사건에서 문제가 되는 것은 강요된 (임)모빌리티 상태에는 인권이 인정되지 않았고, 이 과정에서 인권을 국민국가와 관련된 시민권으로만 판단했다는 사실이다. 비시민권자는 접경지역에서 시민권자가 누리는 정치적 대표성을 거의 갖지 못하지만, 바로 이 접경지역이라는 공간에서 문학작품에서나 볼 수 있는 달라질 미래의 가능성을 찾을 수 있다. 문학은 상상력을 통해 현실에서는 외면하는 침묵의 비극을 보여 주기 때문이다.

이주의 지정학은 주로 국민국가라는 절대적 미래형 속에서 형성된다. 이주자들은 영원히 안정적인 구조를 유지하는 국가의 안과 밖으로 이동하지만 국가의 형태는 항상 존재한다는 인식이 그 중심에 있다. 국가는 대안적인 미래와 대안적인 시민권을 제공할 가능성이 있는 균열이나 틈을 즉시 봉합한다. 국가체제가 구성하는 세계의 안정성을 유지하고 지속성을 높이기 위해서이다. 이 도식 하에서는 항상 이미 결정된 국가의 성격이 국경에 관련된 상상에서 나타날 수 있는 미래의 가능성을 아예 차단한다. 모빌리티 연구는 신체가 움직이는 공간에 주로 관심을 두지만, 또한 국경에 대한 부정적인 인식에 제한받지 않는, 다양한 미래가 출현할 가능성을 낳는 접경지대의 잠재적 상상을 탐구할 이론적인 바탕도 제공한다. 이런 다양한 미래의 가능성은 미래의 유예 속에서 출현하며, 이 유예 속에서 아직 나타나지 않은 국경의 잠재성은 결정된 미래로 간주되는 현재를 전복시킨다. 이 글에서는 유예된 미래가 다른 국경 개념을, 또 글로벌 사우스에서 나타나고 있는 다른 글로벌 주체의 출현을 가능하게 한다고 주장한다. 접경지역의 사이 공간은 세계를 재개념화해 국경을 움직이게 만들 잠재력을 제공하며, 국경 그 자체에서 권리와 주권이 출현할 방법을 제시한다.

캐롤라인 버그발의《표류》에 나타난 국경의 운동미학

2014년에 나온 시집《표류》에서 버그발Caroline Bergvall은 '버림받은 난민 보트'와 '세계화의 폐기물'이라는 침묵 속의 비극에 목소리를 불어넣고, 생존자들의 증언과 유럽평의회와 나토의 보고서를 엮은 내러티브를 완성했다. 버그발의 시적이고 시각적인 텍스트는 버림받은 난민 보트를 둘러싼 담론들을 재해석한 〈보고서Report〉를 중심으로 삼는다. 대부분의 시들은 하얀 종이에 인쇄되어 있지만,〈보고서〉와 몇몇 부분에서는 검은 종이에 하얀 글씨를 사용했다. 종이 위의 글자들을 읽는 방식을 변화시켜 검은색으로 가득한 종이에 남겨진 빈 공간을 찾게 한 것이다. 〈보고서〉에서 버그발은 다른 유형의 모빌리티들을 연결하는 내러티브를 시도한다. 프랑스 군용기에서 찍은 사진이 〈보고서〉의 시작을 이끌고, 다음에는 GPS를 모방한 일련의 지도가 등장하며 표류 형태를 따른 실제 별자리 사진과 런던 지하철의 노던 라인도 등장한다[Bergvall 2014, 185].

텍스트의 이러한 시각적 측면은 난민 보트에 타고 있는 신체의 실제 움직임과 독자의 문학적·시각적인 일종의 관광을 차별화한다. 독자의 레저 활동은 미래에서 보트의 (임)모빌리티와 상호작용한다. 버그발의 〈매크로macro〉는 보트의 이미지를 확대하여 마치 안개처럼 보이게 한다. 버그발은 안개를 "기억과 정체성 상실"[Bergvall 2014, 156]과 연관짓는다. 계속해서 버그발은 "[우리가] 미래에서 이 이미지를 내려다보았을 때 얻게 되는 불쾌한 메스꺼움을 버텨 낼 수 있지만 없앨 수는 없다는 사실을 확인할 필요가 있다. … 우리는 여전히 살아서 배를 타고 움직이는 죽은 자와 마주한다"[Bergvall 2014, 157]고 설명한다. 산 자와 죽은 자 사이의 시간적 단절은 독자가 시의 내러티브 안에서 자신의 위치와 국경 내의 불안정성을 마주하게 하며 국경 자체도 불안정하게 만든다. 독자가 있는 미래의 위치는 미래의 내러티브를 완성하여 안정적인 국민국가에 포섭되는 상호작용 형태를 만들어 낸다. 독자는 미래에서 버림받은 난민 보트의 잔해를 들여다본다.

이 텍스트는 버림받은 난민 보트 위에 아직 살아 있는 난민을 바라보는 미래에서의 응시라는 문제적인 상황을 통해, 지도가 제시하는 지리적 접근이 거부되는 상황과 국민국가의 입장에서 내러티브와 지도 모두에 접근하는 독자의 상황이 동시에 나타나도록 하여 모빌리티의 또 다른 개념적 틀을 제공한다. 독자는 전체 서사에 한꺼번에 접근하지만 버림받은 난민 보트는 국경이라는 불확실한 공간에 그대로 남아 있다. 미래의 독자와 국민국가 사이의 상호작용은 국경을 국가의 부속물로 포함하므로 모빌리티는 국가 안에 존재하는 반면에 이주민의 (임)모빌리티는 국경 바깥에서 존재한다. 바로 이곳, 우리가 고려하지 않는 국경이라는 공간은 여전히 사람들이 관심을 가지는 공간이 아니다. 버림받은 난민 보트 사건을 바라보는 버그발의 문학적 관점은 시간성, 공간성, 그리고 신체가 이런 개념들과 상호작용하는 방식을 다르게 바라보게 만든다. 버그발의 시는 이주 과정의 침묵에 대항하고 새로운 유형의 국경 미학을 제시한다. 내가 버그발의 시를 경유하여 주장하고 싶은 바는 국경 내에 어떤 모빌리티 형태가 있다는 것이다.

국경 내의 모빌리티는 최근의 모빌리티 연구자들이 '운동미학kinaes-thetics'이라는 용어로 부르는 미적 특성을 지니고 있다. 이 움직임의 미학은 국민국가와의 신체적 상호작용을 불안정하게 만든다. 여기에서 나는 글로벌 노스 시민들에게 혜택을 주는 인간 장기 착취 문제에 주목하여, 조각난 신체만이 사람에게는 금지된 이주 경로를 지날 권리를 가진다는 점을 지적하려고 한다. 신체와 국경을 문제화하기 위해서는 국제법, 장기 이식, 문학 등을 학제간 연구 방식으로 검토해야 하며, 이에 따라 세계를 재구성하는 특별한 국경 상상을 탐구할 수 있다. 이 글의 뒷부분에서는 말리카 모케뎀의《금지된 여자》(1998)에 나타나는 문학적 상상의 잠재적 가능성을 탐사하고, 수벤드리니 페레라Suvendrini Perera의 경계경관 borderscape 이론을 통해 국경이라는 대안 공간의 잠재성을 알아볼 것이다.

버그발의 시는 "새로운 모빌리티 패러다임"을 문제화하고 그 가능성을 제시한다[Hannam 외 2006, 1-2]. 〈모빌리티, 임모빌리티, 계류Mobilities, Immobilities, and Mooring〉에서 한남Kevin Hannam, 셸러, 어리 등은 집단 이동이 고향 개념, 인간 신체, 신체가 사회와 국가를 위해 해야 하는 의무를 변형시키고 있다고 했다(Hannam 외 2006, 2). 이들은 복잡한 모빌리티 체제는 계류와 연관되어 있으며, 모빌리티에 대한 자신들의 접근 방식은 장소, 안정, 거주를 안정된 상태로 취급하는 사회과학의 '정주주의적 접근'과 포스트모더니티나 세계화의 조건으로 모빌리티, 유동성, 가변성과 같은 거대서사를 제시하는 '탈영토화적 접근'을 모두 문제적인 것으로 본다고 설명한다 (Hannam 외 2006, 5). 이 연구자들의 모빌리티 연구는 "사회적 과정을 위해 공간적으로 고정된 지리적 수용 공간으로서의 '지형terrain' 이미지를 넘어서며, 지역을 설명하기 위해 로컬/글로벌과 같은 수치적 논리scalar logics로 설명하는 방식에 의문을 제기"(Hannam 외 2006, 5)한다는 목표를 가진다.

또 다른 패러다임은 시간적·공간적 사이다. 버그발의 텍스트는 공간, 재현, 문학적 생산을 다룰 때 시간성에 대한 탐구까지도 진행한다. 버그발의 시는 안정과 거주에 대한 '정주주의적' 개념과 '탈영토화된' 개념의 사이 공간을 점유한다. 《표류》는 정박된 상태를 탈중심화하여 정박된 개념적 틀에서 정박되지 않은 개념적 틀로 이동하는 (임)모바일한 이동 수단이라는 관점에 도전한다. 모빌리티는 정지된 프레임의 움직이는 보트 이미지와 지도에 접근하는 독자의 능력 사이에서 단절된다. 텍스트의 '안개'는 그들의 재현에서 (임)모빌리티를 표시하는 별자리 지도, 핀포인트와 함께 발생하며, 텍스트가 부록에 지도들의 이름을 제시할 때까지 모빌리티를 지움 아래under erasure[1]에 놓는다. 〈보고서〉의 독자는 날씨 변화 사이

---

1 지움 아래sous rature; under erasure는 하이데거의 개념으로, 적절하지는 않지만 필요한 개념을

의 영역이자 국가들 사이의 공간에서 나타난 기억상실이기도 한 '안개' 안의 한 점으로 존재한다. 여기에서 모빌리티는 국경 내부의 쟁점이 된다. 모빌리티는 미래의 가능성이 확정되지 않은 두 국가 사이의 생산적 공간을, 임시적인 국가와 국민국가 사이에서 존재의 가능성을 내비치는 이동의 미학을 구체화하며, 국경이라는 대안적 공간을 자극하기 시작한다.

《표류》의 별자리/지도는 모빌리티 관련 예술과 인문학 분야 연구를 관통하는 맥락에 부합하며, 피터 메리만과 린 피어스는 이를 "운동미학"이나 "움직임의 미학"이라고 칭한다(Merriman, Pearce 2017, 498). 리듬과 일시성, 공간성의 문제에 초점을 맞춘 글들에서는 운동미학과 더불어 모빌리티, 이동이 등장한다(Merriman, Pearce 2017, 498-499). 따라서 이동과 모빌리티는 "특유의 고유수용적 운동미학적 존재론과 문화적 실천"과 관련되며, 이러한 존재론과 실천은 버그발이 나토의 대응과 난민의 발언을 구분하는 대목에서 분명하게 나타난다. "군함은 그들에게 아무런 도움도 제공하지 않고 떠났다/우리들은 차츰-차츰 죽어 가리라는 것을 알았다"(Merriman, Pearce 2017, 499, Bergvall 2014, 80). 죽음과 "차츰-차츰little-by-little" 진행되는 공간적·시간적 움직임은 계속해서 난민들이 타고 있는 보트와 난민 사이의 연관성이 갖는 미적 요소를 제거한다. "보트는 고무로 만든 배, 조디악식 플라스틱 선박, 길이 10미터, 탑승 인원은 최대 25명"(Bergvall 2014, 71). 배에 타고 있는 난민과 마찬가지로 버림받은 난민 보트 또한 연료가 떨어지면서 고장 나고 (임)모바일한 상태가 되고 만다. 난민들의 여정 묘사에서 난민들은 "차츰-차츰 죽어" 가면서 보트나 사물과 연결된다. 신체와 사물은 거의 동일한 것

일단 쓰고 삭제 표시를 해 놓는 작업을 의미한다.

으로 변한다. 텍스트는 그저 죽음과 침묵의 비극을 통해서야 목소리를 얻게 된 신체처럼, 안정적인 미학보다는 운동미학적 재현을 보여 준다.

모빌리티의 수단인 보트와 이후에 나오는 모빌리티의 지도(지하철 노선도와 다른 별자리들) 사이의 서사적 변화는 모빌리티, 시간성, 공간성의 상호작용을 암시한다. 이는 팀 크레스웰이 인간을 "물질적 세계 속의 육체이자 재현적 풍경 속의 한 형상"으로 규정하는 바와 궤를 같이한다(Cresswell 2013, 82). 크레스웰에 따르면 "우리 인간은 추상적인 공간에서 움직이는 개별적인 인체 생체 조직이기도 하다. 이런 관점에서 우리 인간은 지도상에서 점으로 자리하거나 추적될 수 있다"(Cresswell 2013, 82). 버림받은 난민 보트의 난민들을 사물화로 이끄는 '지도 위에서 추적되는 점'과 '인간 육체'에 대한 버그발의 탐구는 지중해의 접경 공간에서, 그리고 대상에 대한 인간의 표상적이고 지각적인 움직임 속에서 작동하는 특수한 운동미학을 제시한다. 이주민과 난민은 (임)모빌리티 속에서 식별 가능한 대상으로 변한다. 이 텍스트는 국경 공간에서 나타나는 일종의 운동미학적 표상인 "국가들의 세계 속 인간의 이동"에 의존하는 "수치적 논리"에 의문을 제기하는 생산적인 공간을 제공한다(Soderstrom 외 2013, xv). 국경은 횡단하는 공간으로 인식되므로 아직은 머물 수 없는, 그러나 여전히 국민국가로 완전히 단정하기는 어려운 불안정한 공간이다.

《표류》에서 우리가 텍스트를 따라 이동하면서 마주하는 인권 박탈은 눈에 띄지 않는 이주 경험들을 반영하면서 우리의 미래를 만나게 한다. 여기서 이 작품에 나타난 "사회적 탐구의 주체와 대상의 전유"는 대상과 주체 사이의 경계를 극적인 것으로 만들고, 인간이 육체에서 일회용 쓰레기로 변하게 되는 과정을 강조한다(Hannam 외 2006, 10). 인간 육체가 "차츰 차츰" 죽어 가면서 사물로 이동할 때 인간은 죽은 육체에 애착을 갖게 된다. 왜 인간은 죽음에 이른 이주민/난민에게만 애착을 갖는 것일까? 인간 육체의 잔해는 어떻게 되는가? 그리고 그 몸과 그 재현에 관한 권리는 누가 갖는 것일까? 미래를 선점하려는 본성을 지닌 국가는 신체적·자연적 사원의 불공평한 분배를 유지하고자 세계적 불공평을 이용하여 국가의 안녕과 지속을 강화하고, 그로 인해 시민권의 가능성을 감소시킨다. 따라서 국가는 그 지속을 위해 '세계화의 폐기물'을 받아들이는 역할을 하게 된다.

조각 나 이주하는 몸

주체와 객체의 경계, 그리고 그 사이의 잠재적 가능성은 알란 쿠르디의 삶과 죽음에서 가장 분명하게 나타난다. 2015년 9월 2일, 당시 세 살이었던 시리아 난민 쿠르디의 시체가 터키 해안에서 발견됐다. 쿠르디의 이미지가 유포되면서 세계 대부분은 시리아전쟁을 인식하기 시작했고, 이 아이의 이름이 알려지기도 전에 어린아이의 모습이 "인류애의 표류물 Flotsam of Humanity"라는 해시태그를 달고 소셜미디어를 통해 전 세계로 퍼져 나갔다. 이 시신은 초국가적인 것이 되었고, '세계화의 쓰레기'를 재생산한 상품이자 이미지로 변했다. 소셜미디어를 통해 퍼져 나간 저항의 상징으로서의 아이의 몸은 예술적 재현이라는 명목으로 재창조되고 복제되었으며, 붉은 셔츠, 파란 바지, 갈색 신발로 더 잘 알려진 알란은 한 사람이라기보다는 상품화된 이미지로 제시되었다. 따라서 '인류애의 표류물"이라는 해시태그는 의미의 미끄러짐을 낳았다.

해상법에서 '표류물'은 선박에서 버린 것이 아니라 소유주가 계속해서 소유권을 주장할 수 있는 화물을 가리킨다. 즉, 선박의 바깥에 있거나 또는 육지에 다다르기 전에만 표류물로 존재한다. 따라서 '인류애의 표류물'은 해안에 다다르면 원산지에 귀속되는, 특정한 공간에만 적용되는 일시적 용어이다. 알란은 죽은 이후에만 시민권을 주장할 수 있다. 빨강, 파랑, 갈색의 표면으로 분할되는 폐기물인 그의 몸은 현재의 이주와 모빌리티에 관한 논의에 개입하였고, 신체의 이용을 국민국가와 연결시켰으며, 알란이 겪은 이동의 맥락에서 초국가적 윤리라는 개념을 문제화하였다. 알란이 분할된 디지털 이미지들로 재현되는 모습은 이주민 신체의 물리적 분할과 유사한 방식으로 작동한다. 따라서 이주와 모빌리티 담론이 폐기물로서의 그의 육체에 관심을 기울일 때, 우리는 일반적이지 않은 이주 경로를 따라 이동하는 신체에 대한 잠재적이면서 명백한 착취에 주목하게 된다. 누가 이 폐기물 또는 표류물에 대한 권리를 주장할 수 있는가, 그리고 누가 그 부산물을 재사용할 수 있는가?

여기서 우리는 시선을 돌려서, 초국가적이고 글로벌한 시민권과 주체성의 이론화에 도전하기 위해 초국가적 장기은행organ bank 관련 논쟁에 초점을 맞춰 볼 수 있다. 세계가 신체를 요구할 수 있다면, 생명 연장을 가능하게 하는 신체 장기에 대한 권리는 누가 가질 수 있는가? 이런 관점에서 몸에 대한 '권리'를 주장하는 이론이 실천으로 이어진다면, 글로벌 노스는 생명연장기술을 사용해 글로벌 노스의 자원에 대한 접근을 통제하는 신식민지 세계를 다시 등장시킬 것이며, 이 경우 예전의 광석처럼 장기는 '인류애의 표류물'과 동일한 디지털 테크놀로지의 이주 경로를 따라 움직이게 될 것이다. 타자의 몸은 은밀하게 국경을 넘는 자원이 담긴 컨테이너 역할을 하고, 이주 네트워크에서 나타나는 착취와 생체식민주의의 불쾌한 형태가 나타나게 될 것이다.

표류물이 해안에 다다르면 휴가와 여행의 공간인 바닷가도 불쾌한 공간으로 변한다. 표류물이 해안에 나타나면 비국가적 접경지대가 아닌 그 국가 내의 해안에 있게 된다. 해안가에 인간의 신체가 떠밀려 오는 모습은 국민에게 국가의 죽음이라는 가능성을 떠올리게 한다. 국경은 몸 전체는 규제하면서 조각조각 나누어진 신체는 통과시키는 상황을 만들어 낸다. 2017년 《더 타임스The Times》 보도에 따르면, 난민의 신체가 불법적인 장기 매매의 자금원이 되었다. 밀입국 비용을 지불하지 못한 아프리카 난민들은 "장기를 떼어서 보관·이동할 수 있는 장비를 갖춘"(Kington 2016) 이집트 밀매업자에게 팔린다. 정부 소식통에 따르면, 장기 밀매업자들은 이탈리아로 가던 도중 해상에서 사망한 난민들의 장기도 팔아 치웠다(Moore 2016). 이동 과정에서 신체는 온전한 몸을 뒤로하고 여러 개의 상품으로 나누어져 계속 이동한다. 하지만 국경의 우연성은 국민국가의 행위 능력과 대립한다. 움직이는 국경의 잠재적 운동미학은 공간과 신체를 구분하는 바로 그 구조를 불안정하게 한다.

신체를 자본 획득을 위한 예비 부품으로 사용되는 표류물로 묘사하는 것은 최근의 현상처럼 보이지만, 탈식민지 문학은 탈식민 이후로 그러한 불안을 계속 내비치고 있었다. 문학에서 장기이식은 대체로 두 가지 유형으로 나타난다. 하나는 사람들을 장기 광산organ mines처럼 다루는 상황을 제시하는 것이며, 또 하나는 국가 간의 불평등한 자원 교류가 이뤄지고 있음을 알리기 위해 장기가 이용되고 실험에 쓰이는 상황을 보여 주는 것이다.

알제리 작가 말리카 모케뎀Malika Mokeddem의 《금지된 여자The Forbidd-en Woman》는 1994년 프랑스에서 발표된 후 1998년에 영어로 번역된 소설이다. 이 작품은 알제리 여성의 장기를 이식받은 프랑스 남성의 내러티브를 통해 앞서 말한 두 가지 유형을 모두 다루고 있다. 장기이식을 소재로 삼는 문학에서는 조각난 신체가 개별 주체에 앞서 어떻게 모빌리티를 획득하는지를 탐구하여 국경에 대한 전통적인 이론을 보강하는 상상적이고 비판적인 작업이 가능하다. 장기이식을 다루는 문학은 버그발이 미래를 응시하는 것과 마찬가지로 미래를 내다보려고 하며, 신체의 조각들이 온전한 신체에 앞서 국가에 받아들여지는 문제적 상황을 드러낸다. 《금지된 여자》는 도나 맥코맥Donna McCormack이 말한 '이식의 상상력'을 통해 진행된다. 이는 "물질화할 수 없는 것에 시간과 공간을 부여하고, 비물질적 존재, 비가시적 물질성, 배회하는 부재일 때에도 거기 있다고 감지하게 되"는 것이다(McCormack 2016, 150).

이식의 상상력은 국경이 세계를 재창조하는 생산적인 공간이라고 상상한다. 국경이라는 관점은 이동을 제한하는 것이 아니라 국가에 매여 있는 시민권과 권리의 재개념화를 가능하게 하며, 이 재개념화 속에서 모빌리티는 다양한 사람들에게 개방되고 생체식민주의에 제동을 건다. 따라서 국경을 다루는 문학 텍스트는 불가능하면서도 역설적인 질문을 제기한다. 어떤 모빌리티가 신체에 인간성을 부여하는가? 그리고 어떤 모빌리티가 인간성을 신체와 분리하는가? 알란의 신체가 극적으로 강조되면서 전 세계로 퍼져 나간 일은, 죽은 신체는 시민권을 얻지만 살아 있는 몸은 같은 시민권을 얻지 못하고 무국적으로 남는다는 것을 암시한다. 이런 테마들은 이동에 대한 인식, 그리고 신체가 모빌리티에 의해 인지되는 방식을 통해 연결된다.

캐나다 망명이 거부되었지만 알란의 가족은 보트를 타고 유럽에 가기로 결정했다[Elgot 2015]. 출발한 지 얼마 되지 않아서 보트가 전복되었고 알란의 아버지를 제외한 모든 가족들이 목숨을 잃었다. 알란의 이미지가 퍼져 나가면서 국가는 재빨리 시신을 요구했고, 아이의 몸은 항공편으로 시리아에 돌아오게 되었다. 알란은 죽고 나서야, 가족들이 망명을 시도할 때 거부되었던 국가 시민권이 결정한 이동의 권리를 얻을 수 있었다. 이는 신체와 시민권이 연결되지 않은 채로 따로 남아 있을 수가 없음을 시사한다. 가족을 거부했던 그 권리에 따라 알란의 몸이 얻게 된 모빌리티는 '버림받은 난민 보트' 생존자들의 억류 이야기와 다시 연결된다. 억류하고 격리하는 국민국가의 권리는 국민국가라는 신화를 공고히 한다. 국가권력은 신체가 국경에 접하는 순간 인권을 침해하고 권력을 행사하여 국경 내에 있는 사람들의 모빌리티를 전유한다.

쿠르디가 사망 후 시리아로 되돌아간 지 몇 달이 되지 않아 캐나다의 정치인인 마이클 이그나티에프Michael Ignatieff는 뉴욕에서 발행하는 《뉴욕 리뷰 오브 북스New York Reivew of Books》에서 다음과 같이 밝혔다. "이제 열린 국경, 자유로운 탈출의 시대에 이민자의 물결이 쏟아져 나오면서 안전지대와 위험지대 사이의 거리가 무너지고 말았다"[Ignatieff 2015]. 글로벌 노스와 글로벌 사우스 사이의 영역이 줄어드는 상황을 두고 이그나티에프는 이런 해결책을 제시했다. "세상은 전 세계적으로 통용 가능한 생체인식카드에 기반한 새로운 이주제도를 간절히 필요로 한다. 그렇게 되면 글로벌 사우스 국가들은 본국으로 송금하는 돈에서 이익을 얻을 수 있으며, 글로벌 노스 국가들은 노동인구의 노령화로 생긴 빈틈을 이주 노동자들의 노동과 기술로 메울 수 있다"(Ignatieff 2015). 오랫동안 자유사상 가이자 인권운동가로 인정받았던 이그나티에프는 놀랍게도 이주자들에 대한 생체인식정보의 필요성을 언급하면서 특정 국민국가에 신체가 들 어오도록 허락할 때 생기는 불안을 강조했다.

사실 다양한 유형의 신분 구별 자체는 글로벌 노스와 글로벌 사우스를 구분하는 구조 안에서 국가의 공간이 강화되고 있음을 말해 준다. '이민 자의 물결'로 글로벌 사우스 국가들은 이주노동자의 본국 송금에서 이익 을 얻고 글로벌 노스는 '고령화 인구'를 대체할 노동력을 얻는다는 식의 설명은, 과거 식민지인의 이주가 육체를 이용해 국민국가에 통합되고 연 결되려는 욕구 때문이었음을 암시한다. 그러나 인간 신체의 착취 유형은 일종의 기계처럼 육체의 생산성을 높이는 방식에서 '고령화 인구'를 위한 인체 조직 사용으로 변화하였다. '생체정치적 문신bio-political tatooing'을 신체에 남기는 행위는 생체인식 DNA 기술과 여타의 생리학적 표식으로 신체를 분류한 데이터를 정체성과 국가 시민권을 결부시키는 방식으로 사용하게 만들 것이다(Agamben 2008). 여기에서 사이 공간은 사라진다.

개인의 생체 정보를 추적하는 행위는 윤리적 문제를 불러일으킬 뿐만 아니라 신체를 세계 제의 미생물학적 교환 네트워크에 집어넣게 한다. 이그나티에프가 말한 글로벌 노스의 소위 '노령인구'는 노동력보다 살아 있는 생체 재료를 필요로 한다. 생체 표식을 이용해서 이주자와 망명자 를 체계적으로 분류하면 신체는 사용 가능한 것으로 인증받는다. 즉, 건 강하고 안전하며 생산적이고, 노동력 제공이나 신체의 장기와 조직의 이 용으로 착취당할 준비가 된 재료인 것이다. 결국 글로벌 노스의 노령인구는 글로벌 사우스의 생체 조직을 이용하여 생명을 연장하고 특권을 확인하며 글로벌 노스와 글로벌 사우스 간의 경제적·기술적 차이를 지속시킬 것이다. 살아 있는 동안 신체는 태어날 때부터 추적 가능한 존재가 되어 국경을 넘나드는 것이 불가능해질 것이다. 그러나 죽음에 이르면, 신체의 각 부분은 차이의 표식에서 분리되어 일반적인 자원이나 교환 가능한 부품이 된다. 알란 쿠르디의 디지털화된 신체처럼, 신체는 조각난 채로만 국경을 넘을 수 있다.

신체를 인체 장기 수급의 자원으로 삼는 두려운 상황은 탈식민주의 문학에서 오랫동안 다뤄 온 주제이다. 1980년 키쿠유〔케냐 부족〕어로 발표된 것을 1982년에 영어로 출간한 응구기 와 티옹오Ngugi wa Thiong'o의 소설《십자가 위의 악마Devil on the Cross》(1987)는 이 두려움을 가장 잘 표현하고 있다.《십자가 위의 악마》는 "도둑질과 강도질" 전문가들이라고 불리는 케냐의 매판 계급들이 모여서 케냐 국민을 착취할 가장 좋은 계획을 세운 자에게 돌아갈 왕관을 두고 경쟁하는 내용이다. 이 회합에 참석한 이들 중 한 명이 이런 계획을 발표한다. "이 나라에는 입, 배, 심장 등 인체의 예비 부품을 만드는 공장이 있어야 한다"(Ngugi 1987, 180). 그는 뒤이어 그렇게 하면 "우리는 불멸을 사고 죽음은 가난한 자들의 특권으로 남겨 놓을 수 있다"(Ngugi 1987, 180)고 설명한다. 부패한 국민국가의 대표자인 부자는 장기를 교체할 수 있기 때문에 항상 안정적인 상태에 놓인다. 몸이 조각나더라도 그는 다시 완전해진다. 펭 체아Pheng Cheah는 이 지점의 중요성을 이렇게 설명한다. "달리 말하자면 이는 국가 그 자체에서 비롯된 소외이다. 여기서 이질적인 보철 신체는 진짜 몸과 구분할 수 없게 되고, 죽음은 삶 그 자체에서 나타난다"(Cheah 2003, 368).

신체의 부품을 계속 교환하는 것은 자본과 장기의 이동을 보여 주며, 국민국가가 어떻게 안정적인 힘으로 유지되는지도 알려 준다. 그러나 소설의 "인간 부품" 공장 서술은 국민 주체에게서 행위능력을 앗아 가며, 오히려 인구가 국가 내부에서, 또 수출을 통해 재활용되면서 국가 그 자체를 유지시키는 수단이라고 묘사한다. 신체는 공장이 되어 부자와 국가가 이용할 상품으로 자연스럽게 자라난다. 여기서 응구기의 신식민주의 착취 분석은 세계화된 세계로 초점을 옮긴다. 인간의 신체는 케냐의 매판 계급에게 착취당하는 동시에 장기 적출과 이식이 가능한 기술을 지닌 지역으로 수출된다. 소설 속의 "도둑질 전문가"는 "부자들은 모두 두 개의 입, 두 개의 위, 두 개의 생식기, 두 개의 심장을 가질 수 있다. 따라서 두 개의 삶이 있는 것이다! 우리는 돈으로 영생을 살 수 있다! 죽음은 가난뱅이들의 몫으로 남기면 된다!"고 외친다(Ngugi 1987, 181). 가난한 사람들의 장기 적출 묘사는 특히 문제적이다. 가난한 이들의 장기는 그 몸보다 앞서서 초국가적인 대상이 된다. 인구 대부분의 미래는 사라지고, 국민국가와 부자들만 생체 재료를 물려받는다.

인류학자 낸시 쉐퍼 휴스Nancy Scheper-Hughes는 신체를 자원으로 보는 문학적 재현들을 예로 들면서 신체 부위의 불법거래를 자세히 설명한다. 쉐퍼 휴스는 신체 부위가 어디에서 나와서 어디로 가는지를 검토하며 "젊고 건강한 흑인의 장기를 적출해서 … 심신이 늙고 쇠약한 백인 부자의 몸에 이식하는 교환"(Scheper-Hughes 2002, 40)의 불평등을 강조한다. 쉐퍼 휴스는 케이프타운 의과대학의 심장 전문의 브링크 박사의 말을 인용하여 1984년 이전에는 장기 적출 시 가족 동의 없이 "그들에게 필요한 심장"을 떼어 갔다고 밝힌다. 그뿐만 아니라 심장판막 같은 장기는 경찰서 시체

안치소에 있는 가난한 사람들의 시체에서 적출해서 독일과 오스트리아의 의료센터에 '처리 비용'만 받고 보내지기도 했다(Scheper-Hughes 2002, 60).

장기 조직이 수월하게 세계를 넘나드는 제품이 되고 있다는 사실은 살아 있는 사람은 받아들이기를 거부하고 생체의학 상품은 받아들이는 국경 개방의 현실을 보여 준다. 인간의 몸은 출신 국가와 밀접하게 연결된 반면에, 조각난 신체는 글로벌하고 초국가적인 장기 재료가 된다. 응구기가 비판한, 채굴될 상품의 저장 용기인 인간 신체는 장기가 지니는 초국가적 시민권을 드러내고 주권적 국민 주체에게 폐쇄적인 국경이 구체화되는 지점을 보여 준다. 시민권은 인간 신체와 달리 해체하기가 어렵다. 바로 여기에서 "타자에게 열려 있을 가능성, 자신과 타자의 인식론적 한계를 증언할 가능성이 오로지 자기의 생명력을 유지하기 위해 타자의 일부를 획득하려는 욕구에 점점 더 밀려나는 '윤리적 위기'"가 전면화한다(McCormack 2012, 172, Charkravorty, Neti 2009, 196). "타자의 일부를 취하고자 하는 욕망"은 글로벌 노스의 기술적 우위를 강화하고 수세기 동안 문학이 해 왔던 것처럼 타자의 신체를 물신화한다. 타자와 타자의 장기에 대한 이러한 물신화는 글로벌 노스에게 생명 연장의 자원이 된다. 타자의 신체와 노동은 글로벌 노스의 "고령화 인구" 유지를 위한 필수적인 대상이다.

자원으로서의 몸,
말리카 모케뎀의《금지된 여자》

장기이식이라는 주제는 신체 부위의 이동과 신체의 (임)모빌리티에 관련된 논의를 불러온다. 자원으로서의 몸은 국민국가에 머무르며, 채취되기 전에는 이동하지 못하고, 국민국가의 유지를 위해 만들어진 지정학적 지도 개념에 속하는 글로벌 노스와 글로벌 사우스로 나누어진 지리적 영역을 재구축한다. 각 장마다 시점을 바꿔 가며 서술하는 말리카 모케뎀의《금지된 여자》는 다양한 담론들을 대화 속에 담아낸다. 젊은 알제리 여성 술타나는 의사가 되려고 알제리를 떠났다가 전 연인의 장례식 때문에 돌아온다. 수학 교수인 프랑스인 뱅상은 사망한 알제리 여성에게서 신장을 이식받았다. 데릴라는 뱅상과 술타나가 함께 시간을 보내는 마을 출신의 어린아이다. 등장인물들은 모두 각기 다른 개념의 모빌리티를 보여 준다. 술타나는 한 국가에서 다른 국가로 이동한다. 뱅상은 장기이식수술을 받았다. 그리고 데릴라는 모빌리티와 공간에 대한 상상적인 개념을 제시한다.

신장이식수술 전에 뱅상은 그가 "간절하게 원했던 장기는 어느 누구에게도 속하지 않고 아무런 기원도 없다"고 생각했다(Mokeddem 1998, 20). 이식받은 장기가 알제리 여성의 신장이었다는 사실을 안 뱅상은 알제리에 가기로 결심한다. 그 여성에 대해 더 알고 싶었고, 신장 기증자의 뿌리를 찾아보고 싶다는 이유 때문이었다. 알제리에서 뱅상은 술타나를 만난다. 술타나는 "다른 사람의 장기가 몸속에 있는 기분"(Mokeddem 1998, 86)이 어떤지를 묻는다. 뱅상은 이렇게 대답한다. "그러니까 … 나와 비슷하지만 다른 누군가가 나에게 매여 있는 것 같아요. 내가 그저 다른 사람의 장기만을 가지고 있다고 생각하지도, 장기 시장에서 부품을 서서 만들어진 인간이라고도 생각하지 않아요. 이 신장은 우리가 만나는 장소라고 생각해요"(Mokeddem 1998, 87). 뱅상은 신장을 이식받은 후에 기증자의 '기원'을 찾기 시작한다. 그 신장은 처음에 아무런 기원이 없는 수명 연장의 재료일 뿐이었으며, 삶의 선물이라는 믿음이 기증자와 수혜자 사이의 구분을 모호하게 했다. 신장이 상품이 된 이후에야 기증자는 주체성의 형태를 갖게 된다. 하지만 주체의 모빌리티에는 어떤 교차 구조가 나타난다. 뱅상은 당연히 기증자가 주체성을 가지고 있었다고 보지만, 사망하면서 주체성을 잃고, 기증 시점에 다시 주체성을 얻게 된다고 생각한다. 신체/국민국가에 편입되기 전에 장기/국경의 미래적 잠재성이 존재한다는 점에서, 장기의 이런 사이 형태는 국가들 사이의 국경을 닮았다.

소설은 기증자가 국가에 묶여 있는 '주체성'의 짧은 순간을 묘사한다. 신장은 "알제리 여성"의 것이다. 뱅상은 이 이식수술이 "낯섦과 차이라는 두 개의 씨앗, 그러니까 성과 인종의 차이를 내 몸속에 심어 놓았다"고 설명한다(Mokeddem 1998, 22). 기증받은 신장의 기원을 알게 된 뱅상은 "수천 수백만 알제리 여성들의 목소리, 몸짓, 행동을 통해 그녀가 어떤 사람이었는지 읽어 내고 그녀를 발견하며 구성하고 싶어 한다"(Mokeddem 1998, 22). 자신 속에 있는 '성'과 '인종'의 '낯섦'과 '차이'를 없애고 싶다는 열망을 따라 뱅상이 '수백만 알제리 여성'에게서 타자를 '읽어' 내고 '구성'하는 것은, 수백만의 차이를 유전적 평등 담론으로 이끄는 글쓰기 형식을 의미한다. 하지만 이 평등 담론은 장기를 초국가적 상품으로 만들 수 있는 능력에서 나온다. 회의적 입장에서 보면, 수백만 알제리인들을 구성할 수 있는 능력은 죽어 가는 자를 위한, 프랑스 국가를 위한 광범위한 장기 네트워크를 암시한다. '이식 시장'에 나온 예비 부품들은 전 세계 시장에서 이용 가능하다. 과거의 식민지 주체가 제공한 생체 조직은 몸 전체는 넘지 못하는 국경을 넘어가고, 이 과정에서 프랑스 '시민들'과 프랑스 국가의 수명을 연장시킨다.

뱅상은 알제리 여성들과 자신의 동일성이 서로 다른 인종 간의 평등함을 암시한다고 믿고 있지만, 그는 예비 생체 부품을 만들어 낸 장소인 알제리에서 타자를 구성하고 있다. "내가 여성 그것도 다른 나라의 여성과 장기 조직의 동일성을 가지고 있다는 사실을 알게 되다니, 진짜 멋진 일이야! 인종에 대해 거짓말을 하는 인간들은 한 번이라도 유전학을 접해 봐야 할 텐데!"(Mokeddem 1998, 91). 유전적 일치를 확인하는 것은 타자를 구성하려는 그의 욕망을 감춘다. 자유주의적 인본주의자인 뱅상은 인간 신체의 직접적 착취를 옹호하면서 스스로를 확장하는 캐릭터이고, 자기의 몸을 다른 이의 장기로 고치면서 '타자' 발견의 감각을 얻게 되는 인물이다. 이식 후 거부반응의 가능성을 생각하면서 뱅상은 "즉시 오른쪽 옆구리 수술 자국에 손을 대 보았다. 떨리는 집게손가락으로, 가늘게 난 상처를 위아래로 훑어 보았다. 외국인의 신장을 내 내장 안에 집어넣었던, 어떤 섭리를 담은 메스가 이 상처를 만들었다"(Mokeddem 1998, 19).

이렇게 "위아래로" 흔적을 훑어 보면서 봉합을 물신화하는 행위는 글로벌 노스가 현재의 구조를 유지하기 위해 이주민 인구를 받아들이는 상황을 떠올리게 한다. 뱅상이 자기 생명을 유지하기 위해 '외국인의' 장기를 받는 것과 동일한 방식인 것이다. 이민자 신체에 접근하는 것은 초국가적 이동이 누구에게나 열려 있다는 뱅상의 편견을 증폭시킨다. 그러나 알제리인들은 뱅상과는 다르게 국경을 넘어 이동할 수가 없다. 오로지 그들의 장기만 온전한 신체가 받는 것과 동일한 유형의 초국가적이고 글로벌한 시민권을 글로벌 노스에게서 받을 수 있다. 뱅상은 모든 신체가 국경을 넘나드는 글로벌한 세계를 만들어 가는 데에 적극적으로 참여한다. 그는 이른바 탈식민 이후에도 계속된 옛 식민지 착취에 대한 그의 가

담을 최소화할, 특수하고 글로벌한 시각을 창안해 낸 것이다.

미국의 사학자 토드 셰퍼드Todd Shepard에 따르면, 알제리전쟁으로 탈식민화가 역사적 진보의 일부분이라는 개념이 생겨났고, 이로 인해 프랑스는 알제리를 프랑스의 일부라고 간주했던 과거를 망각할 수 있었으며, "이 망각을 통해 새로운 프랑스 정체성과 새로운 프랑스 국가체세가 나타났다"(Shepard 2006, 2). 셰퍼드는 1962년 알제리혁명 이후 "알제리가 프랑스라는 130년 동안의 주장은 손쉽게 버려졌다"고 덧붙였다(Shepard 2006, 8).

《금지된 여자》는 프랑스와 알제리의 관계를 셰퍼드의 입장보다 더 복잡하게 바라본다. 뱅상은 쉽게 예전 식민지에 접근할 수 있지만, 과거에 '프랑스인'이었던 알제리인들은 동일한 모빌리티 자유를 누릴 수 없다. 탈식민화는 국경을 공고하게 했고, 나아가 계속 글로벌 노스에게 유리한 방향으로 국경이 작동하게 만들었다. 알제리는 더 이상 프랑스가 아니지만 프랑스는 여전히 예전의 식민지에, 주변부에 남은 식민화된 신체에 접근할 수 있으며, 그들의 장기는 국경 없는 초국가적 상품이다. 장기는 세계화되지만, 사람들은 그 출신에 매여 있다. 보편적인 '우리'를 말하는 이론은 있지만 그 실천은 존재하지 않는다. 탈식민 이전에 프랑스는 알제리를 "프랑스의 연장"(Shepard 2006, 8)이라고 규정했다. 그리고 이제 프랑스는 예전에 피식민지인이었던 이들의 장기를 예전 식민지배자들의 국가적 자아가 미래로 연장된 것이라고 여기는 듯하다. 저장 용기가 된 신체가 생명을 잃으면 자원/장기[2]가 프랑스인, 혹은 옛 식민자들의 몸속으

---

2 (옮긴이) 원문에서는 장기organ라는 단어에 빗금을 그어 the ore/gans로 표기하여 인간의 신체를 광물자원ore의 일종으로 표현하고 있다.

로 들어가 세계시민권을 얻는다. 예전 피식민지인들의 생물학적·미생물학적 조각들은 글로벌한 '우리'라고 자칭하는 이른바 다문화국가의 집단적 소유물이 된다.

《금지된 여자》는 더 나은 미래로 나아가고자 할 때에도 존재하는 국가적 배제에 대한 대안을 모색한다. 맥코맥은 뱅상이라는 인물과 또 다른 역사를 추구하는 그의 대안에는 "식민 본국 프랑스인의 몸"을 유지하기 위해 누가 죽어 갔는지를 기억하는 탈식민주의적인 움직임이 있다고 주장한다(McCormack 2016, 150). "뱅상의 몸에 체화된 장기이식은 다른 반응을 요구한다. 여기서 그는 자기의 안에 있고 바깥에 있는, 즉 자기와 통합되어 있고 분리되어 있는 타자와 함께 살아간다. 다시 말해, 뱅상은 존재하는 부재present absence를 기억한다"(McCormack 2016, 150). 그러나 이런 관점에서조차 세계는 탈식민주의와는 거리가 먼, DNA 차원에서 착취하는 생체식민주의의 한 형태를 보여 주고 있는 듯하다.

내가 '미시적 식민지화microcolonisation'라고 이름 붙인 이 형태는 피해자를 제외한 모두에게 이익을 가져오는 것처럼 보인다. 글렌 코헨Glenn Cohen은 〈국경 없는 장기Organs without Borders〉에서 탈국가적 장기은행의 가능성을 상상해 보려고 했다. 코헨은 "국민국가는 장기 조달의 핵심적인 경제적·사회적·기술적 행위자로, 무엇보다도 '현실 공간realspace'의 행위자로" 남기 때문에 "국민국가의 의료제도 관여가 중단되지 않는다면 국민국가들이 장기 중개에 나서지 않으리라고는 상상하기 어렵다"면서 (Cohen 2014, 215) 이렇게 결론을 내린다. "나의 상상이 틀릴 수도 있다. 그리고 다른 이들이 장기 배분의 진정한 탈국가적 시스템을 설계하거나 최소한 상상해 낼지도 모른다"(Cohen 2014, 215). 자신의 "상상이 틀릴 수도 있다"는 그의 발언은 탈국가적 시스템을 상상할 여지를 남기지만, 이 시스템은 단지 '장기 배분'에서만이 아니라 더 큰 차원에서 탈국가적이어야 한다. 반면에 코헨과 같은 비평가들의 상상과는 달리, 문학 텍스트는 우리가 살고 있는 세상과는 상당히 다른 구조를 지닌 세계를 모색하는 특수한 종류의 국경 상상을 창조한다. 《금지된 여자》의 데릴라는 다른 유형의 공간으로서의 국경 개념을 보여 주는 형상이다. 여기에서는 국가의 미래를 지연시키는 생산적인 공간인 계속 변화하고 움직이는 국경의 잠재성이 나타난다. 이 지연된 미래는 인간 또는 국가의 신체 속으로 완전히 흡수되기 이전의 가능성을 제시하면서 장기와 표류물 개념을 연결한다. 국민국가는 미래의 잠재성을 국가가 규정한 경계 내에서 붕괴시키면서 미리 결정되어 있다. 데릴라와 운동미학적 텍스트는 이러한 국민국가의 외부에 있는 공간인 국경의 불안정성을 폭로한다.

《금지된 여자》는 남성지배 사회에 갇혀서 자신이 사하라사막의 모래언덕에 사는 이주민이라고 상상하는 알제리 소녀인 데릴라라는 인물을 통해 상상의 중요성을 강조한다. 데릴라의 내러티브는 일종의 잉여여서, 장마다 시점이 바뀌면서 엄격하게 경계를 나눈 내러티브 구조 사이를 돌아다닌다. 이는 글로벌 사우스에서 출현한 국경 개념을 통해 어떤 모빌리티에 접근할 수 있게 하는 내러티브의 장기organ와도 같다. 생체식민주의와 착취의 내러티브 안에서 데릴라는 희망의 순간을 보여 준다. 텍스트는 데릴라가 상상하는 미래의 운동미학을 탐사하여 국경에서 나타나는 가능성을 제시한다.

모빌리티 연구는 대체로 신체가 움직이는 공간에 관심을 기울인다. 하지만 글로벌 사우스에서 제기된, 다른 유형의 글로벌한 주체를 위한 생산적인 공간으로 국경을 상상하는 일도 중요하다. 토머스 네일Thomas Nail은《국경 이론The Theory of the Border》과《이주민의 형상The Figure of the Migrant》에서 사회적 삶에서 국경이 갖는 "구조와 기능"을 이해하는 이론적 틀을 상세히 설명하고, 그가 "우리 시대의 정치적 형상political figure of our time"이라고 칭하는 이주자의 관점에서 역사를 인식하는 방식이 역사 분석의 초점을 안정과 국가에서 사회적 동력으로서의 이주민 이론화로 전환하게 한다고 설명한다(Nail 2015, 235; 2016, 7). 네일은 국경이 항상 움직인다고 본다(Nail 2016, 2-5). 국경은 "순환의 과정"이며 "사람이나 사물을 '포함'하는 것으로 종료되지 않는다"(Nail 2016, 7). 국경은 "어느 때든 누군가를 추방할 수 있도록 포함의 선택 과정을 주기적으로 바꾼다"(Nail 2016, 7). 따라서 이주자에 주목하면 국민국가와 시민권 개념을 다시 한 번 생각해 보게 된다. 배제적 포함의 형식인 시민권은 폭력성을 띠고 있다. 그러므로 언제나 동시에 포함하고 배제하는 국경은 국가의 규제력이다.

이렇게 움직이는 공간은 이주자의 사회적 추방에 근거하는 사회적 확장을 의미하며, 이를 네일은 "운동정치kinopolitics" 혹은 '기록된scripted 이동에 대한 연구'라고 부른다. 여기에서 이주자 형상은 "정치적 자격의 새로운 모델"을 예시하는 "세계 속의 실제 이주민, 그리고 더 추상적인 사회적 관계"를 가리킨다. 네일은 이주자의 형상에서 가능성을 발견한다. 이주자는 "사회질서"나 "역사"가 없는 존재로 정의되는 것이 아니라, "추방에 의해 정의되지 않는 사회적 움직임의 새로운 형태"를 낳는 "변칙과 예측 불가능성"을 통해 국경 공간을 다시 정의하는 형상이다(Nail 2015, 126). 뿐만 아니라 네일은 국경이 "사람이나 사물을 포함"하면서 종료되지 않는다면서 국경을 매우 생산적인 것으로 규정한다. 항상 "포함" 가능하다면 국경은 계속해서 확장하고 한계를 파괴하며 제한된 공간을 잠재적으로 포괄하는 포섭의 공간이 될 수도 있다. 포섭의 공간인 국경은 국경에 대한 사고의 전환 가능성을, 혹은 사고해 보지 않은 공간의 영역으로, 포섭의 공간으로 국경을 이동시킬 가능성을 뜻한다. 이는 이동과 텍스트성에 주목하는 탈식민문학이나 이주문학이 상상적 행위를 통해 정교화하고 주장하는 것이기도 하다. 이동에 주목하면, 미적 생산을 통해 국경이 국가 서사가 아니라 그 공간에 들어와 자리를 잡고 살게 되는 이주자 형상의 서사를 기념하게 된다. 운동미학의 핵심 개념인 이동과 이주는 국가 사이의 땅을 나눈다는 시각을 극복하는, 미래의 생산 공간과 구성 개념을 나타낸다. 국경은 그 자체 내의 공간에서 작동하며, 이주자 형상을 삼키지만 이 특수한 경계 공간에 거주해야 하는 이주자들에게 서사적 목소리를 제공하기도 한다. 운동미학이라는 특성을 갖는 텍스트들과 사유 대상이 아니었던 공간들은 국경의 투과성을 보여 준다. 네일이 바라보는 국경은 분할의 선이라기보다는 이동과 생산이 계속 일어나는 공간이자 모빌리티 그 자체의 공간이다.

텍스트의 경계에서 나타나는 데릴라는 뱅상과 술타나의 내러티브 사이의 빈틈에서 가교 역할을 하며 상상력을 이용해 전혀 다른 공간을 만들어 내려 한다. 여기에서 뱅상과 술타나가 그 형성을 목격하는 새로운 공간은 데릴라의 다중자아적 상상이 낳은 여러 가능성들을 제시한다. 이는 호미 바바Homi Bhabha가 말한 "초국가적 이주 지식"이라고 할 수 있다. 전 세계가 절실하게 필요로 하는 이 이주 지식은 "자아의 내면이 세계를 직면하도록 바깥으로 향하게 하고, 외부 현실을 자신과 타자와의 친밀한 관계로 변형시키는" 이동을 자극하는 타자성의 세 번째 공간이다

[Bhabha 2011, 18]. 뱅상이 "데릴라가 세계를 만들어서 그 속에 숨어 있다"고 설명하고, 술타나는 "그런 피난처는 떠나는 순간에 위험해진다"고 말할 때에 묘사되고 있는 것은 데릴라가 펼쳐 놓는 초국가적인 이주 지식이다 [Mokeddem 1998, 63-67]. "피난처"의 불안정한 속성은 계속해서 이동하는 공간이 필요하다는 것을 의미한다. 하지만 "모든 망명자의 씨앗"인 데릴라는 실제로는 존재하지 않는 여동생 사미아로 나타나는 미래의 상상이 담긴 공간을 제시한다. 데릴라에게 피난과 제한 지역 바깥에 머무는 것은 "당신들이 원하는 공간을 찾는" 열쇠이며, 데릴라는 이것이 "아마도maybe"라는 말 속에 있는 공간이라고 설명한다[Mokeddem 1998, 79]. 데릴라는 이어 "아마도 peut-être"라는 "예쁜" 단어 안에서 공간을 찾는다. "이 단어는 머리와 꼬리가 있는 'peut'와 머리 뒤에 모자를 얹은 'être'로 되어 있어요. 사이에 있는 줄표는 둘을 합쳐 줘요. 둘이 손을 잡고 걸어가는 것 같아요"[Mokeddem 1998, 119]. 이 "아마도"를 통해 데릴라는 새로운 세상을 창조하는 것만이 아니라 다중적인 세계들과 다중적인 자아들을 만들어 낸다. 이 공간들과 꿈 같은 경관dreamscapes은 마을을 경계짓고 바람에 따라 계속 만들어지고 다시 만들어지며 끝없이 움직이는, 모래언덕의 공간과 유사하다.

운동미학의 구체화된 형태인 모래언덕은 끊임없이 이동하면서 미래의 가능성을 열 수 있는 공간이 된다. 국가는 모래언덕을 한계짓지 못한다. 그러나 데릴라가 상상하는 다중적인 미래를 가진 공간인 피난처는 아마도 'peut'와 'être' 사이를 연결하는 줄표 속의 공간일 것이다. 이 줄표는 의미 규정을 두고 벌이는 유희이며, 데릴라의 말놀이는 현재의 시간성을 교란하기 위해 사전에 규정된 규칙을 끊임없이 위반한다[Mokeddem 1998, 120]. 데릴라는 여기서 마을에 만연한 남성지배적인 응시와 모래언덕에서 자신이 자유를 찾는 이유를 변형시킨다. "(사미아는) 이 지옥 때문에 눈이 불타 버렸다고 했어요. 눈은 볼 수가 없어요. 할 수 있는 거라고는 그냥 응시하는 것뿐이에요. 눈은 장님이 손으로 하듯이 물건을 만지고 더듬고 꼬집어 봐야 그게 무엇인지 알게 돼요. 난 내 동생 사미아가 맞다고 생각해요. 그게 내가 꿈을 그렇게 강력하게 응시하는 이유예요. 내 눈은 꿈을 만지거든요. 그래서 난 꿈이 진짜로 존재한다고 생각해요. 무엇이 진짜 존재하는 걸까요?"(Mokeddem 1998, 82). '동공 속의 지옥'을 자신의 꿈을 만지는 초월적인 '눈'으로 바꾸려는 시도는 'peut'와 'être'를 연결하는 줄표 놀이와 유사한 역할을 한다. 이는 과도하게 확정된 미래에도, 국민국가가 제공하는 예상 가능한 미래에도 의존하지 않는 생성의 시간적 연기이다. 현재를 지우는 데릴라의 상상적 "공간"은 언제나 연기되는, 더 나은 미래를 잠재적으로 제공한다. 하지만 모래언덕과 마찬가지로, 이 상상의 꿈속 풍경과 세계의 창조는 운동적 텍스트의 텍스트 놀이와 움직임에 기댄다. 《금지된 여자》는 이동에 기반한 미학, 혹은 운동미학을 통한 경계공간의 변화로 이 세계를 창조한다.

《금지된 여자》는 경계들을 생산적인 공간이라고 본다. 주권과 배제의 영역을 만드는 공간이라기보다, 국경은 잠재적으로 "전 세계를 지워 버릴 수 있는"(Mokeddem 1998, 79), 계속해서 변화하며 형성하는 공간이다. 이런 경계의 형상화, 즉 국경을 배타적이기보다는 포괄적인 공간으로 재정의하는 것은 토머스 네일이나 조르조 아감벤의 국경 개념의 확장이기도 한, 피난처라는 세계 형성의 한 형태를 제시한다. 아감벤은 국민P/인민people의 형성에는 항상 파열이 있다고 했다. 배제의 전술이 항상 존재하지만, "국가의 공간에 항상 구멍이 뚫리고 위상학적으로 변형되는 세계, 시민이 자신이 난민임을 인식할 수 있는 세계, 그런 세계에서만 오늘날 인류의 정치적 생존을 떠올릴 수 있다"는 것이다(Agamben 2000, 26). 또한, 네일은 국경을 다른 정체성들이 나타나는 장소라기보다는 사람들을 들여보내고 규제하는 구멍 뚫린 장소라고 정의한다. 《금지된 여자》는 운동 미학을 통해 신체적·미적·상상적 이동을 묘사하여 일종의 창조를 제시한다.

모래언덕 속에 있는 데릴라의 "잃어버린 공간"은 알제리 여성이라는 제한된 정체성에서 빠져나와 미래의 망명을 지향하는 연결 지점을 만들기 위한 노력이다. 뱅상은 술타나와 대화하면서 데릴라가 말한 모래언덕 개념을 빌려 와서 "내 안의 공허"와 연결시킨다(Mokeddem 1998, 86). 술타나는 이 "잃어버린 공간"이 자기가 "여러 조각으로 나뉘어 산산히 부서지는" 느낌을 갖게 한다고 대답한다(Mokeddem 1998, 86). 그러나 데릴라에게 모래언덕이라는 공간과 다수의 '나'로 흩어지는 것은 "공간을 찾는" 사람들을 위한 "모래언덕"이 되는 어떤 고독을 만들어 낸다(Mokeddem 1998, 64). 데릴라는 "모래언덕은 꿈의 바다"라고 설명한다. 뱅상은 데릴라에게 모래언덕이 에르그가 바다라면 "지중해나 우리에게 생명을 가져다주는 그런 바다"냐고 묻고, 데일라는 "둘 다예요. 사미아는 바다가 파도를 지우는 물로 만들어진 모래언덕이라고 했어요. … 모래언덕은 여기에서 나온 바다예요"라고 말해 준다(Mokeddem 1998, 58). 데릴라는 뱅상과 술타나 사이를 이어 주는 내러티브일 뿐만 아니라 여러 경계 공간들을 이어 주는 더 큰 연결 내러티브를 마련하는 존재이다. 모래언덕은 지중해가 되고, 항상 연기되는 상상적 미래 속에서 공간들의 가능성을 연결한다.

수벤드리니 페레라Suvendrini Perera는 "국가 구성원의 자격이 갖는 한계"를 이해하고 "새로운 주권, 계획, 제휴"를 상정하게 하는 국경경관 borderscapes인 이 경계 공간들이 갖는 가능성을 논했다(Perera 2007, 214). 국경경관은 "다양한 저항, 도전, 반론"을 낳고, 경계 공간의 여러 형태들을 국경경관의 더 넓은 맥락 속에서 재구성한다. 페레라는 국경경관의 내러티브가 "지도의 잘려 나간 조각과 나누어진 파편들을 가로질러 새로운 공간적 정체성과 제휴의 가능성을 동시에 예상하고 투영하는" 이중적인 기능을 수행한다고 보았다(Perera 2007, 224). 데릴라는 자신의 내러티브에서 인간 신체의 "잘려 나간 조각들과 나누어진 파편들"을 가로지르며 연결하는 국경경관을 제시한다. 데릴라는 모래언덕에서 다중적 잠재성의 자아들을 창조해 내며, 여기에서 언제나 연기되는 미래의 가능성들을 드러낸다. 이는 이미 구축된 국민국가의 국경이 아닌 그 스스로의 공간인 경계의 잠재성을 품고 있다. 데릴라의 운동미학적 창조는 언제나 움직이며, 경계 공간은 움직이는 공간이자 움직임을 낳는 공간이며 지속적인 생산의 장소가 된다.

나아가 데릴라는 자신의 내러티브를 자신의 시간성과 장소 바깥으로 이동시킨다. 그 바깥이란 "지중해"와 연결될 뿐만 아니라, 삶과 죽음 사이의 영역, "발자국"이 없는 곳, 죽음이 국가에 발자국을 남긴 자들의 삶을 "되감을" 수 없는 곳이다(Mokeddem 1998, 58). 이러한 분리, 혹은 계속되는 '되돌림'은 알란 쿠르디의 이미지, '버림받은 난민 보트', 《금지된 여자》를 연결한다. 데릴라는 이렇게 말한다. "모래언덕은 여기에서 시작하는 바다예요. 그리고 모래 속에는, 모래 위에는 하늘로 올라갔다가 다시 내려오는, 빛을 만들고 절대로 죽지 않는 꿈속의 사람들이 있어요. 살아 있는 사람들이 그 사람들을 보는 방법을 언제나 알고 있는 것은 아니에요. 나는 그들을 보고, 그들에게 말을 걸어요"(Mokeddem 1998, 58).

이때 데릴라는 '볼' 수 없는 사람들과 자신을 구분하고, 산 자, 죽은 자, '결코 죽지 않는 자'를 연결하는 실이 된다. 데릴라는 대안을 상상하고, 그 상상을 통해 자아의 잠재적인 다른 미래를, 이주 시대의 미래를, 신체에 대한 글로벌 사우스의 상상력을 드러낸다. 이 상상은 더 이상 신체를 자원/장기를 담는 용기로 간주하지 않고 이주자이자 이동하는 공간으로 여긴다. 이 대안적 주권 공간은 모래언덕의 변화하는 주권, 지중해와의 연결, 그리고 아직은 미지의 공간인 움직이는 국경경관에 다양한 공동체들을 위한 네트워크를 제공한다. 아직 우리가 떠올리지 못한 시민권의 연결 기관인 데릴라의 움직이는 국경은 미래를 연기하고 국가체제 편입을 거부하면서 세계를 재구성할 잠재력을 지닌다.

[4부]

모빌리티의 미래

제10장

자전거 타기와 서사 구조

H. G. 웰스의 《우연의 바퀴들》과
모리스 르블랑의 《이것은 날개다》

| 우나 브로건 |

H. G. 웰스H.G. Wells의 《우연의 바퀴들The Wheels of Chance》(1896)과 모리스 르블랑Maurice Leblanc의 《이것은 날개다Voice des ailes》(1898)는 자전거 타기가 이동 수단의 한 유형이자 오락거리로 처음 인기를 끌었던 1890년대 자전거 유행 시기에 영국과 프랑스에서 각각 쓰여진 대표적인 자전거 소설이다. 《우연의 바퀴들》은 포목상인 후프드라이버가 영국 남부에서 열흘간 자전거를 타고 휴일을 보내는 내용이고, 《이것은 날개다》는 노르망디와 브르타뉴에서 몇 주간 자전거 여행을 하는 이야기다. 이 텍스트들은 상당한 비평적 관심을 받았지만, 동시대의 두 자전거 이야기들에 대한 비교 연구는 없었다. 두 텍스트를 동시에 읽으면 이 새로운 형태의 모빌리티가 주변 환경과의 상호작용을 바꾼 방식에 주목하면서 서사 행위를 새롭게 조명할 수 있다.

여정의 시작

《우연의 바퀴들》의 첫 세 장은 후프드라이버의 직업적인 삶을 잠깐 엿보게 하는 간략한 내용이다. 여기에서부터 점차 이야기는 자전거를 타려는 야심 찬 사람들의 가파른 학습곡선에 초점을 맞추기 시작한다. 독자의 주의는 처음에 "이 젊은이 다리의 놀라운 상태"에 이끌린다. 화자는 이를 "과학적 정신, 양심적 현실주의자의 딱딱하고 거의 전문가적인 어조"[Wells 1935, 5]로 묘사한다. 그리고 후프드라이버가 자전거를 배우는 모습을 이렇게 표현한다.

내가 너에게 처음으로 보여 주었던 세심한 가게 주인의 점잖은 모습 뒤로, 어두운 길에서 두 사람과 기계 하나가 벌이는 한밤의 투쟁이 떠오른다. … 흔들거리는 불안한 비행, 인간과 기계가 튀어나가는 것을 조정하려다 생기는 비틀거림, 그리고 넘어지는 모습.(Wells 1935, 7)

주인공이 자전거를 타기 전까지 서사는 사실상 정지 상태이고, 후프드라이버의 "명과 찰과상 이야기"(Wells 1935, 8)일 뿐이다. 그가 자전거에 오르려고 시도하는 동안 서술자의 걱정하는 목소리는 더 커진다. 신비로워보이기까지 하는 "야간 투쟁의 모습"은 이야기에 흥미를 더하고, 포목상의 정적이고 단조로운 생활에서 드물었던 어떤 움직임을 낳는다. '후프드라이버의 라이딩The Riding Forth of Mr Hoopdriver'이라는 제목의 네 번째 장에서부터 주인공의 목소리가 나오기 시작하고, 이야기가 진행된다. 장들이 길어지고 화자는 물러난다. 첫 세 장에서의 판단은 유보되고 이제소설의 무대는 묘사와 플롯으로 채워진다.

르블랑의 이야기에서도 비슷한 방식이 시도된다. 인물들이 아직 여정을 시작하지 않았으므로 첫 장은 정체 상태와 불변성이라는 인상을 준다. 젊은 두 쌍의 커플, 파스칼과 레진 포비에르, 기욤과 마들렌 다졸은 식사를 하기 위해 불로뉴 숲에 있는 그들의 클럽에 도착하고, 숲에서 자전거를 타는 유행에 동참한다. 이들은 분명히 자전거에 열광하고 있지만, 화자는 자전거를 타려는 그들의 주된 동기가 사회의 규범과 유행을 따르기 위한 것이라고 꼬집는다.

꼭 필요한 의견, 없어선 안 될 즐거움, 의무적인 쇼와 같은 것들이 존재한다. 그들은 선량하고 순종적인 아이들과 같이, 나태한 영혼과 잠자는 마음을 가지고, 유행을 따르고 유행을 위한 운동을 하면서, 익명의, 우아하고, 경박한 존재로 이 모든 요구에 응했다. 만약 유행이 요구했다면 그들은 하루 종일 침대에 있었을 것이다.(Leblanc 2012, 14)[1]

나태함, 퇴폐, 퇴화에 대한 당대 프랑스의 우려를 반영하면서(자전거 열풍의 맥락에 대한 논의는 Thompson(1999) 참조), 자식도 없고 사랑도 없는 커플들은 자신들이 속한 사회의 계율을 부주의하게 따르는 무능한 자동기계로 등장한다. 이 소설의 마지막에 파스칼은 "나의 잃어버린 세월, 수면과 무기력과 불편함과 위선의 세월"(Leblanc 2012, 87)을 반성한다.[2] 자전거 타기는 파스칼과 다른 인물들에게 무기력과 무관심에서 깨울 활동이다. 기용이 다음 주의 클럽 모임 장소인 디에프로 라이딩을 하자고 제안하자, 여자들은 "어떤 특별한 모험, 평범한 삶의 조건을 벗어난, 돌아오지 않을지도 모르는 멀고 위험한 모험 중 하나"(Leblanc 2012, 15)라고 생각한다.[3] 이 과장 섞인 기대는, 실제로 그들의 삶을 완전히 바꿀 여정의 현실과 일치하게 된다. 출발을 둘러싸고 커져 가는 열정은 첫 번째 장의 마지막 줄에서 "그럼 출발!"(Leblanc 2012, 16)이라고 외칠 때 절정에 달한다.[4] 이 대목은 등장인물들이

---

1 이 글의 프랑스어 인용은 원전 그대로이며, 영어로 인용된 부분은 필자가 번역하였다. "Il y a des opinions ncessaires, des plaisirs indispensables, des spectacles obligatoires, et ils obissaient tout cela en bons enfants soumis, en tres anonymes, gants, frivoles, d'me oisive et de coeur endormi, inf la mode, faisant l'exercice par mode, aussi bien qu'ils fussent demeur."

2 "mes années perdues, mes années de sommeil, de torpeur, de gêne, d'hypocrisie!"

3 "quelque aventure extraordinaire, hors des conditions possibles de la vie, une de ces expr que l'on revient jamais."

4 "Et alors, en route!…."

정체되고 단조로운 파리 클럽의 세계를 떠나 막 시작하는 항해의 발견에 독자를 초대한다. 이 두 소설에서 자전거 타기는 일상의 단조로움으로부터의 탈출을 의미하고, 등장인물들이 모험을 시작하고 개인적 변화를 경험하는 수단을 제공한다.

웰스의 이 '자전거가 등장하는 목가'의 첫 장에서, 화자는 소설의 본질과 사실주의적 문체를 고찰한다. 자전거 타는 법을 배우려는 호프드라이버의 시도와 서술 형식을 숙달하려는 작가의 시도 사이에는 유사성이 존재한다. 자전거 타는 법을 배울 때의 좌절과 가치 있는 문학 텍스트 생산에 실패하면서 느끼는 좌절감 사이의 연관성은 웰스 혼자만 포착한 것이 아니다. 메리 케나드Mary Kennard(필명은 에드워드 케나드 부인Mrs. Edward Kennard)는 1883년부터 1903년까지 승마, 자전거 타기, 자동차 타기와 스포츠 같은 주제를 다루면서 지금은 잊혀진 여러 편의 대중소설과 논픽션을 썼다. 《여성 자전거인을 위한 안내서Guidebook for Lady Cyclists》(1896)에서, 자전거를 배울 때의 고군분투를 이야기하면서 케나드 부인은 이런 비교를 한다. "첫 번째 소설을 쓸 때만큼 나빴다. 비밀리에 작업에 착수했을 때 누군가에게 무슨 일을 하는지 들키는 것이 죽을 만큼 싫을 때처럼 말이다"(Kennard 1896, 3). 그러나, 자전거 타기는 일단 익히고 나자 글쓰기의 도구가 된다. 케나드는 글쓰기 전에 머리를 맑게 하기 위해 아침이면 자전거를 탔다(Kennard 1896, 23). 자전거 타기는 어려운 창작 과정을 반영할 뿐만 아니라 예술가들에게 영감을 주었다. 예를 들어 에드워드 엘가Edward Elgar는 1899년에 〈수수께끼 변주곡〉을 작곡할 때 맬버른 언덕에서 하루에 50마일씩 자전거를 탔다(Nye 2000, xxv). 후프드라이버도 케나드도 불완전한 자전거 실력 혹은 글쓰기 실력을 사람들에게 숨기면서 새로운 기술을 습득하기 위해 은밀하게 애쓴다. 초보 사이클리스트의 은밀한 노력에는 초보 작가의 분투가 반영되어 있다.

《이것은 날개다》의 등장인물들은 이야기가 시작되었을 때 이미 능숙하게 자전거를 타지만, 소설의 두 번째 장은 그들의 여정이 그리 쉽게 시작되지 않는다는 것을 보여 준다. "등장인물들은 도랑 옆에 널부러져 있었으며 … 그 와중에 자전거들은 짜증나서 대충 내던져 버린 물건처럼 좌우 양쪽 여기저기에 흩어져 있었다"(Leblanc 2012, 17).[5] 무더위 속 장거리 라이딩에 아직 익숙하지 않은 육체적 어려움 속에서 여정과 이야기는 불안하게 출발하지만, 이는 딱딱해질 수도 있었던 서사에 유머의 요소를 도입하는 미덕을 발휘한다. 웰스와 르블랑은 다양한 방식으로 자전거 배우기나 자전거 여행의 어려움을 활용하여 서사에 움직임을 부여하고, 초보 작가의 주저하는 첫걸음을 반영한다.

새로운 문학 지형의 발견

일단 자전거 타기 기술에 익숙해지면 이야기의 시작이 가능하다. 두 작품 모두 물리적 위치를 변화시키고 나머지 서사를 결정하는 데에 필요한 다양한 인물들과의 만남을 허용하는 것이 바로 자전거다. 자전거는 이동하는 주인공들이 서로의 길을 건너고 다시 교차하여 가로지르는 독특한

---

5 "affalés sur le talus d'un fossé"; "les machines gisaient pêle-mêle, de droite et de gauche, comme des objets encombrants dont on s'est débarrassé le plus vite possible et non sans quelque rancune."

지형과 서사의 공간을 열어 주며, 그 과정에서 새롭고 예상치 못한 환경을 형성한다. 자전거의 문학적 특성을 고려한 소수의 비평가 중 한 명인 마르크 오제Marc Augé는 자전거가 움직이며 나타나는 공간과 감각의 변형에 대해 설득력 있는 설명을 제공한다.

보통 각각 방문할 수 있던 장소 사이를 즉각적으로 방문할 수 있게 해 주므로, 당신은 문자 그대로 시적이고 놀라운 또 다른 지형으로 미묘하게 미끄러진다. 이 지형은 하나하나 페달을 밟는 새로운 방랑자의 각성된 호기심으로 발생한 예상치 못한 병합과 합성이 일어나는, 공간적인 은유의 근원처럼 보인다. 자전거는 글쓰기와 같다. 자유롭거나 거친 글쓰기, 마치 자동 글쓰기 경험과도 같다.(Augé 2008, 55-56)[6]

초기 자전거 문학에서 나타나는 것은 환경과 인간의 상호작용과 관계의 새로운 형태이며, 이는 고유한 문학적 지형을 만든다. 오제는 자전거를 타는 사람이 갖는 즉각적으로 접촉하는 특권을 강조한다. 또한, 그의 속도는 보행자나 기차 여행자에게는 분리되어 있던 장소와 사람을 다시 연결하게 한다. 이는 은유와 시의 직접적인 영감이 되는 예상치 못한 결합을 만들어 낸다. 자전거 타기는 글쓰기의 한 형태이며, 이러한 이동 형

---

[6] "On se glisse subrepticement dans une autre géographie, éminemment et littéralement poétique puisqu'elle est l'occasion de contacts immédiats entre lieux que d'ordinaire on ne fréquentait que séparément, et qu'elle apparaît ainsi comme la source des métaphores spatiales, de rapprochements inattendus et des courts-circuits que ne cesse de susciter à la force du mollet la curiosité réveillée des nouveaux promeneurs […] Le vélo, c'est une écriture, une écriture libre souvent, voire sauvage － expérience d'écriture automatique […]."

태를 내러티브의 핵심으로 삼는 텍스트를 역동적으로 형성한다.

《우연의 바퀴들》에서는 후프드라이버의 런던 직업 생활에 변화의 가능성이 없다는 것을 강조하는 앞부분과 대조적으로, 연속해서 나타나는 시골 장면들과 또 다른 자전거 라이더인 제시와 베샤멜의 미심쩍은 태도를 보여 주면서 재빨리 내러티브에 리듬과 흥미를 제공한다. 엘렌 그루버 가비Ellen Gruber Garvey가 지적하듯이, "소품이자 편리한 내러티브 장치인 자전거는 라이더뿐 아니라 스토리 작가에게도 매력적이다. 라이더는 혼자 혹은 둘이나 그룹으로 자전거를 탈 수 있고 마음대로 멈춰서 친숙하거나 생소한 장소에 갈 수도 있다"(1996, 124). 과거의 마차나 기차처럼, 자전거는 문학의 기본적이고 중요한 기능을 충족시켰다. 등장인물들은 이곳에서 저곳으로 움직이고 새로운 사람들과 새로운 장소를 마주하게 된다.

후프드라이버는 라이딩 첫날에 자전거를 타는 상류층 사람 두 명을 만난다. 강압적인 계모를 피해 집을 나온 10대 소녀 제시와 탈출을 도운 가정교사 베샤멜이다. 자전거를 몰고 남쪽으로 향하는 세 명의 궤적이 반복적으로 겹치면서 예상치 못한 여러 번의 만남이 일어난다. 이러한 의미에서, 웰스 소설의 자전거 타는 사람들은 팀 에덴서Tim Edensor가 말한 리드미컬하게 구성된 장소를 떠올리게 한다. 각 인물들의 자전거는 "교차하는 궤적과 시간성으로 펄떡이는, 들끓는 공간에서의 하나의 리드미컬한 구성 요소"가 된다(Edensor 2014, 164). 결국 이 궤적들은 충돌해서 새로운 관계를 형성한다. 보그너에서의 어느 날 밤, 제시는 베샤멜에게서 탈출해 후프드라이버와 자전거를 타고 떠난다. 베샤멜이 제시를 유혹하려고 집에서 먼 곳으로 유인했다는 사실을 알아챘기 때문이다.

단체로 이동하고 시간표를 따르는 기차 여행과 달리, 자전거는 서사에서 자신의 주관적인 시간과 리듬을 만들고 억지스럽고 있을 법하지 않은 대립과 우연의 일치도 허용하게 한다. 유령처럼 '출몰하는' 이 커플을 피하기 위해 후프드라이버가 우회할 때마다, 그는 길 위에서나 숙소에서 항상 그들을 만난다(Wells 1935, 36). 그런데 아이러니하게도 베샤멜이 제시를 유혹하려고 시도한 사실을 들은 후 적극적으로 그들을 추적하기 시작한 다음에는 그들의 흔적을 놓친다. 자전거는 앞으로의 계획을 거부하는 시간의 우연성을 끌고 와서, 등장인물이 끊임없이 예상치 못한 사건을 마주하게 만드는 듯하다. 데리다의 논의에서 예전 작품들이 텍스트에 '출몰하는' 것처럼(Derrida 1993), 각자 자전거를 타던 사람들은 서로에게 출몰하는 여정을 겪으면서 끊임없이 이야기가 짜여져 나가게 하는 마찰과 상호작용의 지점들을 만든다.

카르슨 마이너Carsten Meiner는 마차 여행의 문학적 묘사에서 우연과 우연성이 얼마나 핵심적인지 지적하는데(Meiner 2008), 이러한 관점은 르블랑의 목가적 이야기 속의 자전거와 밀접하게 연결되어 있다. 파스칼은 자신의 새로운 삶을 "우연과 의외성으로 가득 찬 좋은 삶"[7]으로 묘사하며(Leblanc 2012, 30), 나중에 화자가 "그들이 길에서 무작위로, 삶에서 무작위로 여행"[8]하는 방법을 설명할 때에도 유사한 표현이 등장한다(Leblanc 2012, 50). 후프드라이버와 마찬가지로 르블랑 소설에서 자전거를 타는 사람들은 예기치 않은 광경과 상황에 계속해서 직면하며 이 경험을 즐긴다. 소설 말미에 파스칼은 "우리의 영혼은 육체와 마찬가지로 순수의 공간을 통과

---

7 "la bonne vie de hasard et d'imprévu".

8 "ils allaient au hasard des chemins et au hasard de la vie".

해, 하얀 대로를 가로질러 날아갔다. … (자전거가) 풍경과 지평선을 돌진하는 것처럼 사건이 우리한테로 닥쳐왔다"[9]고 묘사한다(Leblanc 2012, 87). 이동수단의 하나인 자전거는 여기서 서사 진행과 직접적으로 연결된다. 자전거를 타는 사람 앞에 의외의 인상이 펼쳐지는 것처럼, 사건은 독자에게 갑작스럽고 생생하게 다가온다.

이 모든 것이 여행하는 주인공(혹은 독자)의 행위능력 부족을 가리키는 것처럼 보일 수도 있지만, 이 자전거 타는 사람들은 사실 여행의 리듬을 결정하는 데에 적극적으로 참여한다. 웰스와는 달리 르블랑의 이야기에는 새로운 캐릭터가 소개되지 않고, 오히려 자전거 여행이 네 명의 등장인물 무리에 개입하여 자전거를 타는 각기 다른 속도 덕분에 새로운 두 커플이 형성되게 한다. "우리는 항상 함께 떠났지만, 항상 짝을 이뤄 도착했다. 기욤과 레진은 미치광이처럼 앞으로 과속하고, 아르졸 부인과 포비에르는 적당한 속도에 만족했다"[10](Leblanc 2012, 26). 화자는 처음부터 파스칼의 시점과 대체로 일치하지만, 앞서가는 아내와 기욤의 시점은 점점 줄어들다가 이 지점에서 서사에서 효과적으로 제거된다. 독자는 천천히 자전거를 타고 자주 멈추면서 (앞서 빠르게 달리는 두 사람이 그랬듯이) 점차 사랑에 빠지는 파스칼과 마들렌의 곁에 머물게 된다. 이러한 사건의 전환을 가능하게 하고 전통적 결혼의 지속과 사회적 제약을 붕괴시키는

---

9 "nos âmes, comme nos corps, ont volé sur les grandes routes blanches, dans la pureté de l'espace. […] On dirait même que les événements se sont rués sur nous comme [la bicyclette] se précipite, elle, à travers les paysages et les horizons".

10 "on partait toujours ensemble, mais on n'arrivait jamais que deux par deux, Guillaume et Régine fi lant en général comme des fous, Mme d'Arjols et Fauvières se contentant d'une allure modérée".

것은 바로 자전거 여행의 개인적이고 주관적인 특성이다. 네 명이 기차 여행처럼 집단적이고 수동적인 방법으로 여행했다면, 프라이버시와 서로 간의 애정이 자라날 가능성도 없었을 것이다. 기욤과 레진, 그리고 마들렌과 파스칼 사이에 싹트는 욕망은 곧 자전거 타기의 즐거움과 합쳐져 서사의 주요한 동력이 된다.

소설의 형식은 장소에서 장소로, 하나의 관점에서 다른 관점으로의 이동에 의존하며, 두 텍스트에서 이러한 내러티브 이동의 동력을 제공하고 속도를 설정하는 것은 자전거이다.《우연의 바퀴들》에서 자전거의 속도, 유연성, 독립성은 등장인물을 일종의 영구적인 움직임 속에 배치함으로써 자전거를 타지 않는 등장인물과는 다른 시간적 영역에 위치시킨다. 베샤멜은 자전거를 타는 동안에만 내러티브 안에 남아 있다. 후프드라이버가 제시와 함께 탈출하기 위해 훨씬 좋은 그의 자전거를 훔쳤을 때, 화자는 베샤멜을 호텔방에 남겨 둔다. 우리는 그의 소식을 더 듣지 못하고, 이 실패한 도피 후에 아내가 있는 집으로 돌아갔는지 아닌지도 알지 못한다(Wells 1935, 95). 소설의 마지막 장에서 제시의 계모와 세 명의 추종자들이 두 사람을 열심히 쫓아가고 있을 때, 자전거는 훌륭한 서사 장치이자 매우 뛰어난 적응력을 지닌 기술임이 드러난다. 서섹스에서 자전거 여행을 하던 위저리는 제시의 행방을 알게 되자 제시의 계모인 밀턴 부인의 집에 곧장 달려가 이 소식을 전한다(Wells 1935, 105). 하지만 밤늦은 시간에는 기차가 없어서 밀턴 부인은 바로 떠나지 못한다. 제시와 후프드라이버가 베샤멜을 피해 한밤중에 도망치는 사건 서술의 몇 페이지 뒤에 나오는 이 대목은 탈출하려고 할 때 자전거가 갖는 탁월한 잠재력을 부각시켜 안도감을 준다.

이어지는 장에서는 자전거 탄 사람들의 추격전이 등장하고, 기차보다 자전거가 우월하다는 점이 여러 번 설명된다. 밀턴 부인과 그 일행은 늦게 오는 기차와 불완전한 철도망에 붙들려 있고, 제시와 후프드라이버는 쉽게 그들의 손아귀에서 빠져나와 흔적도 없이 한 마을에서 다음 마을로 도주한다. "도망자들은 광대한 공간 속으로 사라졌다. … 더 이상 기차는 없었다"(Wells 1935, 137)는 묘사에서, 자전거를 타는 인물들은 기차에 갇히고 의존적인 이들과는 다른 차원에 존재하는 것처럼 보인다. 결국 말이 끄는 수레를 탄 댕글이 이 둘을 따라잡지만, 전통적인 교통수단에 대한 자전거의 우위가 나타나, 말은 자전거에 겁을 먹고 언덕을 내려와 버리고 다시 한 번 자전거 탄 사람들은 탈출한다. 마지막 장면에서는 자전거와 세발자전거만이 등장한다. 추적자들도 "이 놀라운 바퀴 달린 기구"에 올라탄 것이다. 결국 이들은 도망가는 두 사람을 따라잡는다. "내리막길에서는 고단 기어를 갖춘 이인용 자전거를 절대로 이길 수 없"었기 때문이다(Wells 1935, 181). 교통기술뿐 아니라 통신이 추격전에서 중요한 내러티브 역할을 한다는 점도 흥미롭다. 제시는 예전 선생인 머글 양에게 편지를 썼다가 꼬리가 잡힌다. 머글이 전보로 밀턴 부인에게 즉시 그녀의 행방을 알린 것이다(Wells 1935, 187). 웰스에게 자전거는 인물과 정보를 마음대로 이동시키고 현대적 경험의 속도, 탄력성, 우연성을 전달하는 서사 형식을 실험하게 해 준 세기말의 다양한 기술 중 하나였을 뿐이다.[11]

---

11 Bram Stoker's Dracula(1897) is another interesting example of a novel that makes compelling narrative use of a host of new technologies, culminating in a chase that tests the limits of each of them. For a discussion of this see Senf(1998).

가속화된 모빌리티인가,
아니면 자전거를 탄 산책자인가?

공간에 대한 이러한 신선한 접근은 두 소설 모두에서 시간에 대한 다른 태도와 인식을 낳는다. 산업기술이자 인간 동력 기술인 자전거는 현대와 전통의 접점에 자리하며, 시간에 대한 대립적 접근 방식을 체화한다. 웰스의 소설이 철학자 하르트무트 로사Hartmut Rosa(2013)가 이 시기에 관찰한 일반적인 '가속도'와 자전거 타기를 일치시키는 반면에, 르블랑의 소설 속 등장인물들은 느린 속도의 탐험과 산책을 내세우면서 속도에 주목하는 동시대의 조류를 거스르는 대안적 시간성을 경험한다.

앞에서 언급한 추격 장면은 자전거가 사용자의 시간 및 공간과의 상호 작용을 변화시키는 신속하고 현대적인 기술이라고 파악하는 웰스의 시각을 잘 보여 준다. 이전의 한 장면에서 후프드라이버는 다리 밑에서 말다툼을 하고 있는 제시와 베샤멜을 지나친다. 자전거의 특징인 조용함과 속도 덕분에, 그는 "그들이 전혀 눈치채지 못했을 때, 낌새도 주지 않고 사우스웨스턴 철도 아치 아래에 갑자기 나타날" 수 있었다Wells 1935, 53). 지나가는 기차에 탄 승객들에게는 보이지 않는 위치에 캐릭터들을 배치한 웰스는 자전거 타는 사람의 독특한 지각 방식에 주목한다. 빠른 속도로 달리던 후프드라이버는 "찰나의 인상"만을 받지만, 그가 들은 몇 마디 말과 그가 힐끗 바라본 몸짓만으로도 제시가 처한 위험한 상황을 파악하기에 충분했다. 후프드라이버는 제시가 "끔찍해!", "잔인하고, 비겁해!"Wells 1935, 53)라고 외치는 소리를 듣는다. 작품 속에서 이야기가 전환되는 바로 이 순간에, 후프드라이버는 두 사람이 사실은 남매가 아니라는 것을 깨달고 베샤멜의 음모에서 제시를 구할 계획을 세운다. 웰스가 보여 준 '순간 moment'의 서사적 이용은 19세기 후반 들어 "감정적 고조와 서사적 이동의 벡터로서의 순간보다는, 비가시적이고 복잡한 해석 절차를 낳는 의미의 개방 또는 의미를 정제하는 것으로서의 순간이 더 우선적으로 나타나게"(Zemka 2011, 65) 되었다는 어느 비평가의 주장에 잘 들어맞는 예시일 것이다. 후프드라이버가 철도 다리 아래에서 진상을 깨닫는 이 순간에는 시각적 단서도 있지만, 그가 순간적으로 듣는 말들은, 열차에 타고 있는 승객은 물론이고 걸어서 천천히 접근하는 사람도 들을 수 없는 그 말들은 앞서 며칠 동안 모았던 다양한 단서를 정제하여 진상을 가늠하게 해 준다.

　깨달음을 얻는 이 순간에 웰스가 초점을 맞춘 것은 급속한 기술변화로 발생한, 시간에 대한 새로운 태도의 좋은 예다. 역사가 카를 람프레히트 Karl Lamprecht의 관찰에 따르면, 자전거는 짧은 간격의 시간에 주의를 기울이는 경향이 증가하도록 조장한 다양한 기술 중 하나였다. 스티븐 컨 Stephen Kern은 람프레히트를 인용하면서 20세기 들어 사람들은 "5분 인터뷰, 1분간의 전화 통화, 5초 만의 자전거 탑승"에 관심을 갖게 되었다고 주장했다(Kern 1983, 110-111). 웰스 소설 속 이 장면은 그러한 문화적 경향의 문학적 반영이라고 할 수 있다. 초기 자전거 이용자들이 경험한 짧고 강렬한 인상의 빠른 연속은 로사가 관찰한 사회적 가속의 일반적인 감각에 기여했을 것이다. 당대 영국소설의 또 다른 예인 단편소설집《자전거의 유머The Humours of Cycling》(1897)에는 적은 분량에 구조와 리듬을 주기 위해 선택된, 자전거에 대한 짧지만 통찰력 있는 대화가 여러 차례 등장한다. 예를 들어, 펫 리지Pett Ridge의〈주니어 헌법The Junior Constitutional〉에서는 두 친구가 하이드파크 한구석에 앉아 지나가는 자전거 탄 사람들의 재미있고 맥락 없는 대화를 엿듣는다. 〈1마일의 드라마A Drama in One Mile〉에서는 이인용 자전거로 짧은 여행 중인 최근 결혼한 부부가 주고받는 열띤 대화를 익명의 작가가 전해 준다. 이 소설집은 주로 자전거 사고에 관한 짧은 농담과 일화를 담은 〈스포클릿Spokelets〉으로 끝난다. 이러한 짧은 픽션 형식은 자전거 라이더가 사람들이나 주변 환경과 상호작용하는 강렬하지만 순간적인 방식을 반영했다.

한 장소에서 다른 장소로 빠르고 개별적인 이동을 가능하게 한 모빌리티 형태인 자전거는 근본적으로 새로운 여행의 패러다임을 낳았다. 이로 인해 일부 비평가들은 20세기 자동차모빌리티automobiliy 패러다임의 기초를 확립하는 데에 자전거가 기여했다고 주장한다. 존 어리가 이론화한 공간 및 시간에 대한 사회의 관계 변화에도 자전거가 일조했다는 것이다. 19세기 중반 철도는 "집단적"인 시간, "시계"의 시간, "파노라마적 시선"을 만들어 냈고(Schivelbusch 1986), 어리는 이에 더해 자동차가 제공한 자동화된 모빌리티는 "파편화된" 혹은 "즉각적인" 시간을 동반했다고 주장한다(Urry 1990). 그는 20세기의 특징 중 하나가 "19세기 '집단 모빌리티' 패턴"을 "즉각적인 시간, 파편화, 강제화된 유연성에 기반한 개인화된 모빌리티"(Urry 2004, 36)가 대체한 것이라고도 했다. 특히 자동차모빌리티는 삶의 모든 영역으로 확장되었으며, 한 번에 여러 장소에 동시에 존재할 수 있게 하는 디지털 시대 스크린 위의 상호작용도 자동차모빌리티 덕분에 가능했다. 자동차는 우리에게 자율성의 환상을 주지만 실제로는 극도로 유연성과 적응력을 요구하며, 기계 안에 우리를 가두면서 우리의 몸과 개인의 의지에서 멀어지게 하는 시스템이다.

어리는 주로 철도와 자동차에, 그리고 나중에는 컴퓨터의 사회적·심리적 영향에 초점을 맞추지만, 《모빌리티Mobilities》(2007)에서 자전거도 간략하게 언급하면서 "초라했던 자전거는 자동차를 위한 길을 닦았고, 이후 길과 포장도로와 도로와 고속도로의 자동차 지배를 가능하게 했다"고 썼다(Urry 2007,112). 잭 퍼니스Zack Furness(2010)는 어리의 논지를 확장하여 처음에 자동차 외관의 상당 요소가 자전거 타는 사람에 의해, 그리고 자전거 타는 사람을 위해 만들어졌다고 주장한다. 퍼니스는 "개인 교통수단을 둘러싼 의미 체계 개발과 자동차모빌리티를 제공하는 신체와 환경의 규율"을 통해 자동차의 개념이 수립되는 데에 자전거가 중요한 역할을 했다고 보았다(Furness 2010, 17). 실제로 자전거는 사용자의 독립적인 이동을 가능하게 하는 최초의 산업기술이었으며, 퍼니스는 "이동적 주체성mobile subjectivity"을 도입한 기술, 즉 한 장소에서 다른 장소로 아무 때나 독립적이고 빠르게 이동할 수 있는 이 기술이 어리가 이론화한 공간과 시간의 "즉각적"이고 "파편화"된 경험을 뒷받침한다고 강조한다(Furness 2010, 17).

《우연의 바퀴들》의 후프드라이버가 여관에서 만난 어떤 사람은 천천히 자전거를 몰면서 주변 세상을 관찰하려는 의도에도 불구하고, 끊임없이 움직여야 하는 운명에 처해 있다. 이 라이더의 자율적인 모빌리티는 자동차 패러다임과 유사한 무언가에 자기 자신을 가두는 것처럼 보인다.

서두를 일은 아무것도 없었어요. 나는 가벼운 운동을 하려고, 경치를 감상하고 풀과 나무들을 보러 나왔어요. 그런데 나는 저 저주받은 기계에 오르자마자 맹렬히 달렸습니다. 오른쪽이든 왼쪽이든, 꽃이든, 경치든 전혀 보지 않고 구운 갈비마냥 뜨거워져서, 땀을 뻘뻘 흘리면서 벌개져서 말입니다. 길퍼드에서 한 시간도 안 걸려서 여기까지 왔어요. 왜일까요? (Wells 1935, 27)

당시에 속도에 집착하는 자전거 라이더를 경멸조로 부르는 말이었던 이 '폭주족scorcher'은 일단 자전거에 오르면 빨리 가는 것 말고는 다른 선택을 하지 못하는 것처럼 보인다. 어리가 말한 자동차모빌리티 주체의 선구자인 이 라이더는 빠르게 여러 많은 지역에 도달할 수 있다는 가능성에서 비롯된 "강요된 유연성"의 희생자이다.

그럼에도 불구하고, 자전거와 모더니티의 관계를 자동차모빌리티라는 렌즈를 통해서만 보는 것은 오해의 소지가 있다. 자전거는 자동차 패러다임의 특정 요소를 도입하는 동시에, 느리고 명상적이며 체화된 대안적인 이동을 구체화하였다. 자전거는 전기와 휘발유가 새로운 에너지원으로 대두되던 증기기관의 시대에 과감하게 인간의 에너지를 활용했다. 필립 바니니Philip Vannini에 따르면, "속도를 늦추는 것은 다르게 행동하고 움직이며 속도의 논리에 반하는 방식으로 사회 및 생태환경을 경험하는 것이다"(Vannini 2014, 117). 19세기에서 20세기로 넘어가는 시기에 자전거 타기는 이동이 반드시 외부적인 동력으로 구동될 필요는 없다는 급진적인 입장을 내세웠다. 신체를 "감금"하거나 "훈육"하기보다는(Urry, Furness), 자전거는 그 운동량과 방향을 사용자에게 의존했고, 자전거 타는 사람이 자유롭게 멈추고 내릴 수 있게 했다. 따라서 자전거는 급속도로 산업화되어가는 환경 속에서 자신만의 여정을 만들었던 19세기 초반의 보행자들에 대한 향수를 불러일으켰다. 자전거 관련 기술은 신체와의 유리가 아니라 신체와의 재결합을 장려한다는 점에서 독특했다. 기차나 자동차의 빠른 이동이라는 흐름을 거스르며 더 느리게 타는 자전거는, 바니니의 용어를 빌리면, "지배적인 속도문화에 반대되는 실천이다"(Vannini 2014, 117).

자전거의 체현된 움직임은 환경을 관찰하고 숙고하게 만든다. 이는 기계화가 공간과의 상호작용에 부정적인 영향을 미친다는 폴 비릴리오Paul Virilio의 입장을 떠올리게 한다. 그는 신속하고 기계화된 교통이 "공간을 부정"(Virilio 1977, 131)하게 하며, "길을 이용하는 사람들이 기계의 기술적 연결 장치가 되고 그 자체로 모터가 되는 일을, 다시 말해 속도 발생기가 되는 일을 중단할 때"에만 다시 회복할 수 있는 환경과의 연결을 상실하게 한다고 보았다(Virilio 1977, 13).[12] 저스틴 스피니Justin Spinney가 현대 런던을 문화기술지적인 방식으로 연구하면서 지적한 것처럼, 이 체현된 모빌리티의 핵심은 라이더가 모든 신체감각을 인식하고 이용하는 것이다(Spinney 2007). 비릴리오의 공간의 부정negation of space과 유사한 개념인, 고속도로와 공항처럼 비인간화되고 기계화된 공간을 설명하는 마르크 오제의 '비장소 non-places' 개념(Augé 1992)을 참고하면서, 스피니는 소외를 낳는 공간 이용 방식에 도전하는 기술인 자전거에 초점을 맞춘다. "자전거 타기와 같은 체현적 실천에서 … 시각은 장소의 경험과 의미에 대한 다중적인 감각 구성의 일부로서 다른 감각과 함께 재구현된다"(Spinney 2007, 41). 초기의 자전거 타기를 다룬 작가들은 각성과 모든 감각의 혼합을 묘사하면서, 주변 환경과의 이 새로운 감각적이고 신체적인 관계를 분명하게 드러냈다.

앞에서 살펴본 바와 같이 자전거의 속도와 모더니티를 전면에 내세우는 경향이 있는《우연의 바퀴들》에서도 공간과의 대안문화적이고 체현적인 재연결이 나타난다. 후프드라이버는 휴가 첫날, 탁 트인 길에서 자전거 타기에 익숙해졌을 때 같은 시간에 포목점에 있는 동료들이 무엇

---

12 "la négation de l'espace"/"la multitude des passants [⋯] cesse pour un temps d'être le relais technique de la machine et devient lui-même moteur [⋯] c'est-à-dire producteur de vitesse."

을 해야만 하는지 생각하다가 도시와 노동의 제약에서 풀려났다는 해방감을 경험한다(Wells 1935, 30). 시계와 시간표로 규제되는 노동시간에서 벗어난 후프드라이버는 주변 환경과 자유롭게 상호교류할 수 있는 새로운 모빌리티를 발견하고 기뻐한다. 그가 경험하는 모빌리티는 시간과 장소의 '파편화된' 경험을 낳는 것이 아니라, 스스로 속도를 조절하고 지나가는 지역을 자세하게 관찰하게 한다.

> 이곳은 조용하고 푸르렀다. 원하는 대로 시간을 보낼 수 있는 곳이었다. 아무 사람도 보이지 않았다. "여기 계산서요!" 하고 외치는 소리도, 남은 천들을 접어 놓을 일도, "후프드라이버, 손님이야!"라고 부르는 소리도 없었다. 한번은 길을 가로질러 달리던 노랑 꼬리를 지닌 멋지고 조그만 짐승과 부딪힐 뻔했다. 런던의 코크니에서 살면서 한 번도 보지 못했던 족제비였다. 앞에는 소나무 숲, 참나무 숲, 보랏빛 잡초들이 피어난 황무지, 풀이 무성한 초원이 몇 마일, 몇 십 마일이나 펼쳐져 있었다.(Wells 1935, 30)

후프드라이버가 '폭주족'을 만난 직후에 나오는 이 구절은 산업적 존재 양식과 주관적 존재 양식 사이의 긴장, 혹은 나아가 양립불가능성을 강조한다. 후프드라이버의 자전거 여행은 산업화 시기의 '시계 시간'에서는 일시적으로 자유로워지지만, '폭주족'처럼 '파편화된' 시간을 경험하는 것은 아니다. 주변 환경에 대한 그의 새로운 경험은 체화되어 있고 전체론적이다. 그는 안장에 앉아 더 느리고, 개인적이며, 사색적으로 시간과 여행에 접근하는 방식을 발견한다.

시간과 환경에 대한 이러한 대안적이고 구체화된 관계는《이것은 날개다》에서 자세히 탐구된다. 등장인물들이 하루 종일 자전거 타기에 익숙해진 후, 시간과 그들의 관계는 변형되는 듯이 보인다. 화자는 "지나간 시간들이 그들에게 행복감과 놀라움을 남겨 주었다. 그 시간들은 그들에게 낯설었다. … 꿈의 혼란 속에서, 그들은 자신들이 요정 지팡이에 닿은 멋진 존재들처럼 느껴졌"다고 서술한다[Leblanc 2012, 22].[13] 그들이 들어간 기묘한 자전거 타기의 시간은, 마치 이야기가 진행되는 동안 독자가 불신을 유예하는 허구적이고 서사적인 시간을 반영하는 듯하다. 자전거 타는 사람들에게 닿은 요술봉은 독자에게도 작용하여 독자들을 상상과 환상의 세계로 초대한다. 이제 주인공들은 지난 일상의 지루함을 떨쳐 버렸고, 디에프의 클럽에서 모이자는 약속은 불가능해 보인다. 사실, 그것은 여행의 끝이자 이야기의 결말을 의미한다. 일행 중 한 명이 서사의 지속을 가능하게 하는 제안을 한다. "이대로 계획도 없이 저 멀리 있는 브리타니로 계속 가면 어떨까요?"[Leblanc 2012, 22][14] 그들은 "험한 길을 헤메고 모든 변덕에 기꺼이 따르는"[Leblanc 2012, 23][15] 여행을 계속하기로 결정하고, 따라서 산책자flâneur의 관찰자적이고 주변부적인 시선을 가지게 된다.

자전거를 탄 사람들은 산책자처럼 익명으로 느리게 움직이면서 주변 세계를 관찰하고, 산업사회를 특징짓는 속도와 시간적 효율에 초점을 맞추기를 거부한다. 산책자가 도시의 환경 속을 걸어 다니면서 주변적이고

---

13 "les heures écoulées leur laissaient de la béatitude et de l'étonnement. Elles leur paraissaient étranges, ces heures […] Dans le trouble grisant de leurs rêves, ils se faisaient l'effet d'êtres fabuleux qu'a touchés la baguette d'une fée".

14 "Si l'on s'en allait comme ça, très loin, au hasard, du côté de la Bretagne?"

15 "en fl ânant sur les grand'routes, selon l'ordre de leur caprice".

대안적이며 사적인 공간을 창조했다면, 자전거 탄 사람들은 자신들의 모빌리티를 이용하여 시골에서 그들만의 시간성을 만들고 그들만의 지형도를 그려 나간다. 르블랑 소설의 등장인물들은 "서두르지 않고, 계획도 없이"(Leblanc 2012, 26) [16] 여행하면서 속도라는 당대의 상식에 도전하고, 그렇게 함으로써 주변 환경과 더 긴밀하게 작용하도록 허락하는 대안적 시간성 속으로 진입하며, 소설이 끝날 무렵에는 사회의 도덕 및 행동 규범을 완전히 벗어나게 된다.

이동의 중단

자전거가 제공하는 모빌리티가 효율적이든 아니든, 자전거는 출발지에서 목적지로 등장인물을 이동시키는 것 이상의 효과를 낸다. 《우연의 바퀴들》과 《이것은 날개다》가 보여 주는 이동 형태는 방해, 예기치 않은 만남, 중단, 사고에 의존한다. 이러한 점에서 두 소설은 카르슨 마이너가 말한 마차의 문학적 묘사와 같은 계보에 놓인다. 마이너는 마차의 본질이 "작동하지 않고, 망가지고, 부서지는 것"(Meiner 2008, 221)이며, 마차라는 요소는 서사에 기회와 우연을 포함시키고 현대적 경험의 불확실성을 반영한다고 했다. 루카치도 실패가 수행하는 서사적 역할의 중요성에 주목했다. "이상하고 우울한 역설에 따르자면, 실패의 순간은 가치 있는 순간이고, 삶의 거부를 이해하고 경험하는 것은 삶의 충만함이 흘러나오는 원

---

[16] "sans hâte, sans programme".

천이다"(Lukács 1971, 126).

사실 자전거는 마차보다 만남과 우연의 기회를 더 많이 제공한다. 정해진 길이 없고 라이더의 의지에 따라 방향을 바꾸거나 멈출 수 있기 때문이다. '우연의 바퀴들'이라는 제목은 이미 이 서사에서 우연한 만남이 얼마나 중요한지를 알려 준다. 앞에서 다루었듯이, 후프드라이버와 자전거를 타고 있는 제시 일행의 반복적이고 계획되지 않은 조우는 이 이야기의 뼈대를 이룬다. 그리고 인물들이 실제로 서로 연관을 맺게 만드는 것은 대부분 자전거의 고장이다. 후프드라이버가 자전거를 타고 있는 제시를 서비튼 길에서 처음 만났을 때 몇 마디를 나누게 되는 이유는 그가 넘어졌기 때문이다. 그는 자전거를 탓하며 "기계에 악마가 들었나?"(Wells 1935, 21)라고 중얼거린다. 나중에 후프드라이버가 악당인 베샤멜과 처음으로 대화를 나누게 된 계기는 베샤멜이 리플리 길에서 펑크가 난 자전거를 수리할 때이다(Wells 1935, 31). 이처럼 자전거가 제공하는 모빌리티가 만남의 맥락을 설정하기는 하지만, 마차 여행과 마찬가지로, 고장은 E. M. 포스터E. M. Forster의 말을 빌리자면 "인간들 간의 우연한 충돌"을 낳을 수 있다(Forster 2000, 21). 실제로 포스터의 《하워즈 엔드》(1910)에서처럼 낯선 사람들 사이의 짧은 만남은 모더니티 경험의 일부이며, 기차 · 자동차 · 자전거와 같은 교통기술이 보편화시킨 현상이다.

자전거를 멈추게 하는 것은 기계적 고장만이 아니다. 자전거는 기상 조건의 영향도 크게 받지만, 자전거에 동력을 공급하는 신체와 밀접하게 연결되어 있기도 하다. 헨리 필딩이나 찰스 디킨스와 같은 작가들이 각 장의 구분을 표시하고자 마차 여관을 은유로 사용한 것처럼, 웰스와 르블랑은 자전거 타는 사람이 먹고 자는 데에 필요한 멈춤을 서사 구성에 이용한다. 마차를 타던 시절, 여행자들은 여행 중 설정된 지점에서 말을 교체하거나 휴식을 취할 수 있었다. 하지만 자전거를 탈 때 주기적으로 연료를 공급하고 휴식을 취해야 하는 것은 사람의 몸이며, 이는 서사의 리듬과 구조를 풍부하게 만드는 기회를 제공한다. 《이것은 날개다》의 주인공들은 자신의 몸에 주의를 기울인다. "그들은 자신들이 지치게 두지 않았다. 오전에 2~3시간 동안 타고, 또 날이 저물기 전에 탔다. 서두르지 않았고, 계획에 맞추려고 하지도 않았다. 조금이라도 피곤한 기색이 보이면 쉬었다"[Leblanc 2012, 26].[17] 이 네 명의 자전거 라이더들은 더 많이 가려고 애쓰거나 빡빡한 일정을 고수하지 않고 몸이 요구하는 리듬에 따른다. 이 속도 조절은 서사에 반영되어, 두 커플이 자전거를 타는 장면과 자전거에서 내려서 긴 휴식을 취하는 장면이 번갈아 묘사된다.

자전거를 타는 등장인물들의 신체적 요구 사항도 서사가 잠깐 멈출 수 있는 기회를 제공한다. 《이것은 날개다》의 첫 장에서 기욤이 자전거에서 내리며 처음으로 하는 말은 "시간 낭비 맙시다. … 나 배고파요."이다[Leblanc 2012, 5].[18] 마굿간에 줄지어 서 있는 자전거를 보고 파스칼이 내뱉은 열렬한 감탄 외에도, 클럽의 숨 막히는 환경에서 삶을 느끼게 하는 것은 자전거 타는 이들의 식욕이다. 기욤은 "허기진 배를 채우는 데에는 엉덩이 힘만으로는 부족하다"며 식사를 즐긴다[Leblanc 2012, 9].[19] 그가 운동 후에

---

17 "Ils ne se surmenaient point. Le matin, deux ou trois heures, de même à la fi n de la journée, sans hâte, sans programme. Le moindre symptôme de fatigue motivait une halte".

18 "Ne perdons pas de temps […] je meurs de faim".

19 "assouvir la faim que l'on a gagnée par la force de ses jarrets, je ne connais rien d'aussi délicieux".

먹으며 누린 즐거움은 나머지 서사에서 음식이 갖는 중요성을 예고한다. 예를 들어, 젊은 여성이 감히 성인 남성을 성이 아닌 이름으로 부르는 아래의 대화에서, 기욤과 레진이 처음으로 연결되는 상황을 제공하는 것은 음식이다.

"기욤, 저 멀리 마을이 보이나요?"
"네, 우리가 점심 먹을 곳이죠."
"그렇담 좋아요! 내가 당신보다 먼저 가 있을걸요."(Leblanc 2012, 25)[20]

점심 식사를 기대하며 의욕이 솟구친 두 사람은 재빨리 출발하고, 이에 따라 별도의 내러티브 공간에서 새로 형성된 각각의 두 커플이 구성된다. 이 자전거 여행의 속도는 식사와 수면이라는 신체적 요구 사항 외에도 날씨에 따라 결정된다. 마차, 기차, 자동차의 승객과는 달리 자전거를 탄 사람은 환경에 큰 영향을 받으므로, 이들의 진행 속도는 더위, 바람, 비와 같은 요소에 따라 달라진다. 그러므로 비 때문에 작은 마을에 "이틀간 그들이 머물러야만 했을 때"[21](Leblanc 2012, 70) 파스칼과 마들렌은 기욤과 레진을 질투하는 마들렌의 감정을 두고 대화하는 시간을 가진다. 이와 같이 육체적 필요와 기상 조건은 끊임없이 여행과 텍스트에 구조를 제공하면서 반성과 성찰에 필요한 순간을 위해 이동을 중단시킨다.

《우연의 바퀴들》에는 후프드라이버가 여행 중 밥을 먹고, 마시고, 자

---

20 "-Vous voyez, Guillaume, le village qui est tout là-bas, tout là-bas?/- Oui, c'est là que nous devons déjeuner./- Eh bien! Parions que j'y serai avant vous."
21 "les retint deux jours".

기 위해 멈추는 장소들이 자세하게 묘사된다. 이 장소들은 중요한 만남이나 깨달음이 일어나는 곳이다. 게다가 독자는 후프드라이버의 신체리듬으로 초대되기까지 한다. 그의 휴가 첫날밤에 독자들은 약간 초현실적인 그의 꿈에 대한 설명을 읽으면서 그의 잠을 공유한다(Wells 1935, 48-51). 그의 신체리듬은 서사적 시간과 그대로 일치하며, 독자가 그의 무의식을 탐사할 수 있는 것은 그가 잠들어 있기 때문이다. 그가 제시와 함께 탈출한 날 밤, 화자는 이 두 젊은이들이 잠든 시간을 노골적으로 활용하여 제시의 집에서 일어나는 사건들을 알려 주는 '막간극'을 삽입한다. 화자는 독자들에게 이렇게 알려 준다. "그리고 여기, 영광스러운 수면이라는 규칙 덕분에 이 이야기에는 다시 휴식이 찾아온다"(Wells 1935, 102). 이 장의 끝에서 화자는 다시 한 번 "이 부분은 단지, 우리의 방랑자들이 평안하게 잠들어 재충전할 시간을 주려고 삽입한 막간극이다"(Wells 1935, 107-108)라는 사실을 알려 주기도 한다. 따라서 내러티브는 자전거 탄 주요 캐릭터의 신체와 연결된 감각, 욕구, 고통, 쾌락에 따라 조절된다.

이런 신체적 접근 방식은 20세기 초 모더니스트 작가들이 보여 준 서사의 통합적이고 주관적인 서사 개념으로 한 발 나아간 것이라고 할 수 있다. 수 젬카Sue Zemka는 조셉 콘래드Joseph Conrad가《로드 짐Lord Jim》(1899~1900)의 연재 방식을 두고《블랙우드 매거진Blackwood Magazine》측과 토의하면서 일반적인 의미에서의 장 구분을 거부했던 일을 언급한다(Zemka 2011, 200-201). 콘래드는 텍스트 내의 구분이 "일시 중지를 의미할 뿐입니다. 어떤 상황의 전개를 따라가고 있던 독자의 주의를 잠시 멈추게 하는 겁니다. 처음부터 끝까지, 이것 말고는 다른 의미가 없습니다"(Conrad 2007, xlii)라고 설명한 바 있다. 신체적 이동의 꾸준한 리듬 및 그 요구 사항과 밀접하게 연결되어 있는 자전거 타기의 주관적 경험은, 철도 여행이 갖는 신체적 단절과 차별화되는 통합적 관점으로 독자가 텍스트를 읽게 한다. 출발과 도착, 시작과 끝에서 관심을 돌리면 그 사이의 공간들이 되살아난다. 이는 통합적이고 신체적인 경험인 여행의 주관적 과정에 집중하게 한다.

웰스와 르블랑, 두 작가는 모두 자전거 타기의 신체적·주관적 리듬에 기대어 서사를 끌고 간다. 최윤정은 웰스의 서사와 자전거 타는 행위를 흥미롭게 연결시킨 바 있다. "사람들의 적극적인 참여를 유도하는 자전거 타기처럼, 웰스의 자전거 로맨스는 최종적인 선언을 거부한다. 이 텍스트는 카니발적 '생성'이 펼쳐지는 참여적 읽기를 유도한다"(Choi 2012, 112). 최윤정은 바흐친의 카니발 개념을 활용하여, 웰스는 독자가 서사에 참여하게 하면서 유머와 혼란으로 지배적 담론을 전복시키는 문학 양식을 채택했다고 설명한다. 후프드라이버가 런던에서 포목상으로 살아가는 지루한 삶으로 돌아간 후에도 독자에게는 이야기의 끝을 상상할 여지가 남는다. 자전거를 도난당한 후 이야기에서 사라진 베샤멜처럼, 후프드라이버는 소설의 마지막 장에서 "한숨을 내쉬며 자전거 안장에서 내려오고", 그렇게 "우리의 시야에서 사라진다"(Wells 1935, 197). 르블랑의 소설은 훨씬 더 명확하게 '최종적인 선언을 거부한다'. 새롭게 짝지어진 두 커플은 그저 다른 길을 택해서 한 쌍은 해안으로, 다른 한 쌍은 내륙으로 향한다. 독자들은 그들이 파리에서의 부르주아적인 결혼 생활로 되돌아가려고 하는 것인지, 아니면 보헤미안적인 삶을 계속 살기로 결정한 것인지를 궁금해할 수밖에 없다. 그러므로, 자전거를 탄 사람들이 단순히 기계에 끌려가지 않는 것처럼, 두 소설 모두에서 독자들은 서사 속으로 초대되어 여정에 상상력을 불어넣으며, 자기만의 방식과 자기만의 속도로 이야기를 마무리한다.

결론

걷기, 마차 여행, 철도 등 이전 교통수단들의 뒤를 이은 자전거는 지각 방식을 형성하고 환경과의 새로운 상호작용을 구성하여 자동차와 비행기 같은 새로운 기술들의 출현을 위한 길을 닦았다. 두 텍스트가 보여 주듯이 자전거 여행은 빠르게 서사적 시도에 반영되었고 이를 위한 새로운 틀을 제공했다. 르블랑과 웰스 모두 자전거 여행을 서사 구조로 채택하였고, 새로운 모빌리티는 등장인물들이 연속적으로 지역과 사람을 만날 구실을 마련해 준다. 자전거가 제공하는 특정한 모빌리티 형태는 개인의 탐색과 예상치 못한 만남을 토대로 하는 새로운 지형을 열었다. 자전거의 여정은 자전거를 모는 사람의 필요와 욕구에 따라 조정되었고, 서사 진행을 잠시 멈출 기회를 제공하는 중단과 정지가 가능하게 했다. 두 소설의 시간적 구조는 현대적이고 빠른 교통수단인 동시에 신체와 환경의 리듬을 다시 연결해 주는 느린 교통수단인 자전거의 복잡한 역할을 반영한다.

자전거 타기는 20세기로 접어들면서 일반적으로 나타난 가속화에 어느 정도 공헌했지만, 다른 한편으로는 인간의 힘을 중요시하는 대안적인 모더니티를 가리키기도 한다. 자전거는 이 시기에 등장한 가속화되고 파편화된 시간과, 산업화 이전의 더 느린 시간을 신체와 다시 연결하려는 욕망 사이의 긴장을 구현한다.

제11장

자율주행차

SF에서 지속가능한 미래까지

| 로버트 브라운 |

우리 시대의 가장 큰 딜레마 중 하나는 테크놀로지가 어떻게 우리 사회의 현재와 사회기술적 미래를 만들어 가는지를 이해하는 것이다. 물론 이 문제가 새로운 것은 아니다. 철학자, 사회학자, 과학기술사회학STS 연구자들은 20세기 후반 내내 사회현상과 기술 현상 사이의 배치 및 상호작용과 더불어 기술에 관한 집단 지식의 생산과정을 이해하는 데에 관심을 기울여 왔다(Bijker 1995, Latour 1996, 2005, Jasanoff 2004, Jasanoff, Kim 2015). 디지털화, 나노기술, 생명공학, 양자컴퓨팅, 가상 물리시스템 등의 최근 기술 발전은 사회과학 연구의 선두에 자리잡게 되었다. 기술 발전과 기술이 사회에 미치는 잠재적 영향과 관련하여 현재 높은 관심을 끌고 있는 분야 중 하나가 바로 커넥티드 자율주행 모빌리티다(Canzler, Knie 2016, Cohen 2012, Laurier, Dant 2012).

이 새로운 기술 분야가 가진 매력은 2017년 유럽평의회European Commi-ssion(EC 2017) 의장이 제시한 《EU 미래백서White Paper on the Future of Europe》에서도 찾아볼 수 있다. 백서에서는 앞으로 EU가 나아가야 할 방향에 맞춰 가입국들이 논의해야만 하는 정치적 의사결정의 예로 '커넥티드카connected car'[1]의 사용이 제시된다. 유럽평의회는 잠재적인 기술사회적 미래를 보여 주기 위해 커넥티드카 사용을 채택했다. 자율주행 모빌리티Automobility: AM는 현재의 의사결정을 특징짓는 수많은 변화의 기로에 서 있다. 가상 물리시스템의 영향력 증가, 인간과 비인간 행위자 사이의 상호관계, 다양한 방법을 이용한 인간과 사물, 알고리듬 디바이스 등

---

1 커넥티드카connected car는 보통 무선랜이 장착되어 인터넷 접속이 가능한 자동차들을 말한다. 차량 밖에서는 물론 차량 내에서도 다른 장비와 인터넷 접속을 공유할 수 있다. 커넥티드카에는 인터넷과 무선랜 접속뿐만 아니라 자동 충돌 알림, 과속 및 안전 경보 알림 등 추가적인 혜택을 제공하는 특별한 기술이 들어가 있다.

의 다중화된 연결, 양자컴퓨팅이 제공할 수많은 기회 등은 주요한 사회적 결과를 낳은 최근 테크놀로지 발전의 일부로, 모두 자율주행 모빌리티의 등장을 가져온 분야에 해당한다. 또한, 사회과학적 관점에서 볼 때 자율주행 모빌리티는 '복잡성 전환complexity turn'(Urry 2005) 및 '모빌리티 전환mobilities turn'(Sheller, Urry 2006, 2016, Randell 2018)과도 관련을 맺고 있으며, 최근 등장한 행위자네트워크이론actor network theory: ANT과 사회구성이론social construction theory: SCOT과 같은 과학기술사회학 분야와도 연결된다. 자율주행 모빌리티가 미치는 사회적 영향에 주목하는 측에서는 자율주행 모빌리티로 나아가는 변화의 도덕적·윤리적 함의만이 아니라 '사이버화 차량cyberised vehicle' 또는 '모빌리티 총체mobility things'가 경제, 보안, 보건, 도시계획, 정책 등에 미칠 영향 등에 대해서도 논의하고 있다(Hansson 2015, Laurier, Dant 2012).

이 글은 20세기 초 SF소설에 무인 자동차가 등장하면서 공학과 사회의 상호교류에 문학적 접근이 이루어진 지점에서 시작하고자 한다. 문학 장르로서 SF소설은 기술과 사회의 상호작용을 생각해 보게 하는 새로운 연구 가능성을 제공했다. SF소설은 전문가의 지식에 기반한 전통적인 기술 낙관주의techno-optimism와는 다른 종류의 진실(Miller, Bennett 2008)이나 "횡단적 지식transknowledges"(Haraway 2013)을 제공한다. 나는 테크노 사회의 미래를 두고 현재 벌어지는 논의들에 영향을 미친 디스토피아적 SF소설(Gordon 2009)에 대해 논하고자 하는 것이 아니라, "인간 존재, 의미, 정체성의 현실을 반영한다는 좀 더 깊은 의미에서, 새로 등장하는 기술을 마주하면서 개인과 사회가 직면하고 있는 근본적인 도덕의 딜레마를 그려 낸다는 의미에서, 그리고 오로지 인간만이 알고 있는 방법으로 그 딜레마들을 의미 있게 해결하려는 투쟁을 다룬다는 의미에서 진실한"[Miller, Bennett 2008, 600] 서술에 주목해 보고자 한다. 이를 위해 초기 SF소설 중에서 자율주행 모빌리티의 세계를 상상한 두 작품, 데이비드 H. 켈러David H. Keller의《살아 있는 기계The Living Machine》(1935)와 아이작 아시모프Isaac Asimov의《샐리Sally》(1995[1953])를 분석하고자 한다. 두 단편소설을 선택한 이유는 두 텍스트가 자율주행과 무인 자동차에 주목한 초기 작품으로, 20세기 초의 사회기술적 상상의 이미지를 제공해 주기 때문이다[Jasanoff, Kim 2015, 2009]. 물론 켈러의 작품에 앞서 1930년에 발표된 마일스 브루어Miles Breuer의《낙원과 철Paradise and Iron》과 같이 무인 자동차를 다룬 작품들을 언급하기는 하겠지만 그 주요 줄거리만 다룰 것이다.

이 글에서는 우선 초기 "자동차모빌리티 체제"[Urry 2004]의 특징들에 대해서 논할 것이다. 이어 앞서 언급했던 두 SF소설을 분석하고 자율주행 모빌리티 관련 기술-사회적 상상을 살펴본다. 다음에는 자율주행 차량 이용을 둘러싼 현재의 담론들을 살펴보며 초기 SF소설과는 어떻게 다른지를 논한다. EU 미래백서에서 언급하는 자율주행 커넥티드카가 그 사례로 제시될 것이다. 이를 통해 공간과 인프라 측면에서 현재 등장하고 있는 자율주행 차량 재개념화의 필요성을 검증해 보고, 자율주행 차량이 20세기 초반 SF 잡지와 책에서 대중화되지 못했던 이유를 설명하고자 한다. 결론에서는 '모빌리티 전환'[Urry 2008] 이후의 통찰에 따라, 자율주행 모빌리티의 긍정적이고 변형적인 본질을 다루게 될 것이다.

초기 자동차모빌리티

초기 SF소설 중에서 자율주행이나 무인 차량에 집중한 작품은 거의 없다. 1930년대 이후 대중잡지의 등장으로 SF 장르가 유행했을 때, 로봇공학이나 로봇과 인간의 교류가 SF소설의 주요 주제였고 자동차와 자동화된 세계가 끼친 사회문화적 영향이 이미 주류로 자리잡은 시대였다는 점에서 이는 조금 놀라운 일이다.

철강과 석유로 구성된 자동차에 의해 '경로가 고정된path determined' 특정 자원의 사용, 생산과 소비, 이동적 사회성과 영토성, 문화 간의 상호연결을 가리키는 "자동차모빌리티 체제"(Urry 2004)는 미국에서 이미 1930년대에 절정에 달했다. 자동차를 이용해서 "운전자는 집, 직장, 휴양지를 모두 연결해 주는 서구 사회의 복잡한 도로체계 안에서 언제 어느 곳으로든 이동이 가능해졌다"(Urry 2004, 28). 자동차의 개념은 "자동차와 운전자의 기계적 결합"(Urry 2006, Dant 2004)과 긴밀하게 연결되어 있지만, 1920~30년대에도 이미 무인 자동차 실험이 있었다. 운전자가 없는 모빌리티라는 생각은 '자동차 시스템'의 진화 과정 초기부터 존재했던 것이다. 최초의 '무인 자동차'인 후다나 자율주행차는 1921년 오하이오주 데이턴 맥쿡 공군기지에서 무선으로 조종하는 자동차 형태로 처음 등장했다(Green 1925). 이후 등장한 '아메리칸 원더'라는 이름의 또 다른 원격조종 무인 자동차는 1925년 뉴욕의 도로에서 성능 테스트를 했고, 이어 1930년대에는 전시와 광고 목적으로 만들어진 비슷한 차량들이 등장했다(Kröger 2016). 이런 차량들은 인근의 다른 차량이나 항공기에서 보낸 라디오 주파수로 조종되었다.

테크놀로지와 그로 인한 사회적 영향은 1930년대에 가장 큰 이슈였다. 대공황과 경제위기가 이어진 10여 년 동안 미국의 노동자들은 기계가 자신들의 일자리를 앗아 갈 수도 있다는 두려움을 느꼈다. 이러한 우려는 운전을 직업으로 하는 사람들에게도 확대됐다. 택시 운전사 고용시장에는 미국 사회 전반에 걸쳐 일어난 엄청난 인력 감축 때문에 절망에 빠진 구직자들이 넘쳐나고 있었다. 1934년 택시 운전사들은 임금 삭감과 긴 노동시간에 항의해 파업에 들어갔다. 파업은 통제가 불가능할 정도로 격렬해졌고 경찰과의 폭력적인 충돌로 이어졌다(Hdoges 2007). 운전사들은 돈을 벌 수 있는 마지막 기회마저 앗아 갈지도 모르는 무인 자동차의 출현을 반대했다. '로봇'이라는 용어는 체코의 극작가이자 각본가인 카렐 차페크Carel Capec가 1920년에 만들어 낸 것으로, 체코어로 강제노동을 가리키는 단어 '로보타Robota'에서 유래했다. 차페크는 희곡《R.U.R - 'Rosum's Univesal Robotsi》에서 인간을 대신해서 일하도록 창조된 로봇을 등장시켰다. 이 연극은 1922년 뉴욕에서 초연되어 총 184회 공연을 했으며 1930년대에 큰 인기를 얻었다.

기계화된 모빌리티와 관련된 또 다른 주제는, 인간의 실수가 도로에서 위기를 낳는다는 인식이었다. 1924~1934년에 연간 교통사고 사망자 수가 거의 두 배로 늘어났다(Miller 2015). '자동차의 세기'라고 불린 미국의 20세기 중에서도 가장 사고 증가 폭이 큰 시기였다. 이 때문에 제너럴모터스 사는 1935년 자동차 안전 캠페인용 단편영화인〈가장 안전한 장소The Safest Place〉의 제작을 후원했다. 이 영화에는 운전 교본에 나온 그대로 교통신호를 준수하는 무인 자동차가 등장한다. 무인 자동차의 기술적 실현 가능성을 보여 줄 목적으로 제작된 영화는 아니었지만, 이 영화는 자동차 사고의 유일한 책임을 운전자에게 돌린다. 여기서 자동차는 환경에 최적화된 완벽한 조화와 리듬으로 부드럽고 안전하게 작동하며, 도덕적 행위주체가 아닌 "완벽한 기계"로 제시된다. 그렇다면 모든 위험과 사고의 가능성은 차량을 운전하는 인간의 탓이다(Kröger 2016).

초기 SF소설 속 자율주행 차량

무인 자동차는 무인 자동차 또는 원격조종 자동차 실험이 처음 행해졌을 때와 거의 비슷한 시기에 마일스 브루어의 《낙원과 철》에서 처음 등장한다. 《낙원과 철》은 1930년대 SF소설이라는 새로운 대중소설 장르를 대변했던 계간지 《어메이징 스토리즈》에 처음 실렸다. 전체 서사는 인간과 로봇의 공존, 대립, 그로 인한 디스토피아에 관한 내용이다. 무인 자동차는 배와 자동차를 포함한 자율주행 기계들, 작업 기계, 그 기계의 창조자들이 지배하는 로봇 세상에 속한다. 이들을 조종하는 것은 인류 종말을 꾀하는 '전자 두뇌'이다. 인간 간의 교류 상실, 기계가 인류를 완전히 말살할 가능성, 완전 자동화에 대한 공포가 드러나는 이 소설은 로봇 기계가 지배하는 디스토피아를 탐구하여 이후의 SF소설에 나타나는 여러 문학적 장치들을 예고한다. 그러나 여기서 내가 탐구하고자 하는 바는 자율주행 모빌리티가 재현하는 사회기술적 미래이다. 《낙원과 철》의 무인 자동차는 자동화와 로봇이 조종하는 사회 시스템이라는 디스토피아적 세계를 처음으로 보여 주었다.

자율주행 자동차에 온전히 집중한 최초의 SF 텍스트는 유명한 SF소설가이자 정신과 의사인 데이비드 헨리 켈러David Henry Keller가 1935년

《원더 스토리즈》에 발표한 단편 《살아 있는 기계》이다. 켈러는 당시에 나타난 무인 자동차들에서 아이디어를 얻었다. 이 소설에서 자율주행 자동차는 완전히 대세가 되어 있다.

나이 든 사람들은 자동차로 대륙을 넘나들기 시작했다. 젊은이들은 무인 자동차가 사랑을 나누기 좋은 장소라는 사실을 발견했다. 맹인들도 처음으로 안전해졌다. 부모들은 운전을 해야 했던 낡은 차 대신 새 차를 이용해서 더 안전하게 아이들을 학교에 보냈다. 1년 만에 운전자가 필요한 자동차를 만들던 회사는 모두 문을 닫았다. … 5년이 지난 후 미국은 5천만 대의 무인 자동차에 이동 수단을 의존하게 되었다.(Keller 1935, 1471)

여기서 나타나는 대립은 주로 사업적인 것이다. 발명가 한 명이 무인 자동차를 만든 후에 그 아이디어를 거대 자동차 회사에 판다. 무인 자동차의 사회적 혜택 덕분에 그 회사는 단숨에 자동차 시장을 장악하게 되고, 5년 만에 5천만 대의 자동차를 판매한다. 문을 닫은 경쟁 업체 중 한 곳은 미국 전역에 석유를 공급하는 회사였다. 인간이 운전하는 자동차에 대한 소비자의 신뢰와 시장 지분을 회복하기 위해서, 이 회사는 코카인이 혼합된 연료를 판매하여 무인 자동차의 신뢰도를 추락시키고 자동차의 안전성을 흔든다. 새로운 연료를 주입한 무인 자동차는 위험한 운전자로 변한다. 마약에 중독된 자동차가 서로 충돌하고 사람을 치면서 누구도 안전이 보장되지 않는 세상이 된다. 이제 무인 자동차 발명가는 살아 있는 로봇 자동차를 믿지 못하게 되고, 마침 다른 생산업체가 "1만 마일이나 달릴 수 있으며 10달러면 충전이 가능한"(Keller 1935, 1511) 새로운 배터리를 발명하자 무인 자동차의 생산 중단을 요청한다.

켈러의 작품은 자율주행 차량이 가득한 미래를 상상한 거의 유일한 사례이다.《살아 있는 기계》의 내러티브는 아주 간단하다. 자율주행 자동차는 안전한 모빌리티 환경을 조성한다. "자동차 수가 엄청나게 증가하고 있는데도 자동차 사고와 사망자 수는 계속해서 줄어들었다"[1471]. 자동차의 혜택을 받지 못했던 사람들도 모빌리티 접근성이 높아진다. "나이 든 사람들은 자동차로 대륙을 넘나들기 시작했다. … 맹인들도 처음으로 안전해졌다"[1471]. 자율주행 차량은 편리하고 편안하다. "젊은이들은 무인 자동차가 사랑을 나누기 좋은 장소라는 사실을 발견했다"[1471]. 이동 중에 아무것도 못 하면서 시간을 보낼 필요가 없어졌다. "그들은 같은 자리에 긴 시간 동안 가만히 앉아서 가야만 하는 상황을 참을 수 없었다"[1471]. 자동화는 가정과 직장과 같은 일상생활에도 퍼져 나갔다. "사람들은 무슨 일이든 기계를 이용해서 해결하려고 했다. 가정주부들은 가정에서 백 대나 되는 기계 하인을 부리는 일이 너무나 자랑스러웠다"[1472].

하지만 자동화는 그 대가를 치르게 된다. "뉴욕시에 무인 택시가 도입되면서 폭동이 일어나 3백 명의 택시 기사가 살해당했다"[1471].《살아 있는 기계》의 내러티브는 이미 앞에서 논의한 바와 같이 켈러가 살던 시기의 희망과 두려움, 문제점과 가능성을 요약하고 있다. 자동차는 위험하지만 무인 자동차는 안전하다. 전통적인 자동차 시스템은 나이 든 세대와 어린 세대 등 일정한 사회집단을 배제했으므로 무인 자동차의 도입은 이들에게 큰 도움을 주었다. 이 소설에서 자율주행 차량은 어리가 〈거주용 자동차Inhabiting the car〉[Urry 2006]에서 설명한 편안한 "고치"까지는 아니더라도 거주하면서 이동도 할 수 있는 환경을 만들어 냈고, 자동차로 여행하면서 보드게임도 하는 행복한 가족이라는 1950년대의 광고 문구와도 유사했다.

다음에 논할 소설은 유명한 SF소설 작가인 아시모프가 1953년에 처음 발표한 《샐리》이다. 《샐리》는 《살아 있는 기계》와는 상당히 다른 작품이다. 아시모프는 자율주행 자동차가 다니는 세상보다는 자율주행 자동차가 "그들의 시대에 봉사"한 후에 "인공지능 차량"에 일어난 일들에 주목한다. 사건은 1세대 자율주행 자동차가 여생을 평화롭게 보내는 곳인 "은퇴 자동차의 집"에서 일어난다. 퇴직한 자동차의 집은 "수명life"이 다한 자율주행 자동차를 "인간적으로" 대우한다. 하지만 한 기업가가 은퇴한 자동차의 "자동제어 양전자 시스템"을 새로운 자동차의 차체 안에 집어넣어서 다시 판매하겠다고 제안한다. 이곳의 관리인인 제이크 폴커스는 이 제안을 거부하지만, 기업가는 은퇴한 자동차들을 다시 가져가려고 폭력을 행사한다. 그러자 살아 있으며 감정을 지닌 데다 우수한 형질을 지닌 생명체인 자동차들이 단결해서 스스로를 구하고 마침내 침략자를 물리친다. 퇴직한 자동차의 집 바깥 세상은 조명되지 않지만, 아시모프가 창조한 자율주행 모빌리티 세계는 존 어리가 개념화한 "자동차모빌리티 체제"(2004)가 남아 있는 세계다. 즉, 공장에서 생산된 제품으로서의 자동차, 개인의 소모품으로서의 자동차, 자동차산업 및 운영의 인프라, 개인 모빌리티, "강철과 석유에 붙들린" 문화 등은 그대로이다.

《살아 있는 기계》와 《샐리》는 모두 자동차가 만들어 내거나 영향을 미친 사회적 환경보다 그 기술 자체에 더 주목한다. 켈러가 창조한 사회에서는 자율주행 자동차가 주류로 자리잡으면서 몸이 불편한 사람들이 자동차를 이용해서 여행을 하고 자동차의 안전성이 향상되며 사람들이 편안하고 쉽게 이동하는 등 긍정적인 영향이 돋보인다. 반면 아시모프가 창조한 세계에서는 자율주행의 실질적인 장점을 찾기 어렵다.《샐리》에 등장하는 자동차는 아름다운 존재들로 묘사되며 의인화되어 등장한다. 이 자동차들은 모두 이름이 있으며 감정을 드러내고 서로 대화하면서 인간과 기계 모두와 협력하지만, 실질적으로 사회 영역에 어떠한 이익을 제공하는지는 분명하게 나타나지 않는다.

《살아 있는 기계》에서 자율주행 모빌리티는 "사용자users"의 일상생활을 더 편하게 만드는 기술-사회적 미래를 창조하지만, 이 자동화 기술은 디스토피아적인 결과를 낳기도 한다.

> 이 살아 있는 자동차들이 생각이란 걸 하기 시작하고 힘을 합쳐서 우리를 지배하려고 한다면 그 결과가 어떻게 될지 생각해 봅시다. 물론 불가능한 일처럼 들리겠지요. 하지만 당신도 같은 생각을 했잖아요. 완전히 새로운 자연의 힘이 나타났는데 무슨 일이 일어날지 어떻게 알겠습니까? 알 수가 없으니 나는 이제 그만두겠습니다. 뱁슨은 내 발명품을 다른 기계류 그러니까 남부 지역과 잉글랜드의 방적공장에 적용하고 싶어 합니다. 5백만 명의 실업자가 생겨나고 결국 다들 굶어 죽게 되겠죠(Keller 1935, 1472).

두 작가는 모두 자율주행 자동차를 인간과 같은 생명체이자 도덕적 행위주체라고 상상한다. 자동차들은 인간처럼 행동하고 생각하며 처신한다. 이는 살아 있는 기계라는 제목이 알려 주듯이, 켈러의 소설에서 좀 더 분명하게 나타난다.《살아 있는 기계》에서 자동차는 향정신성 물질인 코카인을 주입받자 마치 인간처럼 행동한다. 즉, 마치 취한 듯 책임능력이 사라지고 이성을 잃는다. 즉, 이 자동차들은 '살아 있는' 존재이며 더이상 생각하는 기계가 아니다.

그럼에도 불구하고,《살아 있는 기계》속 자율주행 모빌리티 세계가 그려 낸 미래는 21세기 초반의 모습과 그리 다르지 않다. EU 미래백서가 전망하는 것처럼 자율주행 자동차의 실제 사용이 임박하면서 자율주행 차량이 곳곳에 사람들을 실어 나르는 안전하고 조화로우며 접근성이 향상된 도시환경을 상상할 수 있게 된 것이다(Braun 2016, Cohen 2012, DiClemente 외 2014). 켈러와 아시모프는 모두 도덕적인 문제를 중심으로 소설을 전개했다. 도덕적 행위주체인 기계가 좋은 쪽으로든 아니든 도덕적인 결정을 하게 될 때 과연 어떠한 일이 일어날 것인가? 두 작가는 책임, '트롤리 문제trolley problem'(레버를 쥔 사람의 선택에 따라 트롤리의 진로가 바뀌어 다섯 명 혹은 한 명이 죽는 상황을 제시하는 윤리적인 도덕적 의사결정 모형), 도덕적 모형, 도덕적 무임승차, 이런 문제들의 정책 적용 등에 관한 최근 논의들을 뛰어넘어(Thomson 1985, Bonnefon 외 2016, Goodall 2014, Foot 1978, Walker-Smith 2015), 인간과 비인간이라는 이분법이 사라진 이후 나타날 위기에도 관심을 갖는다.

그러나 여러 SF 문학에서 그러하듯이, 여기서 무엇보다 중요한 질문은 이것이다. 기계가 인간보다 똑똑해지면서 더 이상 인간이 제시하는 규칙을 '받아들이지' 않으면 어떻게 될까? '은퇴 자동차의 집' 관리인인 폴커스는 침입자의 뜻에 반대하며 자동차에 대한 폭력을 멈추라고 하지만, 기계가 침입자를 죽이자 생사가 달린 문제에 대한 도덕적 결정을 기계가 내리거나 지배자에 맞설 가능성을 우려하게 된다. 켈러의 소설에서 '살아 있는 기계'를 발명한 사람도 마찬가지다. 그는 새로운 자동차의 생산을 멈추고 자동차 생산의 비밀을 무덤까지 가져가려고 한다.

자율주행 자동차처럼 잠재적으로 큰 변화 가능성을 지닌 기술을 다룬 초기 SF소설 작가들의 기술-사회적 상상력은 현재의 기술적 상상력과 유사한 바가 많다. 자율주행 자동차는 그것이 속한 사회적 세계와 상호작용하지도 않고 사회적 담론과도 관계없는, 다른 기술을 대체하는 기술적 제품으로 제시된다. 켈러나 아시모프 소설의 사회-정치적 환경은 탈-자동차모빌리티의 세계가 아니다. 그 시대에도 여전히 모든 종류의 자동차모빌리티가 주목받고, 새로운 자율주행 '휴머노이드' 자동차 비전이 시스템의 일부로 구상되고 있었다. 새롭게 등장한 휴머노이드 자동차도 전통적인 자동차 생산 라인에서 생산되고, 주재료는 강철이고 석유를 연료로 사용하며, 똑같은 인프라 '시스템' 속에서 달리며, 어느 정도까지는 문화적 상징을 공유하며, 비슷하게 "사람을 실어 나른다"(Laurier 외 2008). 차량의 내외부는 모두 변화가 없으며 시스템의 요소들도 변하지 않았다. 두 텍스트 모두에서 문제는 윤리적 결정을 내리는 휴머노이드 기계의 능력으로 인해 발생한다. 이는 현재 과학기술사회학 분야 학자들이나 정책 연구자들의 주요 관심사이기도 하다.

심지어 아시모프가 그려 낸 세계는 현재 우리에게 너무나 익숙해진 자동차 문화의 젠더적 상징성을 드러내기도 한다(Jain 2006). 《샐리》에서 자동차는 "변덕스럽고" 성적으로 유혹하는 미적 대상으로 그려지는 반면, "침입자"인 남성들은 자동차들이 보관된 은퇴 자동차의 집만이 아니라 여성적인 자동차 동체의 성적으로 사적인 영역까지 침입한다. 샐리에게는 사생활이 있으므로 "자동으로 문을 잠근다. 샐리는 사생활이라는 감각을 가지고 있었다"(33). 하지만 침입자인 겔혼은 강제로 샐리에 탑승한다. 샐리는 침입자가 문을 두드렸을 때 자동으로 문을 잠궜지만 개방된 천장으로 들어온 겔혼에게 "강간당한다".

　그는 서너 걸음 정도 뒤로 물러났다가 빠르게, 너무도 재빠르게 달려와서 나는 그를 막을 수가 없었다. 그는 달려와 차 안으로 뛰어들었다. 샐리는 깜짝 놀랐다. 그는 샐리가 움직이지 못하게 시동장치를 꺼 버렸다. 5년 만에 처음으로 샐리의 엔진이 멈췄다. … "내 생각에 말야. 그때 샐리는 아주 기분이 좋아 보이던데."[Asimov 1995[1953], 33]

20세기 젠더화된 문화의 모든 요소들이 이 대목에서 나타난다. 침입자는 남성이며 희생자는 여성으로, 심지어 여성은 이 상황에서 성폭력에 대한 책임까지 져야 한다. "사생활 감각을 지닌 자동차라면 천장을 개방하고 돌아다녀서는 안 된단 말이야"[33]. 이 말에는 어떠한 아이러니도 담겨 있지 않다.

　자동차모빌리티 체제의 사회-기술적 상상력은 1930년대에 이미 고정되어 있었다. 아시모프의 소설 속에서, 최초의 상업용 자율주행 자동차인 매트 오못Mat-O-Mot이 2015년에 출시된다는 설정은 흥미롭다. 이 소설은 당시 떠오르던 자동차모빌리티의 세계를 훌륭하게 포착한다. 아시모프의 상상에 따르면, 1930년대에 시작되어 "여행, 거주, 사회생활"[Thrift 2008, Urry 2000, 59] 등 우리의 일상을 지배한 자동차모빌리티 체제는 오늘날의 무인 자동차를 예견한 자율주행차인 매트 오못의 등장으로 마무리되는 것이다. 이는 자율주행 자동차가 초기 SF소설가들의 사회기술적 상상력에서 그토록 설득력 있는 개념이었던 이유와, 자율주행 차량이 단순히 기존 자동차의 연장이 아니라 '자동차모빌리티 체제'의 종말을 의미하는 것이 되려면 무엇이 필요한지를 묻게 한다. 이 글의 결론에서 이 질문에 답하기 위해 노력할 것이다.

자동차모빌리티 장치

최근 들어 과학기술사회학 연구자들은 기술-사회의 미래를 상상하는 방식에 복잡하고 새로운 층위들을 추가했다. 쉴라 재서노프Sheila Jasanoff 와 김상현Kim Sang-hyun(2015)은 우리가 "사회기술적 상상STIs"에 관심을 기울여야 한다고 강조하고 있다. 이는 "집단적으로 유지되고, 제도적으로 안정적이고, 공개적으로 수행되는 바람직한 미래를 향한 통찰"이며 "과학적 기술적 기술의 발전으로 달성할 수 있고 또 그러한 발전을 지원하는, 바람직한 사회적 삶과 사회적 질서의 형태에 대한 이해를 공유함으로써 활성화된다"(Jasanoff, Kim 2015, 6). 사회기술적 상상은 시간이 지나면서 발전하고 또 서로 경쟁하기도 하며, 또 혁신 과정과 정책 결정, 문학적 상상력에도 영향을 미친다. 재서노프와 김상현에 따르면 사회기술적 상상이란 "도구적이며 미래적이고, 정치적 공동체에 훌륭하고 바람직하고 가치있는 통찰을 제공하며, 실행가능한 미래를 분명하게 제시한다"(2009, 123). 특히 자동차모빌리티는 사회기술적 상상의 중요한 대상이다. "권력 관계의 양식과 논쟁의 여지가 많은 집단적인 '좋은 삶'의 방향성이 나타나는" 매우 정치적인 배치이기 때문이다(Böhm 외 2006, 4-5). 미셸 푸코 Michel Foucault(1986)가 반세기 전에 예언했다시피 현대는 무엇보다도 공간의 시대다. 자동차모빌리티는 매우 복잡한 사회적, 사회적, 문화적 상호

관계[Featherstone 외 2005] 속에 놓여 있으며 사회성을 재편하는 "꿈 같은 경관 dreamscapes"을 만들어 낸다[Urry 2004, Jasanoff, Kim 2015].

하지만 자율주행 모빌리티에 관한 20세기 초반의 SF소설들은 분명히 비공간적인 방식으로 주제에 접근한다. 이 작품들은 기술을 순전히 수단으로 개념화하고 있으며, 공간과 정치에 대한 사회적 심리적 측면은 설명하지 않는다. 이러한 SF소설들이 그리는 세상은 평면적이고 2차원적이라고 할 수 있다. 즉 켈러와 아시모프의 상상 속에서 자동차모빌리티는 본질적으로 사회기술적 상상의 형태로 나타나지는 않는다. 또한 바람직한 사회적 미래의 공간적 정치적 방향을 공유하는 것으로 나타나지도 않았으며, 사람과 제도가 이를 집단적으로 따르는 것도 아니었다. 이 두 작가는 자동차를 사회가 공동으로 만들어냈거나[Bijker 1995] 공동으로 생산한[Jassnoff 2004] 사회현상으로 보기보다는, 사회적 맥락 안에서 막연히 수용된 기술적 인공물로 경험하고 그렇게 묘사한다. 자동차모빌리티는 여기에서 아직은 "자동차, 운전자, 도로, 석유 공급, 새로운 대상, 기술, 기호 등을 포함하는 전 세계적으로 퍼져 나가게 될 자기조직적이고 자가생산적인 비선형적 시스템"으로 간주되지는 않는다. 이 비선형적 시스템은 시간과 공간을 재생산하며 "사회적 삶을 자동차모빌리티가 창출하고 전제하는 모빌리티의 유형" 안에 "가둔다"[Urry 2004, 27]. 또한 자동차모빌리티는 "운전을 하거나 또는 스스로 달리는 주체라는 진실효과truth effect"[Urry 2004, 27]를 생산하는 "체제"로도 등장하지 않는다[Böhm 외 2006, 8-9]. 그렇다면 미래의 자율주행 차량에 대한 초기의 시각에서 나타나고 있는 바를 과연 어떻게 개념화할 수 있을까?

21세기의 관점에서 볼 때, 〈살아 있는 기계〉의 전체 이야기는 자동차

시스템의 헤게모니 이야기를 전개하고 있다. 이 소설은 자동차모빌리티의 미래를 두고 대립하는 인물들 간의 권력투쟁을 다룬다. 자동차 생산자, 발명가, 정책 입안자, 정유업자는 모두가 이 문제에 깊숙이 개입하고 있다. 〈샐리〉에서는 자율주행 자동차의 양전자 자동 시스템을 새로운 차체에 장착해서 되팔아 수익을 올리려는 시도가 사건의 중심이다. 이 과정에도 자동차 생산자, 발명가, 정책 입안자, 기업가가 모두 개입한다. 그렇다면 자동차모빌리티의 등장을 점점 발전하는 사회기술적 상상으로 보기보다는, 루이 알튀세르Louis Althusser(1971)의 이론을 참고하여 자본주의 체제에서 생겨난 이데올로기적인 사회기술적 장치Ideological Sociotechnical Apparatus로 보는 것도 흥미로운 접근 방식이 될 것이다. 앞에서 살펴본 바와 같이 사회기술적 상상이라는 개념은 집단적으로 유지되고, 제도적으로 안정적이고, 공개적으로 수행되는 사회기술적 미래 통찰에 초점을 두는 것이다. 하지만 〈살아 있는 기계〉에서는 이러한 상상이 사적인 투쟁과 제도적 불안정성으로 나타난다. 이 기술을 등장하게 하고 이를 이용해 더 큰 경제적 이데올로기적 이익을 만들어려고 시도하는 것은 경제적 탐욕에 따르는 권력적 이해관계의 잔인한 힘이다. 따라서 나는 20세기 초기의 자동차 시스템의 재현에서 기술, 사회, 권력 간의 상호작용을 보여 주기 위하여 알튀세르의 이데올로기적 국가장치 Ideological State Apparatuses라는 개념에 주목할 것이다.

〈이데올로기와 이데올로기적 국가장치〉(1971)에서 알튀세르는 이데올로기란 "상상적 집합체imaginary assemblage"이라고 설명하면서, 이 안에서 사회적 집단이 그들의 존재를 조건짓는 관계를 받아들이고 재생산한다고 주장했다. 알튀세르는 이 표상이 언제나 (관념적인 것이 아니라) 물질적이며, 실천을 통해 가시화된다고 말한다. "존재는 이데올로기적 장치에 의해 규정된 의례가 통제하는 실천 행위 속에 새겨진다. 따라서 이데올로기는 물질적 의례가 통제하는 물질적 실천을 규정하는 물질적 이데올로기적 장치 안에서 존재하는데, 이 실천들은 자신의 믿음에 따라 의식적으로 행동하는 주체의 물질적 행위 안에서 존재한다"(Althusser 1971, 129). 알튀세르에 따르면 상식적인 믿음은 그가 '호명interpellation'라고 부르는 과정을 통해 명백한 것으로 제시된다. 이에 따라 주체는 다양한 종류의 이데올로기를 자유롭게 자아의 개념 안에서 통합하는 방식으로 위치를 정하게 된다. 따라서 이데올로기적 국가 장치는 명확하고 전문적인 제도를 통해 관찰자에게 '현실realities'로 간주될 수도 있다. 알튀세르적 관점에서 제도는 교회나 교육시스템과 같은 조직화된 구조이지만, 우리는 푸코(1995, 2009)와 부르디외Pierre Bourdieu(1993)를 따라서 (낭만적 사랑이나 넓은 의미의 취향이나 편견과 같은) 우리가 일상에서 접하는 담론을 제도라고 생각할 수도 있다. 이데올로기적 국가 장치는 (경례나 호명을 통해서) 주체가 특정한 물질적 실천과 의례를 따르도록 보이지 않게 강요하며 주체가 주체성을 '재강화'하는 사회성을 만들어 낸다.

자동차 제조사, 기업가, 정유업자, 발명가 사이의 싸움에서 우리는 이데올로기적인 (사회기술적인) 장치인 자동차모빌리티의 출현을 엿볼 수 있다. 켈러와 아시모프의 자동차모빌리티 상상은 물질적 의례(즉, 시장)에 의해 지배되는 물질적 실천(즉, 경제적 이해 관계를 둘러싼 싸움), 개별적인 자동차 이용자의 호명에만 초점을 맞추었기 때문에 공간적으로나 사회적으로나 평면적이다. 이 텍스트들은 "자동차 시스템"이 그토록 강력해진 방식을 예리하게 포착했지만, 자율주행의 미래에 대한 디스토피아적 환상을 바꾸는 데 필요한 것이 무엇인지 파악하지는 못했다. 자동차 모빌리티는 좋은 것, 바람직한 것, 공동체를 위해 달성할 가치가 있는 것에 대한 비전을 투영하지 않기 때문에 아직 진정한 '상상'이 아니다.

포스트 자동차모빌리티

오늘날 자율주행 차량의 생산을 둘러싼 담론으로 시선을 돌려 보면, 주요한 특징은 무인이라는 것보다는 오히려 초연결성hyper-connectedness이다. 작금의 기술혁신 환경에 기반한 정치적 비전인 2017년 EU의 미래백서에서는 '커넥티드카connected car'가 EU의 정치와 기술의 미래 및 그에 따르는 정책 결정의 좋은 예로 제시됐다. 커넥티드 자율주행 차량 기술이 초기 SF 작품만큼 자세하게 묘사되지는 않았지만, 이는 가상의 미래 기술이 아니라 실제로 일어날 자율주행 모빌리티의 전망을 묘사한 최초의 정치적 문건에 해당한다. EU 미래백서는 자율주행 차량을 완전히 연결된 "사이버화된 차량cyberised vehicles"으로 개념화했다. 여러 시나리오 중 하나에 따르면, "유럽 통신 당국은 전 유럽에서 커넥티드카를 사용하는 데에 필요한 국경 간 통신서비스를 위해 주파수 사용 규제를 풀 가능성도 있다"(EC 2017, 23). 자율주행 모빌리티는 이 백서에서 초연결화되고 자동으로 작동하는 운전 형태로 제시된다. 알고리듬으로 통제되는 다차원적 연결 차량은 "전 유럽에 적용되는 규정과 EU 집행기관의 작업에 따라 문제없이 유럽을 넘나들게 된다"(EC 1017, 25).

EU 미래백서와 지금 우리가 대면하고 있는 자율주행 모빌리티의 미래에 대한 여러 설명들에 따르면(Bertoncello, Wee 2015, Canzler, Knie 2016), 자율주행 차량은 스스로 주행하는 스마트한 "모빌리티 총체things"("작업이 이행되도록 하는 사회-물질적 메커니즘"(Hansson 2015))이다. 안전이 중요한 상황에 대응하고 자동화된 주행 지시 전략을 활용하기 위하여, 카메라, 계기판 센서, 여타 텔레커뮤니케이션 장치, 알고리듬과 컴퓨터로 작동하는 인프라시설과 같은 안전에 필수적인 기능에 따라 작동한다. 또한, 자율주행 차량은 인간 능력을 넘어서는 확장된 시간 지평과 향상된 거리 인식을 제공하는 실시간 정보를 요구하고 공유하며, 완벽한 작동을 위해 탐색 정보, 원격 진단, 정비, 위험 방지 경고 등의 복잡한 기능을 갖춘다. 나아가 21세기형 자율주행 차량은 가능한 모든 공간과 연결된 움직이는 공간으로 개념화되었다. 자율주행 차량은 다른 사람과 다른 공간(도로변의 인프라, 건물들, 다른 차량)만이 아니라 (인간 혹은 인공지능이 과거에 해석한 데이터 세트인) 기술적 내러티브technological narrative에도 다차원적으로 연결된다. 1930년대 소설가들이 상상한 '살아 있는 기계'와 달리, 21세기형 자율주행 차량은 공간적이면서 운동적이다. 공간을 가로지르며 움직이고, 이동 네트워크로 다양한 다른 공간과의 초연결을 만든다(Castells 2009).

따라서 자율주행 차량은 새로운 탈-운전자/자동차 시스템의 일부가 되어 가고 있다. 복합 연료, 초경량, 스마트, 탈사유화, 다양하고 다차원적인 상호연결, 기계화된 자율적 이동 공간으로 볼 수 있다(Urry 2004). 이에 더해, 자율주행 차량은 기존 권력 지형을 재편성할 가능성도 지닌다. 자율주행 차량은 운전자를 필요로 하지 않으므로 공간은 기능이나 동력을 지정하거나 표시하는 위치를 중심으로 조직되지 않는다. 이동, 방향 선택, 정지, 후퇴, 방향 전환, 가속 등을 통제하는 사람도 없고, 특정한 인간적 행위능력도 필요하지 않다. 또한, 이동에 필요한 상호연결에도 특정한 인간적 행위능력은 존재하지 않는다. 에티켓이 재구성되고, 중단이 재연결되며, 혼란이 재배열된다. 결국 운전과 탑승의 새로운 현상학[Thrift 2008, Laurier 외 2008]과 새로운 자동차에 새로운 의식이 등장할 것이다[Pearce 2016].

하지만 여러 유형과 형태의 자율주행 차량이 실험 중에 있다는 사실을 인식하는 것도 중요하다. 어떤 차량은 사람을 태우고, 어떤 차량은 화물을 운송한다. 미미 셸러Mimi Sheller[2004]가 지적하듯이, 1990년대부터 교통과 정보의 융합 인프라가 만들어지면서 이미 십수 년 전에 "차량의 사이버화"가 빠른 속도로 진행되었다. '포스트 드라이버 또는 포스트카post-car'와 같은 자율주행 모빌리티 체제는 자동차를 상당히 다른 무엇인가로 변형시킬 가능성을 가지고 있다. 드디어 전통적인 자동차모빌리티와 연관된 철과 석유 시설에 "갇힌" "경로의존적path-dependence"인 태도가 변하기 시작했다. 새로운 재료와 새로운 추진체, 새로운 인테리어와 외부 디자인이 등장하고 사람과 사물을 실어 나르는 "모빌리티 총체"가 빠르게 개념화되면서 그에 따른 욕망, 거주, 사회성이 재정립될 것이다[Urry 2004, Sheller, Urry 2000, 2006, Sheller 2004].

이와는 대조적으로, 앞에서 논의한 것처럼 켈러와 아시모프는 자율주행차를 단순히 새로운 기술로 상상했다. 여기서 휴머노이드 자율주행 차량은 자동차모빌리티 체제와 관련된 환경에 따라 생각하고 행동하고 이동한다[Sheller 2004]. 두 작가가 상상한 무인 자동차는 그저 운전자가 없는 자동차였다. 하지만 이제 자율주행 커넥티드카의 변형적 성격은 단순한 무인성이 아니라, 포스트 자동차모빌리티의 사회적 · 지리적 영역을 근본적으로 재개념화하는 전환 가능성임이 분명하다. 따라서 자율적이고 상호연결된 모빌리티인 포스트 카post-car는 유동적이지만 체계적인 상호연결로 이루어진 자동차-운전자 하이브리드 집합체(Urry 2004)가, 상호연결된 인간-비인간 모바일 하이브리드에 의해 형성된 더욱 유동적인 모빌리티 배열로 대체되는 기술-사회적 생태계로 이론화할 수 있다(Bauman 2-7, Sheller 2004). 예를 들어 공유된 도시 공간에서는 스스로 운전하는 사이버화된 이동 '물체'cyberised mobile 'things'들이 근본적으로 새롭고 유동적인 존재론적 작동 방식으로 인간, 사물, 정보를 실어 나르게 될지도 모른다. 그럼에도 불구하고, 포스트 자동차모빌리티의 물질적 실현은 20세기적인 주체를 새로운 방식으로 존재하고 살아가는 모바일 주체로 '호명'할 능력을 갖춘 완전히 새로운 (사회기술적) 모빌리티의 상상력을 요구할 것이다.

한편으로, 21세기의 자율주행 차량 개념과 비교하면 무인 자동차가 초기 SF소설가들의 상상력을 계속해서 사로잡지 못한 이유를 찾을 수 있다. 포스트 자동차모빌리티의 완벽하게 '사이버화된' 네트워크를 확보하지 못했기 때문에, 무인 자동차 혹은 자율주행 자동차는 사회적이고 기술적인 혁신으로 상상되기 어려웠다. 소설 속의 자동차들은 당시의 자동차가 야기한 사고나 위험과 같은 사회적 도전에 해답을 제공하기 위한 단순한 기술적 개량에 그친다. 인간과 기계의 상호작용에서 인간을 사로잡았던 측면, 즉 소위 기계가 인간을 대체할 가능성은 교통 측면과 반드시 연계될 필요가 없었고, 대신에 인간화된 자동기계인 로봇에 대한 상상이 널리 퍼지게 되었다. 얼마 지나지 않아 자율주행차는 더 이상 가장 흥미롭고 사회-기술적인 SF적 상상으로 간주되지 않았으며 1970~80년대의 SF소설과 영화에 다시 등장할 때까지 문화적 상상에서 사라졌다. 그러나 이 재등장은 완전히 다른 논의로 넘어가는 문제다.

결론: 자율주행 모빌리티의 새로운 정치성

초기 SF소설가들은 자율주행차를 사이버화된 초연결적 모빌리티 총체가 아닌 독립적인 자율 행위자라고 상상했기 때문에 그 핵심적인 측면을 놓쳤다. 바로 자율적이고 초연결적인 공간의 정치성이다. 운전자와 기계의 혼종이건 자율주행 차량이건 간에, '모빌리티 총체'는 피치 못할 사회적 대립을 변형시킬 능력이 있는 권력의 생산과 분배와 관련된 사회적 관계가 사회적으로 인정되고 제도화된 위계와 대립으로 빠르게 자리잡는 방식의 징후라는 점에서 매우 정치적이다.

'모빌리티 전환'이 보여 주듯이 모빌리티는 그러한 갈등과 잠재적 변화의 중심에 놓일 때가 많으며, "누군가가 빠르다는 말은 다른 누군가는 느리다는 말"이라는 팀 크레스웰Tim Cresswell의 말처럼(2010, 21), 모빌리티는 각자 다른 접근성을 갖는 자원이므로 여러 층위에서 충돌이 나타날 수 있다. 크레스웰은 모빌리티 정치는 다면적이며 ① 물질적 이동의 요소: 거리, 속도, 빈도 ② 재현: 모빌리티의 담론, 의례, 상징 ③ 모빌리티의 실천: 체현, 편안함, 자율성 등으로 이루어진다고 보았다(Cresswell 2010, 22). 모빌리티 정치에 대한 이 설명은 이데올로기적 사회기술 장치에 관한 논의에서 설명한 바와 서로 매우 밀접한 관련이 있다. 자율주행의 물질적 실천과 연결되며 자동차와 결부된 특정 담론, 의례, 상징에 지배되는 '상상적 집합체imaginary assemblage'는 자동차 사용자의 상상력과 '상상된' 사회기술적 미래를 결정할 것이다. 게다가 전통적인 자동차모빌리티 '체제regime'는 매우 끈질기고 거기에서 벗어나기가 어렵다(Böhm 외 2006, 11).

자동차모빌리티라는 이데올로기적 사회기술 장치는 《살아 있는 기계》와《샐리》가 등장했던 때처럼 사회기술적 전환의 순간에 최고의 힘을 발휘한다. EU의 미래에 대한 유럽연합의 비전 속에서 서로 경합하는 담론과 상상들이 이를 잘 보여 준다. EU 미래백서가 나온 이후, 장 클로드 융커Jean-Claude Juncker 의장은 2017년 의정 연설에서 자신의 미래 비전을 제시했다[Juncker 2017]. 융커 의장은 "유럽의 산업이 더 강력해지고 더 경쟁력을 가져야" 하며, "자동차처럼 유럽이 우위에 서게 하는 세계 수준의 제품 생산에 더 많은 투자"를 해야 한다고 주문했다. "저는 우리 자동차산업이 자랑스럽습니다"[Juncker 2017, 3]. 여기에는 분명히 여러 가지 상상이 내포되어 있다. 지속가능성, 저탄소, 덜 움직이는 기술적 미래를 믿는 사람들이 설파하는 상상까지도 나타난다[Buehler 외 2017, Geels 외 2017]. 그러나 최초의 '자동차 시스템'을 만들고 20세기 초 SF 작가들에게 자극을 준 사회기술적 장치는 여전히 대부분 그대로 남아 있다. 즉, 포스트 자동차모빌리티를 창조하는 데에 필요한 사유보다는 여전히 자동차 자체가 문제의 초점이다.

진정한 포스트 자동차모빌리티에 필수적인 조건들이 실현된다면, 자율주행차는 '이동 중에도' 젠더적 동작, 표현, 실천을 재배치할 능력을 갖추게 될 것이다. 예를 들어, 새로운 도로 알고리즘의 리듬은 젠더적 편견을 재조정할 수 있다. 즉 속도, 거리, 경로는 젠더화된 개인이 아닌 시스템과 참여자의 초연결 상호작용으로 정해질 것이다. 이렇게 개념화된 자율주행차는《샐리》에서와 달리 인간의 부속물이 아니라, 공간이 된다. '의미'는 시스템의 다양한 상호연결, 포털을 통과하는 사용자, 이 사용자 개인이 공유하고자 하는 데이터를 감지한 차량이 만들어 내게 될 것이다. 모빌리티 실천은 걷고 운전하고 승객으로 차량에 탑승하고 여기저기를 걸으면서 물건을 나르거나 밀고 또 내려놓기도 하면서 다른 신체들, "모빌리티 총체", 사물 및 관련 인프라의 미로를 통과하는 주체들의 새로운 공간적 · 시간적 · 감각적 · 신체적 상호작용에 의해 재창조될 것이다(Harman 2009, Jensen 2013, Hansson 외 2016, Cochoy 2009). 초연결된 운전자/자동차의 자동차모빌리티 세계에서는, 도시 모빌리티의 인위적인 동기화 리듬이 인간, 기계, 인프라의 하이브리드 시스템이 만들어 내는 알고리즘 리듬으로 전환되면서 운전자와 그가 모는 기계의 통제권을 가져갈 것이다. 공유된 규칙, 공통의 의사소통 방식과 그 도구는 사회성을 재편하는 사이버-물리적 시스템과 도린 매시가 말한 권력기하학power-geometry(Massey 2005)으로 대체될 것이다. 사적인 것과 공적인 것의 사회적 구성도 근본적으로 흔들리게 될 것이다.

하지만 이 모든 물질적 변화에도 불구하고, 기계화 모빌리티의 정치가 기존의 완고한 이데올로기적 · 사회기술적 장치의 지배를 계속 받을 가능성도 높다. 켈러와 아시모프가 상상했던 자율주행 자동차모빌리티의 미래는 운전자/자동차의 하이브리드에 기반한 전통적인 자동차모빌리티와 동일한 이데올로기적 · 사회기술적 장치에서 비롯되었기 때문에 정치적으로 '평면적'이었으며, 현재 유럽의 미래도 이 지점에 멈춰 있다. 자동차모빌리티의 정치성이 진정으로 변화하려면 우선 이데올로기적 사회기술 장치가 변해야 하며, 새로운 권력 배치, 물질적 실천, 담론적 의례, 그에 관련된 의례와 상징이 등장해야 한다.

유럽의 미래백서는 현재 유럽이 처한 난관을 잘 보여 준다. EU가 커넥티드 자율주행 모빌리티에 접근하는 방식은 여러 측면에서 켈러와 아시모프의 자율적인 기계 개념과 상당히 유사하다. 물론 EU의 미래 자동차는 인간형이지도 않고 생명체인 것도 아니지만, 단순한 기술적 발명품인 '자동차모빌리티 체제' 안에서 전 유럽을 "아무런 문제없이 구석구석 이동하는" 모습으로 상상된다. 그러한 기술이 의미 있게 받아들여지고 전개되기 위해서 사회와 문화의 영역에서 생겨나야 하는 변화는 제대로 이해되지 않고 있다.

오늘날 유럽의 많은 정책 결정자들의 글에 오르내리는 커넥티드 자율주행 모빌리티라는 비전은, 20세기 초반 SF소설가들의 기술-사회적 소설에서처럼, 이를 뒷받침하는 이데올로기적 · 사회기술적 장치가 고정되어 있고 도전받지 않기 때문에 궁극적인 변화의 가능성을 품고 있다고 보기 힘들다. 진정으로 새로운 사회기술적 미래를 상상하기 위해서는 현재 침묵하고 있지만 기술에 활력을 불어넣을 대안적 이데올로기가 유럽 시민들에게 받아들여져야 한다. 유연하고 매끄럽고 초연결된 포스트 자동차 모빌리티 시스템의 비전은 이를 뒷받침하는 이데올로기적 · 사회기술적 장치가 변화해야만 사회적 그리고 정치적인 변혁으로 이어질 것이다.

제12장

SF영화와 로드무비

낮설게 만드는 이동적 시선

| 닐 아처 |

SF영화의 주인공들은 궁지에 몰려 있을 때가 많다. 최근 영화들에서도 주인공들은 길 위에서 마주친 곤경에 맞서 힘겹게 투쟁한다. 〈칠드런 오브 맨Children of Men〉(2006)에서 테오는 지구에서 18년 만에 태어난 아이를 맡아 줄 이들을 찾기 위해 영국의 남동부 지역을 우회하여 군사화된 마을인 벡스힐로 향한다. 〈28일 후28 Days Later〉(2002)에서는 영국 전역에 퍼진 감염병 때문에 좀비 천국으로 변해 버린 런던에서 4명의 생존자가 검은색 택시를 타고 텅 빈 도로를 달려 도망친다. 〈몬스터즈Monsters〉(2011)에서는 불시착한 탐사 우주선에서 나온 외계 생명체가 미국과 멕시코 국경지대에 퍼져 나간 상황에서, 두 명의 미국인이 집에 가기 위해 이 "감염지역"을 통과하려고 분투한다. 〈더 로드The Road〉(2010)에서는 아버지와 아들이 이유를 알 수 없는 환경 대재앙으로 완전히 폐허가 되어 버린 미국 남부 해안을 따라 걸어서 이동한다. 좀 더 주류에 속하는 SF영화인 〈우주전쟁War of the Worlds〉(2005)에서는 친숙한 장르적 기대를 만족시키는 장면 대신에 도망치는 사람들이 집단으로 방랑하고 이동하는 이미지가 등장한다. 이 영화에서 톰 크루즈가 연기한 아버지 레이는 뉴저지에 사는 두 아이를 보스턴의 아이들 외갓집으로 보내려고 온갖 노력을 다한다. 앞으로 논의하겠지만, SF영화와 이동 모티브의 만남, 그리고 SF에서 로드무비를 재구성하는 현상은 최근의 대중 영화에서 나타난 중요한 미학적·윤리적 경향과 깊은 관계가 있다. 따라서 이 글에서는 이 두 장르의 만남을 통해 영화 연구뿐만 아니라 모빌리티 연구에 무엇이 중요한지를 파악해 보고자 한다.

이 글에서는 《모빌리티Mobilities》 특별호의 〈모빌리티와 인문학Mobilities and the Humanities〉[Archer 2017]에서 논의했던 주제를 발전시킬 것이다.

이 글은 예술 및 인문학 방법론과 창의적인 텍스트 연구가 모빌리티 연구의 유익한 결실이 될 수 있다는 피터 메리만과 린 피어스의 제안에 대한 답변이기도 하다. 메리만과 피어스의 말처럼, 사회과학의 전통적인 접근 방식만이 모빌리티에 대한 의미 있는 관점을 제공하는 것은 아니다. 오히려, "인문학의 역사를 돌이켜 보면, 이동과 모빌리티를 '대안적인' 방식으로 이해하는 사유, 철학적 접근, 복잡한 존재론적 입장들을 쉽게 발견할 수 있다"(Merriman, Pearce 2017, 497). 나는 바로 이런 '대안적인' 방식이 영화에서 어떤 의미를 갖는지에 관심이 있다. 앞의 글에서 주장했듯이, 영화와 사회과학 연구자들은 (자동차)모빌리티의 주관적·일반적인 환경과 경험을 상기시키거나 표현하기 위해 영화가 창의적으로 작동하는 방식에 주목한다. 무엇보다도 객관적이고 경험론적인 접근 방식으로는 설명하기 어려운, 이동적 주체의 복잡성과 모순을 해명해 줄 수 있기 때문이다.

이 글에서는 로드무비라는 주제에 광범위하게 접근하지만, 과거 글에서 주장했던 바에서 좀 더 나아간다. 앞의 글에서는 실제 삶에서의 타당성에 기반하는 텍스트들에 초점을 맞췄다(즉, 동시대의 경험 속에서 인식될 수 있는 운전하는 주체와 그 맥락을 강조했다). 반면에 이 글에서는 SF라는 비교적 '덜 현실적인' 장르에서도 비슷한 접근이 가능하다고 주장한다. 따라서 나는 메리만과 피어스의 제안을 받아들이면서, 스펙터클과 미래적 상상력이라는 용어로 설명되어 온 이 형식을 탐사해 보려고 한다. 무엇보다 인문학적 관점에서 모빌리티에 접근하는 것은 "'현실'이 무엇인지, 무엇이었는지, 무엇이 될 것인지를 한 방향에서 설명하는 관점에 도전"하는 일이 될 것이다(Merriman, Pearce 2017, 497).

21세기 초의 맥락에서 볼 때, 로드무비가 모빌리티의 다양한 정치성, 윤리성, 재현 가능성을 논의하게 하는 특별한 형식이 되었다는 사실은 그리 놀랍지 않다. 로드무비라는 (특히 미국적인) 영화 장르의 출현은 자동차 관련 교통 인프라의 현대적 발전과 관계가 깊고, 할리우드 영화가 문화적으로 지배적인 서사 형식으로 등장한 시기와도 일치한다. 존 어리는 어떻게 석유산업과 자동차산업이 20세기 미국 산업 및 경제 시스템의 중심에 자리잡게 되었는지를 살펴보면서, 특히 제너럴모터스가 "철거 목적으로 미국의 전차 선로를 매입"하고 고속도로 건설 붐이 일어난 시기에 주목한다(Urry 2007 114). 미국 사회에서 "자동차-석유 복합체"(Archer 2017, 512)의 등장은 헨리 포드가 원한 자동차 생산의 합리화를 진전시켰고, 자동차의 대규모 생산은 대중들이 그 구입 비용을 감당할 수 있게 했다(Eyerman, Löfgren 1995, 56).

따라서 20세기의 핵심적 측면인 자동차의 중요성은 특정 산업 분야의 퇴출과 출현 과정에서 비롯된 것이다. 이런 관점에서 기술은 "인간 본성이 자연을 다루는 방식을 드러낸다"(Brereton 2005, 104). 자동차 기술이 받아들여지려면 소비자가 자동차 신화와 "산업화된 새로운 세상이 요구하는 상업화된 필수품"(104)을 수용하고 이에 반하는 신화는 사라져야 했다. 로드무비의 초기 원형인 〈어느 날 밤에 생긴 일It Happened One Night〉(1943)이나 〈분노의 포도The Grapes of Wrath〉(1940)는 대공황을 배경으로 사회적 통합, 연결성, 그리고 무엇보다도 사회적 · 경제적 모빌리티를 위한 통로인 자동차와 도로 그 자체를 강조했다(Borden 2012, 18).

로드무비는 몇 가지 의미 있는 모티프를 지니고 있다. 도로를 시각적으로 확장하고, 운전자의 시각을 직접으로 재현하며, 파노라마 숏을 자주 이용하고, 마치 차에서 틀고 있는 것처럼 배경음악을 활용한다. 로드무비는 20세기의 시공간을 재현하면서 이 시공간이 엔진으로 움직이는 교통수단에 의해 형성되었거나, 심지어 두 가지가 동의어인 것처럼 표현한다. 영화에서 동력 기관의 모빌리티를 과도하게 강조하는 것은 영화 그 자체의 발명과 그에 따른 영화적 감각 때문이다. 뤼미에르 형제의 시네마토그래프나 에디슨의 키네토스코프 등의 초기 영화 매체는 움직이는 이미지만이 아니라 움직이는 사물의 이미지가 지닌 매력에 기반을 두고 있었다. 이런 매체들은 20세기의 경험을 움직이는 이미지로 규정했고 자동차모빌리티를 정착시켰다. 이에 따라 "직접 이동할 때의 짜릿한 감각"을 포착하는 영화의 욕망과 그럴 수 있는 능력은 더 강화되었다(Mills 2006, 17; Archer 2016, 7-8).

그렇다면 이렇게 영화를 바라보는 시각으로 SF영화를 다룬다면 우리는 무엇을 이해할 수 있으며, 여기서 중요한 문제는 무엇일까? 일부 연구자들은 로드무비에서 SF적인 테마인 감염이 나타나는 것은 이 시기의 특별한 정치적 상황, 특히 강제적 모빌리티와 그로 인해 나타난 경계라는 맥락에 대한 반응이라고 해석한다. 에이단 파워Aidan Power는 환경문제로 황폐화된 유럽 어딘가를 배경으로 하는 로드무비인 〈늑대의 시간Le Temps du loup/Time of the Wolf〉(2004)이 중대한 변화에 처한 유럽에 어울리는 새로운 SF영화의 전형이라고 주장했다. "대중의 정치적 · 문화적 불안을 반영하고 이용하고 논평하려는 경향, 경제적 · 사회적 · 정치적 위기에 특별히 두드러지는 경향"을 보여 주는 영화라는 것이다(Power 2015, 60). 셰릴 빈트Sheryl Vint는 '이주의 생명정치biopolitics of migration' 차원에서, 즉 노동력을 착취하면서 동시에 '타자'를 억압하는 권력(글로벌 노스)이 경제적 이주자의 이동을 계속 규제하고 방해하는 방식에 주목하면서 〈몬스터즈〉를 독해하였다.

하지만 이 두 접근 모두 해당 영화에 나타난 SF적 장치의 미적 측면을 선명하게 다루지 못하며, 모빌리티 재현이라는 측면과 어떤 관계를 맺고 있는지도 보여 주지 못한다. 예를 들어, 〈늑대의 시간〉 같은 영화가 최근의 유럽 상황에 대한 유비라는 파워의 주장은 그렇다면 왜 이 영화가 유럽의 상황을 더 적절해 보이는 사실주의 드라마 형식으로 다루지 않았느냐는 까다로운 질문을 회피하면서 절반의 설명에 그친다. SF 장르의 도입은 이론적인 문제를 제기한다. SF는 실제 세계에서 거리를 두거나 이탈하는 방식을 주로 사용하기 때문이다. 오히려 이 영화들이 SF 장르의 환상적이고 가상적인 시나리오로 들어가서 모빌리티의 현재적 맥락에 대한 의미 있는 참여를 회피한다고 보는 것이 더 논리적일 것이다. 사실 더 적절한 질문은 이 장르적 접점 속에 위치한 인지적·지각적·모방적 조건에 어떤 일이 일어나는지, 그리고 이 문제가 왜 중요한지를 묻는 것이다. 나는 이제 로드무비를 더 구체적으로 다룰 것이다. 먼저, 최근의 SF영화가 모빌리티라는 맥락을 어떤 관점으로 바라보는지부터 알아볼 필요가 있다.

영화, 이동, 미메시스

세계적인 인구과잉이라는 조건 안에서 현대 세계의 상황과 상호 영향을 미치는 지정학적 맥락이 갖는 중요한 측면은, 중심과 주변이라는 개념이 구분불가능할 만큼 축소되고 붕괴되고 있다는 사실이다. 이런 생각과, 그리고 이 생각이 로드무비의 서사와 미학에서 갖는 함의는 이 글에서 논의할 여러 영화를 뒷받침하는 생태학적이고 지정학적인 사고의 중핵을 이룬다. 데이비드 우드David Wood는 인구이동의 충격이나 임박한 생태학적 변화가 그가 말하는 '외부성externality' 상실의 원인일 수도, 혹은 그 결과일 수도 있다고 했다. 즉, 우리가 탈출하거나 불필요한 것을 내보낼 공간이 점차 사라지고 있는 것이다[2005, 172-173]. 이러한 외부성에 의존했던 '문명'과 '자연'의 분리는, 그리고 팽창의 서사는 이제 더 이상 우리가 기댈 수 있는 것이 아니다. 더 이상은 나아갈 '바깥'이 없거나, 혹은 바깥으로 나가더라도 그러한 움직임이 진정으로 무엇을 의미하는지를 재검토해야만 하는 상황이 된 것이다.

사실, SF적 장치로서의 외부성 상실은 1970년대 초부터 다양한 디스토피아 SF영화의 기반이 되었다. 이 영화들은 대부분 환경파괴와 인구과잉 때문에 인간이 살 수 없게 되거나 자원이 고갈된 행성을 다룬다. 폐쇄된 불모지의 '탈자연화'를 묘사한 〈THX 1138〉(1971), 〈사일런트 러닝Silent Running〉(1972), 〈소일렌트 그린Soylent Green〉(1973) 외에도 산업화된 도시의 폐소공포증, 대재앙, '지구 밖 식민지'가 나타나는 〈블레이드 러너Blade Runner〉(1982), 〈월-EWall-E〉(2008) 등이 그 예이다. 이 영화들은 대개 로버트 스콜스Robert Scholes가 '우화fabulation'라고 부른 서사적 주제 접근 방식을 취한다. 이 근미래 이야기들은 "우리가 알고 있는 세계와는 근본적으로 불연속적인 세계를 제공"하지만, 또한 "알고 있는 그 세계와 직면하기 위해 어떤 인지적 방식을 통해 되돌아오는" 픽션이라고 할 수 있다[Scholes 1975, 2]. 스콜스의 말은, (이 영화들의 경우에는 대재앙이라는 가상 시나리오인)

픽션의 '불연속적' 요소가 현재의 맥락에 이미 포함되어 있거나 함축되어 있을 가능성을 암시한다.

로드무비는 차를 몰고 앞으로 나아가는 만큼 본질적으로 뒤를 돌아보는 장르이다. 따라서 이러한 현재의 재구성은 로드무비에 매우 중요한 가능성을 제공한다. 팻 브레리턴Pat Brereton이 지적했듯이 "끝없는 노스텔지아적 욕망endless nostalgic desire"(2005, 102)의 한 형태인 과거는 열려 있는 도로와 풍경에 낭만적으로 의존하는 로드무비의 핵심이다. 고독은 남성적인 것으로 젠더화되며, "이 드넓은 모든 세계와 공간이 집 아닌 집"이라는 시각에 따라 미적으로 강화된다(102). 로드무비는 특유의 역설적인 생태학을 지닌다. 지구상에서 가장 큰 오염원이자 공간 혼잡의 주요 원인인 내연기관 기술이 그 중심이지만, 향수를 불러일으키는 낭만적인 장르이기도 하기 때문이다. 대표적인 로드무비인 〈이지 라이더Easy Rider〉(1969)의 오프닝 장면에서 오토바이를 탄 주인공들은 빠른 움직임을 추적하는 카메라로 촬영되면서 스테판 울프의 '본 투 비 와일드'를 배경음악으로 깔고 탁 트인 고속도로로 향한다. 여기에서 알 수 있듯이 로드무비 장르는 시청각적 서사의 종합 속에서, 열린 공간으로의 이동과 확장을 영화적으로 매개된 황야와 연결시킬 때가 많다. 그렇다면 이 황야로 진입하는 것, 혹은 돌아가는 것은 로드무비의 핵심 내러티브이자 미학적 주제이다.

자유롭고 속박이 없는 공간인 '자연'이나 황야라는 개념은 SF와 로드무비의 상상력에 영향을 미친다. 특히 미국문화와 사회에서 황야는 (다시 말해 '시골'은) 도시화 모더니티의 공간적 대립물이다. 미국 환경보전운동과 국립공원운동에 관련된 존 뮤어John Muir의 글이나 앤설 애덤스Ansel Adams의 풍경 사진 등에서도 이 대립이 핵심이다(Garrard 2004, 66-69). 지난 50여 년 동안 수많은 미국 로드무비에 등장한 전근대적이거나 비도시적인 풍경들은 이 주장을 뒷받침한다. 로드무비의 인물들은 "추상적인 공간적 유토피아주의에 대한 열망"을 도로 위에서 행동으로 보여 준다(Brereton 2005, 119). 그러나 그렉 가라드Greg Garrard가 지적했듯이, (윌리엄 크로넌William Cronon(1990)의 표현을 빌리자면) 황야가 "문제적trouble"인 이유는 "자유의 장소place of freedom"이자 "진실한 풍경landscape of authenticity"이라는 그 가정에 있다(Cronon 1996, 80, Garrard 2004, 69-70에서 재인용). 그러나 이 장소들은 황야라는 이데올로기가 비난하는 것과 동일한 문명화 과정에 의해 만들어졌다. 주인공들 이외의 다른 사람들은 이 낭만적 황야의 미학에 존재하지 않을 때가 많지만, 이는 관찰자의 부재 혹은 인류 생태계에서의 제거를 의미하기 때문에 모순적이다. 우리는 인간을 야생이나 자연에서 제거할 수 없다. 황야는 인간 상상력의 일부로서 만들어졌고, 인간의 눈에 포착되어 나타나는 것이다. 특히 로드무비에서는 대상을 관찰하는 카메라가 인간 운전자마저 제외시키고 세계를 광활하고 사람이 없는 공간으로 보여 주기도 한다.

진정한 공간으로 간주되는 자연은 사실 소비주의적 형식들과 분리하기 어렵다. 야생 체험이나 생태철학에 근거한 활동은 그 산업적 기반을 감출 때가 많다(Garrard 2004, 71). 산악자전거, 행글라이더, 서핑보드가 그러하고, 트레킹이나 하이킹 문화도 마찬가지다. 가라드는 여기서 레이먼드 윌리엄스Raymond Williams의 《시골과 도시The Country and the City》(1973)를 인용한다. 윌리엄스에 따르면, 영국의 시골은 근대 도시 및 산업화와의 이원론적 관계를 통해 구성되었다. 윌리엄스는 '시골'이 영국 제국주의의 이익을 고취하는 상상적 기능을 수행한다는 점에서 역사적으로 이데올로기적이라고 보았다. 영국의 '가정'은 '시골 생활'의 발전이 은폐하는 상업적 투기와 착취의 네트워크가 구축한 조건 속에 있다. 시골 생활이란 "유희적 활동"이며, "야외 스포츠, 낚시, 승마 등의 전통적인 활동을 손쉽게 실현"하는 것이지만, "보존이나 옛날의 시골 생활 방식에는 거의 관심을 두지 않는 것"이다(1973, 282). 그 산업적 기반을 감추고 주인공과 시점과 관객 사이의 시청각적 릴레이를 만들어 내는 로드무비는 손쉽게 진정한 야생 혹은 시골 경험의 매개가 된다. 로드무비는 영화를 통해 도시 생활의 질곡에서 해방되고 싶어 하는 원격 여행자들을 위해 가상적이고 강력한 정서적 형식을 만들어 낸다.

그렇다면, SF와 로드무비라는 두 장르의 만남은 어떤 점에서 모빌리티를 새롭게 이해하게 하는가? 이 글은 SF를 다룰 뿐만 아니라 이 책에서 '모빌리티의 미래'라는 섹션에 실릴 예정이므로, 내 논의는 해당 영화와 그 가상적인 서사의 미래 전망 측면을 다룰 수밖에 없다. 자동차는 '인류세Anthropocene'에 접어든 지구 환경 변화에 분명히 큰 역할을 했다. 여기서 논의하는 영화들은 급격한 지구 환경 변화에 인간의 모빌리티가 얼마나 적응할 수 있는지를 나름대로 추측하고 있다. 그러나 이 영화들이 '만약 이렇게 된다면?'이라는 흐릿하고 디스토피아적인 질문을 던질 뿐이라면, 특히 현대 모빌리티의 맥락을 사실상 회피하거나 무시한다면, 우리는 이 영화들의 가치를 높게 평가하기 어렵다. 로드무비가 무엇이 '자연스러운 것'인지를 신화적으로 구축하고 있다는 사실은 로드무비의 문제를 미메시스의 문제로 파악하게 한다. 달리 말해, 로드무비에서의 모빌리티 재현은 그 자체의 영향과 의미를 부정하게 만들 수도 있다. 자동차를 모는 주인공과 내포 관객을 운전 및 영화의 기술적·물리적 맥락에서 분리하는 것이다. 그러나 중요한 것은, 로드무비의 문제적 지점인 이동 경험의 자연화는 자동차 경험에 내재하는 모빌리티의 환상을 폭로한다는 점에서 유익하기도 하다는 점이다. 이 글의 나머지 부분에서는 SF 로드무비가 (자동차) 이동의 상상력을 어떤 식으로 드러내고 탐구하는지에 주목해 보겠다.

로드무비의 제작과 해석에 대한 SF적 접근을 다루는 이 글은 결과적으로 두 가지 요소를 가지고 있다. 우선 로드무비를 경유하여 자동차 경험을 '낯설게estranged' 보게 하는 이 접근 방식은 영화의 '리얼리즘' 개념 자체에 대한 비판적 접근이기도 하다. 나는 여기서 특정한 독해 전략을 내세우는 것이 아니라, 장르영화에 대한 전략적 접근을 주장하는 것이다. 장르영화의 사실성, 더 정확하게는 핍진성verisimilitude(말 그대로 진실처럼 보이는 것)은 사실상 장르적 핍진성의 산물이다. 즉, 실제 세계의 맥락과는 상관없이 장르 자체에서 설정된 친숙한 조건 속에서 그럴듯해 보이는 것이다. 예를 들어 뮤지컬 장르는 우리가 실제 세계의 경험적 조건에서 사실적이라고 받아들이는 것을 노골적으로 위반하지만, 로드무비 같은 장르는 친숙한 경험과 시각에 근거하는 것처럼 보이므로 훨씬 쉽게 현실로 받아들여진다. 그러나 장르영화는 텍스트와 관객 사이의 문화적 협상이다. 장르영화에는 일련의 규칙과 기대가 있지만, 같은 장르의 다른 영화들과 차별화되려면 그런 기대를 깨고 뭔가 다른 시도를 해야 한다는 것이 바로 장르의 역설이다(Maltby 2003, 76). 따라서 장르영화에서의 성공적인 혁신은 "반복 속에서 차이를 만드는 과정"을 중심으로 구성된다(76).

이 영화들이 장르적 기대의 틀을 만족시키면서도 결국 그 틀과 충돌하는 것은 장르영화에 대한 실용적인 접근 방식을, 달리 말해 눈에 띄기 위한 장르 내 차별화 전략을 의미한다. 여기서 한 가지 더 주목해 볼 지점은, 장르영화에서 기대의 충족과 배반은 관객이 그런 텍스트에 투영하는 확실한 관점과 가정을 불안정하게 만든다는 사실이다. 알폰소 쿠아론Alfonso Cuarón 감독은 인구과잉, 기후변화 등 21세기 인류가 직면한 다양한 문제들을 다룬 다큐멘터리인 〈희망의 가능성The Possibility of Hope〉(2007)을 〈칠드런 오브 맨〉 DVD에 함께 실었다. 이런 예외적인 사례 말고는 일반적으로 이 영화들이 영화 형식에 대한 명시적인 작가적 개입을 드러내는 경우는 많지 않다. 그러나 이 영화들은 자연스럽게 비판적 재조정을 수행한다. 로드무비의 장르적 기대가 전복되면, 영화에 나타난 이동 경험의 '현실'이나 유지되기 어려운 모빌리티의 환상에 의문을 제기하게 된다. 앞으로 살펴보겠지만, 이는 SF 텍스트의 '낯설게 만드는' 특성이 로드무비의 틀 속에 적용될 때 달성된다.

낯섦과 리얼리즘

SF 로드무비를 현실 세계의 맥락에 대한 단순한 유비라고 여기는 대신에, 지각의 갱신과 수정이라는 측면에서 모빌리티와 SF의 만남을 이해할 수 있다. 다코 수빈Darko Suvin은 "저자의 경험적 환경에 대한 대안적인 상상적 틀"을 구축함으로써 작동하는 서사의 "인지적 낯섦cognitive estrangement"이라는 용어로 SF를 규정했다(1979, 7-8). 이 정의는 형식의 방향 상실 또는 소외 가능성을 강조한다는 점에서 시사하는 바가 크다. 수빈에 따르면, SF의 윤리적 · 정치적 특성은 현실도피적인 멋진 세계를 창조하는 것이 아니라 리얼리즘 서사의 이데올로기적 틀에 도전하는 능력에 있다. 수빈은 전통적인 리얼리즘이 실제 경험과 재현을 포괄하기에는 적절하지 못하다고 보았다. SF는 실제 세계의 경험이라는 의미에서 리얼리즘에서 벗어나는 것이 아니라, 오히려 미메시스라는 서구의 미학적 개념, 즉 "작가의 경험적 환경을 정확하게 재창조하는 이상적인 [예술적] 극단"(1979, 4)에서 벗어나는 것이다.

달리 말하면, SF가 단순히 대상을 색다른 방식이나 상상하는 방식으로 보는 것이라는 생각은 우리에게 주어진 혹은 '자연스러운' 방식이 이미 특정한 정치적·이데올로기적 맥락에 의해 왜곡되어 있다는 사실을 과소평가하는 것이다. 수빈은 제국주의 팽창에 따라 형성된 전통적인 서구 여행 글쓰기의 초기 형태를 예로 들면서, SF 장르의 초기 작품들이 작가/여행자의 인지적이고 문화적인 영역과는 이질적인 경험과 표현을 어떻게 받아들였는지를 설명했다(1979, 4). 근대 초기 여행 기록들의 탐험, 목격담, 경험주의는 유럽중심적 시각의 지배 아래 있었다. 여기서 데카르트와 베이컨의 자연철학과 과학적 합리주의는 구석기시대의 "다산의 여신fecund Magna Mater"을 "인간이 원칙적으로 그 완전함 속에서 알 수 있는 일반 법칙에 따라 기능하는 부분들의 집합으로 환원 가능한" 세계관으로 대체한다(Garrard 2004, 61-62). (그리고 가라드가 지적했듯이, 여기서 인간men은 여성이 아닌 남성이다. 이런 관점에서 미메시스는 식민주의적이고 젠더적인 세계관과 연결된다.)

로드무비의 틀 안에 SF가 지니는 인지적 낯섦의 가능성을 상정하는 것은 기호학과 내러티브 문법 차원에서 영화 장르에 날카롭게 개입한다는 것을 의미한다. 이런 접근 방식은 로드무비 같은 장르영화의 미메시스 전략을 드러내는 비판적 역할을 할 수 있다는 점에서 중요하다(Laderman

2002). 역사적으로 로드무비 장르는 윤리적이고 공간적인 자유라는 개념에 초점을 맞출 때가 많다. 또한 길은 은유적으로든, 말 그대로의 의미로든 내러티브적 역할로 기능하기가 쉽다. 로드무비에 대한 장르적 기대에 따라, 우리는 이미 권력이나 정치경제적 모빌리티, 혹은 적어도 그에 대한 환상의 특정한 문화적·지리적 맥락 속에 영화를 위치시킨다. 로드무비에 대한 SF의 장르적 개입을 논하려면 서로 연관된 두 가지 사항에 유의해야 한다. 첫째로, 우리는 로드무비가 제1세계 남성 주인공의 모빌리티적 가정이나 환상에 어떤 식으로 영향받는지를 이해해야 한다. 또한, 21세기에 그러한 영토적이고 공간적인 틀에 입각한 논리가 얼마나 실현 가능한 것인지를 따져 보아야 한다. 이런 맥락에서, SF 로드무비는 로드무비가 전통적으로 지녀 왔던 미메시스적 기초를 재사유하는 방식으로 독해되어야 한다. 즉, 경험적 세계의 합리적 중심을 지배하는 위치에 인류를 놓는 리얼리즘 미학을 거부하는 것이 그 출발점이다.

SF 로드무비의 미메시스 가능성을 이야기할 때, 우리는 필연적으로 특수효과 기술 문제와 만나게 된다. 후반작업으로 이루어지는 특수효과는 SF 장르의 미적 특징이지만, 항상 긍정적인 결과만 낳는 것은 아니다. SF 비평가들은 특수효과의 스펙터클이 SF의 주제와 이야기를 가린다고 비판하기도 한다(Grant 1999). 그러나 이론적으로 볼 때, 사실적인 리얼리즘(혹은 '지표적indexical' 재현)과 영화적 특수효과 사이의 구분은 그리 뚜렷하지 않다. 디지털적인 것과 지표적인 것의 차이에도 불구하고, CG 기술은 사실적인 이미지 같은 효과를 내기 위해 사용될 때가 점점 더 늘고 있다. 리얼하다는 인상을 주기 위해 오랫동안 활용되었던 "매트페인팅, 배면영사, 실사와 애니메이션의 합성" 등의 기법은 더 효과적인 디지털 기술로 대체되었다(Purse 2013, 4). 하지만 이를 디지털 속임수라고 말할 수만은 없다. 리사 퍼스가 주장하듯이, 이런 기법을 눈속임이라고 보는 생각은 영화의 전통적 사실성이 처음부터 일종의 하이브리드였다는 점을 간과한 것이다(2013, 5). 사실상 영화는 관객이 풍경을 보는 방식을 기술에 따라 결정해 왔으며, 풍경은 주로 이런 기술과의 관계 속에서 의미화되었다. 움직이는 기차 뒤편에 카메라를 고정해서 촬영한 〈기차를 타고 예루살렘을 떠나며Leaving Jerusalem by Train〉(1897) 같은 새로운 시네마토그래피는 말 그대로의 이동촬영travelling shots이 영화적 시각과 관점을 만들어 내는 모습을 보여 준다. 이런 촬영 장면들은 19세기의 기차가 야기한, 기술 발전에 따른 새로운 지각 방식을 스릴 넘치는 사실적 형태로 구현했다(Schivelbusch 1977). 그리고 곧이어 20세기에는 자동차가 비슷한 역할을 했다. 그러나 당연히, 이는 '자연스러운' 지각이 아니다. 이런 지각 형태는 문화적 실천에 의해 형성된 것이므로 언제든 변화할 수 있다. 이제 해당 영화들을 자세히 살펴볼 차례다.

〈칠드런 오브 맨〉

여기서 예로 드는 21세기 영화들은 SF영화와 로드무비, 두 장르 모두에 새로운 방식으로 접근한다. 또한, 이 영화들은 자동차의 모빌리티가 영화적으로 어떻게 구성되어 나타나는지를 강조한다. 하지만 영화비평에서는 이런 지점이 자주 언급되지 않는다. 여러 평론가들은 〈칠드런 오브 맨〉의 특징으로 롱테이크와 심도 조절을 든다. 카메라는 냉소적이고 환멸에 빠진 주인공을 따라다니는 동시에, 겉으로는 눈에 띄지 않거나 무시되는 그의 주변이나 뒤에서 무슨 일이 벌어지는지를 계속 보여 준다. 이 형식적 전략은 "카메라를 사로잡는 장면이 담긴 스크린의 이미지와 이에 대한 주인공의 무관심 사이의 단절"을 통해 작동한다(Chaudhary 2009, 82). 혹은 〈칠드런 오브 맨〉은 "여백과 주변에 초점을 맞추는", "침입의 미학"을 중심으로 작동한다고 볼 수도 있다(Chaudhuri 2012, 197). 그러나 대중교통 형태가, 혹은 자동차 그 자체가 지배적 공간 및 권력의 생산과 재초점화에서 구성적인 역할을 한다는 점은 주목받지 못했다. 이 영화에서 카메라는 모호한 역할을 한다. 세팅의 여백이나 주변에 접근하게 하는 수단이기도 하지만, 운전자·승객·통근자의 시점이 되어 그것들을 차단하기도 하기 때문이다.

자동차에는 시계적 시야 그 자체를 통해 이동하고, 보고, 경계를 만드는 이 특별한 기술의 내재적 역설이 담겨 있다. 이런 의미에서 자동차는 장 보드리야르가 말한 것처럼, 유리와 그것이 드러내거나 담고 있는 세계에 내재한 "근본적인 모호성"을 구체화한다. 유리는 "근접성과 거리감, 친밀감과 그에 대한 거부, 소통과 비소통을 동시에 제공한다"(Baudrillard 1996, 42). 보드리야르가 말하는 사물의 세계에서 유리의 투명성이 제공하는 "분위기atmosphere", 즉 "외부 세계, 자연, 풍경"은 "친밀하거나 사적인 영역"의 일부가 된다(1996, 43). 그는 "전 세계가 자동차 내부의 우주에 스펙터클로서 통합된다"고 결론짓는다(1996, 44). 우리는 세계와 접촉하지 않고, 세계 전부를 볼 수 있게 되는 것이다.

크리스틴 로스Kristin Ross는 이런 내재적 긴장감을 "자동차는 자신이 만든 파괴를 보상한다"라는 말로 요약한다. 자동차에 탄 이들이 보고 느끼는 파노라마, 지각적 쾌락, 부드러운 움직임은 자동차가 환경에 미치는 충격을 잊게 만든다(1995, 55). 로드무비는 운전자와 영화의 시점을 융합하여 같은 결과를 낸다. 결과적으로 〈칠드런 오브 맨〉은 내러티브로서의, 장르적 모티프로서의 자동차를 전략적으로 활용한다. 이 영화의 드라이브 장면은 움직이면서 영화 속의 풍경을 소비하는 맥락을 설정하여 우리가 운전자의 시점을 갖도록 유도하는 동시에, 자동차가 초래하는 '파괴'에도 주목하게 만든다. 영화 속 자동차는 축축한 가을 나무와 진흙 벌판으로 채워진 고향의 풍경을 지나친다. 흙바닥 위 장작 더미에는 도축된 소들이 익는 연기가 아직도 나고 있다. 존 태버너의 음악을 배경으로 하는 이 시퀀스는 로드무비의 역사를 돌이키게 하고, 향수마저 불러일으킨다. 〈칠드런 오브 맨〉은 잃어버린 자연의 도상학을 여기에서 과시하듯이 보여 준다. 그러나 계속 반복되는 달리는 자동차의 이미지에서, 우리는 '외부성'이라는 환상적 개념에 기반하는 그런 구성이 영화의 근본적인 서사적 문제임을 알 수 있다.

따라서 영화에서 자동차의 모빌리티는 모호하고 문제적인 것으로 등장한다. 인류가 20년 동안이나 아이를 낳지 못하면서 점점 멸종해 가고 있다는 설정은 영화보다 앞선 시기의 환경파괴와 자원 고갈이라는 실제 위기를 나타내는 또 다른 방식이다. (늙고 병든 세상에서 사람들은 연료와 에너지 부족에 시달리면서 배급과 임기응변으로 살아간다.) 영화 속 런던이 등장하는 앞부분에서 사용된 롱테이크 기법은 주인공 테오가 여전히 보행자와 차량으로 붐비는 도시에서 이동하는 모습을 깊은 심도로 포착한다. 하지만 이 시퀀스 자체에는 도시의 타자들이 계속 주변적인 존재로 남아 있다는 사실을 암묵적이고도 구체적으로 암시하는 요소들이 숨어 있다. 버스에서는 계속 '불법이민자'의 존재를 알리는 정부의 경고 방송이 나오고, 기차에서는 도시 외곽에 있는 알 수 없는 노숙자 무리들도 보인다. 테오는 대도시 근교를 떠나서 벗어나 휴양지인 시골로 향하는데, 여기에 있는 숲속의 집에는 오래전부터 알고 지낸 활동가 친구인 재스퍼가 살고 있다. 재스퍼의 외딴 집은 유기농 채소와 재생에너지를 이용하면서 지속 가능한 삶을 영위하는 유토피아적 이상향이지만, 숨은 입구를 가린 나뭇 잎 더미를 옮겨야만 안으로 들어갈 수 있는 은밀한 장소이며 사회적 접 촉에서 격리되어 있다. 그러나 추방된 이전 도시 거주민들의 침입이 시 작되면서 여기도 위협을 받게 된다. 자연으로의 도피, 즉 도시 생활의 문 제에서 도피하는 것은 문제 자체의 부정이다.

도피의 수단인 자동차나 여타 차량들은 영화의 수사학이 규정하는 이 중적이고 진동하는 시각의 일부이다. 서사적 행위와 관찰 수단인 자동 차의 '자연스러움'은 그 친숙함을 통해 영화적이고 내러티브적인 이동 수 단으로 제시된다. 〈칠드런 오브 맨〉자체가 원형적 모험 구조에 가깝다 는 사실은 간과되기 쉽다. 자동차는 그 모험을 추진하기 위해서 필요하 다. 자동차 여행은 서사적 목표에 가 닿기 위한 매우 '자연스러운' 수단처 럼 보이지만, 바로 이 지점에서 〈칠드런 오브 맨〉의 핵심적인 장르적 작 동이라고 할 수 있는 의미론적이고 통사론적 실천의 정확한 기능이 드러 난다. 영화의 장르적 이해는 그 자체의 문제적 미학에 필연적으로 관심 을 불러일으키기 때문이다. 주인공이 모험을 떠나는 이 영화의 서사에서 는 자동차가 그 서사적 여행을 위한 필수불가결한 수단이 된다. 우리가 이 영화를 로드무비의 한 형태로 접하는 순간, 이미 우리는 영화가 도전 하는 원근법적 논리에 동조하게 된다. 〈칠드런 오브 맨〉은 그 논리를 암 시하고 유도하는 동시에, 이동하는 시각과 서사적·주제적 맥락 사이의 긴장을 인식하게 만든다.

이는 사실상 영화 전체를 이끌어 가는 안전한 관찰의 장소인 자동차가 침범당하고 파괴되는 순간에 명확하게 초점화된다. 테오가 전처 줄리안, 임신한 소녀 키와 함께 줄리안의 나머지 활동가 그룹을 만나기 위해 켄트의 시골로 향하는 긴 시퀀스는 처음에는 비교적 자유롭고 편안한 차 안의 환경에 초점을 맞춘다. 한참만에 자동차 내부를 떠난 카메라의 시점은 사람들 사이에서 움직이다 결국 테오와 줄리안이 탁구공을 서로 입에 불어넣는 게임을 하는 장면에 고정된다. 영화의 극적이고 주제적인 진행이 잠시 유보되고 차창 밖으로는 시골 풍경이 지나가는 가벼운 분위기의 이 순간에, 이동하는 내부는 바깥에서 침해당한다. 불을 붙인 차량이 언덕 아래로 굴러 내려와 앞길을 막고, 후진하는 자동차를 추격하기 위해 숲에서 갱들이 튀어나오고, 오토바이를 탄 추격자의 총알이 줄리안의 목을 관통한다. 이 공격 타이밍과 충격은 바로 앞 장면과 비교해 보면 전략적임을 알 수 있다. 주의 깊게 구성된 이 시퀀스의 충격 효과는 앞 장면의 편안한 순간과의 격차로 인해 관객을 새로운 인식으로 이끌어 간다. 자동차의 외피는 연약했고, 특권적이고 보호된 시야의 유지는 환상에 지나지 않았다.

그러나 사실 오프닝 장면에서부터 영화는 계속 경고를 보내고 있었다. 버스와 열차 안에서는 금속 창살로 인해 유리의 가짜 투명성이 부분적으로 가려지거나 노출된다(그림 12.1). 대중교통에서 폭력적인 침입을 막기 위해 설치된 어설프지만 불가피해 보이는 장치는 자동차의 개인주의적이고 모나드적인 고치 속에서 잊혀진다(그림 12.2). 테오가 재스퍼와 만나기 위해 기차를 타고 갈 때, 날아온 병이 창살에 맞고 깨지기도 한다. 그러

[그림 12.1] 환상에 불과한 유리의 투명성이 강조된다. screen grab from *Children of Men* (Strike Entertainment/Hit and Run Productions/Universal Studios, 2006)

[그림 12.2] 안전한 보호막이라고 착각하는 자동차의 내부 공간.: screen grab from *Children of Men* (Strike Entertainment/Hit and Run Productions/Universal Studios, 2006)

나 이 시퀀스에서 자동차가 허술한 보호였다는 사실이 폭력적으로 드러날 때까지, 자동차의 취약성은 전혀 인식되지 못한다. 영화가 전반적으로 보여 주는 자동차모빌리티에 대한 반성적 비판의 수사학 측면에서 볼 때, 이 보호막의 반대편에 존재하는 것들을 단순히 개인의 주권적 공간을 침해하는 적대적인 타자로 환원할 수는 없다. 오히려 이 영화는 자동차의, 다시 말해 로드무비의 시선이 갖는 환상적 투명성이 자아와 타자의 폭력적 분리를 이데올로기적으로 경계짓는다는 점을 암시한다.

〈몬스터즈〉

수빈은 이름뿐인 리얼리즘이 작가나 독자에게 주어진 환경을 반복하기만 할 수도 있다고 했다. 앞서 논의한 것처럼, 최근의 영화들에서 나타나는 사실성과 디지털의 통합은 수빈이 말한 미메시스 비판에 대응하는 것으로 볼 수 있다. 코스타리카, 과테말라, 멕시코, 미국 등에서 촬영한 〈몬스터즈〉에서 배우들이 도시, 고속도로, 강을 통과해서 이동하는 장면들은 디지털 작업으로 수정되었다. 도로표지판, 감염 구역에 접근하고 있다는 경고판, 보호벽 너머의 괴물들을 그린 벽화, 지나가는 군용차량, 버려진 배와 추락한 전투기 등도 모두 디지털 작업을 거쳤다[그림 12.3][그림 12.4].

후반작업에서 이루어진 이런 이미지 조작은 관객들을 혼란스럽게 하는 것처럼 보일 수 있지만, 참고 자료와 관점의 제공이라는 차원에서 이 영화의 더 넓은 관심사에 잘 부합한다. 이는 특히 두 주인공 중 하나인 앤드류가 재난 현장을 찾아다니는 타락한 사진기자로, 유럽의 식민지 역

[그림 12.3] 사진처럼 현실적인 CG 이미지. 디지털 작업으로 삽입된 차량들. in a screen grab from *Monsters* (Vertigo Films, 2010)

[그림 12.4] 사진처럼 현실적인 CG 이미지: 디지털 작업으로 삽입된 도로표지판, in another screen grab from *Monsters* (Vertigo Films, 2010)

사를 암시하는《신세계New World》라는 미국의 세계적인 잡지에 기사를 싣기 위해 중앙아메리카를 떠돌고 있다는 사실에서 분명하게 나타난다. 특권층 미국인 관광객인 앤드류는 잡지 사주의 딸인 샘을 보호하며 집으로 데려다주기로 하지만, 돈과 선박 티켓을 도둑맞는 바람에 두 사람은 멕시코와 미국 사이의 외계인 감염지역을 걸어서 횡단해야만 한다. 이런 식으로 〈몬스터즈〉는 백인이자 유럽계 미국인이라는 두 사람의 규범성을 강조할 뿐만 아니라 서로 어울리지 않는 커플의 만남이라는 로드무비의 장르적 특성도 드러낸다. 실제로 냉소적인 기자와 전 세계를 돌아다니는 상속녀가 평범한 사람들처럼 길을 헤메게 된다는 설정은 기자와 상속녀가 그레이하운드 버스를 타고 히치하이킹을 하며 대륙을 횡단하는 〈어느날 밤에 생긴 일〉(1934)의 플롯 구조를 그대로 빌려 온 것이다. 대공황 시대에 만든 프랭크 카프라의 영화가 도로를 대중들이 이용하고 젊음을 되찾는 공간으로 보고 찬양한다면(Archer 2016, 16-19), 그 21세기 버전인 〈몬스터즈〉는 미국이라는 안식처로 돌아가려는 주인공들에게, 그들이 가고 싶지 않았던 경로로 가게 하여 피하고 싶었던 평범한 사람들의 길을 강요한다.

〈몬스터즈〉는 로드무비에 속하면서도 주인공들에게 자동차라는 이동 수단을 제공하지 않는다. 사실 이런 종류의 영화에서 자동차를 잃는 것은 중대한 서사적 사건이다. 〈칠드런 오브 맨〉에서 테오가 이민자 행세를 하면서 버스를 타고 벡스힐로 들어가거나, 〈우주전쟁〉에서 레이가 자동차를 빼앗긴 후 어쩔 수 없이 아이들과 함께 걸어서 길을 나서는 장면 등이 대표적이다. 그러나 이 영화들에서 로드무비의 일반적인 이동 수단을 포기하게 되는 순간은 바로 장르가 스스로를 갱신하는 지점이다. 서사의 '위기'가 공간과 시각을 새롭게 해석할 수 있는 가능성으로 전환되는 지점인 것이다.

〈몬스터즈〉와 〈우주전쟁〉에서 이러한 순간은 자동차라는 모나드적 공간을 떠나 차단막 저쪽에 있는 똑같이 추방당하고 거부된 타자 속에 자발적으로 위치하게 되는 것을 의미한다. 버스 안에서 몸을 움츠리고 있는 테오는 한때는 영화 화면 속에서 배경에만 있었던, 그가 창문 너머로 흘낏 보았던 자들과 나란히 버스를 타고 가야 한다. 레이는 비슷한 처지인 수백 명의 난민들과 함께 걸어야 한다. 〈몬스터즈〉에서는 비슷하지만 약간 다른 방식으로, 한 지점에서 다른 지점으로 최대한 빨리 이동해야 한다는 서사 시작 부분의 압력이 점차 표류의 경세와 미학에 굴복하게 된다. 즉, 여행의 몽타주, 자연스러운 시점 숏과 낯선 시점 숏의 형식이 그것이다. 이 장면들은 영화가 묘사하는 기괴한 혼종적인 세계의 표면과 특수효과를 강조한다. 이 낯선 세계는 우리의 세계와 다르다는 것이 드러난다. 외계인의 존재가 직간접적으로 미치는 영향(잔해, 폐허가 된 건물, 정체를 알 수 없는 생물의 모습과 울부짖음, 생물학적 성장과 돌연변이)뿐만 아니라 사람들의 손길이 닿지 않는 땅에서 나타난 새로운 '재야생화'와 다시 자라난 숲도 이 세계의 차이를 보여 준다. 사실, 영화에서 명목상으로는 외계 생명체의 위협 속에서 '재난' 서사가 진행되는 이 장소는 산업자본주의의 지배적 풍경과 대척점에 놓이는 공간, 혹은 잠재적인 생태적 대안을 구성한다[재야생화에 관해서는 Monbiot 2013 참조].

하지만 〈몬스터즈〉의 제약 없는 생물학적 공간은 도덕이나 인간적 관심사와는 전혀 무관하다. 나른한 트래킹 숏과 몽타주로 해당 공간의 다양성을 시각적으로 소비하게 하는 '감염 구역'은 생태학자들이 식물 및 동물의 동시 진화로 정점에 도달한 안정된 상태인 클라이맥스 생태계라고 부르는 곳이다. 그런 생태계는 협력과 지속가능성이 나타나는 곳이지만, 이 안정된 시스템은 평화로운 공간과는 거리가 멀다. 생태계 유지를 위해서는 포식자가 활보해야 하기 때문이다. 외계에서 온 크리처들은 행렬을 습격해 샘과 앤드류를 제외한 모든 사람들을 죽이고 어린아이의 시체를 눈에 띄게 남겨 둔다. 여기서 숲을 감상적으로 대할 가능성은 사라진다. 이 사건은 인간중심적이지 않은 생태계의 모습을 보여 준다는 점에서, 〈몬스터즈〉는 영화 속의 "야생wilderness"을 "혼란bewilderment"의 장소로 생각하게 만든다[Cronon 1996, 8]. 야생은 "괴물deoren과 야수들이 사는 경작지 너머의 땅"을 가리키는 앵글로색슨족의 말인 wilddeoren에서 유래한 단어이다[Garrard 2004, 60]. 결과적으로 이런 장소는 인간의 영역과 관리 너머에서 작동하는 자연 세계를 묘사하면서, 야생을 '자연'으로 구성하는 인간중심적 시각에 도전한다.

〈칠드런 오브 맨〉과 〈몬스터즈〉에 잘 나타나듯이, SF 로드무비는 영화의 '자연' 세계 구성에 초점을 두고, 지배적 재현의 근저를 이루는 '타자'(사람, 혹은 공간)에 주목하여, (수빈의 용어로 말하자면) 관객이 가정하는 '경험적 환경'을 폭로하려고 한다. 이 영화들에서는 경험을 명백한 것으로 보는 시각이 붕괴되거나 흐릿해지면서 경험이 낯설어지는 현상이 나타난다. 여기에는 서구 자본주의, 특권, 모빌리티, 영화적 비전의 연결성을 보여 주려는 정치적 의도도 있다. SF 로드무비가 시도하는 현재에 대한 미묘한 재조정은 더 나아가, 때로는 사회적·경제적 경계의 내재적 붕괴가 임박했다고 가정하기도 한다. 나오미 클라인Naomi Klein은 사회경제적 특권을 가진 '안전지대Green Zones'가 다른 공간들과의 차별화를 꾀하며 긋는 경계를 논한 바 있다[Klein 2008]. 영화에서 이 경계는 '안전한' 이동 공간인 자동차나 다른 개별 이동 수단이 물리적으로 파괴되거나 침범당하는 장면에서 나타난다.

〈28일 후〉

지금까지의 논의에서 살펴보지 못한 부분이 있다. 서두에서 말했듯이, 모빌리티의 허구적 재현 분석은 우리가 이해하는 (자동차) 이동 경험의 '현실'에 도전하고 이를 명확히 드러내려는 전략이다. 지금까지 우리는 다른 움직이는 신체나 자동차 외부와의 접촉 측면에서 운전 경험에 내재한 억압에 초점을 맞춰 논의했다. 영화에서의 낯섦은 이 억압된 현실을 드러내는 방식이다. 그렇다면 〈칠드런 오브 맨〉이나 〈몬스터즈〉와 같은 영화들은 이동하는 주체에게 교훈을 주거나 처벌을 내리면서 모빌리티의 윤리를 강조하는 듯하다. 물론 이 영화들이 주목하는, 자동차의 모빌리티와 이를 뒷받침하는 모빌리티에 대한 개인적 환상은 폭로가 필요한 문제임이 틀림없다. 하지만 이 문제를 다르게 바라보는 것이 가능할까? 예컨대 낯섦이라는 개념을 활용하여, 비슷하게 억압되어 있지만 자동차 모빌리티를 뒷받침하는 윤리적으로 매우 다른 상황을, 다시 말해 운전이 개별적 경험이 아니라 접촉의 욕구라는 중요한 층위에서 실제로 형성될 가능성을 로드무비에서 탐구할 수는 없을까?

앞에서 언급했듯이, 〈칠드런 오브 맨〉은 잃어버린 자연을 한탄하고 그리워한다. 테오의 자동차가 오염되고 질병이 창궐하는 시골을 지나갈 때에는 우울하면서도 아이러니한 효과가 연출된다. 〈28일 후〉도 앞에서 다룬 영화들과 비슷한 접근 방식을 취한다. 전염병이 창궐한 런던을 탈출한 일행의 도주 장면이 길게 이어지는 시퀀스가 그러하다. 이제 쓸모없게 되어 버린 근대성의 흔적(철탑, 발전소, 외딴 도시)이 가득한 풍경 속에서 자동차 한 대만이 텅 빈 고속도로를 따라 달리는 롱숏은 샤를 구노의

[그림 12.5] 환상적인 자동차 공간의 기괴한 자연. screen grab from *28 Days Later* (DNA Films/UK Film Council/Fox Searchlight Pictures, 2002)

〈아베마리아〉, 브라이언 이노의 〈엔딩An Ending(Ascent)〉, 가브리엘 포레의 〈진혼곡 D단조〉 등의 구슬픈 배경음악과 함께 계속된다[그림 12.5]. 이 병치는 아이러니하다. 고속도로, 병원, 주유소 같은 공공장소에서, 웨스트민스터 다리나 화이트홀 같은 관광지에서, 이 익숙한 풍경 속에서 더 작아 보이는 검은 택시와 주인공 짐을 제외하고는 아무도 없다. 이렇게 낯설게 만드는 기법은 〈28일 후〉의 대표적인 미학적 전술이다[그림 12.6]. 몇몇 영화평에서 지적한 것처럼, 이 영화의 도시 묘사는 기괴하다. 너무나 익숙한 광경이지만 인간의 맥락과 기능이 소거되어 있기 때문이다. 여기서 도시는 모든 것이 정지된 기념관과도 같다. 이 이미지는 영화의 서사적 문맥에서 인지적으로 혼란스럽고 견딜 수 없는 공간이 된다. 우리는 예전에 사람들이 거주하고 북적였다고 알고 이해했던 것을 재인지하기

[그림 12.6] 제 기능을 상실한 공공장소. screen grab from *28 Days Later* (DNA Films / UK Film Council/Fox Searchlight Pictures, 2002)

위해 애써야 한다.

이 분석들이 도시 배경에 집중하고 있기는 하지만, 영화의 이미지들이 특히 모빌리티를 표현하는 관점에서 항상 영화 속의 일부 역설적 측면들만을 보여 주는 것은 아니다. 앞서 살펴본 것처럼, 로드무비의 '타자'는 역사적으로 이 장르가 안고 있는 문제, 즉 자동차 유리 너머에 위치하거나 아예 부재하는 방식으로 거부되는 외부의 존재다. 따라서 홀로 남아 움직이는 짐은 영화 속에서 가장 두드러진 존재가 되면서 사람이 사라져 버린 고속도로를 따라 자유롭게 달리는 오토바이나 자동차의 이미지로 나타나게 된다. 바로 이 모습이 〈28일 후〉가 제시하고자 하는 모습이다. 따라서 이 디스토피아 영화에서 표현된 것은 자유롭게 자동차를 몰고 다니는 이상적 조건이 갖춰진, 자동차 환상의 실현이다. 서사적 맥락에서 고독한 모빌리티의 환상은 악몽으로 변해 간다. 구슬픈 배경음악은 상실한 것에 대한 애도를 강조하는 동시에 섬뜩한 방식으로 아름다움을 불러일으킨다. 끝없이 텅 빈 길을 따라 움직이는 자동차 장면은 향수를 불러일으키지만, 이는 잃어버린 목가적 순간에 대한 향수가 아니라 근대성 그 자체에 대한 향수이며, 무엇보다 참을 수 없는 낯섦을 달래 줄 수 있는 다른 사람들의 모습에 대한 향수이다.

실제로 이와 비슷한 장면들은 유사종말론적 환경 속에서의 모빌리티를 탐구하는 최근의 다른 서사들에서 하나의 특징이 되었다. 미국 시즌제 좀비 드라마〈워킹 데드The Walking Dead〉(AMC, 2010~)의 오프닝에서는 주인공인 릭 그라임스가 이제는 인간이라고는 보이지 않는, 저 멀리 흐릿하게 보이는 애틀랜타시의 스카이라인을 배경으로 말을 타고서 텅 빈 고속도로를 지나간다. 〈더 로드〉에서는 이제 쓸모없어진 발전소와 통신 인프라를 파노라마 롱숏으로 보여 주거나 자동차가 없는 세계의 배경을 장식하고 있는 고속도로 시스템을 카메라에 담는다. 이 이미지들은 그런 풍경을 만들어 낸 소비지상주의와 석유 기반 경제의 폭력을 떠올리게 한다. 탈인간적 추상화의 극점에서 낯설게 변한 인간 세계를 보여 주는 것이다. 하지만 이런 관점은 이 이미지들이 일상 이미지 자체에 어떤 식으로 인지적이고 감정적인 영향을 미치는지는 잘 설명하지 못한다. 일상적인 모빌리티의 진부한 광경은 자동차를 다루는 허구적 판타지가 자주 거부하는 대상이지만, 결과적으로 일상적이고 흔해빠진 것은 그것이 되돌릴 수 없이 상실될 때 갑자기 욕망의 안타까운 대상으로 등장한다.

이런 관점에서 현재 로드무비의 SF 형식은 모빌리티의 일상적 맥락에 대한 의미 있는 관점을 제공한다. 광활한 고속도로에서 홀로 달리는 자동차의 모습이 로드무비에서 전형적으로 등장하는 황홀한 도피의 이미지였다면, 최근에는 억압을 상징하기 위해 다시 등장했다. 하지만 그런 이미지가 반드시 개인주의적 행위가 낳는 모빌리티의 생태학적 · 사회적 폭력으로 이해될 필요는 없다. 환상은 실제 맥락 속에서 이해해야 한다. 아무런 제약도 없이 자유를 만끽하는 로드무비의 장면이 일상에서 자동차를 모는 주체가 자신들이 진정으로 원한다고 생각하는 것의 재현이라고 보는 것은 본능적인 판단일 수 있다. 하지만 앞서 살펴본 것처럼 그런 환상은 '외부성'이 없고 접촉이 불가능한 맥락에서 나온다는 사실을 간과하고 있다. 이런 의미에서 환상은 영화적 형식에서 환상이 출현하는 맥락과 일치하지 않는다. 〈28일 후〉와 같은 영화는 결과적으로, 일부는 자동차가 자유라는 백일몽의 토대가 된다고 할지라도, 다른 차량, 다른 사람과의 접촉이 이동 경험에 필수적인 부분이라는 생각을 드러낸다[이 관점에 대해서는 Pearce를 참조[2016, 156-210]]. 결과적으로 이 백일몽들은 자동차모빌리티를 다루는 허구의 재료가 되었지만, 더 이상 유지될 수 없는 실제적이고 논리적인 종료 지점에 도달하게 되었다. 따라서 로드무비의 미학은 모빌리티의 기반을 이루는 윤리를 탐구하는 방향으로 진행될 수 있다. 그러나, 이 글에서 제시했듯이, 이는 SF의 낯설게 만들고 낯설게 되는 시각을 통합할 때 가장 좋은 결과를 가져올 수 있다.

결론

생태비평가 티모시 클라크Timothy Clark가 인류세에 관해 질문한 것처럼

[2015], 인간의 삶과 행동이 생태계를 계속 변형시킨 이곳 지구에서 우리는 어떤 방식으로 전 지구적인 환경 변화를 의미 있게 재현할 수 있을까? 자동차를 타고 어딘가로 이동하는 행위가 오염, 교통체증, 기후변화 등 인간이 만들어 낸 환경적 조건에 더욱 기여하는 동시에 아이러니하게도 인간 중심의 야생 신화를 재생산하는 것이라면, 이 결합을 깨기 위해 어떤 문화적 노력이 필요할까?

나는 본문에서 〈칠드런 오브 맨〉의 긴 운전 시퀀스를 다루면서 창문 바깥 풍경의 이미지를 묘사할 말을 찾지 못해 고민을 거듭했다. 마침내 '시골 풍경이 지나가는'이라는 표현을 쓰기로 결정했을 때, 나는 내가 미메시스의 함정에 빠졌다는 사실을 깨달았다. 결국, 움직이는 것은 자동차이지 풍경이 아니다. 지구가 우주 속에서 움직이는 것은 사실이지만, 자동차와의 관계 속에서 풍경은 움직이지 않는다. 그러나 로드무비의 미학 속에서 자동차 경험의 지각은 자연화되어, 펼쳐지는 파노라마나 인식의 흐릿함이 순전히 우리의 이동 편의를 위해 일어나는 것처럼 착각하게 된다.

그렇다면 모빌리티 재현은 어떻게 이에 대응할 수 있을까? 클라크는 인간중심적인 행위 및 문화의 영향에 비판적으로 대응하려는 예술은 이를 표현할 새로운 형식을 찾아낼 필요가 있다고 제안한다. 그러한 가능성 중 하나가 "현상을 바라보는 비인간적 혹은 무인간적 시각"을 일깨우려는 시도이다[2015, 108]. 이 글의 주요 논점 중 하나는 로드무비가 불가능하거나 모순적인 재현 형식을 제공하며, 로드무비 자체가 만들어 내고 조장하는 환경적·이데올로기적 맥락과 결과를 바로 그 형식 속에서 부정한다는 것이다. 그러나 이 장르에서 더욱 '낯선' 형식적·생태학적 접근 방식은 영화제작 측면에서만이 아니라 우리 자신의 독서 전략 차원에서 다른 길을 개척하게 할 수도 있다.

로드무비와 SF 미학의 결합은 모빌리티에서 도피하거나 모빌리티를 제거하는 것과는 거리가 멀다. 이동적 시각과 영화적 재현의 한계를 설정하고, 인간중심적 리얼리즘이 세계를 표현하는 수많은 방식을 독점하지 못하는 것을 확인하면, 우리는 모빌리티의 상상력과 그 영화 미학을 재사유하는 길로 나아갈 수 있을 것이다. 여기서 다룬 영화들이 제공하는 지각적 갱신은 지배적인 영화 재현이 뒷받침해 온 모빌리티에 관한 가정들을 약화시키는 중요한 진전이다. 결과적으로, 이 영화들은 근접성, 상호연결성, 상호적인 글로벌 책임감으로 규정되는 시대를 위한 새롭고 긴요한 영화적 만남의 형식을 제시하였다. 또한, 이 영화들은 인문학 연구의 새로운 정치적 · 윤리적 가능성을 찾는 방향을 제시할 뿐만 아니라, 인문학이 모빌리티 연구의 한 형태로서 갖는 중요성도 알게 한다.

제1장 서론: 모빌리티, 문학, 문화

Adey, Peter. 2006. "If Mobility Is Everything Then It Is Nothing: Towards a Relational Politics of (Im)mobilities." *Mobilities* 1 (1): 75–94.

Adey, Peter. 2010. *Mobility*. London: Routledge.

Adey, P., D. Bissell, K. Hannam, P. Merriman, M. Sheller, eds. 2014. The Routledge *Handbook of Mobilities*. London: Routledge.

Aguiar, Marian. 2011. *Tracking Modernity: India's Railway and the Culture of Mobility*. Minneapolis: University of Minnesota Press.

Aguiar, Marian. 2018. *Arranging Marriage: Conjugal Agency in the South Asian Diaspora*. Minneapolis: University of Minnesota Press.

Aguirre, Robert D. 2017. *Mobility and Modernity: Panama in the Nineteenth-Century Anglo-American Imagination*. Columbus: Ohio State University Press.

Archer, Neil. 2017. "Genre on the Road: The Road Movie as Mobilities Research." In *Mobility and the Humanities*, edited by Peter Merriman and Lynne Pearce, 17–27. London and New York: Routledge.

Asimov, Isaac. 1995 [1935]. "Sally." In *The Complete Robot*, 9–28. London: HarperCollins.

Auslander, Shalom. 2012. *Hope: A Tragedy*. New York, NY: Picador.

Bhabha, Homi. 1994. *The Location of Culture*. London and New York: Routledge Classics.

Bissell, David. 2018. *Transit Life: How Commuting Is Transforming Our Cities*. Cambridge: MIT Press.

Bond, Emma. 2018. *Writing Migration Through the Body*. New York and London: Palgrave Macmillan.

Bowen, Elizabeth. 2006 [1932]. *To the North*. New York: Anchor Books.

Brown, Bill. 2001. "Things." *Critical Inquiry* 28 (1): 1–22.

Canclini, Nestor Garcia. 2005 (1989). *Cultural Hybridity: Strategies for Entering and Leaving Modernity*. Minneapolis: University of Minnesota Press.

Clarsen, Georgine. 2009. *Eat My Dust! Early Women Motorists*. Baltimore: Johns Hopkins University Press.

Clifford, James. 1997. *Routes: Travel and Translation in the Late 20th Century*. Cambridge: Harvard University Press.

Coleborne, Catharine. 2015. *Insanity, Identity and Empire*. Manchester: Manchester University Press.

Cresswell, Tim. 1993. "Mobility as Resistance: A Geographical Reading of Kerouac's On the Road." *Transactions of the Institute of British Geographers* 18: 249–262.

Cresswell, Tim. 1997. "Imagining the Nomad: Mobility and the Postmodern Primitive." In *Space and Society: Interpreting Modernity and Postmodernity*, edited by Georges Benko and Ulf Strohmayer, 360–379. Oxford: Blackwell.

Cresswell, Tim. 1999. "Embodiment, Power and the Politics of Mobility: The Case of Female Tramps and Hobos." *Transactions of the Institute of British Geographers* 24: 175–192.

Cresswell, Tim. 2006. *On the Move: Mobility in the Western World*. London and New York: Routledge.

Cresswell, Tim, 2010. "Towards a Politics of Mobility." *Environment and Planning D : Society and Space* 28: 17–31.

Cresswell, Tim. 2014. "Mobilities I: Moving On." *Progress in Human Geography* 38 (5): 712–721.

Dant, Tim. 2004. "The Driver-Car." *Theory, Culture and Society* 21 (4–5): 61–79.

Davidson, Joyce, Liz Bondi, and Mick Smith, eds. 2005. *Emotional Geographies*. Aldershot UK and Burlington VT: Ashgate.

de Certeau, Michel. 1984. *The Practice of Everyday Life*. Translated by Steven Rendall. Berkeley: University of California Press.

Dennis, Kingsley, and John Urry. 2009. *After the Car*. Cambridge: Polity Press.

Edensor, Tim. 2003. "M6—Junction 19–16: Defamiliarising the Mundane Roadscape." *Space and Culture* 6 (2): 151–168.

Edensor, Tim. 2004. "Automobility and National Identity." *Theory, Culture and Society* 21 (4–5): 101–120.

Edensor, Tim. 2010. "Walking in Rhythms: Place, Regulation, Style and the Flow of Experience." *Visual Studies* 25 (1): 69–79.

Edensor, Tim. 2011. "Commuter: Mobility, Rhythm and Commuting." In *Geographies of Mobilities: Practices, Spaces, Subjects*, edited by Tim Cresswell and Peter Merriman, 189–203. Farnham and Burlington, VT: Ashgate.

Edensor, Tim, 2014. "Rhythm and Arrhythmia." In *The Routledge Handbook of Mobilities*, edited by Peter Adey, David Bissell, Kevin Hannam, Peter Merriman, and Mimi Sheller, 163–171. London and New York: Routledge.

Elliott, Anthony, and John Urry. 2009. *Mobile Lives*. London and New York: Routledge.

Gilroy, Paul. 1995. *The Black Atlantic: Modernity and Double Consciousness*. Cambridge: Harvard University Press.

Green-Simms, Lindsey B. 2017. *Postcolonial Automobility: Car Culture in West Africa*. Minneapolis: University of Minnesota Press.

Grewal, Inderpal, and Caren Kaplan, eds. 1994. *Scattered Hegemonies: Postmodernity and Transnational Feminist Practices*. Minneapolis: University of Minnesota Press.

Hannam, Kevin, Mimi Sheller, and John Urry. 2006. "Editorial: Mobilities, Immobilities and Moorings." *Mobilities* 1 (1): 1–22.

Hayles, Katherine. 1999. *How We Become Posthuman: Virtual Bodies in Cybernetics, Literature and Informatics*. Chicago and London: University of Chicago Press.

Hulme, Peter, and Tim Youngs. 2002. *The Cambridge Companion to Travel Writing*. Cambridge: Cambridge University Press.

Jensen, Olé B., Sven Kesselring, and Mimi Sheller, eds. 2019. *Mobilities and Complexities*. London and New York: Routledge.

Kaplan, Caren. 1996. *Questions of Travel: Postmodern Discourses of Displacement*. London: Duke University Press.

Keller, David. 1935. "The Living Machine." In *Wonder Stories* 6 (12): 1465–1511.

Kincaid, Jamaica. 1988. *A Small Place*. New York: Farrar, Straus and Giroux.

Latour, Bruno. 2007. *Reassembling the Social: An Introduction to Actor-Network-Theory*. Oxford: Oxford University Press.

Laurier, Eric, Hayden Lorimer, Barry Brown, Owain Jones, Oskar Juhlin, Allyson Noble, Mark Perry, Daniele Pica, Phillippe Sormani, Ignaz Strebel, et al. 2008. "Driving and Passengering: Notes on the Ordinary Organization of Car Travel." *Mobilities* 3 (1): 1–23.

Law, John, and John Hansard. 1999. *Actor Network Theory and After*. Oxford nd Malden: Wiley-Blackwell.

Leblanc, Henri. 2012 [1898]. *Voici des Ailes*. Paris: Editions Le Pas de Cote.

Lefebvre, Henri. 1991 [1974]. *The Production of Space*. Translated by Donald Nicholson-Smith. Oxford: Basil Blackwell.

Longhurst, Robyn. 1995. "The Body and Geography." *Gender, Place and Culture* 2 (1): 97–106.

Malkki, Lisa. 1992. "National Geographic: The Rooting of Peoples and the Territorialization of National Identity Among Scholars and Refugees." *Cultural Anthropology* 7 (1): 22–44.

Massey, Doreen. 2005. *For Space*. London: Sage.

Mathieson, Charlotte. 2015. *Mobility in the Victorian Novel: Placing the Nation*. Basingstoke: Palgrave Macmillan.

McDowell, Linda. 1999. *Gender, Identity and Place: Understanding Feminist Geographies*. Cambridge: Polity Press.

Merriman, Peter. 2012. *Mobility, Space and Culture*. London and New York: Routledge.

Merriman, Peter. 2014. "Rethinking Mobile Methods." *Mobilities* 9 (2): 167–187.

Merriman, Peter. 2016. "Mobilities II: Cruising." *Progress in Human Geography* 40 (4): 555–564.

Merriman, Peter. 2017. "Arrivals." *Progress in Human Geography* 41 (3): 375–381.

Merriman, Peter, and Lynne Pearce, eds. 2017. "Mobility and the Humanities." *Mobilities* 12 (4): 493–508.

Mom, Gijs. 2015. *Atlantic Automobilism: Emergence and Persistence of the Car*. Oxford and New York: Berghan Books.

Murray, Lesley, and Sara Upstone, eds. 2014. *Researching and Representing Mobilities: Transdisciplinary Encounters*. Basingstoke: Palgrave Macmillan.

Murray, Lesley, and Sonia Overall. 2017. "Moving around Children's Fiction." In *Mobility and the Humanities*, edited by Peter Merriman and Lynne Pearce, 80–92. London and New York: Routledge.

Nail, Tom. 2015. *The Figure of the Migrant*. Stanford, CA: Stanford University Press.

Pearce, Lynne. 2014. "A Motor-Flight Through Early Twentieth-Century Consciousness: Capturing the Driving-Event 1905–1935." In *Researching and Representing Mobilities: Transdisciplinary Encounters*, edited by Lesley Murray and Sara Uptstone, 78–98. Basingstoke: Palgrave Macmillan.

Pearce, Lynne. 2016. *Drivetime: Literary Excursions in Automotive Consciousness*. Edinburgh: Edinburgh University Press.

Pearce, Lynne. 2017. "Driving as Event: Re-thinking the Car Journey." In *Mobility and the Humanities*, edited by Peter Merriman and Lynne Pearce, 93–105. London and New York: Routledge.

Pearce, Lynne. 2019. *Mobility, Memory and the Lifecourse in Twentieth-Century Literature*. New York: Palgrave Macmillan.

Ponsavady, Stéphanie. 2018. *Cultural and Literary Representations of the Automobile in French Indochina: A Colonial Roadshow*. New York: Palgrave Macmillan.

Pratt, Mary Louise. 1992. *Imperial Eyes: Travel Writing and Transculturalism*. London and New York: Routledge.

Rose, Gillian. 1993. *Feminism and Geography: The Limits of Geographical Knowledge*. Cambridge: Polity Press.

Said, Edward. 1978. *Orientalism*. London: Vintage Books.

Said, Edward. 1993. *Culture and Imperialism*. New York: Vintage Press.

Sheller, Mimi. 2003. *Consuming the Caribbean: From Arawaks to Zombies*. London: Routledge.

Sheller, Mimi, and John Urry. 2006. "The New Mobilities Paradigm." *Environment and Planning A* 38 (2): 207–226.

Spivak, Gayatri. 1987. *In Other Worlds: Essays in Cultural Politics*. London and New York: Routledge.

Thrift, Nigel. 1994. "Inhuman Geographies: Landscapes of Speed, Light and Power." In *Writing the Real: Five Cultural Geographies*, edited by Paul Cloke et al., 191–248. London: PCP.

Thrift, Nigel. 1995. "A Hyperactive World." In *Geographies of Global Change*, edited by R. J. Johnston, P. J. Taylor, and M. J. Watts, 18–35. Oxford: Blackwell.

Thrift, Nigel. 1996. *Spatial Formations*. London: Sage.

Thrift, Nigel. 2008. *Non-representational Theory: Space, Politics, Affect*. London and New

York: Routledge.

Torres, Alissa. 2008. *American Widow.* New York, NY: Villard.

Urry, John. 1999. *Sociology Beyond Societies: Mobilities of the Twenty-First Century.* London and New York: Routledge.

Urry, John. 2003. *Global Complexity.* Cambridge: Polity Press.

Urry, John. 2007. *Mobilities.* Cambridge: Polity Press.

Urry, John. 2016. *What Is the Future?.* Cambridge: Polity Press.

Uteng, Tana Priya, and Tim Cresswell, eds. 2008. *Gendered Mobilities.* Aldershot: Ashgate.

Virilio, Paul. [1977]. *Speed and Politics.* 2006. Translated by Marc Polizzotti. Los Angeles: Semiotext(e).

Waldman, Amy. 2011. *The Submission.* New York: Picador.

Wells, H. G. 2010 [1896]. *The Wheels of Chance [Facsimile of the original text].* Milton Keynes: Lightning Source UK.

Wollen, Peter, and Joe Kerr. 2002. *Utopia: Cars and Culture.* London: Reaktion Books.

제2장 아파르트헤이트에 저항하는 철도

Aguiar, Marian. 2011. *Tracking Modernity: India's Railway and the Culture of Mobility.* Minneapolis: University of Minnesota Press.

Ahmed, Sara. 2004. *The Cultural Politics of Emotion.* Edinburgh: Edinburgh University Press.

Aldred, Rachel. 2014. "The Commute." In *The Routledge Handbook of Mobilities*, edited by Peter Adey, David Bissell, Kevin Hannam, Peter Merriman, and Mimi Sheller, 450–459. London: Routledge.

Alvarez, David. 1996. "Train-Congregants and Train-Friends: Representations of Railway Culture and Everyday Forms of Resistance in Two South African Texts." *Alternation* 3 (2): 102–129.

Barnard, Rita. 2007. *Apartheid and Beyond: South African Writers and the Politics of Place.* Oxford: Oxford University Press.

Beaumont, Matthew. 2007. "Railway Mania: The Train Compartment as the Scene of a Crime." In *The Railway and Modernity: Time, Space, and the Machine Ensemble*, edited by Matthew Beaumont and Michael J. Freeman, 125–153. Oxford: Peter Lang.

Christopher, A. J. 1994. *The Atlas of Changing South Africa.* London: Routledge.

Collins English Dictionary. 1999. London: HarperCollins.

Comaroff, Jean, and John L. Comaroff. 2012. *Theory from the South: Or, How Euro-America is Evolving Toward Africa.* London: Routledge.

Constitution of the Republic of South Africa Act No 108 of 1996.

Cresswell, Tim. 2006. *On the Move: Mobility in the Modern Western World.* London:

Routledge.

Cresswell, Tim. 2010. "Towards a Politics of Mobility." *Environment and Planning D: Society and Space* 28: 17–31.

Davenport, T. R. H., and Christopher Saunders. 2000. *South Africa: A Modern History*, 5th ed. Basingstoke: Palgrave Macmillan.

Davis, Clarence Baldwin, Kenneth E. Wilburn, and Ronald Edward Robinson, eds. 1991. *Railway Imperialism*. New York: Greenwood Press.

de Certeau, Michel. 1984. *The Practice of Everyday Life*. Berkeley, CA: University of California Press.

Debord, Guy. 2006. "Situationist Theses on Traffi c." In *Situationist International Anthology*, edited by Ken Knabb, 56–58. Berkeley: Bureau of Public Secrets Press.

Despotopoulou, Anna. 2015. *Women and the Railway, 1850–1915*. Edinburgh: Edinburgh University Press.

Dubow, Saul. 2014. *Apartheid, 1948–1994*. Oxford: Oxford University Press.

Edensor, Tim. 2011. "Commuter: Mobility, Rhythm and Commuting." In *Geographies of Mobilities: Practices, Spaces, Subjects*, edited by Tim Cresswell and Peter Merriman, 189–203. Farnham: Ashgate. Editorial. 1978. "About Staffrider." Staffrider 1 (1): 1.

Fanon, Frantz. 2001. *The Wretched of the Earth*. Harmondsworth: Penguin Books. Original edition, 1965. Reprint, Penguin Classics.

Fanon, Frantz. 2008. *Black Skin, White Masks*. London: Pluto.

Floyd, T. B. 1960. *Town Planning in South Africa*. Pietermaritzburg: Shuter & Shooter.

Foster, Jeremy. 2008. *Washed with the Sun: Landscape and the Making of White South Africa*. Pittsburgh: University of Pittsburgh Press.

Fraser, Benjamin, and Stephen D. Spalding, eds. 2012. *Trains, Culture and Mobility: Riding the Rails*. Plymouth: Lexington Books.

Freuh, Jamie. 2003. *Political Identity and Social Change: The Remaking of the South African Social Order*. New York: State University of New York Press.

Gqola, Pumla Dineo. 2001a. "Contradictory Locations: Blackwomen and the Discourse of the Black Consciousness Movement (BCM) in South Africa." *Meridians* 2 (1): 130–152.

Gqola, Pumla Dineo. 2001b. "In Search of Female s/Staffriders: Authority, Gender and Audience, 1978–1982." *Current Writing: Text and Reception in Southern Africa* 13 (2): 31–41.

Guelke, Adrian. 2005. *Rethinking the Rise and Fall of Apartheid*. Basingstoke: Palgrave Macmillan.

Gunne, Sorcha. 2014. *Space, Place, and Gendered Violence in South African Writing*. Basingstoke: Palgrave Macmillan.

Gwala, Mafi ka. 1979. "Staffrider Workshop." *Staffrider* 2 (3): 55–58.

Harber, Jesse. 2018. "One Hundred Years of Movement Control: Labour (Im)Mobility and the South African Political Economy." In *Urban Mobilities in the Global South*, edited by

Tanu Priya Uteng and Karen Lucas, 155–172. London: Routledge.

Jackson, F. 1952. "Planning the New Railway Station at Johannesburg." *The South African Institution of Civil Engineers* 2: 167–182.

Jones, Megan. 2013. "Moving." In *Categories of Persons: Rethinking Ourselves and Others*, edited by Megan Jones and Jacob Dlamini, 38–51. Johannesburg: Picador Africa.

Jones, Megan. 2016. "The Train as Motif in Soweto Poetry." *The Journal of Commonwealth Literature* 53 (1): 21–42.

Kaplan, Caren. 2003. "Transporting the Subject: Technologies of Mobility and Location in an Era of Globalization." In *Uprootings/Regroundings: Questions of Home and Migration*, edited by Sara Ahmed, Claudia Castañeda, Anne-Marie Fortier, and Mimi Sheller, 207–223. Oxford: Berg.

Kiernan, J. P. 1977. "Public Transport and Private Risk: Zionism and the Black Commuter in South Africa." *Journal of Anthropological Research* 33 (2): 214–226.

Kirkwood, Mike. 1980. "Staffrider: An Informal Discussion." *English in Africa* 7 (2): 22–31.

Klintworth, P. J. W. 1975. "The Johannesburg Railway Station." *Die Siviele Ingenieur in Suid-Afrika* 17 (12): 324–325.

Kruger, Loren. 2013. *Imagining the Edgy City: Writing, Performing and Building Johannesburg*. Oxford: Oxford University Press.

Lefebvre, Henri. 1971. *Everyday Life in the Modern World*, translated by Sacha Rabinovitch. London: Harper & Row.

Lefebvre, Henri. 2003. "Preface to the New Edition: The Production of Space." In *Henri Lefebvre: Key Writings*, edited by Stuart Elder, Elizabeth Lebas, and Eleanore Kofman, 206–213. London: Continuum.

MADEYOULOOK, and Santu Mofokeng. 2011. "Tracks." In *African Cities Reader II: Mobilities and Fixtures*, edited by Ntone Edjabe and Edgar Pieterse, 64–69. Vlaeberg: Chimurenga and the African Centre for Cities.

Manase, Irikidzayi. 2005. "Making Memory: Stories from Staffrider Magazine and 'Testing' the Popular Imagination." *African Studies* 64 (1): 55–72.

Massey, Doreen. 1994. *Space, Place and Gender*. Cambridge: Polity.

Mathieson, Charlotte. 2015. *Mobility in the Victorian Novel: Placing the Nation*. Basingstoke: Palgrave Macmillan.

Mbembe, Achille. 2003. "Necropolitics." *Public Culture* 15 (1): 11–40.

Mbembe, Achille, Nsizwa Dlamini, and Grace Khunou. 2008. "Soweto Now." In *Johannesburg: The Elusive Metropolis*, edited by Sarah Nuttall and Achille Mbembe, 239–247. Johannesburg: Wits University Press.

Mbembe, Achille, and Sarah Nuttall. 2008. "Introduction: Afropolis." In *Johannesburg: The Elusive Metropolis*, edited by Sarah Nuttall and Achille Mbembe. Johannesburg: Wits University Press.

McCaul, Colleen. 1991. "The Commuting Conundrum." In *Apartheid City in Transition*, edited by Mark Swilling, Richard Humphries, and Khehla Shubane, 218–230. Cape Town: Oxford University Press.

McClintock, Anne. 1987. "'Azikwelwa' (We Will Not Ride): Politics and Value in South African Poetry." *Critical Inquiry* 13: 597–623.

McCracken, Donal P., and Ruth Teer-Tomaselli. 2013. "Communication in Colonial and Post-Colonial Southern Africa." In *The Handbook of Communication History*, edited by Peter Simonson, Janice Peck, Robert T. Craig, and John Jackson, 424–439. London: Routledge.

Mom, Gijs, Colin Divall, and Peter Lyth. 2009. "Towards a Paradigm Shift? A Decade of Transport and Mobility History." In *Mobility in History*, edited by Gijs Mom, Gordon Pirie, and Laurent Tissot, 13–40. Switzerland: Presses universitaires suisses.

Morley, David. 2000. *Home Territories: Media, Mobility and Identity*. London: Routledge.

Moss, Glenn. 1997. "Ringing the Changes: Twenty-Five years of Ravan Press." In *Ravan: Twenty-Five Years (1972–1977)*, edited by G. E. de Villiers, 13–23. Johannesburg: Ravan Press.

Mutloatse, Mothobi. 1980. "Introduction." In *Forced Landing*, edited by Mothobi Mutloatse, 1–7. Johannesburg: Ravan Press.

Mzamane, Mbulelo Vizikhungo. 1977. "The Short Story Tradition in Black South Africa." *Marang: Journal of Language and Literature* 1 (1): n.p.

Mzamane, Mbulelo Vizikhungo. 1991. "The Impact of Black Consciousness on Culture." In *Bounds of Possibility: Steve Biko and the Legacy of Black Consciousness*, edited by N. Barney Pityana, Mamphela Ramphele, Malusi Mpumlwana, and Lindy Wilson, 179–193. Cape Town: David Philip.

Mzamane, Mbulelo Vizikhungo, and David R. Howarth. 2000. "Representing Blackness: Steve Biko and the Black Consciousness Movement." In *South Africa's Resistance Press*, edited by Les Switzer and Mohamed Adhikari,176–220. Athens: Ohio University Center for International Studies.

Ndebele, Njabulo S. 1986. "The Rediscovery of the Ordinary: Some New Writings in South Africa." *Journal of Southern African Studies* 12 (2): 143–157.

Nicholson, Judith A., and Mimi Sheller. 2016. "Race and the Politics of Mobility: Introduction." *Transfers* 6 (1): 4–11.

Nuttall, Sarah. 2004. "City Forms and Writing the 'Now' in South Africa." *Journal of Southern African Studies* 30 (4): 731–748.

Nyamnjoh, Francis B. 2013. "Fiction and Reality of Mobility in Africa." *Citizenship Studies* 17 (6–7): 653–680.

Oliphant, Andries Walter. 1990. "Staffrider Magazine and Popular History: The Opportunities and Challenges of Personal Testimony." *Radical History Review* 1990 (46–47): 357–367.

Oliphant, Andries Walter. 1992. "Forums and Forces: Recent Trends in South African

Literary Journals." In *On Shifting Sands: New Art and Literature from South Africa*, edited by Kirsten Holst Petersen and Anna Rutherford, 91–103. Coventry: Dangaroo Press.

Oliphant, Andries Walter, and Ivan Vladislavic. 1988. "Preface." In *Ten Years of Staffrider, 1978–1988*, edited by Andries Walter Oliphant and Ivan Vladislavic, viii–x. Johannesburg: Ravan Press.

Penfold, Tom. 2017. *Black Consciousness and South Africa's National Literature*. Basingstoke: Palgrave Macmillan.

Pirie, G. H. 1986. "Johannesburg Transport, 1905–1945: African Capitulation and Resistance." *Journal of Historical Geography* 12 (1): 41–55.

Pirie, G. H. 1987. "African Township Railways and the South African State, 1902–1963." *Journal of Historical Geography* 13 (3): 283–295.

Pirie, G. H. 1989. "Dismantling Railway Apartheid in South Africa, 1975–1988." *Journal of Contemporary African Studies* 8 (1): 181–199.

Pirie, G. H. 1992a. "Rolling Segregation into Apartheid: South African Railways, 1948–53." *Journal of Contemporary History* 27 (4): 671–693.

Pirie, G. H. 1992b. "Travelling Under Apartheid." In *The Apartheid City and Beyond: Urbanization and Social Change in South Africa*, edited by David M. Smith, 173–182. London: Routledge.

Pirie, G. H. 1993. "Railways and Labour Migration to the Rand Mines: Constraints and Signifi cance." *Journal of Southern African Studies* 19 (4): 713–730.

Pirie, G. H. 2009. "Virtuous Mobility: Moralising vs Measuring Geographical Mobility in Africa." *Afrika Focus* 22 (1): 21–35.

Pirie, G. H. 2015. "Colours, Compartments and Corridors: Racialized Spaces, Mobility and Sociability in South Africa." In *Cultural Histories of Sociabilities, Spaces and Mobilities*, edited by Colin Divall, 39–51. London: Routledge.

Pirie, G. H. 2016. "Letters, Words, Worlds: The Naming of Soweto." In *Place Names in Africa: Colonial Urban Legacies, Entangled Histories*, edited by Liora Bigon, 143–157. Switzerland: Springer.

Priya Uteng, Tanu, and Karen Lucas. 2018. "The Trajectories of Urban Mobilities in the Global South: An Introduction." In *Urban Mobilities in the Global South*, edited by Tanu Priya Uteng and Karen Lucas, 1–18. London: Routledge.

Revill, George. 2012. *Railway*. London: Reaktion Books.

Richards, Jeffrey, and John M. MacKenzie. 1986. *The Railway Station*. Oxford: Oxford University Press.

Richter, Amy G. 2005. *Home on the Rails: The Railroad and the Rise of Public Domesticity*. Chapel Hill: University of North Carolina Press.

Savage, Michael. 1986. "The Imposition of Pass Laws on the African Population in South Africa 1916–1984." *African Affairs* 85 (339): 181–205.

Schivelbusch, Wolfgang. 1986. *The Railway Journey*. Berkeley: University of California Press.

Seiler, Cotten. 2009. "Mobilizing Race, Racializing Mobility: Writing Race into Mobility Studies." In *Mobility in History*, edited by Gijs Mom, Gordon Pirie, and Laurent Tissot, 229–233. Switzerland: Presses universitaires suisses.

Seroke, Jaki. 1981. "Staffriders Speaking: Black Writers in South Africa. Miriam Tlali, Sipho Sepamla, Mothobi Mutloatse." *Staffrider* 4 (3): 41–43.

Setuke, Brian. 1980. "Dumani." In *Forced Landing*, edited by Mothobi Mutloatse, 58–68. Johannesburg: Ravan Press.

Sheller, Mimi. 2018. *Mobility Justice*. London: Verso.

Sheller, Mimi, and John Urry. 2006. "The New Mobilities Paradigm." *Environment and Planning A* 38 (2): 207–226.

Sheller, Mimi, and John Urry. 2016. "Mobilizing the New Mobilities Paradigm." *Applied Mobilities* 1 (1): 10–25.

Siluma, Michael. 1978. "Naledi Train." *Staffrider* 1 (4): 2–4.

Simons, Harold Jack, and R.E. Simons. 1969. *Class and Colour in South Africa, 1850–1950*. Harmondsworth: Penguin Books.

Spalding, Stephen D., and Benjamin Fraser, eds. 2012. *Trains, Literature and Culture: Reading and Writing the Rails*. Plymouth: Lexington Books.

Thomas, Peter. 2014. "Railways." In *The Routledge Handbook of Mobilities*, edited by Peter Adey, David Bissell, Kevin Hannam, Peter Merriman, and Mimi Sheller, 214–224. London: Routledge.

Tlali, Miriam. 1980. "Voices from the Ghetto: The Last Train from Faraday." *Staffrider* 3 (4): 3–4.

Tlali, Miriam. 1989. "Fud-u-u-a." In *Footprints in the Quag: Stories & Dialogues from Soweto*, 27–42. Cape Town and Johannesburg: David Philip.

Trump, Martin. 1988. "Black South African Short Fiction in English Since 1976." *Research in African Literatures* 19 (1): 34–64.

Tshabangu, Mango. 1978. "Thoughts in a Train." *Staffrider* 1 (2): 27.

Urry, John. 1994. *Consuming Places*. London: Routledge.

Urry, John. 2007. *Mobilities*. Cambridge: Polity.

Vaughan, Michael. 1982. Literature and Politics: Currents in South African Writing in the Seventies. *Journal of Southern African Studies* 9 (1): 118–138.

Vaughan, Michael. 1984. "Staffrider and Directions within Contemporary South African Literature." In *Literature and Society in South Africa*, edited by Tim Couzens and Landeg White, 196–212. Harlow: Longman.

Vaughan, Michael. 1985. "Literature and Populism in South Africa: Reflections on the Ideology of Staffrider." In *Marxism and African Literature*, edited by Georg M. Gugelberger, 195–220. London: James Currey.

Vladislavic, Ivan. 2008. "Staffrider: An Essay." Accessed 11 December 2018. http://chimurengalibrary.co.za/staffrider-an-essay-by-ivan-vladislavic.

Wade, Michael. 1994. "Trains as Tropes: The Role of the Railway in Some South African Literary Texts." In *Altered State? Writing and South Africa*, edited by Elleke Boehmer, Laura Chrisman, and Kenneth Parker, 75–90. Sydney: Dangaroo Press.

Witulski, Udo. 1986. "Black Commuters in South Africa." *Africa Insight* 16 (1): 10–20.

Wolmar, Christian. 2009. *Blood, Iron & Gold: How the Railways Transformed the World.* London: Atlantic Books.

Wright, Laurence. 2010. "Third World Express : Trains and 'Revolution' in Southern African Poetry." *Literator* 31 (1): 1–18.

Wright, Laurence. 2011. "'Iron on Iron': Modernism Engaging Apartheid in Some South African Railway Poems." *English Studies in Africa* 54 (2): 1–15.

Zander, Horst. 1999. "Prose-Poem-Drama: 'Proemdra': 'Black Aesthetics' versus 'White Aesthetics' in South Africa." *Research in African Literatures* 30 (1): 12–33.

제3장 고정되어 있는 저속한 것들

Appel, Alfred. 1974. *Nabokov's Dark Cinema.* New York: Oxford University Press.

Augé, Marc. 1995. *Non-Places: Introduction to an Anthropology of Supermodernity.* London: Verso.

Bakhtin, Mikhail. 1982 [1975]. *The Dialogic Imagination: Four Essays.* Edited by Michael Holquist, translated by Caryl Emerson and Michael Holquist. Austin: University of Texas Press.

Brigham, Anne. 2015. *American Road Narratives.* Charlottesville: University of Virginia Press.

Bowlby, Rachel. 1993. "Lolita and the Poetry of Advertising." In *Shopping with Freud.* London: Routledge.

Chilvers, Ian, and John Glaves-Smith. 2009. *A Dictionary of Modern and Contemporary Art*, 2nd ed. Oxford: Oxford University Press.

Foucault, Michel. 1997 [1984]. "Of Other Spaces: Utopias and Heterotopias." In *Rethinking Architecture: A Reader in Cultural Theory*, edited by Neil Leach, 350–356. London: Routledge.

Hannam, Kevin, Mimi Sheller, and John Urry. 2006. "Editorial: Mobilities, Immobilities and Moorings." *Mobilities* 1 (1): 1–22.

Jakle, John A., Keith A. Sculle, and Jefferson S. Rogers. 1996. *The Motel in America.* Baltimore: Johns Hopkins University Press.

Jameson, Fredric. 2007 [1990]. *Signatures of the Visible.* London: Routledge.

Kerouac, Jack. 2000 [1957]. *On the Road.* New Edition. New York: Penguin Classics.

Kubrick, Stanley. 1962. *Lolita*. Los Angeles: Metro-Goldwyn-Mayer.

Merriman, Peter, and Lynne Pearce. 2017. "Mobility and the Humanities." *Mobilities* 12 (4): 493–508.

Mills, Katie. 2006. *The Road Story and the Rebel: Moving Through Film, Fiction, and Television*. Carbondale: Southern Illinois University Press.

Nabokov, Vladimir. 1965. Interview with Robert Hughes: Emended Typescript with Author's Manuscript Corrections. Vladimir Nabokov Papers, Berg Collection, New York Public Library.

Nabokov, Vladimir. 2000 [1970]. *The Annotated Lolita*. London: Penguin Classics.

Nabokov, Vladimir. 2009. *The Original of Laura: Dying Is Fun*. New York: Knopf Publishing Group.

Nabokov, Vladimir. 2012a. *Plays: Lolita, a Screenplay: The Tragedy of Mister Morn*. London: Penguin Classics.

Nabokov, Vladimir. 2012b [1973]. *Strong Opinions*. London: Penguin Classics.

Nabokov, Vladimir. 2013. *Collected Poems*. London: Penguin Classics.

Rodway, Cara. 2010. "Roadside Romance? The American Motel in Postwar Popular Culture." PhD dissertation, King's College London.

Shaffer, Marguerite S. 2001. *See America First: Tourism and National Identity, 1880–1940*. Washington, DC: Smithsonian Books.

Treadwell, Sarah. 2005. The Motel: An Image of Elsewhere. *Space and Culture* 8 (2): 214–224.

제4장 정동적 잔인성의 동원

9/11 Memorial. National September 11 Memorial Museum. Last modifi ed 2018. http://www.911memorial.org.

Ahmed, Sara. 2004. *The Culture of Emotional Politics*. New York: Routledge.

Anderson, Ben. 2010. "Modulating the Excess of Affect: Morale in a State of 'Total War.'" In *The Affect Theory: A Reader*, edited by Melissa Gregg and Gregory J. Seigworth, 161–185. Durham and London: Duke University Press.

Auschwitz-Birkenau Memorial and Museum. Last modified 2018. http://www.auschwitz.org.

Auslander, Shalom. 2012. *Hope: A Tragedy*. New York: Picador.

Beech, John. 2009. "Genocide Tourism." In *The Darker Side of Travel: The Theory and Practice of Dark Tourism*, edited by Richard Sharpley and Philip R. Stone, 207–223. Bristol: Channel View Publications.

Bernard-Donals, Michael. 2016. *Figures of Memory: The Rhetoric of Displacement at the United States Holocaust Memorial Museum*. New York: SUNY.

Blais, Allison, and Lynn Rasic. 2011. *A Place of Remembrance: Official Book of the*

September 11 Memorial. New York: National Geographic.

Butler, Judith. 2009. *Frames of War: When Life Is Grievable*. London: Verso.

Clark, Laurie Beth. 2014. "Ethical Spaces: Ethics and Propriety in Trauma Tourism." In *Death Tourism: Disaster Sites as Recreational Landscape*, edited by Brigitte Sion, 9–35. London: Seagull.

Clough, Patricia T. 2010. "The Affective Turn: Political Economy, Biomedia, and Bodies." In *The Affect Theory Reader*, edited by Melissa Gregg and Gregory J. Seigworth, 206–228. Durham and London: Duke University Press.

Clough, Patricia T., and Jean Halley, eds. 2007. *The Affective Turn: Theorizing the Social*. Durham and London: Duke University Press.

Doss, Erica. 2010. *Memorial Mania: Public Feeling in America*. Chicago: University of Chicago Press.

Dwork, Deborah, and Jan Van Pelt. 1994. "Reclaiming Auschwitz." In *Holocaust Remembrance: The Shapes of Memory*, edited by Geoffrey Hartman, 232–251. New York: Blackwell.

Erll, Astrid. 2011. *Memory in Culture*. London: Palgrave.

Freeman, Lindsey A. 2014. "The Manhattan Project Time Machine: Atomic Tourism in Dave Ridge, Tennessee." In *Death Tourism: Disaster Sites as Recreational Landscape*, edited by Brigitte Sion, 54–74. London: Seagull.

Gregg, Melissa, and Gregory J. Seigworth, eds. 2010. *The Affect Theory Reader*. Durham and London: Duke University Press.

Hannam, Kevin, Mary Mostafaneshad, and Jillian Rickly, eds. 2016. *Event Mobilities: Politics, Place, and Performance*. New York: Routledge.

Hartelius, Johanna. 2013. 'Remember-Signs': Concentration Camp Souvenirs and the Mediation of Trauma. *Culture, Theory, and Critique* 54 (1): 1–18.

Hasian, Marouf, Jr. 2004. "Remembering and Forgetting the 'Final Solution': A Rhetorical Pilgrimage Through the U.S. Holocaust Memorial Museum." *Critical Studies in Media Communication* 21 (1): 64–92.

Hirsch, Marianne. 2012. *The Generation of Postmemory: Writing and the Visual Culture After the Holocaust*. New York: Columbia University Press.

Hutcheon, Linda. 1989. "Historiographic Metafi ction: Parody and the Intertextuality of History." In *Intertextuality and Contemporary American Fiction*, edited by Patrick O'Donnell and Robert Con Davis, 3–32. Baltimore: Johns Hopkins University Press.

Jensen, Ole B. 2013. *Staging Mobilities*. New York: Routledge.

Lotman, Yuri M. 1990. *Universe of the Mind: A Semiotic Theory of Culture*. Translated by Ann Shukman. London: I.B. Tauris.

Lotman, Juri. 2009. *Culture and Explosion*, edited by Marina Grishakova. Translated by Wilma Clark. Berlin: Mouton de Gruyter.

Massumi, Brian. 2010. "The Future Birth of the Affective Turn: The Political Ontology of

Threat." In *The Affect Theory Reader*, edited by Melissa Gregg and Gregory J. Seigworth, 52–70. Durham and London: Duke University Press.

Meerzon, Yana. 2014. "Between Intentionality and Affect: On Jan Mukařovský's Theory of Reception." *Theatralia* 17 (2): 24–40.

Mukařovský, Jan. 1978. *Structure, Sign, and Function: Selected Essays by Jan Mukařovský*. Translated and edited by John Burbank and Peter Steiner. New Haven and London: Yale University Press.

Pendleton, Mark. 2014. "Theme Parks and Station Plaques: Memory, Tourism, and Forgetting in Post-Aum Japan." In *Death Tourism: Disaster Sites as Recreational Landscape*, edited by Brigitte Sion, 75–96. London: Seagull.

Radia, Pavlina. 2016. *Ecstatic Consumption: The Spectacle of Global Dystopia in Contemporary American Literature*. Newcastle upon Tyne: Cambridge Scholars Publishing.

Rigney, Ann. 2004. "Portable Monuments: Literature, Culture, Memory, and the Case of Jeanie Deans." *Poetics Today* 25 (2): 361–396.

Sachsenhausen Memorial and Museum. Last modifi ed 2018. http://www.stiftung-bg.d.gums/en.

Shaming, Mark. 2014. "From Evidence to Relic to Artefact: Curating in the Aftermath of 11 September 2001." In *Death Tourism: Disaster Sites as Recreational Landscape*, edited by Brigitte Sion, 139–166. London: Seagull.

Sharpley, Richard, and Philip R. Stone, eds. 2009. *The Darker Side of Tourism: The Theory and Practice of Dark Tourism*. Bristol: Channel View Publications.

Shulan, Michael. 2013. "Impact Steel: The Force of Violence." In *The Stories They Tell: Artifacts from the National September 11 Memorial Museum*, edited by Clifford Chanin and Alice M. Greenwald. New York: Skira Rizzoli.

Sion, Brigitte, ed. 2014. *Death Tourism: Disaster Sites as Recreational Landscape*. London: Seagull.

Sodaro, Amy. 2017. *Exhibiting Atrocity: Memorial Museums and the Politics of Past Violence*. New Brunswick, NJ: Rutgers.

Sontag, Susan. 2003. *Regarding the Pain of Others*. New York: Picador.

Stone, Philip R. 2009. "'It's a Bloody Guide': Fun, Fear and a Lighter Side of Dark Tourism at the Dungeon Visitor Attractions, UK." In *The Darker Side of Tourism: The Theory and Practice of Dark Tourism*, edited by Richard Sharpley and Philip R. Stone, 167–185. Bristol: Channel View Publications.

Torres, Alissa. 2008. *American Widow*. New York: Villard.

United States Holocaust Memorial Museum. Museum Press Kit. Last Modified 2018. https://www.ushmm.org/information/press/press-kits/united-states-holocaust-memorial-museum-press-kit/.

Urry, John. 2007. *Mobilities*. London: Polity Press.

Urry, John, and Jonas Larsen. 2011. *The Tourist Gaze 3.0*. London: Sage.

Waldman, Amy. 2011. *The Submission*. New York: Picador.

제5장 E. M. 포스터의 〈하워즈 엔드〉에 나타난 모빌리티, 주의력, 공감

Adey, Peter. 2010. *Mobility*. Abingdon: Routledge.

Adey, Peter, David Bissell, Kevin Hannam, Peter Merriman, Mimi Sheller, eds. 2014. *The Routledge Handbook of Mobilities*. London: Routledge.

Armstrong, Tim. 1998. *Modernism, Technology and the Body: A Cultural Study*. Cambridge: Cambridge University Press.

Baudrillard, Jean. 2010 [1986]. *America*. Translated by C. Turner. London and New York: Verso.

Bergson, Henry. 1911. *Creative Evolution*. New York: H. Holt and Company.

Bissell, David. 2009. "Visualising Everyday Geographies: Practices of Vision Through Travel Time." *Transactions of the Institute of British Geographers* 34 (1): 42–60.

Bradshaw, David, ed. 2007. *The Cambridge Companion to E. M. Forster*. Cambridge: Cambridge University Press.

Burnett, John. 2004. *England Eats Out: A Social History of Eating Out in England from 1830 to the Present*. Abingdon: Routledge.

Cavaliero, Glen. 1986. *A Reading of E. M. Forster*. Hampshire and London: Macmillan Press.

Crary, Jonathan. 1999. *Suspensions of Perception: Attention, Spectacle and Modern Culture*. Cambridge: MIT Press.

Cresswell, Tim. 2015. *Place: An Introduction*. Chichester: Wiley.

Danius, Sara. 2002. *The Senses of Modernism: Technology, Perception, and Aesthetics*. New York: Cornell University Press.

Finch, Jason. 2011. *E. M. Forster and English Place: A Literary Topography*. Åbo: Åbo Akademi University Press.

Forster, E. M. 1954. "The Machine Stops." In *E. M. Forster: Collected Short Stories*, 109–146. London: Penguin Group.

Forster, E. M. 1972. "What I Believe." In *Two Cheers for Democracy*, 65–73. London: Edward Arnold.

Forster, E. M. 2005. *Maurice*. Harmondsworth, UK: Penguin Group.

Forster, E. M. 2006. *The Longest Journey*. Harmondsworth, UK: Penguin Group.

Forster, E. M. 2012. *Howards End*. Harmondsworth, UK: Penguin Group.

Garrington, Abbie. 2013. *Haptic Modernism: Touch and the Tactile in Modernist Writing*. Edinburgh: Edinburgh University Press.

Gros, Frederic. 2014. *A Philosophy of Walking*. Translated by John Howe. London: Verso.

Jameson, Fredric. 1990. "Modernism and Imperialism." In *Nationalism, Colonialism, and*

Literature, edited by Terry Eagleton, Fredric Jameson, and Edward W. Said, 43–66. Minneapolis: University of Minnesota Press.

Kern, Stephen. 1983. *The Culture of Time and Space, 1880–1918*. Cambridge, MA: Harvard University Press.

Laurier, Eric, Hayden Lorimer, Barry Brown, Owain Jones, Oskar Juhlin, Allyson Noble, Mark Perry, Daniele Pica, Philippe Sormani, and Ignaz Strebel, et al. 2008. "Driving and 'Passengering': Notes on the Ordinary Organisation of Car Travel." *Mobilities* 3 (1): 1–23.

Massey, Doreen. 2005. *For Space*. London: Sage.

Merleau-Ponty, Maurice. 1964. "Eye and Mind." In *The Primacy of Perception*, translated by Carleton Dallery, 159–192. Evanston, IL: Northwestern University Press.

Merriman, Peter. 2012. *Mobility, Space, and Culture*. London: Routledge.

Merriman, Peter, and Lynne Pearce. 2017. "Mobility and the Humanities." *Mobilities* 12 (4): 493–508.

O'Neill, Morna, and Michael Hatt. 2010. *The Edwardian Sense: Art, Design, and Performance in Britain, 1901–1910*. New Haven: Yale University Press.

Page, Malcolm. 1993. *An Introduction of the Variety of Criticism: Howards End*. Houndmills: The Macmillan Press LTD.

Pearce, Lynne. 2016. *Drivetime: Literary Excursions in Automotive Consciousness*. Edinburgh: Edinburgh University Press.

Popan, Ioan-Cosmin. 2018. "Utopias of Slow Cycling. Imagining a Bicycle System." PhD diss., Lancaster University.

Royle, Nicholas. 1999. *E. M. Forster*. London: Northcote House Publishers.

Seltzer, Mark. 1992. *Bodies and Machines*. London: Routledge.

Stone, Wilfred. 1966. *The Cave and the Mountain: A Study in E. M. Forster*. Stanford, CA: Stanford University Press.

Tambling, Jeremy, ed. 1995. *E. M. Forster: Contemporary Critical Essays*. London: Macmillan Press.

Thacker, Andrew. 2000. "E. M. Forster and the Motorcar." *Literature and History* 9 (1): 16–37.

Trilling, Lionel. 1964. *E. M. Forster*. New York: New Directions.

Vannini, Philip. 2014. "Slowness and Deceleration." In *The Routledge Handbook of Mobilities*, edited by Adey et al., 116–124. London: Routledge.

Virilio, Paul. 2008 [1984]. *Negative Horizon: An Essay in Dromoscopy*. London and New York: Continuum.

제6장 시점과 리듬의 서사적 감각

Adey, Peter. 2006. "If Mobility Is Everything, Then It Is Nothing: Towards a Relational

Politics of (Im)mobilities." *Mobilities* 1 (1): 75–94.

Adey, Peter. 2010. *Mobility*. London: Routledge.

Ambrose, Kathryn. 2016. *The Woman Question in Nineteenth-Century English, German and Russian Literature: (En)gendering Barriers*. Leiden: Brill.

Baker, Beth. 2016. "Regime." In *Keywords of Mobility: Critical Entanglements*, edited by Noel B. Salazar and Kiran Jayaram, 152–170. New York: Berghahn.

Bakhtin, Mikhail M. 1981. *The Dialogic Imagination: Four Essays*. Austin: University of Texas Press.

Bal, Mieke. 2009. *Narratology: Introduction to the Theory of Narrative*. Toronto: Toronto University Press.

Blackbourn, David. 1997. *The Fontana History of Germany, 1780–1918: The Long Nineteenth Century*. London: Fontana.

Burgess, Miranda. 2011. "On Being Moved: Sympathy, Mobility, and Narrative Form." *Poetics Today* 32 (2): 289–321.

Clark, Christopher. 2007. *Iron Kingdom: The Rise and Downfall of Prussia, 1600–1947*. London: Penguin.

Cresswell, Tim. 2006. *On the Move: Mobility in the Modern Western World*. New York: Routledge.

Cresswell, Tim. 2010. "Towards a Politics of Mobility." *Environment and Planning D: Society and Space* 28: 17–31.

Darby, David. 2013. "Theodor Fontane und die Vernetzung der Welt. Die Mark Brandenburg zwischen Vormoderne und Moderne." In *Metropole, Provinz und Welt: Raum und Mobilität in der Literatur des Realismus*, edited by Roland Berbig and Dirk Göttsche, 145–162. Berlin: de Gruyter.

Doughty, Karolina, and Lesley Murray. 2016. "Discourses of Mobility: Institutions, Everyday Lives and Embodiment." *Mobilities* 11 (2): 303–322.

Edensor, Tim. 2014. "Rhythm and Arrhythmia." In *The Routledge Handbook for Mobilities*, edited by Peter Adey, David Bissell, Kevin Hannam, Peter Merriman, and Mimi Sheller, 163–171. London: Routledge.

Felski, Rita. 2008. *The Uses of Literature*. Oxford: Blackwell.

Felski, Rita. 2015. *The Limits of Critique*. Chicago: The University of Chicago Press.

Fontane, Theodor. 2015. *Effi Briest*. Translated by Mike Mitchell. Oxford: Oxford University Press.

Genette, Gérard. 1980. *Narrative Discourse: An Essay in Method*. Translated by Jane E. Lewin. Ithaca: Cornell University Press.

Goethe, Johann Wolfgang. 2012. *The Sorrows of Young Werther*. Translated by David Constantine. Oxford: Oxford University Press.

Greenblatt, Stephen. 2010. "A Mobility Studies Manifesto." In *Cultural Mobility: A Manifesto*, edited by Stephen Greenblatt, Ines G. Županov, Reinhard Meyer-Kalkus,

Heike Paul, Pál Nyíri, and Friederike Pannewick, 250–253. Cambridge: Cambridge University Press.

Hochstadt, Steve. 1999. *Mobility and Modernity: Migration in Germany, 1820–1914*. Ann Arbor: University of Michigan Press.

Jeffries, Matthew. 2003. *Imperial Culture in Germany, 1871–1918*. Basingstoke: Palgrave.

Keightley, Emily, and Anna Reading. 2014. "Mediated Mobilities." *Media, Culture & Society* 36 (3): 285–301.

Larsen, Jonas. 2014. "Distance and Proximity." In *The Routledge Handbook for Mobilities*, edited by Peter Adey, David Bissell, Kevin Hannam, Peter Merriman, and Mimi Sheller, 125–133. London: Routledge.

Lefebvre, Henri. 2004. *Rhythmanalysis: Space, Time and Everyday Life*. Translated by Stuart Elden and Gerald Moore. London: Continuum.

Levine, Caroline. 2015. *Forms: Whole, Rhythm, Hierarchy, Network*. Princeton: Princeton University Press.

Manderscheid, Katharina. 2014. "The Movement Problem, the Car and Future Mobility Regimes: Automobility as Dispositif and Mode of Regulation." *Mobilities* 9 (4): 604–626.

Massey, Doreen. 2005. For Space. Los Angeles: SAGE.

Merriman, Peter, and Lynne Pearce. 2017. "Mobility and the Humanities." *Mobilities* 12 (4): 493–508.

Mitchell, Allan. 2000. *The Great Train Race: Railways and the Franco-German Rivalry, 1815–1914*. New York: Berghahn.

Moretti, Franco. 1998. *Atlas of the European Novel, 1800–1900*. London: Verso.

Morley, David. 2011. "Communications and Transport: The Mobility of Information, People, and Commodities." *Media, Culture & Society* 33 (5): 743–759.

Paulin, Roger. 2007. *Goethe, Die Leiden des jungen Werthers. In Landmarks in the German Novel*, edited by Peter Hutchinson, 15–30. Oxford: Lang.

Revill, George. 2014. "Histories." In *The Routledge Handbook for Mobilities*, edited by Peter Adey, David Bissell, Kevin Hannam, Peter Merriman, and Mimi Sheller, 506–516. London: Routledge.

Schivelbusch, Wolfgang. 1986. *The Railway Journey. The Industrialization of Time and Space in the 19th Century*. Oakland: University of California Press.

Sheller, Mimi. 2013. "Mobile Mediality: Location, Dislocation, Augmentation." In *New Mobilities Regimes in Arts and Social Sciences*, edited by Susanne Witzgall, Gerlinde Vogl, and Sven Kesselring, 309–326. Farnham: Ashgate.

Sullivan, Heather I. 2015. "Nature and the 'Dark Pastoral' in Goethe's Werther." *Goethe Yearbook* 22: 115–132.

Tucker, Brian. 2007. "Performing Boredom in Effi Briest: On the Effects of Narrative Speed." *The German Quarterly* 80 (2): 185–200.

Urry, John. 2007. *Mobilities*. Cambridge: Polity Press.

Vellusig, Robert. 2012. "'Werther muss—muss seyn!' Der Briefroman als Bewusstseinsroman." In *Poetik des Briefromans: Wissens-und mediengeschichtliche Studien*, edited by Gideon Stiening and Robert Vellusig, 129–166. Berlin: de Gruyter.

von Graevenitz, Gerhart. 2014. *Theodor Fontane: Ängstliche Moderne. Über das Imaginäre.* Paderborn: Konstanz University Press.

von Petersdorff, Dirk. 2006. "'Ich soll nicht zu mir selbst kommen.' Werther, Goethe und die Formung moderner Subjektivität." *Goethe-Jahrbuch* 123: 67–85.

Whaley, Joachim. 2012. *Germany and the Holy Roman Empire, Volume 2: From the Peace of Westphalia to the Dissolution of the Reich 1648–1806.* Oxford: Oxford University Press.

Williams, Raymond. 1977. *Marxism and Literature.* Oxford: Oxford University Press.

Wittler, Kathrin. 2013. "Einsamkeit: Ein literarisches Gefühl im 18. Jahrhundert." *Deutsche Vierteljahresschrift für Literaturwissenschaft und Geistesgeschichte* 87 (2): 186–216.

Woodford, Charlotte. 2007. "Fontane, Effi Briest." In *Landmarks in the German Novel* (1), edited by Peter Hutchinson, 83–98. Oxford: Peter Lang.

Youngman, Paul, Gabrielle Tremo, Lenny Enkhbold, and Lizzy Stanton. 2016. "Visualizing the Railway Space in Fontane's *Effi Briest*." *TRANSIT* 10 (2). Online journal article: http://transit.berkeley.edu/2016/youngman-et-al/.

제7장 도시에서 달리기

A Mile in Her Shoes. 2016. http://www.amileinhershoes.org.uk.

Allen-Collinson, Jacquelyn, and John Hockey. 2011. "Feeling the Way: Notes Toward a Haptic Phenomenology of Scuba Diving and Distance Running." *International Review for the Sociology of Sport* 46 (3): 330–345.

Alys, Francis. 2004. "The Green Line." Francis Alys. http://francisalys.com/the-green-line/.

Austin, Michael, ed. 2007. *Running and Philosophy: A Marathon for the Mind.* Hoboken: Wiley-Blackwell.

Bale, John. 2002. *Sports Geography.* 2nd ed. London and New York: Routledge.

Benyo, Richard, and Joe Henderson. 2001. *Running Encyclopedia: The Ultimate Source for Today's Runner.* Champaign: Human Kinetics Publishers.

Blast Theory and Mixed Reality Lab, University of Nottingham. 2001. *Can You See Me Now?* b.tv Festival Sheffi eld. https://www.blasttheory.co.uk/projects/can-you-see-me-now/.

Bramble, Dennis M., and Daniel E. Lieberman. 2004. "Endurance Running and the Evolution of Homo." *Nature* 432 (7015): 345–352. https://doi.org/10.1038/nature03052.

Burgin, Victor, Stephen Bann, and Michael Lent. 2013. *Mobility and Fantasy in Visual Culture.* 1st ed. Edited by Lewis Johnson. New York: Routledge.

Büscher, Monika, ed. 2010. *Mobile Methods.* 1st ed. Abingdon, Oxon, and New York, NY:

Routledge.

Büscher, Monika. 2017. "The Mobile Utopia Experiment." In *Mobile Utopia: Art and Experiments—An Exhibition*, curated by Jen Southern, Emma Rose, Linda O Keefe, November 2–5. Lancaster, UK: Lancaster House Hotel.

Büscher, Monika. 2018. "Monika's Handwritten Personal Letter to Kai," January 5.

Cardiff, Janet. 1999. *The Missing Voice (Case Study B)*. Walk. https://www.artangel.org.uk/project/the-missing-voice-case-study-b/.

Chen, Ingfei. 2006. "Human Evolution: Born to Run." *Discover Magazine*, May. http://discovermagazine.com/2006/may/tramps-like-us.

Cook, Simon. 2013. "Jography: Exploring the Mobilities of Road-Running." BA Geography (unpublished). Plymouth University.

Cook, Simon, Jon Shaw, and Paul Simpson. 2016. "Running Order: Urban Public Space, Everyday Citizenship and Sporting Subjectivities." In *Critical Geographies of Sport: Space, Power and Sport in Global Perspective*, edited by Natalie Koch, 157–172. London and New York: Routledge.

Creed, Martin. 2008. *Work No. 850*. http://www.martincreed.com/site/works/work-no-850.

Cross, Rod. 1999. "Standing, Walking, Running, and Jumping on a Force Plate." *American Journal of Physics* 67 (4): 304–309.

Davenport, Justin. 2007. "Tens of Thousands of CCTV Cameras, yet 80% of Crime Unsolved | News." *London Evening Standard*, September 19. http://www.thisislondon.co.uk/news/article-23412867-tens-of-thousands-of-cctvcameras-yet-80-of-crime-unsolved.do.

Debord, Guy-Ernest. 1955. "Introduction to a Critique of Urban Geography." *The Situationist International Text Library*. http://library.nothingness.org/articles/SI/en/display/2.

Debord, Guy-Ernest. 1995. *The Society of the Spectacle*. New York: Zone Books.

Ford, Simon. 2005. *The Situationist International: A User's Guide*. London: Black Dog Publishing.

Free To Run. 2016. *Our Mission*. http://www.freetorun.org/our-mission/.

Geoffroy, Thierry. 2012. *Critical Run*. http://www.emergencyrooms.org/criticalrun.html.

Gibson, William. 1993. "Disneyland with the Death Penalty." *Wired*, October. http://www.wired.com/wired/archive//1.04/gibson_pr.html.

Grove-White, Annie. 2014. Breath/Mind/Muscle. Video.

Hansen, Chad. 1996. *An Analysis of Dao (Tao)*. http://www0.hku.hk/philodep/ch/Dao.html.

Heinrich, Bernd. 2002. *Why We Run: A Natural History*. Reprint. New York: Harper Perennial.

Hsieh, Teh-Ching. 1981. *One Year Performance (Outdoor Piece 1981–1982)*. Performance, Photograph, Film. http://www.one-year-performance.com/.

Keelan, F.X. 1967. *Chinese Characters Explained*. Taichung, Taiwan: Kuangchi Press.

Kell, Lena. 2015. "Can Women Ever Beat Men at Marathon Running?" Newitts.com, May 15. https://www.newitts.com/blog/can-women-ever-beat-menat-marathon-running.

Kohn, Livia. 1993. *The Taoist Experience: An Anthology.* Later Printing. New York: State University of New York Press.

Latham, Alan. 2015. "The History of a Habit: Jogging as a Palliative to Sedentariness in 1960s America." *Cultural Geographies* 22 (1): 103–126. https://doi.org/10.1177/1474474013491927.

Latham, Alan, and Derek P. McCormack. 2004. "Moving Cities: Rethinking the Materialities of Urban Geographies." *Progress in Human Geography* 28 (6): 701–724. https://doi.org/10.1191/0309132504ph515oa.

Lee, Kuan Yew. 2000. *From Third World to First, the Singapore Story: Memoirs of Lee Kuan Yew.* https://www.amazon.co.uk/Third-World-First-Singapore-Story/dp/9812049843/ref=sr_1_5?s=books&ie=UTF8&qid=1525597996&sr=1-5&keywords=lee+kuan+yew.

Leeds List. 2017. "Shopping Centres in Leeds." Leeds-List, December 14. https://leeds-list.com/style/shopping-centres-in-leeds/.

Lorimer, Hayden. 2012. "Surfaces and Slopes." *Performance Research* 17 (2): 83–86. https://doi.org/10.1080/13528165.2012.671080.

Mattson, Mark P. 2012. "Evolutionary Aspects of Human Exercise—Born to Run Purposefully." *Ageing Research Reviews* 11 (3): 347–352. https://doi.org/10.1016/j.arr.2012.01.007.

McCall, Carali. 2014. "A Line Is a Brea(d)thless Length: Introducing the Physical Act of Running as a Form of Drawing." PhD diss., University of the Arts London. http://ualresearchonline.arts.ac.uk/6511/.

McDougall, Christopher. 2009. *Born to Run: The Hidden Tribe, the Ultra-Runners, and the Greatest Race the World has Never Seen.* Profile Books.

McGowan, Mark. 2018. "Artist Taxi Driver @chunkymark." Twitter. https://twitter.com/chunkymark?ref_src=twsrc%5Egoogle%7Ctwcamp%5Eserp%7Ctwgr%5Eauthor.

Miller, James. 2003. *Daoism: A Short Introduction.* London: Oneworld Publications.

Ministry of Trade and Industry Singapore. 2012. *Integrated Resorts.* https://www.mti.gov.sg/MTIInsights/Pages/Integrated%20Resorts.aspx.

Murakami, Haruki. 2008. *What I Talk About When I Talk About Running.* London: Harvill Secker.

Nguyen-Hatsushiba, Jun. 2009. *Art News | Refugee Memorial Project Runs Diameter of Earth at ASU Art Museum.* http://www.artknowledgenews.com/Jun_Nguyen_Hatsushiba.html.

Oates, Carol Joyce. 1999. "Writers on Writing." *The New York Times.* http://www.scribd.com/doc/7391268/Writers-on-Writing.

Sadler, Simon. 1999. *The Situationist City.* New edition. MIT Press.

Salazar, Noel B., Christiane Timmerman, Johan Wets, Luana Gama Gato, and Sarah Van den Broucke, eds. 2016. *Mega-Event Mobilities: A Critical Analysis.* 1st ed. London and New York: Routledge.

Schipper, Kristofer. 1994. *The Taoist Body.* Berkeley: University of California Press.

Sentosa Development Corporation. 2014. *Best Place to Go in Singapore | Sentosa.* https:// www.sentosa.com.sg/.

Sesser, Stan. 1994. *The Lands of Charm and Cruelty: Travels in Southeast Asia.* Picador.

Sillitoe, Alan. 2010 [1959]. *The Loneliness of the Long-Distance Runner.* London: Vintage.

Simpson, John, and Edmund Weiner, eds. 1989. *The Oxford English Dictionary: Second Edition.* Oxford: Clarendon Press.

Skytrax. 2018. *World Airport Awards.* http://www.worldairportawards.com/.

Southern, Jen, Emma Rose, and Linda O'Keefe. 2017. "Art as a Strategy for Living with Utopias in Ruins." In *Mobile Utopia: Art and Experiments—An Exhibition,* curated by Jen Southern, Emma Rose, and Linda O'Keefe, November 2–5. Lancaster, UK: Lancaster House Hotel.

Squire, Vicki, ed. 2010. *The Contested Politics of Mobility: Borderzones and Irregularity.* London and New York: Routledge.

Tan, Kai Syng. 2013. *Kaidie's 1000-day Trans-Run: Speed-play-drift.*

Tan, Kai Syng. 2014. "The Physical and Poetic Processes of Running: A Practice-Related Fine Art Discourse About a Playful Way to Transform Your World Today." Doctoral Thesis, University College London. http://discovery.ucl.ac.uk/1420270/1/Tan_Kai_Syng_ Thesis_Redacted.pdf.

Tan, Kai Syng. 2015. "ANTI-Adult RUN! RUN! RUN! Masterclass." RUN!RUN!RUN! International Body for Research, December. http://kaisyngtan.com/portfolio/antiadultrun/.

Tan, Kai Syng. 2016. "Kai Syng Tan (October 2016)." In *Performing Borders: A Study Room Guide on Physical and Conceptual Borders Within Live Art—Catalogue,* edited by Alessandra Cianetti, 92–108. Live Art Development Agency Study Guide P3043. Live Art Development Agency. http://www.thisisliveart.co.uk/resources/catalogue/performing-borders-a-study-roomguide-on-physical-and-conceptual-borders-wi.

Tan, Kai Syng. 2017. "Hand-In-Hand: Activating the Body in Motion to Re-Connect with Ourselves and Others Amidst a World in Motion and Commotion." In *Chronotopics: Readings and Writings on a World in Movement (Chronotopies: Lecture et écriture des mondes en mouvement),* edited by Guillaume Drevon, Luc Gwiazdzinski, and Olivier Klein, 59–69. Grenoble: Elya Editions.

Tan, Kai Syng. 2018. "An Exploration of Running as Metaphor, Methodology, Material Through the RUN! RUN! RUN! Biennale #r3fest 2016." *Sport in Society,* February, 1–17. https://doi.org/10.1080/17430437.2018.1430488.

Tzu, Lao, and D.C. Lau. 1963. *Tao Te Ching.* Middlesex: Penguin Classics.

Urry, John. 2007. *Mobilities.* 1st edition. Cambridge: Polity.

Zeng, Vivienne. 2015. "'Every Corner' of Beijing Covered by Surveillance Cameras, State Media Proudly Announce." *Hong Kong Free Press,* October 5. https://www.hongkongfp. com/2015/10/05/every-corner-of-beijing-coveredby-surveillance-cameras-state-media-proudly-announce/.

Adey, Peter. 2006. "If Mobility is Everything Then it is Nothing: Towards a Relational Politics of (Im)mobilities." *Mobilities* 1 (1): 75–94.

Adey, Peter. 2017. *Mobility*, 2nd ed. London: Routledge.

Adey, Peter, David Bissel, Kevin Hannam, Peter Merriman, and Mimi Sheller. 2014. "Introduction." In *The Routledge Handbook of Mobilities*, edited by Peter Adey, et al., 1–20. London: Routledge.

Ahmad, Attiya. 2012. "Beyond Labor: Foreign Residents in the Persian Gulf States." In *Migrant Labor in the Persian Gulf*, edited by Mehran Kamrava and Zahra Babar, 21–40. London: Hurst.

Alissa, Reem. 2009. "Modernizing Kuwait: Nation-Building and Unplanned Spatial Practices." *Berkeley Planning Journal* 22 (1): 84–91. https://escholarship.org/uc/item/1rs0x68j.

Alrefai, Taleb. 1992. *Abū 'Ajāj Ṭāl 'Umrak* [*Abu Ajaj*, May God Give You Long Life!]. Beirut: Al-Adab.

Alrefai, Taleb. 2012. *Ẓill al-Shams* [The Shadow of the Sun]. Cairo: Al-Shorouk.

Amin, Galal. 2005. *Whatever Happened to the Egyptians? Changes in Egyptian Society from 1950 to the Present*. Cairo: American University in Cairo Press.

Babar, Zahra. 2013. "Migration Policy and Governance in the GCC: A Regional Perspective." In *Labor Mobility: An Enabler for Sustainable Development*, edited by Ali Rashid Al-Noaimi and Irena Omelaniuk, 121–142. Abu Dhabi and Cambridge: The Emirates Center for Strategic Studies and Research and Cambridge University Press.

Benyamin. 2012. *Goat Days*. Translated by Joseph Koyippally. Haryana: Penguin India.

Collins, Francis Leo. 2011. "Transnational Mobilities and Urban Spatialities: Notes from the Asia-Pacific." *Progress in Human Geography* 36 (3): 316–335.

Crystal, Jill. 2005. "Public Order and Authority: Policing Kuwait." In *Monarchies and Nations: Globalisation and Identity in the Arab States of the Gulf*, edited by Paul Dresch and James Piscatori, 158–181. London: I.B. Tauris.

Dresch, Paul. 2006. "Foreign Matter: The Place of Strangers in Gulf Society." In *Globalization and the Gulf*, edited by John W. Fox, Nada Mourtada-Sabbah, and Mohammed al-Mutawa, 200–222. New York: Routledge.

Elsheshtawy, Yasser. 2010. "Little Space, Big Space: Everyday Urbanism in Dubai." *Brown Journal of World Affairs* 17 (1): 53–71.

Fortier, Anne-Marie. 2014. "Migration Studies." In *The Routledge Handbook of Mobilities*, edited by Peter Adey, et al., 64–73. London: Routledge.

Gardner, Andrew M. 2010. *City of Strangers: Gulf Migration and the Indian Community in Bahrain*. New York: Cornell University Press.

Gardner, Andrew M. 2012. "Why Do They Keep Coming? Labor Migrants in the Persian

Gulf States." In *Migrant Labor in the Persian Gulf*, edited by Mehran Kamrava and Zahra Babar, 41–58. London: Hurst.

Gardner, Andrew M., and Sharon Nagy. 2008. "Introduction: New Ethnographic Fieldwork Among Migrants, Residents and Citizens in the Arab States of the Gulf." *City and Society* 20 (1): 1–4.

Ibrahim, Saad Eddin. 1982. *The New Arab Social Order: A Study of the Social Impact of Oil Wealth*. Colorado: Westview.

Kanna, Ahmed. 2012. "A Politics of Non-recognition? Biopolitics of Arab Gulf Worker Protests in the Year of Uprisings." *Interface* 4 (1): 146–164.

Kathiravelu, Laavanya. 2016. *Migrant Dubai: Low Wage Workers and the Construction of a Global City*. New York: Palgrave.

Kendall, David. 2012. "Always Let the Road Decide: South Asian Labourers Along the Highways of Dubai, UAE: A Photographic Essay." *South Asian Diaspora* 4 (1): 45–55.

Khalaf, Sulayman. 2006. "The Evolution of the Gulf City Type, Oil, and Globalization." In *Globalization and the Gulf*, edited by John W. Fox, Nada Mourtada-Sabbah, and Mohammed al-Mutawa, 244–265. New York: Routledge.

Mohammad, Robina, and James D. Sidaway. 2016. "Shards and Stages: Migrant Lives, Power, and Space Viewed from Doha, Qatar." *Annals of the American Association of Geographers* 106 (6): 1397–1417.

Osella, Caroline, and Filippo Osella. 2008. "'I am Gulf': The Production of Cosmopolitanism in Kozhikode, Kerala, India." In *Struggling with History: Islam and Cosmopolitanism in the Western Indian Ocean*, edited by Edward Simpson and Kai Kresse, 323–355. New York: Columbia University Press.

Rahman, Anisur. 2010. "Migration and Human Rights in the Gulf." *Viewpoints: Migration and the Gulf*, 16–18. https://www.mei.edu/sites/default/fi les/publications/Migration%20 Gulf_Viewpoints.pdf.

Saad, Reem. 2012. "Margins and Frontiers." In *Marginality and Exclusion in Egypt*, edited by Ray Bush and Habib Ayeb, 97–111. Cairo: American University in Cairo Press.

Urry, John. 2007. *Mobilities*. Cambridge: Polity.

Vora, Neha, and Natalie Koch. 2015. "Everyday Inclusions: Rethinking Ethnocracy, Kafala, and Belonging in the Arabian Peninsula." *Studies in Ethnicity and Nationalism* 15 (3): 540–552.

제9장 인류애의 표류물

Agamben, Giorgio. 2000. *Means Without Ends: Notes on Politics*. Translated by Vincenzo Binetti and Cesare Casarino. Minneapolis: University of Minnesota Press.

Agamben, Giorgio. 2008. "No to Bio-Political Tattooing." Translated by Stuart J.

Murray. *Communication and Critical/Cultural Studies* 5 (2): 201–202. https://doi. org/10.1080/14791420802027452.

Bauman, Zygmunt. 2004. *Wasted Lives: Modernity and Its Outcasts*. Cambridge: Blackwell Publishing.

Bergvall, Caroline. 2014. *Drift*. New York: Nightboat Books.

Bhabha, Homi K. 2011. *Our Neighbours, Ourselves. Contemporary Reflections on Survival*. Berlin and Boston: De Gruyter. https://www.degruyter.com/view/product/177770.

Chakravorty, Mrinalini, and Leila Neti. 2009. "The Human Recycled: Insecurity in the Transnational Moment." *Differences: A Journal of Feminist Cultural Studies* 20 (2–3): 194–223. https://doi.org/10.1215/10407391-2009-009.

Cheah, Pheng. 2003. *Specter Nationality: Passages of Freedom from Kant to Postcolonial Literatures of Liberations*. New York: Columbia University Press.

Cohen, Glenn. 2014. "Organs Without Borders? Allocating Transplant Organs, Foreigners, and the Importance of the Nation-State (?)." *Law and Contemporary Problems* 71 (3): 175–215.

Cresswell, Tim. 2013. "Citizenship in Worlds of Mobility." In *Critical Mobilities*, edited by Ola Soderstorm, Shalini Randeria, Didier Ruedin, Gianni D'Amato, and Francesco Panese, 81–100. Oxford: Routledge.

Elgot, Jessica. 2015. "Father of Drowned Boy Alyan Kurdi Plans to Return to Syria." *The Guardian*, September 3. https://www.theguardian.com/world/2015/sep/03/father-drowned-boy-aylan-kurdi-return-syria.

Hannam, Kevin, Mimi Sheller, and John Urry. 2006. "Editorial: Mobilities, Immobilities, and Moorings." *Mobilities* 1 (1): 1–22. https://doi.org/10.1080/17450100500489189.

Ignatieff, Michael. 2015. "The Refugees and the New War." *The New York Review of Books*, December 17. http://www.nybooks.com/articles/2015/12/17/refugees-and-new-war/.

Kington, Tom. 2016. "Migrants 'Killed for Their Organs If They Cannot Pay'." *The Times*, July 5. https://www.thetimes.co.uk/article/migrants-killed-fororgans-if-they-cannot-pay-fare-tvknqdqwq.

McCormack, Donna. 2012. "Intimate Borders: The Ethics of Human Organ Transplantation in Contemporary Film." *Review of Education, Pedagogy, and Cultural Studies* 34 (3–4): 170–183. https://doi.org/10.1080/10714413.2012.687290.

McCormack, Donna. 2016. "The Transplant Imaginary and Its Postcolonial Hauntings." In *Bodily Exchanges, Bioethics and Border Crossing: Perspectives on Giving, Selling and Sharing Bodies*, edited by Erik Malmqvist and Kristin Zeiler, 135–152. London: Routledge.

Merriman, Peter, and Lynne Pearce. 2017. "Mobilities and the Humanities." *Mobilities* 12 (4): 493–508. https://doi.org/10.1080/17450101.2017.1330853.

Mokeddem, Malika. 1998. *The Forbidden Woman*. Translated by K. Melissa Marcus. Lincoln: University of Nebraska Press.

Moore, Jack. 2016. "African Migrants Are 'Being Sold for Their Organs.'" *Newsweek*, July 5. http://www.newsweek.com/migrants-are-being-sold-theirorgans-claims-former-traffi cker-477635.

Nail, Thomas. 2015. *The Figure of the Migrant*. Stanford: Stanford University Press.

Nail, Thomas. 2016. *Theory of the Border*. Stanford: Stanford University Press.

Ngugi, wa Thiong'o. 1987 (1982). *Devil on the Cross*. Oxford: Heinemann Educational Publishers.

Papastavridis, Efthymios. n.d. "The 'Left-to-Die Boat' Incident of March 2011: Questions of International Responsibility Arising from the Failure to Save Refugees at Sea." Refugee Law Initiative Working Paper No. 10, pp. 1–22. http://sas-space.sas.ac.uk/4957/1/RLI_Working_Paper_No.10.pdf.

Perera, Suvendrini. 2007. "A Pacifi c Zone? (In)Security, Sovereignty, and Stories of the Pacifi c Borderscape." In *Borderscapes: Hidden Geographies and Politics at Territory's Edge*, edited by Prem Kumar Rajaram and Carl Grundy-Warr, 201–227. Minneapolis: Minnesota University Press.

Scheper-Hughes, Nancy. 2002. "Commodity Fetishism in Organs Traffi cking." In *Commodifying Bodies*, edited by Nancy Scheper-Hughes and Loic Wacquant, 31–62. London: Sage.

Shenker, Jack. 2011. "Aircraft Carrier Left Us to Die, Say Migrants." *The Guardian*, May 8. https://www.theguardian.com/world/2011/may/08/nato-ship-libyan-migrants.

Shenker, Jack. 2012. "Migrants Left to Die After Catalogue of Failures, Says Report into Boat Tragedy." *The Guardian*, March 28. https://www.theguardian.com/world/2012/mar/28/left-to-die-migrants-boat-inquiry.

Shepard, Todd. 2006. *The Invention of Decolonization: The Algerian War and the Remaking of France*. Ithaca: Cornell University Press.

Soderstrom, Ola, Shalini Randeria, Didier Ruedin, Gianni D'Amato, and Francesco Panese. 2013. "Of Mobilities and Moorings: Critical Perspectives." In *Critical Mobilities*, edited by Ola Soderstorm, Shalini Randeria, Didier Ruedin, Gianni D'Amato, and Francesco Panese, v–xxv. Oxford: Routledge.

제10장 자전거 타기와 서사 구조

A Drama in One Mile. 1897. *The Humours of Cycling*, 52–53. London: James Bowden.

Augé, Marc. 1992. *Non lieux: introduction à une anthropologie de la supermodernité*. Paris: Seuil.

Augé, Marc. 2008. *Eloge de la bicyclette*. Paris: Payot.

Bakhtin, Mikhail M. 1984. *Rabelais and His World*. Translated by Hélène Iswolsky. Bloomington: Indiana University Press.

Choi, Yoonjoung. 2012. "The Bi-Cycling Mr Hoopdriver: Counter-Sporting Victorian Reviving the Carnivalesque." *Critical Survey* 24: 102–115.

Conrad, Joseph. 2007 [1900]. *Lord Jim*. Edited by Allan Simmons. London: Penguin.

Derrida, Jacques. 1993. *Spectres de Marx: l'état de la dette, le travail du deuil et la nouvelle Internationale*. Paris: Galilée.

Edensor, Tim. 2014. "Rhythm and Arrhythmia." In *The Routledge Handbook of Mobilities*, 163–171. Abingdon and New York: Routledge.

Forster, E. M. 2000 [1910]. *Howards End*. London: Penguin.

Furness, Zack. 2010. *One Less Car: Bicycling and the Politics of Automobility*. Philadelphia: Temple University Press.

Gruber Garvey, Ellen. 1996. *The Adman in the Parlor: Magazines and the Gendering of Consumer Culture, 1880s to 1910s*. New York: Oxford University Press.

Kennard, Mary E. 1896. *A Guide Book for Lady Cyclists*. London: F.V. White & Co.

Kern, Stephen. 1983. *The Culture of Time and Space 1880–1918*. Cambridge, MA: Harvard Unversity Press.

Leblanc, Maurice. 2012 [1898]. *Voici des ailes*. Vierzon: le Pas de côté (Translations from French provided in the text are my own, with the original given in endnotes.).

Lukács, György. 1971. *The Theory of the Novel: A Historico-Philosophical Essay on the Forms of Great Epic Literature*. Translated by Anna Bostock. Cambridge, MA: MIT Press.

Meiner, Carsten Henrik. 2008. *Le carrosse littéraire et l'invention du hasard*. Paris: PUF.

Nye, Edward. 2000. *A Bicyclette: Anthologie*. Paris: Sortilèges.

Ridge, Pett. 1897. "The Junior Constitutional." In *The Humours of Cycling*, 29–31. London: James Bowden.

Rosa, Hartmut. 2013. *Social Acceleration: A New Theory of Modernity*. Translated by Jonathan Trejo-Mathys. New York: Columbia University Press.

Schivelbusch, Wolfgang. 1986 [1979]. *The Railway Journey: The Industrialization of Time and Space in the 19th Century*. Translated by Anslem Hollo. Berkeley: University of California Press.

Senf, Carol A. 1998. *Dracula: Between Tradition and Modernism*. New York: Twayne Publishers.

Spinney, Justin. 2007. "Cycling the City: Non-place and the Sensory Construction of Meaning in a Mobile Practice." In *Cycling and Society*, edited by Dave Horton, Paul Rosen, and Peter Cox, 25–45. Aldershot: Ashgate.

Spokelets. 1897. *The Humours of Cycling*, 93–94. London: James Bowden.

Thompson, Christopher. 1999. "Regeneration, Dégénérescence, and the Medical Debate about Bicycling in Fin-de-Siècle France." In *Sport et santé dans l'histoire/ Sport and Health in History*, edited by Thierry Terret, 339–346. Sankt Augustin: Academia Verlag.

Urry, John. 1990. *The Tourist Gaze: Leisure and Travel in Contemporary Societies*. London: Sage.

Urry, John. 2004. "The 'System' of Automobility." *Theory, Culture & Society* 21: 25–39.

Urry, John. 2007. *Mobilities*. Cambridge: Polity.

Vannini, Phillip. 2014. "Slowness and Deceleration." In *The Routledge Handbook of Mobilities*, 116–124. Abingdon and New York: Routledge.

Virilio, Paul. 1977. *Vitesse et politique: essai de dromologie*. Paris: Galilée.

Wells H. G. 1935. *The Wheels of Chance: A Bicycling Idyll* [1896]; *The Time Machine* [1895]. London: J. M. Dent.

Zemka, Sue. 2011. *Time and the Moment in Victorian Literature and Society*. Cambridge: Cambridge University Press.

제11장 자율주행차

Althusser, Louis. 1971. "Ideology and Ideological State Apparatuses (Notes Towards an Investigation)." In *Lenin and Philosophy and Other Essays*, 121–173. New York: Monthly Review Press.

Asimov, Issac. 1995 [1953]. "Sally." In *The Complete Robot*, 9–28. London: HarperCollins.

Bauman, Zygmunt. 2007. *Liquid Times: Living in the Age of Uncertainty*. Cambridge: Polity Press.

Bertoncello, Michele, and Dominik Wee. 2015. *Ten Ways Autonomous Driving Could Redefi ne the Automotive World*. London: McKinsey.

Bijker, Wiebe E. 1995. *Of Bicycles, Bakelites, and Bulbs: Toward a Theory of Sociotechnical Change*. Cambridge: MIT Press.

Böhm, Steffen, Jones Campbell, Chris Land, and Matthew Paterson. 2006. "Conceptualizing Automobility." In *Against Automobility*, edited by Steffen Böhm, Jones Campbell, Chris Land, and Matthew Paterson, 3–16. Oxford: Blackwell.

Bonnefon, Jean-Francois, Azim Shariff, and Iyad Rahwan. 2016. "The Social Dilemma of Autonomous Vehicles." *Science* 352 (6293): 1573–1576.

Bourdieu, Pierre. 1993. *The Field of Cultural Production*. Cambridge: Polity Press.

Braun, Robert. 2016. "The Autonomous Vehicle Revolution." In *Multi-level (e) Governance: Is ICT a Means to Enhance Transparency and Democracy*, 521–530. Wien: Austrian Computer Society.

Breuer, Miles J. 2008. "Paradise and Iron." In *The Man with the Strange Head and Other Early Science Fiction Stories*, 44–256. Nebraska: Bison Books.

Buehler, Ralph, John Pucher, Regine Gerike, and Thomas Götschi. 2017. "Reducing Car Dependence in the Heart of Europe: Lessons from Germany, Austria, and Switzerland." *Transport Reviews* 37 (1): 4–28.

Canzler, Weert, and Andreas Knie. 2016. "Mobility in the Age of Digital Modernity: Why the Private Car Is Losing Its Signifi cance, Intermodal Transport Is Winning and Why

Digitalisation Is the Key." *Applied Mobilities* 1 (1): 56–67.

Castells, Manuel. 2009. *The Rise of the Network Society*. Oxford: Wiley-Blackwell.

Cochoy, Franck. 2009. "Driving a Shopping Cart from STS to Business, and the Other Way Round: On the Introduction of Shopping Carts in American Grocery Stores (1936–1959)." *Organization* 16 (1): 31–55. https://doi.org/10.1177/1350508408098921.

Cohen, Maurie J. 2012. "The Future of Automobile Society: A Socio-Technological Transition Perspective." *Technology Analysis & Strategic Management* 24 (4): 377–390.

Cresswell, Tim. 2010. "Towards a Politics of Mobility." *Environment and Planning D: Society and Space* 28 (1): 17–31. https://doi.org/10.1068/d11407.

Dant, Tim. 2004. "The Driver-Car." *Theory, Culture & Society* 21 (4–5): 61–79. https://doi.org/10.1177/0263276404046061.

DiClemente, Jonathan, Serban Mogos, and Ruby Wang. 2014. *Autonomous Car Policy Report*. Pittsburgh, PA: Carnegie Mellon University.

EC. 2017. *White Paper on the Future of Europe*. Brussels: European Commission.

Featherstone, Mike, Nigel Thrift, and John Urry. 2005. *Automobilities*. London: Sage.

Foot, Philippa. 1978. *The Problem of Abortion and the Doctrine of the Double Effect in Virtues and Vices*. Oxford: Basil Blackwell.

Foucault, Michael. 1986. "Of Other Spaces: Utopias and Heterotopias." *Diacritics* 16: 22–27.

Foucault, Michel. 1995. *Discipline & Punish: The Birth of the Prison*. New York: Random House.

Foucault, Michel. 2009. *History of Madness*. New York: Routledge.

Geels, Frank W., Benjamin K. Sovacool, Tim Schwanen, and Steve Sorrell. 2017. "The Socio-Technical Dynamics of Low-Carbon Transitions." *Joule* 1 (3): 463–479.

Goodall, Noah J. 2014. "Machine Ethics and Automated Vehicles." In *Road Vehicle Automation*, edited by G. Meyer and S. Beiker, 93–102. London: Springer.

Gordon, Ruthanna. 2009. "Learning from Fiction: Applications in Emerging Technologies." *Bulletin of Science, Technology & Society* 29 (6): 470–475. https://doi.org/10.1177/0270467609349054.

Green, Herdon. 1925. "Radio Controlled Automobile." *Radio News*, 592.

Hansson, Niklas. 2015. "'Mobility-Things' and Consumption: Conceptualizing Differently Mobile Families on the Move with Recent Purchases in Urban Space." *Consumption Markets & Culture* 18 (1): 72–91.

Hansson, Niklas, Jean-Sébastien Vayre, Helene Brembeck, and Michèle Lalanne. 2016. *Life Phases, Mobility and Consumption*. London: Routledge.

Haraway, Donna. 2013. "SF: Science Fiction, Speculative Fabulation, String Figures, So Far." Accessed April 27. https://adanewmedia.org/2013/11/issue3-haraway/.

Harman, Graham. 2009. *Prince of Networks*. Melbourne: re-press.

Hodges, Graham R. 2007. *Taxi! A Social History of the New York City Cabdriver*. Baltimore, MD: Johns Hopkins University Press.

Jain, Sarah S. 2006. "Violent Submission: Gendered Automobility." *Cultural Critique* 61 (Fall): 186–214.

Jasanoff, Sheila. 2004. *States of Knowledge: The Co-production of Science and the Social Order*. London and New York: Routledge.

Jasanoff, Sheila, and Sang-Hyun Kim. 2009. "Containing the Atom: Sociotechnical Imaginaries and Nuclear Power in the United States and South Korea." *Minerva* 47: 119–146.

Jasanoff, Sheila, and Sang-Hyun Kim. 2015. *Dreamscapes of Modernity*. Chicago: Chicago University Press.

Jensen, Ole B. 2013. *Staging Mobilities*. London: Routledge.

Juncker, Jean-Claude. 2017. *President Jucker's State of the Union Speech*. Brussels: European Commission.

Keller, David H. 1935. "The Living Machine." *Wonder Stories* 6 (12): 1465–1511.

Kröger, Fabian. 2016. "Automated Driving in Its Social, Historical and Cultural Contexts." In *Autonomous Driving*, edited by M. Maurer, J. C. Gerdes, B. Lenz, and H. Winner, 41–67. Berlin: Springer.

Latour, Bruno. 1996. "On Actor-Network Theory: A Few Clarifi cations Plus More Than a Few Complications." *Soziale Welt* 47: 369–381.

Latour, Bruno. 2005. *Reassembling the Social: An Introduction to Actor-Network-Theory*. New York: Oxford University Press.

Laurier, Erich, and Tim Dant. 2012. "What Else We Do While Driving: Towards the Driverless Car." In *Mobilities: New Perspectives on Transport and Society*, edited by M. Grieco and J. Urry, 223–244. Farnham: Ashgate.

Laurier, Eric, Hayden Lorimer, Barry Brown, Owain Jones, Oskar Juhlin, Allyson Noble, Mark Perry, Daniele Pica, Philippe Sormani, Ignaz Strebel, Laurel Swan, Alex S. Taylor, Laura Watts, and Alexandra Weilenmann. 2008. "Driving and 'Passengering': Notes on the Ordinary Organization of Car Travel." *Mobilities* 3 (1): 1–23. https://doi.org/10.1080/17450100701797273.

Massey, Doreen. 2005. *For Space*. London: Sage.

Miller, Wayne G. 2015. *Car Crazy: The Battle for Supremacy Between Ford and Old and the Dawn of the Automobile Age*. Philadelphia: Perseus Books.

Miller, Clark, and Ira Bennett. 2008. "Thinking Longer Term About Technology: Is There Value in Science-Fiction Inspired Approaches to Constructing Futures?" *Science and Public Policy* 35 (8): 597–606.

Pearce, Lynne. 2016. *Drivetime: Literary Excursions in Automotive Consciousness*. Edinburgh: Edinburgh University Press.

Randell, Richard. 2018. "No Paradigm to Mobilize: The New Mobilities Paradigm Is Not a Paradigm." *Applied Mobilities* : 1–18. https://doi.org/10.1080/23800127.2018.1493063.

Sheller, Mimi. 2004. "Mobile Publics: Beyond the Network Perspective." *Environment and*

Planning D: Society and Space 22 (1): 39–52.

Sheller, Mimi, and John Urry. 2000. "The City and the Car." International Journal of Urban and Regional Research 24 (4): 737–757.

Sheller, Mimi, and John Urry. 2006. "The New Mobilities Paradigm." Environment and Planning A: Economy and Space 38 (2): 207–226. https://doi.org/10.1068/a37268.

Sheller, Mimi, and John Urry. 2016. "Mobilizing the New Mobilities Paradigm." Applied Mobilities 1 (1): 10–25. https://doi.org/10.1080/23800127.2016.1151216.

Thomson, Judith J. 1985. "The Trolley Problem." Yale Law Journal 94 (6): 1395–1415.

Thrift, Nigel. 2008. Non-representational Theory. London: Routledge.

Urry, John. 2000. Sociology Beyond Societies. London: Routledge.

Urry, John. 2004. "The 'System' of Automobility." Theory, Culture & Society 21 (4–5): 25–39.

Urry, John. 2005. "The Complexity Turn." Theory, Culture & Society 22 (5): 1–14.

Urry, John. 2006. "Inhabiting the Car." Sociological Review 54 (1): 17–31.

Urry, John. 2008. "Mobilities and Social Theory." In The New Blackwell Companion to Social Theory, edited by B. S. Turner, 475–495. Oxford: Wiley-Blackwell.

Walker-Smith, Brian. 2015. "Regulation and the Risk of Inaction." In Autonomes Fahren: Technische, rechtliche und gesellschaftliche Aspekte, edited by M. Maurer, J. C. Gerdes, B. Lenz, and H. Winner, 593–609. Berlin: Springer.

제12장 SF영화와 로드무비

Archer, Neil. 2016. The Road Movie: In Search of Meaning. London: Wallfl ower.

Archer, Neil. 2017. "Genre on the Road: The Road Movie as Automobilities Research." Mobilities 12 (4): 509–519.

Baudrillard, Jean. 1996. The System of Objects. Translated by James Benedict. London and New York: Verso.

Borden, Iain. 2012. Drive. London: Reaktion.

Brereton, Pat. 2005. Hollywood Utopia: Ecology in Contemporary American Cinema. Bristol: Intellect.

Chaudhary, Zahid R. 2009. "Humanity Adrift: Race, Materiality, and Allegory in Alfonso Cuarón's Children of Men." Camera Obscura 24 (3): 73–109.

Chaudhuri, Shohini. 2012. "Unpeople: Postcolonial Refl ections on Terror, Torture and Detention in Children of Men." In Postcolonial Cinema Studies, edited by Sandra Ponzanesi and Marguerite Waller, 191–204. London and New York: Routledge.

Clark, Timothy. 2015. Ecocriticism on the Edge: The Anthropocene as a Threshold Concept. London and New York: Bloomsbury.

Cronon, William. 1996. "The Trouble with Wilderness: Or, Getting Back to the Wrong

Nature." *Environmental History* 1 (1): 7–28.

Eyerman, Ron, and Otar Löfgren. 1995. "Romancing the Road: Road Movies and Images of Mobility." *Theory, Culture and Society* 12 (1): 53–79.

Garrard, Greg. 2004. *Ecocriticism*. London and New York: Routledge.

Grant, Barry Keith. 1999. "Sensuous Elaboration: Reason and the Visible in the Science Fiction Film." In *Alien Zone II*, edited by Annette Kuhn, 16–30. London and New York: Verso.

Klein, Naomi. 2008. *The Shock Doctrine: The Rise of Disaster Capitalism*. London: Penguin Books.

Laderman, David. 2002. *Driving Visions: Exploring the Road Movie*. Austin: University of Texas Press.

Maltby, Richard. 2003. *Hollywood Cinema*. Malden: Blackwell.

Merriman, Peter, and Lynne Pearce. 2017. "Mobility and the Humanities." *Mobilities* 12 (4): 493–508.

Mills, Katie. 2006. *The Road Story and the Rebel: Moving Through Film, Fiction, and Television*. Carbondale: Southern Illinois University Press.

Monbiot, George. 2013. *Feral: Rewilding the Land, the Sea, and Human Life*. London: Penguin Books.

Pearce, Lynne. 2016. *Drivetime: Literary Excursions in Automotive Consciousness*. Edinburgh: Edinburgh University Press.

Power, Aidan. 2015. "Awakening from the European Dream: Eurimages and the Funding of Dystopia." *Film Studies* 13: 58–72.

Purse, Lisa. 2013. *Digital Imaging in Popular Cinema*. Edinburgh: Edinburgh University Press.

Ross, Kristin. 1995. *Fast Cars, Clean Bodies: Decolonization and the Reordering of French Culture*. Cambridge: MIT Press.

Schivelbusch, Wolfgang. 1977. *The Railway Journey: The Industrialization of Time and Space in the Nineteenth Century*. Oakland: University of California Press.

Scholes, Robert. 1975. *Structural Fabulation: An Essay on the Fiction of the Future*. Notre Dame: Notre Dame University Press.

Suvin, Darko. 1979. *Metamorphoses of Science Fiction: On the Poetics and History of a Literary Genre*. New Haven: Yale University Press.

Urry, John. 2007. *Mobilities*. Cambridge: Polity Press.

Vint, Sherryl. 2016. "Biopolitics and War on Terror in World War Z and Monsters." In *Endangering Science Fiction Film*, edited by Sean Redmond and Leon Marvell, 66–79. London and New York: Routledge.

Williams, Raymond. 1973. *The Country and the City*. London: Hogarth Press.

Wood, David. 2005. *The Step Back: Ethics and Politics After Deconstruction*. Albany: SUNY Press.

모빌리티 문학 문화

2023년 2월 28일 초판 1쇄 발행

지은이 | 마리안 아귀아르 · 샬럿 매티슨 · 린 피어스
옮긴이 | 조윤주
감　수 | 최영석
펴낸이 | 노경인 · 김주영

펴낸곳 | 도서출판 앨피
출판등록 | 2004년 11월 23일 제2011-000087호
전화 | 02-336-2776　팩스 | 0505-115-0525
블로그 | bolg.naver.com/lpbook12
전자우편 | lpbook12@naver.com

ISBN 979-11-92647-11-1　　94300